中国社会科学院老年学者文库

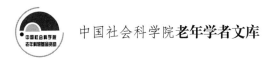

中国社会科学院**老年学者文库**

开创性的中国考古实践与成果

胡谦盈　著

社会科学文献出版社

SOCIAL SCIENCES ACADEMIC PRESS (CHINA)

序

　　本书包括成长、治学和考古研究实践简介，丰硕的创新科研成果，学术思想及其影响等内容。分别介绍作者出生地点、家庭和学历；考古研究实践历程、工作地区，调查发掘古代遗址和揭示墓地的文化内涵、分期和年代；治学风格和学养综合水平方面的情况。2000～2010年我连续发表五部考古学专著和多篇论文近三百万字。学界公认我在考古中有多方面的突破和创新，是探索丰和镐周都遗址（上述两个遗址是全国重点文物保护单位）、先周文化和先周历史、常山下层文化、仰韶文化东庄村类型以及黄土地区窑洞居室文化等领域取得成功的开拓者。此外，我还科学地论证了中国古代墓葬流行人殉是商、周奴隶制社会统治阶级的丧葬习俗和制度；对寺洼文化的研究比前人深入了一大步。我对考古学理论和方法也有补充和发展，在研究中有针对性地提出问题，展开分析论证，从严格的论证和实证材料出发，修正已有理论的不适用性和学术局限，提出新的分析方法，形成创新型的概念。例如，科学阐释考古学真谛；对考古地层学和类型学的应用功能及范围界定进行了论述；提倡田野考古实践要从史学高度做工作；对夏鼐考古学文化命名原则和定义作出了补充和完善；等等。

　　本书可供考古、历史、文博、古代建筑、美术中等相关领域的专家、学者及师生阅读。

　　最后，我借用他人诗句结束关于考古生涯和创新科研成果收获方面的话题。

　　　　　人生六十正当时，
　　　　　别人离退我开始。

精彩人生在江海，

海洋文明有华章。

不知岁月催人老，

著作等身九（原句是八）十秋。

岁月流，心不老，

呼江唤海写春秋。

2018 年春完稿于北京潘家园寓所

作者像

2009 年 10 月摄于白洋淀

1943 年夏恩平县私立成德小学毕业

1946 年夏恩平县立一中初中毕业

1949 年夏广州市立一中高中毕业

1953 年夏中山大学历史系毕业

作者祖父胡维心

母亲（80岁）和作者合照

母亲（80岁）和三弟夫妇（右）、四弟夫妇合照

目　　录
CONTENTS

绪章　成长、治学和考古研究实践简介 ……………………… 1

第一节　家庭出身和学历 …………………………………………… 1

第二节　我的考古经历、科学精神及学术贡献简介 …………… 3

一　求学经历 ……………………………………………………… 3

二　跻身考古队列边干边学时期 ……………………………… 4

三　漫长的艰苦考古历程 ……………………………………… 8

四　科学精神与学术贡献及著作 …………………………… 20

第一章　提出仰韶文化东庄村类型 ……………………………… 24

第一节　东庄村类型早期遗存

　　　　——东庄村仰韶文化 …………………………………… 24

一　遗迹 ……………………………………………………………… 26

二　遗物 ……………………………………………………………… 28

第二节　东庄村类型晚期遗存

　　　　——碾子坡仰韶文化 …………………………………… 32

一　碾子坡仰韶文化内涵 …………………………………… 32

二　碾子坡仰韶文化性质、特征和年代 ………………… 44

三　碾子坡仰韶遗址发掘的学术意义 …………………… 47

第三节　黄河中游晋、豫、陕接壤地区的仰韶文化类型及其演化 …… 48

一　仰韶文化的发现以及半坡类型和庙底沟类型的性质及年代 …… 48

    二　仰韶文化不同类型演化顺序 ·············· 59

第二章　提出常山下层文化 ·············· 63

  第一节　论常山下层文化 ·············· 63

    一　问题的缘由 ·············· 63

    二　常山下层文化的考古概况 ·············· 64

    三　常山下层文化的分析 ·············· 66

    四　常山下层文化的分布和年代 ·············· 74

    五　常山下层文化的源流 ·············· 75

  第二节　齐家文化和常山下层文化的发现与研究 ·············· 85

    一　齐家文化 ·············· 85

    二　常山下层文化 ·············· 94

第三章　全面推进丰、镐周都的考古工作 ·············· 104

  第一节　丰、镐周都故址的确认和重现 ·············· 104

    一　文献记载的丰、镐二京 ·············· 104

    二　丰、镐地区的水道 ·············· 105

    三　周都丰、镐位置确认 ·············· 114

  第二节　丰、镐都址文化层的分期与年代 ·············· 123

    一　丰邑都址文化层的分期和年代 ·············· 123

    二　镐京都址文化层的分期和年代 ·············· 130

    三　丰、镐遗址先周墓葬和西周墓葬的分期和年代 ·············· 136

  第三节　丰、镐二京遗址中的宫室遗存 ·············· 138

    一　丰邑 ·············· 138

    二　镐京西周宫室遗存 ·············· 149

    附录　胡谦盈先生谈丰镐考古 ·············· 153

第四章　迁岐以前的周人遗留及社会史复原 ·············· 162

  第一节　迁岐以前的周人遗留及社会史复原

        ——南邠碾子坡的先周文化遗存 ·············· 162

    一　导言 ·············· 162

二 碾子坡先周文化面貌和内涵 ……………………………………… 164

三 碾子坡先周遗存分期和年代 ……………………………………… 179

四 迁岐以前的姬周社会史复原 ……………………………………… 181

第二节 南邠碾子坡先周文化遗存的性质分析 …………………………… 190

一 导言 ………………………………………………………………… 190

二 关于碾子坡先周遗存文化性质的不同说法 …………………… 192

三 两个问题的讨论 …………………………………………………… 194

四 碾子坡先周遗存文化性质分析 ………………………………… 196

第三节 碾子坡先周墓葬和西周墓葬

——周人的埋葬习俗和制度 …………………………………… 210

一 各类墓葬分布地点 ………………………………………………… 210

二 先周早期墓葬、晚期墓葬和西周墓葬的特征 ………………… 211

三 墓葬的方向和组合 ………………………………………………… 222

第五章 开拓古代窑洞居室文化研究 ……………………………………… 231

第一节 文献记载中的窑洞建筑 ………………………………………… 231

第二节 西周及以前窑洞居室的考古发现与分布地域 ………………… 234

第三节 类型区分与典型遗构复原 ……………………………………… 238

第四节 各式窑洞遗构的分布、年代及其演化 ………………………… 258

第五节 三种不同类型的古文化窑洞聚落遗址 ………………………… 265

第六节 窑洞居室和村落形态源流 ……………………………………… 269

第六章 推进寺洼文化研究 ………………………………………………… 277

第一节 试论寺洼文化 …………………………………………………… 277

一 寺洼文化考古的主要情况 ……………………………………… 277

二 寺洼文化的分析 ………………………………………………… 280

三 寺洼文化的分布和年代 ………………………………………… 282

四 寺洼文化族属推断 ……………………………………………… 283

第二节 甘肃省庄浪县徐家碾寺洼文化墓地 …………………………… 288

一 埋葬习俗和制度 ………………………………………………… 288

二 随葬器物和墓葬年代 …………………………………………… 300

　　　三　文化因素分析 ……………………………………………… 307
　　第三节　《徐家碾寺洼文化墓地》的学术意义 ……………… 314

第七章　中国古代墓葬流行人殉的性质与年代 ………………… 317
　　第一节　郭沫若论商、周人殉的基本观点 …………………… 317
　　　一　郭沫若论商代人殉的基本观点和科学预见 …………… 317
　　　二　郭仁同志提出了修正意见 ……………………………… 319
　　　三　几个具体问题的探讨 …………………………………… 323
　　　四　简短的结语 ……………………………………………… 335
　　第二节　丰、镐周都西周墓葬的人殉制度和年代 …………… 338

余论　学术思想及其影响 ………………………………………… 341
　　第一节　认识论和方法论 ……………………………………… 341
　　第二节　考古学的真谛 ………………………………………… 343
　　第三节　考古学文化的面貌和内涵 …………………………… 345
　　第四节　地层学和类型学在考古研究中的应用功能和范围界定 … 346
　　第五节　田野考古研究实践要从史学高度做工作 …………… 351

附录一　姬周陶鬲研究 …………………………………………… 353

附录二　1921～1949 年中国考古学发展回顾 ………………… 369

附录三　2015 年 9 月 16 日在庆祝参加考古工作 60 年纪念会
　　　　上的发言 …………………………………………………… 378

附录四　开创性的科学实践和成果
　　　　——《胡谦盈周文化考古研究选集》序 ………………… 381

附录五　考古学家胡谦盈
　　　　——中华人民共和国国际广播电台《社会名流》系列节目访问纪要
　　　　…………………………………………………………………… 390

绪章　成长、治学和考古研究实践简介

第一节　家庭出身和学历

胡谦盈，男，1930 年旧历六月十九日出生于广东省恩平县下绵湖村一户老华侨家庭。祖父胡维心在清朝末年渡洋到美国旧金山当劳工，伯父胡持迪在民国初年也渡洋到美国旧金山当劳工。父亲胡持衡因抗日战争未能如愿赴美，在家乡务农。祖父侨居美国当工人数十年，到了暮年 70 岁时——1947 年春才回到家乡下绵湖村，1948 年夏因病仙逝，同年秋，伯父在美国遭遇车祸去世，这是我们家最大的不幸之年。

我家祖孙三代十多口人，长期依靠祖父和伯父省吃俭用维持全家人的生计。太平洋战争爆发后因侨汇中断，我家的生活处于困难时期，直到抗日战争胜利后才有好转。

我是家中长孙，读书勤奋，成绩优秀，因而得到祖父和祖母的关爱，拨出专款供我到恩平县城读高小和初中，到广州市读高中和大学。弟妹们就没有那么幸运了，只留在乡下的学校读书，往往只读完初中。华侨在国外受到歧视，因此十分盼望祖国兴盛强大，也很关心家乡的教育事业。不论他们从事何种职业，收入高低，都乐意给家乡捐款办学或资助优秀学生继续上学，这在广东、福建两省侨乡是普遍存在的优良风尚。下绵湖村小学就是祖父捐款一百美元、伯父和另一位华侨各捐款五十美元兴办的。学校悬挂着他们三人的相片。

1941 年夏，我 11 岁时于下绵湖村小学初小毕业。1943 年夏，13 岁时于恩平县私立成德小学高小毕业，同年以第三名的成绩进入恩平县立初级中学。1946 年夏 16 岁时初中毕业，同年秋考取广州市立一中高中部，1949 年夏 19 岁时毕业。同年秋考取广东省省立文理学院历史系，后转学中山大学历史系，受到国学大师陈寅恪先生的治学精神和学术思想，特别是陈先生创新意识的熏陶，1953 年夏毕业。时任广东省文物管理委员会主任的商承祚老师邀我到该会工作，当时我也想留在广州市工作以便照顾年幼的弟妹，后因同年起国家对大学毕业生实行统一分配而作罢。关于我如何进入中国科学院考古研究所（今中国社会科学院考古研究所工作），以及成为一位名副其实的考古老兵及我的工作历程；我的治学风格和思想；我所取得的多项创新科研成果的内涵及其学术价值和贡献，详见第二节。

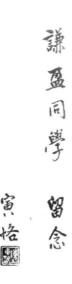

第二节　我的考古经历、 科学精神
及学术贡献简介

一　求学经历

1953 年大学毕业后，组织上分配我到北京中国人民大学读研究生，后来调整到中国科学院近代史研究所（今中国社会科学院近代史研究所）任研究实习员，这与我希望拜罗尔纲先生为师研究太平天国史的意愿相符，我心里十分高兴。但到北京文津街 3 号中国科学院学习半个月后，院部把我从近代史研究所调整到考古研究所（今中国社会科学院考古研究所）任研究实习员。我表态服从组织分配，但思想上不是很情愿。当时负责学习和分配工作的院副秘书长兼人事局局长郁文同志对我说："你做到服从分配就行了，思想可以慢慢地通。"就这样，我和云南大学历史学系毕业生赵学谦一起跟随考古研究所办公室主任徐捷同志到了考古所。后来我和赵学谦成为挚友。

所里安排我和赵学谦在马市大街商周研究室一座四合院内办公（四合院位于今日隆福寺医院靠大门口的位置）。当时全室只有徐旭生、郭宝钧和陈梦家 3 位专家以及王伯洪、陈公柔、周永珍共 6 人，其中有 5 人加上我和赵学谦 7 人在四合院内办公（迄今为止全室 8 人中，已有 7 位先后驾鹤西去，唯我仍健在），工作环境十分幽静。到所上班的第二天上午，郑振铎所长便到办公室看望我和赵学谦二人，十分亲切地问寒问暖并鼓励我们好好工作和学习。国庆前夕，夏鼐副所长在田野考古工作结束后回京，他没有回家脱下带着泥巴的劳动布工作服便到办公室看望赵学谦和我。夏先生进入办公室时，我们误以为是新来所的环卫工人，没有站立起来迎接，后经先生自我介绍后，我们二人惊呆了，立即离开座椅站立起来向先生做九十度鞠躬敬礼，为没有出门迎接向先生道歉。夏先生满脸笑容地操着浓厚的温州方言说，没有什么关系，接着向我们二人打听他两位老朋友（中山大学历史系主任刘节和云南大学历史系主任方国瑜）的近况。最后，先生现身说法给我做思想工作，说："听说把你从近代史研究所调整到考古研究所来你不愿意，我在清华大学读书时也是喜欢研究太平天国史的，后来到英国留学攻读考古学，现在变成一个考古迷。一个人的爱好和志趣随着环境和条件的不同会发生变化的，你已经来到考古所就要安下心来，今后只要好好学习和工作，我相信你很快也会'迷'上考古这一行的。"

聆听了先生的一席话，我深受教育、鼓舞，并铭刻在心，后来通过多年在田野考古第一线的锻炼，我渐渐变成一名热爱和醉心通过田野考古解决学术问题的"小兵"。

一个星期后，所领导安排我拜陈梦家先生为师（附梦家师赠书及题字墨宝），赵学谦拜郭宝钧先生为师。我们二人的办公室，与两位导师的办公室位置相邻。导师对我们既热情教育培养，又十分严格要求，在工作上做到手把手地教，在学习上除开列详细读书书单外，几乎每天都到办公室来了解我们的工作和学习情况，耐心地解答我们提出的问题，有时还面试我们的学习心得，所以我们二人十分努力地工作和学习，每天在办公室度过11~12个小时。到1954年3月出差做田野工作时，我们除帮助导师誊清不少书稿以外，还把导师开列的阅读书籍细读了两遍。但由于缺乏田野考古实践经验，阅读考古著作时我们似懂非懂，对何谓"生土"、"熟土"、"文化层"和"二层台"等名词的含义不理解，听了郭宝钧先生的详细解释也不甚明白，后来到发掘现场见到遗存实物时才清楚是怎么回事。这件事情给我印象极深，在思想上初步领悟到考古学研究离不开田野科学实践的道理。

二 跻身考古队列边干边学时期

我从事考古学研究是"半路出家"，1954~1957年是我跻身于考古队列边干边学时期。四年中，每年我都有10~11个月时间奋战在田野考古第一线，其中还有两年的夏天和冬天有着十分艰苦的"夏练三伏、冬练三九"的工作和生活磨炼，而且在洛阳中州路发掘墓葬时还多次遇到墓穴塌方压伤人的惊险情景。这些都养成我在田野考古研究中不怕累、不怕苦、不怕牺牲的顽强工作意志和风格。

考古學專刊甲種

第 二 號

殷虛卜辭綜述

陳夢家

中國科學院考古研究所編輯
科　學　出　版　社　出　版
1956年7月

　　1954 年 3~8 月我初次参加田野考古工作，在本所陕西工作队石兴邦队长的带领下到西安丰镐地区做考古调查和发掘。石队长是考古学大师夏鼐先生的高足，并得到夏先生的真传，擅长田野考古学，在调查和发掘中观察和研究问题全面而深入，考古方法和操作技能熟练而高明，更为难能可贵的是在考古研究中做到了态度严肃认真、工作细致和亲自动手。例如在镐京遗址的普渡村区域发掘西周墓葬时，队长手把手地教我和北京大学实习同学杨建芳找墓口以及清理墓穴四壁上的泥土和墓底"二层台"上的随葬器物。葬具木棺和墓主人的骨骼都已腐朽成灰末，我们三人花了数天时间轮流趴在墓底地面上用手铲和竹签一点一点地剔去木棺灰和人骨灰上面的泥土，以还原木棺的基本轮廓和墓主人的葬式姿态，并绘制墓葬平面图和剖面图。队长说他从事田野考古做到态度严肃认真、工作细致和亲自动手的优良研究学风，是跟随夏鼐先生在河南省辉县等地做调查发掘工作时学到的。我本人通过这次调查发掘工作的实践和锻炼，不仅初步学会做田野调查和发掘工作，更为重要的是学会了从事田野考古要做到态度严肃认真、工作细致和亲自动手。上述科学的严谨的田野考古研究学风，后来成为我在考古实践中坚守的不可动摇的基本准则和信条。可以这样说，石队长是我沿着考古学大师夏鼐先生研究路线步入田野考古殿堂的带路人。

1954年4月底，石队长受西北文物清理队之请，派我到宝鸡市李家崖主持墓葬的发掘工作。参加工作的有西北大学历史系教师刘士莪、北京大学历史系学生杨建芳、俞伟超和西北文物清理队两位技工同志共6人。我和刘是1953年大学毕业生，杨、俞二人将于1954年夏大学毕业；论年龄，刘比杨年长一岁，杨比我年长一岁，我比俞年长一岁半。四位年轻人在一起工作和生活相处十分融洽，遇事大家一起商量着办，所以工作十分顺利，到6月初旬便完成发掘任务。后来我们四人成为挚友。

这次工作遇到以下两件事，我至今仍然记忆犹新，难以忘怀。

（1）在8号战国洞室墓内发现"铲形袋足陶鬲"，说明过去有人把它视为年代最早的"原始鬲"的说法是不对的。这个发现引起我对田野考古的极大兴趣，进一步领悟到考古发现离不开田野科学实践的道理。

（2）前任负责人陈有旺交代工作时，我发现经费使用账目不清楚，故建议他自己封存，我负责的账目另行计算。当时同志们说我办事固执，不给人留半点情面。但我在新中国成立初期参加过"三反五反"运动和土地改革运动，深知账目不清是个严重问题，弄不好会引火烧身，因此冒着得罪人的可能坚持己见。1955年春，西北文物清理队贺梓诚秘书到沣西工作队驻地客省庄找我查对宝鸡李家崖发掘经费账目。我说自己经手的账目一式三份，其中一份交给了你们文物清理队，一份交给了石兴邦队长，我个人留下一份，现在北京办公室的书桌里。后来所领导告知我说："你处理问题得当，很好。陈是贪污犯，已服刑。"此事至今我回忆起来还心有余悸，如果当时出于照顾所谓他人情面收下不清楚的账目，西北文物清理队找我核对李家崖发掘账目时就说不清楚，后果难以设想。

从 1954 年 8 月至 1957 年的三年半时间内，我先后参加了本所三个重点发掘项目——洛阳中州路两周墓葬（队长苏秉琦，下设三个发掘组，由赵学谦、林寿晋和我负责），西安半坡仰韶文化遗址和周都丰、镐遗址的大规模发掘；其中受队长之托，我先后主持 1955 年夏镐京地区斗门镇南地客省庄二期文化遗址和 1957 年秋冬丰邑遗址张家坡村东的大规模发掘工作。发掘研究成果详见《洛阳中州路》、《西安半坡》和《沣西发掘报告》三本考古学专刊。另一项工作是在各个发掘队里任辅导员，负责安排本所来队工作的见习员、研究实习员以及北京大学历史系考古专业 1955 年和 1956 年两届毕业生来队实习的部分同学做考古发掘工作。这份差事并不轻松，白天我在发掘现场走来走去忙个不停，轮番从各位被辅导者的探方里或墓穴里爬上爬下，手把手地教他们做好发掘以及绘制各种遗迹图；晚上要审阅和修改被辅导者的考古日记；他们发掘完探方、墓葬及其他遗迹后，要审阅和修改其发掘记录草稿，合格后再在正式记录本上誊清，所以，每天我工作时间长达 11 个小时以上。我这样做虽然感到十分劳累，但却大大深化了个人对白天考古发现的认识和记忆，从而在业务上获得了迅速的进步和提高。从那时开始，我便养成写考古日记和用小本绘遗迹、器物图以及拓铜器花纹、铭文、瓦当拓片的习惯，一生积累的这方面的资料重达数公斤，前几年我向公家交还公用书柜、办公桌时才将上述资料及著作手稿当废品处理掉。现在家里只留有近年新作如《三代都址考古纪实——丰、镐周都的发掘与研究》一书的手写稿。

此外，1956 年 1 月我还经历了保护丰镐遗址事件，至今记忆犹新。1955 年 12 月下旬，半坡发掘队应陕西省文管会之请，派我协助该会工作队配合沣西砖厂建设工程在张家坡村东发掘。我到达工地不久了解到以下情况：沣西砖厂每天烧砖用土量达 600 立方米，预计四年后便可挖掉张家坡一带的高地，约占丰京遗址的 1/7 面积。我感到问题严重，所以建议陕西省文管会茹士安同志设法阻止沣西砖厂继续扩大建设；另外立即写信向夏鼐先生报告实情。一个星期后，文化部副部长兼文物局局长郑振铎先生率领王冶秋副局长、陈滋德处长和庄敏等到达西安，下榻西安人民大厦。抵西安后第三天的上午，由我带路，郑部长一行同陕西省张德生书记、赵寿山省长和工业厅王厅长等到张家坡深入了解沣西砖厂建设和生产规模以及破坏丰京遗址的具体情况。数天后，陕西省省政府勒令沣西砖厂立即停产解散。郑先生曾在西安人民大厦会客室当着众人表扬了我，对保护遗址不力的同志给予了极其严厉的批评，还说回京后要给予一次记过处分，以示警诫，从而杜绝今后再出现类似的错误。后来我听说，给有关同志记过的事由于夏鼐先生出面说"情"而作罢。此事对我教育深刻，使我明白如何处理建设工程与文物保护的辩证关系，即在一般情况下文物考古要为建设工程让路，但当建设工程破坏国家重点文物保护单位时，则工程建设要为文物保护让路。

这一时期我发表了以下两篇文章：

（1）和吴汝祚合作在《考古通讯》1955 年第 2 期上发表了《宝鸡和西安附近考古发掘简报》一文。

（2）在《考古通讯》1956 年第 3 期上发表了《关于"殷人墓"的商榷》一文。

三　漫长的艰苦考古历程

1958 年，我开始承担课题任务独立工作，先后任山西队、安阳队、丰镐队和泾渭队的队长职务。从 1958 年到 1990 年我退休的 32 年，除去不能做工作的十年"文章"外是 22 年，其中我奋斗在田野考古第一线的时间长达 17 年之久，考古足迹遍及黄河、长江流域，在工作上取得了一系列重要科研成果，内有多项是学术原创性成果。

1958 年，违反科学精神的所谓"大炼钢铁、大跃进"之风席卷全国。考古研究所于 4 月末结束"拔白旗、插红旗、政治挂帅"的整风运动，各个发掘队于 5 月初先后离京到外地做田野考古工作。是时我担任新建立的黄河水库工作队山西分队队长职务，带领 19 位同志到晋南地区开辟研究新基地。我们于 5 月 2 日离京，6 日上午 8 时便开始发掘永济县（今永济市）东庄村遗址。在新地区建立一个研究基地只用 3 天时间，速度之快是前所未见的，因此得到所里的赞扬。我集中全队同志在东庄村发掘，一方面是考虑当时在同一时间内发掘两处以上遗址的条件不成熟；另一个因素是，我从调查资料中发现东庄村仰韶文化既具有半坡类型的因素，又具有庙底沟类型的因素，是探讨和研究仰韶文化发展规律不可多得的一处重要遗址。发掘工作进行至 6 月初，社会上刮起了"粮食亩产万斤、数万斤"之类的浮夸风，文物考古界也不风平浪静，河南省冒出一个所谓"自打自唱（自己做研究，自己挖探方的所谓'知识分子劳动化'）、边发掘、边整理、边编写报告"的先进典型"刘胡兰考古队"，弄得队里人心浮动和思想混乱。有同志对我发掘东庄村遗址的决策及工作方法提出质疑，说没有"政治挂帅"，主张另找灰土堆积厚的所谓典型遗址开展"跃进式"的发掘。正当我受到的压力越来越大，难以承受之时，考古所党组织负责人靳尚谦来到工地，向大家说明所里在年初制定的《队长负责制考古条例》仍然有效，不论何人在行动上都要听从队长的指挥（按：梁思永、尹达、夏鼐都认为发掘队队长不是一个"官职"，而是承担研究课题的负责人。人选主要是按学术水平，也就是能否完成科研任务的标准来挑选。牛兆勋副所长来到考古所后，把发掘队长视为"官职"。任命一些所谓"政治挂帅"但尚无研究能力的刚毕业的大学生为队长或副队长，致使发掘队的研究水平有所下降，有的队甚至长期无像样的科研成果）。这样，我们得以继续在东庄村遗址发掘下去。后来东庄村遗址的仰韶文化被公认是一种新文化遗存，属于半坡类型和庙底沟类型之间的过渡期遗存——仰韶文化东庄村类型遗存。

7 月初，我队派出两个工作组在晋南地区进行调查和试掘工作。来到考古所"掺沙子"（"反右"运动后派工农干部到文教单位任领导职务的专用名词，也就是在科学文教事业单位实行和贯彻所谓"外行领导内行"）的牛兆勋副所长于 7 月中旬下令各个发掘队到洛阳集中学习，实际上是进行第二次"拔白旗、插红旗、政治挂帅"的整风运动（按：当时所里派靳尚谦到洛阳劝说，无效）。这次"整风运动"比年初在所里的整风要"严厉"得多，大搞"人人过关"，队长在大会上做"检讨和听取批评意见"，最后由副所长做评审结论，所长秘书王某做记录，其他人在发掘队范围内检查通过。记得当时有多位队长在大会上检讨两次乃至多次才勉强过关，副所长在评审的结论中用词十分"严厉粗暴"，连"军阀作风"、"走上层路线"

（指与夏鼐先生比较接近的同志）之类的帽子都硬给人戴上了。最不幸的是安阳工作队队长，在大会上遭错误指责、批评后免职（按：副所长指责她印中国科学院考古研究所安阳队信封、信纸使用是个大错误。回所后，王伯洪告诉我说，按所里发给的工作队公章名称印制信封、信纸使用是符合国家法规的，说那样做犯错误是不懂业务的缘故），调到考古编辑部工作。运动后期，副所长带领各发掘队全体同志敲锣打鼓到工厂和农村参观学习"大跃进"精神，回来后搞"人人写书吹牛风"。副所长指定我和安志敏、刘观民三人负责落实"人人写书问题"，但我们三人都没有信心完成任务，原因是年初在所里也搞过类似的"写书吹牛风"，事情后来不了了之。安志敏的表现最为消极，由副所长主持三人小组开会时，他经常闭目养神和打喷嚏，后来被"轰"出三人小组由林寿晋代替。最后出台的所谓写书名单，是林寿晋及其两位得力助手炮制出来的。其中最典型的事例是，有位初中程度的会计申报两年掌握俄、英、日三门外语；有位初小程度的技工申报在一年内写出一本《殷墟考古史》……这些十分"响亮动人的叫卖声和口号"，后来都成为文物考古界的笑柄。"整风运动"结束时，牛副所长自作主张宣布安阳队为"自打自唱、边发掘、边整理、边写报告考古试验田"，队员50多人，约占全所田野工作人员的1/4。由尹达所长兼任队长，我和魏树勋任副队长。安阳队住的王峪口村是个小村子，有1/3队员没有房子住，也没有厨房和放置发掘资料的仓库，我便发动大家并带头动手建造草顶泥巴墙房屋解决住宿和做饭等问题，此事到年终汇报田野考古工作时得到领导的表扬。尹达所长在北京，从不来信指示如何开展工作，我意识到所领导不赞成建立什么"考古试验田"，所以就按照老办法——夏鼐考古学理论和方法在计划建筑安阳工作站的地段内开探方发掘，这是新中国建立后首次在殷墟小屯村附近地区恢复居址发掘工作（1950～1958年春，在洹水北岸的武官村、大司空村和纱厂等三地使用这一方法发掘过墓葬）。发掘队人员多，工作规模大，同时开掘40多个5米×5米的探方，加上"整风"后大家工作干劲大、挖掘速度快，我实在照顾不过来。其中有一个探方掘至2米深时出土了一件朽腐不辨形制的铁器，被认为是"重大发现"，说明"商代已有铁器了"？后来我经过深入研究，发现铁器出自有"天花粉植物"

的盗洞里。不久，胡秉华的探方掘至 3 米深时也在"天花粉植物"洞穴里出土了一件朽腐不辨器形的小铁器，这样，商代已有铁器的风波才算平息下来。但不知怎么搞的，"殷墟出铁器"的事后来传到郭沫若院长那里（听说是 1959 年夏安阳队负责人反映的），经所里多次作解释，郭院长才打消著文谈殷代已有铁器的事。我从这件事中深深体会到，田野发掘务必要做到准确无误和实事求是，否则不仅会闹笑话，而且在学术上还会产生不必要的麻烦和混乱。不过，在学术研究中坚持和捍卫真理并非易事，此点到 1964 年我才有切身经历和感受。

1958 年 12 月末所秘书组来函，说"所里应文化部文物局之邀请，派你和刘观民到安徽省办考古训练班，望立即向魏树勋交代工作前往合肥市省博物馆联系工作"。我到达合肥市的安徽省博物馆后，与观民商量决定，他到阜阳地区工作，我到六安地区工作。1959 年 1 月，我在寿县除完成考古训练班的工作任务外，还在寿县做过调查。1959 年 2 月初我回到北京，夏先生对我说："你将另有任用，不要回安阳队了，所里已派林寿晋接替你的队长职务。"

1959 年 3 月，我任丰镐工作队队长，在前人工作的基础上，特别是吸取个人自 1954 年以来的工作经验和教训，采用新的研究思路和方法勘测丰、镐二京遗址及相关问题。到 1963 年，便在考古中获得三项突破，发表有新意的论文三篇。

三项具有突破性的研究成果是：

（1）利用地层探查方法，弄清了与丰、镐两京有关的古代水道——丰水、滈水、镐池、彪池和汉、唐时期昆明池的具体流向、位置和范围等水文地理方面的问题。然后根据文献记载并结合实地踏察、钻探和发掘，考证出丰京遗址在今沣河中游西岸客省庄、马王村、张家坡和西王村一带，面积约 8 平方公里。西周宫室区在马王村和客省庄之间的地区。镐京遗址在沣河中游东岸的洛水村、普渡村和斗门镇一带，遗址被昆明池破坏，残存面积约 4 平方公里，西周宫室区在洛水村一带。

（2）运用地层学分期断代理论和方法，根据白家庄和洛水村两地的西周文化层堆积与内涵，提出了周文化发展三期说，为丰、镐地区西周文化的研究揭开了序幕。这项成果，后来成为西周居址周文化分期断代的标尺。

（3）在客省庄村南发现西周和先周两种不同遗存的叠压地层，首次把西周和先周两种文化区分开来，为探索先周文化提出了依据和线索，这在考古学上是个重大突破。20世纪70年代末期我开展周人迁岐以前的先周文化与先周历史的考古研究，是上述发掘工作的继续和延伸。

三篇有新意的论文是：

（1）《丰、镐地区诸水道的踏察——兼论周都丰、镐位置》，《考古》1963年第4期。

（2）《1961—62年陕西长安沣东试掘简报》，《考古》1963年第8期。

（3）《〈沣西发掘报告〉读后》，《考古》1964年第12期（署名"求是"）。

我在考古中取得上述研究成果之后，下一步打算有目的、有计划地对有关文化遗存进行深入的发掘研究，最后还原丰、镐两京都城的基本面貌。十分遗憾，我的研究计划因受到不公正的待遇而变成泡影，1964年末办公室通知我下放原籍广东省恩平县，即被逐出考古队伍。我遭此不幸若晴天霹雳，回忆个人来所十多年做了不少工作，在研究中已有多项重要成果，在政治上也没有说错话和做错事；另外，1963年冬和1964年春陕西省考古研究所两次来人调我到该所工作，所里都没有同意放人，事隔半年我竟变成被所里淘汰并逐出考古队伍的人。想来想去，问题大概出自我在研究中坚持实事求是精神，发表了《〈沣西发掘报告〉读后》一文得罪了人而遭此劫难。当时我曾要求办公室和人事处负责人（办公室原主任靳尚谦被调到西安研究室）林择敏把我下放到其他考古单位，但遭到她蛮横无理的拒绝。后来我到夏先生家里向先生诉说个人不幸遭遇和要求，夏先生说："你来所十多年做了不少工作，是有成绩的，国家培养出一个人才不容易，随便改行不好。只要不离开考古队伍，在什么地方工作都一样，现在我就回所建议调你到其他考古单位工作。"从此没有人强迫我离开考古所了，下放的事不了了之。

"文章"时期，文教事业遭到了严重破坏，许多工作停止了，连大学也不正常办了，脑力劳动者被迁到"干校"务农，连未成年的初中毕业生也被要求到农村当农民。后来，"干校"被撤销，在农村务农的知识分子陆续回到城市原单位重操旧业。中国实行改革开放后，上山下乡的知识青年陆续回到城市。考古学研究与现实政治的关系不密切，所以《考古》和《考古学报》两个刊物较早得到复刊，田野考古工作也逐步恢复了正常。1973年我在故宫慈宁宫文物展览会（专供外宾参观）工作数个月。1975年跟随张长寿在关中西部地区调查，其中在丰镐地区是深入了解丰、镐两京遗址被破坏的情况，为日后开展发掘工作做准备。另一项工作是骑着自行车沿渭河两岸及其附近地区调查，历时数十天，行程数百公里，踏察古文化遗址和墓地达80多处，从而对上述地区各种文化遗存特别是周文化遗存的分布有了进一步的了解和认识。我过去在丰、镐遗址等地发掘的窑洞遗构中，窑顶或遗构上部均遭破坏，具体结构不清楚，这次在岐山县周公庙的一个露头见到一座客省庄二期文化的窑洞居室，这是我个人在调查中的收获。1979年又在陇东常山遗址发掘了8座常山下层文化窑洞遗址，这样，我对窑洞结构就有了一个清晰的概念和认识。1976～1985年，考古工作者在甘肃、陕西和山西等省先后发现很多不同时代、不同文化性质的窑洞遗构及聚落遗址。至此，我花费31年时间（1955～1985年）收集古文化窑洞研究素材的工作基本完成。1985年冬，苏秉琦老先生为他主编的《考古学文化论集（三）》向我约稿写篇论窑洞的文章。我约张孝光合作写了《论窑洞——考古中所见西周及其以前土洞穴房基址研究》一文，作为古代建筑史的拾遗。换一句话来说，过去建筑史中只涉及地面建筑而无地下建筑，而窑洞居室是属于地下建筑，所以拙文补充和丰富了我国古代建筑史的面貌内涵。

1976～1977年，我参加本所河南二队在豫东地区的调查和发掘工作。考古调查范围达及周口、开封地区以及豫东和鲁南接壤地带，历时数十天，行程近千里，踏察各种不同时代、不同性质的古文化遗址和墓地100多处。另外，我受队长之托，开展以下工作：①协助商丘地区文管会在该地区做文物、遗址普查工作；②主持永城县黑堌堆遗址和柘城县孟庄遗址的发掘。黑堌堆遗址是一个面积窄小、高出周围地面1～2米的椭圆形土丘，解放战争时期在土丘里建筑了军事碉堡及纵横交错的壕沟，由此，龙山文化遗址被破坏得十分严重，我们挖掘了 4 个探方后便结束了工作。孟庄遗址是商代前期分布在豫东地区年代偏晚的一个重要据点。遗址面积约 3 万平方米，文化内涵比较丰富，遗址北端已暴露出两个被破坏的大型夯土基址。可惜的是，因受洪水泛滥冲刷和河流改道以及农业生产和工程建设的严重破坏，遗址聚落形态难以弄清楚，所以，我们所发掘的遗址面积只有数百平方米，便结束了发掘工作。在遗址发掘后期，我因牙病引起右腮帮子红肿，地区领导同志十分关心，曾多次劝说我住院治疗。但我考虑到参加发掘的人员都是地方文物干部，他们又是初次参加遗址发掘工作，每个人学习和工作的热情十分高涨，我担心离开工地后影响发掘工作质量以及同志们的工作热情，所以一直带病坚持工作，直至结束遗址的发掘。随后，我们转入室内进行资料整理研究，以及完成发掘报告的编写工作。从发掘到写出遗址发掘报告仅用了 3 个多月时间，是一次工作效率极高的考古研究工作，队长对此感到满意。回到北京后，我的牙病由发炎发展到化脓，右腮帮子由红肿导致脸部穿孔，最后留下一个明显的圆形凹坑伤疤。

周人迁岐邑前的历史属于传说，有待考古学研究来复原。1978 年，我提出的"先周文化探索与研究"课题被列入中国社会科学院的科研计划（项目是我向胡乔木院长提出来的）。后由我负责组织"中国社会科学院考古研究所泾渭工作队"，专职进行这一工作。1978～1986 年我队在泾渭地区进行调查和发掘，得到国家文物局及地方各部门的鼎力协助。各地同志不仅在生活上十分关心我们，在工作上还无私地提供考古资料、调查线索和交通工具，并常和我们一起去调查遗址，真是感人肺腑，令我终生难忘。这样，我队只用短短一年多的时间，就在地貌复杂（多属山峦重叠、沟壑纵横交错地带）、步履艰难的广大泾、渭地区完成了调查任务，行程数千里，踏察古文化遗址（或墓地）数百处，采集到大量文物资料，从而对各种不同文化遗存，特别是先周文化遗存的分布状况及规律，有了一个比较全面的初步了解和认识。

我队考古工作任务是探索和研究周人迁岐以前的先周文化，但也不忽视和放弃随手可得的考古新发现。所以，我们在重点大规模发掘南邠碾子坡先周文化居址和墓地之前，选择常山遗址和徐家碾寺洼文化墓地作为典型进行了发掘，而且在学术上取得了预期的重要科研成果。

1. 常山遗址

我们在调查中以及在各县博物馆（或文化馆）里看到大量的文物资料，发现渭河和泾河的上游地区分布有一种新史前文化遗存，故在 1979 年 10 月选择陇东镇原县常山遗址进行了发掘。遗址中的下层堆积是较为单纯而颇具特征的文化类型，故命名为常山下层文化。它有一组典型的文化类型品，既含仰韶文化的传统余韵（红陶和彩陶），又有龙山文化早期（庙底沟二期文化阶段）的一些特征，还有相当数量的西北早期铜器文化中特有的双大耳罐、单大耳罐器类，聚合而成一个颇具特征的融合性的文化共同体。常山下层文化是仰韶文化在该地区发展的晚期阶段，向下演化为齐家文化。这是对过去把齐家文化视为马家窑文化马厂期继续的观点的补充和纠正，为这一地区史前文化发展系列提供了新的看法和证据。不久，考古工作者在宁夏菜园子等地发现了常山下层文化居址和墓葬。甘肃省考古研究所的张学正、郎树德等在对秦安县大地湾遗址的发掘中，也发现了常山下层文化遗存。他们还以十分丰富的发掘资料，论证和说明过去有人错误地利用调查采集陶器、陶片命名的"石岭下类型文化"，纯属一种不严谨的说法和偌大的误会。这样，主张甘、青地区史前文化编年序列为"仰韶文化——石岭下类型——马家窑文化（各个类型遗存）——齐家文化"的说法，也就难以自圆其说和成立了。（按：常山下层文化的命名以及齐家文化来源于常山下层文化之观点，通过 30 多年的历史检验已为学术界接受和认同——详见《2016 中国·广河齐家文化与华夏文明国际论坛论文集》，甘肃文化出版社，2017。）

2. 徐家碾寺洼文化墓地

1978 年，我们在泾渭地区调查中发现过去所称的"安国式陶器"或"安国文化"，实际上属于寺洼文化晚期遗存。为了进一步充实我们上述学术见解的论据，1980 年春季我队发掘了陇东地区庄浪县徐家碾寺洼文化墓地，发掘出 104 座墓，内有 2 座是车马坑，有 8 座墓各殉一人。共出土陶器1531 件，铜、陶、石、骨质工具和兵器 100 多件，骨、蚌质项链串饰 20 多件，文字和符号 81 例，充分说明所谓"安国文化"实际上属于寺洼文化晚期遗存的说法是符合客观实际的，而且很快得到了学界同仁的认同。夏鼐先生主编《中国大百科全书·考古学》时，点名让我撰写"寺洼文化"条目。

再有，我认为发掘墓葬的目的并非"探宝"或猎取"古董精品"，它的学术目的是探讨和揭示其埋葬习俗及其思想信仰内涵。而一种埋葬习俗和制度的文化内容异常丰富，它至少应该包括以下两个不同方面的文化遗存及其思想信仰特征：①墓葬形制，即墓穴构造、葬具、葬式、随葬器皿放置（包括殉人、殉动物和祭肉等），以及随葬器物的种类、形制及器皿组合等；②墓地形制，即一个特定人群聚葬在一起的所谓茔地与年代相应居住地的关系，如茔地的地理位置选择，墓葬方向的特点，茔区墓葬的分布、分群和墓葬组合等。上述两种不同文化遗存资料，如果缺少其中一种就无法复原和阐明当时人们的埋葬习俗及其思想信仰问题。我国迄今发表的古代墓葬发掘报告，里面往往只有墓葬形制方面的遗存资料，缺少茔地形制方面的遗存资料，因而无法还原和说明其埋葬习俗、制度及其思想信仰问题。这次我们在徐家碾发掘研究寺洼文化墓葬，严格地遵循前述科学理论和方法做工作，而且在研究实践中获得了成功，弄清楚并掌握了墓葬形制和茔地形制两种不同文化遗存资料。关于徐家碾寺洼文化晚期居民的埋葬习俗及其思想信仰问题，我在《徐家碾寺洼文化墓地》的考古学专刊中有详细而具体的介绍和说明，这里不再重复。总之，徐家碾寺洼文化墓地的发掘研究，为将古代墓葬发掘升华到史学高度做工作开了先河，并树立了一个范例。

1980 年秋至 1986 年，我根据前述考古理论和方法对南邠碾子坡遗址中的先周早期、晚期和西周三个不同时期的墓地进行了发掘与研究，在工作实践中也同样获得了成功。关于碾子坡先周早期、晚期和西周三个不同时期周人埋葬习俗的内涵及其演变情况，我在《南邠州·碾子坡》（《夏商周断代工程丛书》考古学专刊）一书中已有详细而具体的介绍和说明，在此不再重复。也就是说，我提出从史学高度进行发掘研究古代墓葬以还原其居民的埋葬习俗、制度及其思想信仰问题，不仅是完全合理和必要的，而且也是可操作和可实现的。

3. 南邠碾子坡先周文化居址和墓葬

前面已有说明，我探索和研究周人迁岐以前的文化遗存及还原其相应历史，是对过去进行西周文化和年代较晚的先周文化的田野考古研究工作的继续和延伸。根据古代文献记载并结合实地踏察调查，我发现泾河上游是周人的发祥地，是周先王古公亶父迁都岐邑以前先周文化遗存分布最为密集的地区；特别是文献记载中的周先王"公刘居邠"（俗称南邠）地区，不仅发现先周文化遗址的数量多，而且遗址的面积往往比较大，文化内涵异常丰富。碾子坡先周文化遗址位于南邠地区——今日陕西省长武县南端的黑河东北岸岸旁的第三级斜坡阶地上，东南距泾河和黑河交汇处——亭口镇约 3.5 公里，西北距长武县县城为 17 公里。遗址所在斜坡阶地东北高西南低，高差为 40 米。遗址所在地海拔约 900 米，高出黑河水面约 50 米，距塬顶地面 200 多米。

碾子坡先周文化遗址是中国科学院考古研究所（今中国社会科学院考古研究所）渭水工作队于 1959 年调查时发现的，后来常有考古工作者到达遗址调查，因历次调查都没有发表工作报告，其考古收获不详。1979 年 11 月 9 日我队对遗址进行了深入复查，发现它是周人迁都岐邑以前的一处重要居住遗址和葬地，因此从 1980 年秋至 1986 年对它进行连续 11 个季度的大规模发掘研究。揭露居址面积 7000 多平方米，发现各种房址、窖穴、灰坑和烧陶窑址等古代文化遗迹 298 座，发掘古代墓葬 365 座，出土和收集的古文化器物及陶片数以万计。初期有四人参加工作，1982 年以后是我和王金龙二人。

1987～1988 年，我们将碾子坡遗址全部发掘资料包括数以万计的陶片运回西安市雁塔南路 113 号——中国社会科学院考古研究所西安考古室，并按不同文化的器物加以分类存放。1989～1993 年（我于 1990 年退休，但没有终止研究工作），我带领两位临时工人完成发掘资料的基础整理研究工作。1994～1996 年夏，我编写了《南邠州·碾子坡》田野考古学专刊一书，全书共 96 万字（内有四篇附录是其他专家的作品），内有遗迹、遗物插图 294 幅，彩版 8 版，黑白图版 216 版。

碾子坡遗址包含多种不同时代、不同性质的文化堆积。其中，仰韶文化东庄村类型晚期遗存为最早；年代较晚的是客省庄二期文化；年代再晚的依次为先周文化、西周文化、东周文化。但遗址的主要文化内涵属于先周遗存，前述298座房址、窖穴、灰坑和烧陶窑址中，有206座属于先周遗存。在所有365座墓葬中，有232座属于先周文化。数以万计的出土器物中，有70%是先周器物。由此说明，碾子坡是迄今发掘规模最大、收获最为丰富，以及对其文化面貌内涵了解最全面的一个先周文化遗址，确立了它在夏商周考古学中的地位。另外，在碾子坡发现的先周文化遗存，是此地的先周居民进行各类日常活动遗留下来的，是他们在经济、政治、生活和文化等方面过往历史的一种具体反映，同时也是周人居邠时期社会面貌的一个缩影。总之，碾子坡的发掘在考古学和历史学上都具有重要的地位和学术意义。发掘提供的研究成果把先周文化和周人信史以及商、周关系史的年代提早了100多年，同时也为今后探索年代更早的先周遗存及周人信史奠定了基础。所以，碾子坡先周文化居址和葬地的发现和发掘在国内外学术界引起广泛的重视。2013年，国家将碾子坡先周遗址列为全国重点文物保护单位，使其成为考古圣地。至此，长达80多年的先周文化探索和争论画上了句号。

最后我谈点考古研究工作的感受。

有一次苏秉琦先生（附苏秉琦先生赠书及题字墨宝）和我议论考古学研究问题，先生颇有感触地对我说："人生数十个春秋，其中有二分之一或稍多一点时间做野外考古工作，一辈子充其量只发掘几个古代文化遗址……"这是苏老先生的肺腑之谈。我理解其含义是，考古学研究的最大特点是出成果的时间周期长，即发掘一个遗址和完成一个考古项目，哪怕是一个小课题，绝非可以一蹴而就，它往往需要一定的时间甚至较长的时间埋头钻研和艰苦创业（按："文献考古学家"著文或利用他人调查发掘成果"编写考古报告者"是例外）。所以考古学家在日常工作和生活中，不仅应具有不怕累、不怕苦的顽强意志和毅力，而且还应该具有"淡泊名利，无私奉献""长期安心坐冷板凳"做学问的精神，才有可能完成发掘研究任务以及获得经得住历史检验的研究成果。从前面的介绍可见，我一生只参加过约10个文化遗址和墓地的发掘。其中考证出丰镐周都的位置、范围及其中心区，花了我从1954～1963年的整整10个年头。完成南邠碾子坡先周文化居址和墓地的发掘与研究，从 1978 年调查遗址到 1996 年写出《南邠州·碾子坡》考古学专刊一书，前后花了我 19 个春秋。两个考古项目所花的时间共 29 个年头，占据我在职 37 年时间的一大半。而且丰镐都城和周人迁岐以前的先周文化两个课题的研究，仅仅是开了一个头，大量工作还有待后来者去努力耕耘和艰苦创业。总之，考古学家一生只能挖几个遗址，年轻人切记要珍惜人生的宝贵工作时间。再有，人生数十个春秋，官衔、名誉和金钱无疑是学者的身外之物，最重要的是科研成果及立说经得住历史的检验，能在人类社会留下印记而没有虚度人生。那些名实不符的人和事，迟早会被历史唾弃的。

华人·龙的传人·中国人

——考古寻根记

苏秉琦　著

辽宁大学出版社

一九九四年·沈阳

四 科学精神与学术贡献及著作

科普（包括资料的整理汇编或综述）、教学工作的特点是传授已知知识，而科学的本质在于创新，二者是有本质上的区别的。创新是产生尚不存在的科学新知识，已经知道的事情不是科学研究的对象，所以科学工作者在思想上和实践上必须明确和坚持以下原则立场和思路。

（1）科学的批判思维和批判精神不接受任何未经实践检验的理论和立说，也不承认有绝对完成的科学知识。由于科学认识的阶段性和局限性，理论本身也需要不断发展、深化和修正。即使是那些已被证明比较成熟的理论，也不应成为束缚自己思想的教条，而应作为进一步探索研究的指南和起点。它们并没有终结真理，而是具有标识作用的寻求真理道路上的里程碑。科学中内在的这种批判精神，正是促使科学不断发展的动力之一，也是使其区别于非科学、伪科学的本质特征。

（2）科学的创新思想和创新精神要求人们对一切现象和事物保持独立思考，善于发现和提出问题，并将它们置于科学理论的审查之下。要求人们立足于已有知识包括理论在内，既坚持又发展，大胆地提出新问题、新学说，并付诸严格的规范的实践检验。对真理的追求和对科学的创新使科学家不唯书、不唯上，不屈服于外来压力和长官意志，也不迷信任何权威和既有理论，始终保持"独立之精神和自由之思想"（国学大师陈寅恪语）。

考古研究是一门科学，它的本质也在创新。而考古研究工作中的创新，我认为不是在考古实践中碰到和拾获什么惊人的"珍品"和"宝贝"，也不是撰写一部洋洋洒洒数万言的发掘专刊，而是揭示和解决不清楚的历史问题或考古学上的问题，尤其是关于事物本质及其发展规律的问题。这是衡量考古学家在学术上有无建树以及贡献大小的唯一标准。

古代文化遗址和墓地是"无字的地书"，考古新发现及成果是通过野外调查和发掘的科学研究实践取得的，所谓"立说"不过是用文字表达成果而已。若田野调查和发掘的科学实践无收获，没有取得解决问题的证据，著作者虽有"李白、杜甫之文采"也无济于事。由是说明，考古学的生长点和学术生命力在于田野考古学实践，所以考古学家首先应该是一位合格和出色的野外考古学家，才有可能在考古实践中有真实的发现和创新，以及在学术上建立起切合实际的科学学说。

我从 20 世纪 50 年代初跻身考古队列之时起，即奋战于田野工作第一线。基于考古工作的特性及其广泛的涉及层面，我不失时机地抓住每一次机遇，参加各种不同文化遗存的发掘研究实践，上自仰韶文化，下及汉、唐遗存，皆有所涉及，但我主要的开拓园地是周文化领域。开始醉心于丰、镐二京故址宝藏的寻寻觅觅，继而转到周文化渊源即先周文化与先周历史的探索与研究，数十载躬耕不辍，终致丰收，在周文化研究阵地上，卓然树起一家之帜。

我在漫长的考古研究征途中，一向坚持实事求是的严谨治学作风，不尚"捕风捉影"之类的空谈。田野调查和发掘力求做到准确无误和实事求是，著书立说坚持遵循认识来源于实践和铁证的原则，数十年如一日坚持通过田野调查和发掘解决学术上重要问题的理论和方法；在学术上既注意宏观层面的问题，又十分重视微观层面的问题，也就是坚持遵循宏观理论分析和微观实证相结合说明问题，从而在多个研究领域有所突破和创新，是探索丰镐都址、先周文化与先周历史、常山下层文化、仰韶文化东庄村类型遗存，以及黄土地区窑洞居室文化等研究领域的开拓者。此外笔者对寺洼文化的研究比前人的认识深入一步。在考古学理论和方法上也有补充和发展，在研究中有针对性地提出问题，展开分析论证，从严格的论证和实证材料出发，修正已有理论的不适用性和学术局限，提出新的分析方法，形成创新性的概念。如：①对考古地层学和类型学的应用功能及其范围的论述。②针对把田野考古实践视为纯属收集文化资料行为的错误观点及其工作方法，大力提倡考古调查和发掘务必要从史学高度做工作。③发掘古代遗址或墓葬要有全局观点和史学观点，也就是把问题升华到学术高度做工作，如发掘遗址不仅要弄清楚各种遗迹的面貌特征、年代及其层位关系等，它的学术目的是探讨和复原其聚落形态或都城形制。发掘墓葬的目的并非"探宝"或猎取"古董精品"，或者限于对墓葬形制资料进行分期断代及遗存分类研究，它的学术目的是探讨和复原墓地中的居民埋葬习俗、制度及其思想信仰内涵。④对夏鼐考古学文化命名定义作了补充和完善，等等。

撰著考古学专著五部和十多篇论文，共三百多万字。专著名称如下：

（1）《胡谦盈周文化考古研究选集》，成都：四川大学出版社，2000年。

（2）《徐家碾寺洼文化墓地——1980年甘肃庄浪徐家碾考古发掘报告》，（主编兼主要作者），北京：科学出版社，2006年。

（3）《南邠州·碾子坡》（《夏商周断代工程丛书》考古学专刊），北京：世界图书出版公司北京公司，2007年。

（4）《三代都址考古纪实——丰、镐周都的发掘与研究》，北京：中国社会科学出版社，2009年。

（5）《周文化及相关遗存的发掘与研究》，北京：科学出版社，2010年。

上述五部专著都是我70岁（2000年）以后陆续出版的。其中有两部专著所收的论文和考古报告，多由我退休（1990年）前的作品汇集而成；其余三部都是我退休以后的新作。可以这样说，退休以后的时光是我在科学研究中收获的高峰期。

$$* * * \quad * * *$$

我于1990年退休，但1991～2003年留所继续工作，完成陕西省长武县碾子坡先周文化遗址和甘肃省庄浪县徐家碾寺洼文化墓地两处发掘资料的整理研究，以及撰写出《南邠州·碾子坡》（原属中国社会科学院"八五计划"中的考古学专刊，后改为《夏商周断代工程丛书》考古学专刊出版）和《徐家碾寺洼文化墓地——1980年甘肃庄浪徐家碾考古发掘报告》两部著作，约150万字。

2000～2010年十年间，是我在考古研究中摘取科研成果的高峰期，整理出版了五部考古学专著（书名及出版时间见前面介绍），280多万字。

2004～2018年，我虽然退休在家，但几乎每年都有著作问世，其中有多篇是有新意的论著。例如：2005年发表的《南邠碾子坡先周文化遗存的性质分析》，2008年发表的《迁岐以前的周人遗留及社会史复原——南邠碾

子坡的先周文化遗存》，2015 年发表的《1921～1949 年中国考古学发展回
顾》，2017 年发表的《齐家文化和常山下层文化的发现与研究》，等等。

2013 年，考古学界评选我为"20 世纪中国知名科学家"（见国家重点图
书出版规划项目《20 世纪中国知名科学家学术成就概览·考古学卷第二分
册》，总主编钱伟长，本卷主编王巍，北京：科学出版社，2015 年 1 月版）。

附 《20 世纪中国知名科学家学术成就概览》钱伟长《总序》要义

在党和政府的高度重视和长期大力支持下，《概览》项目被列入国家重
点图书出版规划项目，并由科学出版社承担实施。

《概览》总体工程包括纸质书出版、资料数据库与光盘、网络传播三大
部分。全套的书计划由数学、力学、天文学、物理学、化学、地学、生物
学、农学、医学、机械与运载工程、信息与电子工程、化学冶金与材料工
程、能源与矿业工程、环境与轻纺工程、土木水利与建筑工程，以及哲学、
法学、考古学、历史学、经济学和管理学等卷组成。

主要目的就是以此来记录近代中国科技发展历史，铭记新中国科技成
就，同时也使之成为科技创新的基础人文平台，传承老一辈科技工作者爱
国奉献、不断创新、追求卓越的精神，并以此激励后人。……编写出版这
样一套史料文献，可以总结中华民族对人类科技、文化、经济与社会所做
出的巨大成就与贡献，从而最广泛地凝聚民族精神与所有炎黄子孙的"中
华魂"，让中国的科技工作者能团结奋进，为共建和谐的祖国多做贡献，更
可以激发年轻一代奋发图强，积极投身祖国"科技兴国"战略的伟大实
践中。

第一章 提出仰韶文化东庄村类型

20 世纪 50 年代中期，伴随着客省庄、半坡和庙底沟等多处仰韶文化遗址的发掘，我国学术界掀起了一股仰韶文化研究热和大辩论，人们在讨论中涉及的问题甚多，但争论焦点是仰韶文化性质和年代问题。

我先后参加了客省庄和半坡两个遗址的发掘，也曾专程前往庙底沟遗址发掘现场参观研究，所以对仰韶文化半坡和庙底沟两个不同类型遗存的文化内涵和面貌特征比较了解。1958 年春我担任黄河水库工作队山西分队队长职务，从调查资料中发现晋南东庄村仰韶文化遗址既具有半坡类型因素，又具有庙底沟类型因素，是探讨和研究仰韶文化发展规律不可多得的一处文化遗址，故决定对它进行大规模的发掘研究。发掘结果证明，东庄村仰韶文化是半坡和庙底沟两个类型之间的过渡期——东庄村类型早期遗存。22 年后即 1980 年秋，我在陕西省长武县碾子坡遗址发现仰韶文化东庄村类型晚期遗存（按：过去在长武县下孟村发现典型庙底沟类型遗址）。这样，黄河中游晋、豫、陕接壤地区的仰韶文化从半坡类型→东庄村类型（史家类型）→庙底沟类型→西王村类型（半坡晚期遗存）的演化轨迹就十分清晰了。这一立说很快为学界认同和接受。下面分三个方面来介绍说明。

第一节 东庄村类型早期遗存
——东庄村仰韶文化

东庄村位于晋南永济县黄河北岸第一级台地上，遗址面积约 12 万平方米，

村子位于遗址中央（图1-1-1、图1-1-2）。我队于1958年春发掘遗址面积
1180平方米。

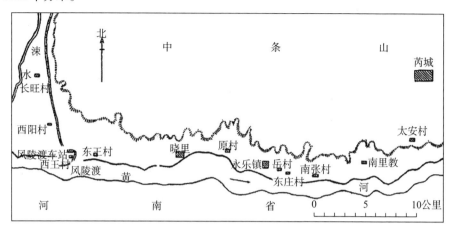

图1-1-1　东庄村遗址位置图

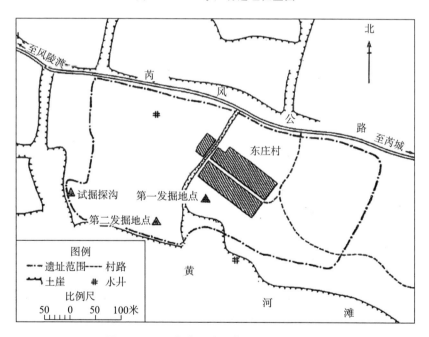

图1-1-2　东庄村遗址范围及发掘地点图

遗址堆积第一层是农耕土，厚0.2~0.3米。第二层是雨水冲刷形成的
厚约0.2~0.5米的黄色土层，系明万历三十九年（1611）以后形成的。第
三层是东汉遗存堆积，只发现一个灰坑和一些碎砖残片等物。第四层是东

周文化层，只发现一个灰坑和两座墓葬以及少量遗物。东周文化层下面只发现一个西周灰坑。最下层是仰韶文化层，除去房址和灰坑以外，厚度一般在 0.15 ~ 0.3 米，个别地方厚 0.7 米。

一 遗迹

1. 房址两座，地面建筑和半竖穴式建筑各一座。半竖穴式房子 F204 的平面为不规则的圆形，南北 5.4 米、东西 5.5 米。地面平整，径 3.8 ~ 4.8 米。穴东南有斜坡的出入口，斜坡上宽 0.8 米、下宽 0.4 米。房内设一个口小底大的圆形袋状竖穴，口径 0.8 ~ 1 米、底径 2 米、深 0.86 米（图 1 - 1 - 3）。

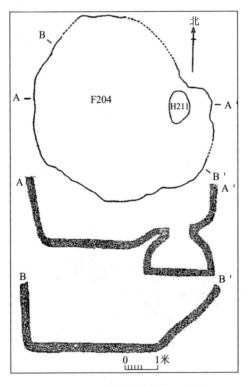

图 1 - 1 - 3　房址 F204 平、剖面图

2. 灰坑 35 个。其中，3 个是口小底大的圆形窖穴。7 个是口大底小圆形土坑，圜底 4 个，平底 3 个。23 个是口大底小的椭圆形土坑，圜底 10 个，平底 13 个。余下 2 个是不规则形状的土坑。

3. 竖穴式烧陶窑址 9 座，皆残破未能复原。

　　4. 墓葬 5 座。其中：(1) 瓮棺葬墓 1 座；(2) 长方形竖穴墓 2 座，都是单人葬，仰身直肢，无葬具和随葬品；(3) 二次葬墓 2 座。M105（图 1－1－4）的墓圹是一个椭圆形圜底土坑，深 0.4 米，口径东西 0.93 米、南北 0.77 米。人骨架两具，头骨均向北，体骨叠放在所属头骨南边。两具骨架基本平行，头向约 20 度。经鉴定，靠东者为中年男性，靠西者为接近中年的男性。无葬具和随葬品。M103（图 1－1－5）的墓圹若梯形竖穴，方向 305 度。

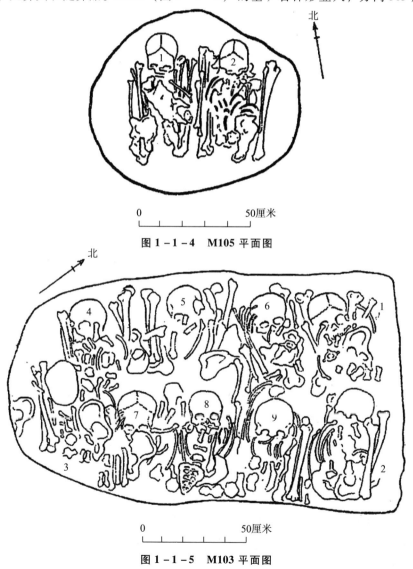

图 1－1－4　M105 平面图

图 1－1－5　M103 平面图

墓圹北端平直，南端呈弧形，长 1.86 米、北宽 1.06 米、南宽约 0.8 米、深 0.5 米。9 具人骨架，头均西向，体骨则分别散放于所属头骨的东南。经鉴定，靠东一排 2 号为中年女性，9 号为成年男性，8 号为中年女性，7 号为成年男性。靠西一排 1 号为中年女性，6 号为中年男性，5 号为中年男性，4 号的年龄性别不明。南端 1 具 3 号的年龄性别不明。均无葬具和随葬品。

二 遗物

1. 生产工具

生产工具共 74 件，器型 18 种。

石斧 13 件，石锛 1 件，石刀 4 件，石镞 3 件，石弹丸 10 个，石纺轮 1 件，砍砸器 2 件，敲砸器 1 件，铲形小石器 1 件，砺石 1 件，陶刀 2 件，陶弹丸 11 个，陶纺轮 7 件，陶网坠 2 件，陶锉 3 件，骨镞 5 件，骨锥 1 件，角镞 6 件。

2. 生活用具

生活用具都是陶器，经粘对复原约 60 件。

陶质有细泥红陶、泥质红陶、泥质灰陶、夹砂红陶和夹砂灰陶五种。细泥红陶的陶土都经过精细淘洗，质地细腻坚硬。胎以红色最多，棕黄色很少，上段红（或棕黄）下段灰的所谓红顶碗、部分表面呈灰色或带"灰斑"的亦有少量发现。有陶衣的约 3%，衣以米黄色为最多，深灰色次之，淡红色很少。陶衣多施于器物外表，内外并施的很少见，仅施内表的未见。泥质红陶和泥质灰陶的陶土未加羼和料，也未经过淘洗。质地坚实，胎较厚，皆不施陶衣。夹砂红陶以夹粗砂的占多数，夹细砂的占少数。夹砂灰陶的情况却相反。

制法全都用手制，除 Ⅱ、Ⅲ 式敛口罐和 Ⅰ、Ⅱ 式器盖等小件器物系手捏塑的以外，其余皆用泥条筑成法。泥条宽度为 1~2.5 厘米，以 1.5 厘米和 2 厘米左右的最常见。底径较大的容器，往往是底、腹分制再接合的。接合方法有两种，常见的一种是用大于或等于底径的底从下贴附接合；另一种是用小于底径的底镶入结合。轮修仅见于部分口缘，几乎全部器物都经过湿手抹平这道工序，磨光只限于细泥和泥质的制品，而且绝大部分仅施于腹壁外表的上段及其以上部分，全部磨光的很少。

器表除"素面"外，有彩绘、线纹、附加堆纹、弦纹、齿状压纹、席纹和镂孔七种。彩绘均用黑色，见于部分碗、钵、盆类和个别带耳罐上；施彩部位主要在器腹外表的上半部和口缘上。彩绘花纹有由窄条、宽带、弧线、圆点等所组成的直角三角形等图案和鱼形纹，以各种直角三角形纹最常见，以鱼形纹最突出（图1-1-6）。线纹较多，常见于尖底瓶、瓮和部分罐类器

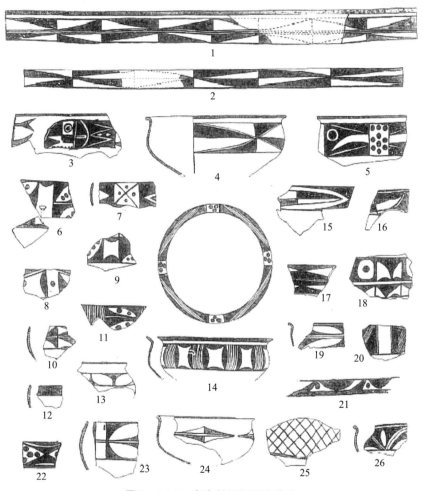

图1-1-6　东庄村仰韶彩陶花纹

1. H104：4：11；2. H113：1：8；3. H115：2：51；4. H109：4：13；5. H128：1：015；6. H115：4：33；7. H115：1：06；8. H115：1：03；9. H115：4：08；10. H104：6：02；11. H106：1：021；12. H115：2：05；13. T213：5：014；14. H104：4：18；15. H103：1：018；16. T124：3：019；17. H109：2：016；18. H104：4：04；19. H109：2：012；20. H104：2：017；21. T209：5：1；22. H115：4：022；23. T125：4：07；24. H124：4：013；25. Y202：1：09；26. H104：1：01

的腹上。附加堆纹有：圆形泥饼、圆锥形泥钉、鸡冠形短泥条、带状长泥条等。弦纹见于部分陶盆和一些不明器型的碎片上。齿状压纹见于器盖顶缘和一件镂孔柱状器底部的周边。席纹偶见于罐和盆的底部。镂孔有圆形和椭圆形两种。

举 H104 为例，将陶质、器表和器型分别列表统计如下（表 1-1-1、表 1-1-2）。

表 1-1-1　陶质和器表统计表（H104）

单位：件；%

陶质	器表	素面	线纹	彩绘	附加堆纹	席纹	镂孔	弦纹	总计
细泥红陶	数量	223	80	461					764
	比例	11.87	4.26	24.53					40.66
泥质红陶	数量	314	107	25	24	10	2	2	484
	比例	16.7	5.69	1.33	1.28	0.53	0.11	0.11	25.76
泥质灰陶	数量	5							5
	比例	0.27							0.27
夹砂红陶	数量	227	337		5		2		571
	比例	12.08	17.94		0.27		0.11		30.39
夹砂灰陶	数量	35	20						55
	比例	1.86	1.06						2.93
合计	数量	804	544	486	29	10	4	2	1879
	比例	42.79	28.95	25.86	1.54	0.53	0.21	0.11	100%

表 1-1-2　器型统计表（H104）

单位：件；%

陶质	浅腹盆	钵	敛口侈唇罐	瓮	碗	尖底瓶	敞口盆	深腹盆	直腹罐	双耳罐	敛口罐	鼎	器盖	甑	总计
细泥红陶	278	208				188				10					总计
泥质红陶	176	108		90	60	80				25	24				
泥质灰陶		3			2										
夹砂红陶			307	187			40		30			4	3	1	
夹砂灰陶							8	40	7						

续表

合计	454	319	307	277	250	80	48	40	37	35	24	4	3	1	1879
占比	24.16	16.98	16.34	14.74	13.3	4.26	2.55	2.13	1.97	1.86	1.28	0.21	0.16	0.05	100%

　　器型有碗、钵、盆、盘、罐、盂、鼎、甑、尖底瓶、瓮和器盖等16
种。其中，圜底碗、圜底钵、浅腹盆、敞口盆、大口平底盘、盂、双耳
罐、直腹罐、葫芦口或双唇口尖底瓶（或称重唇口尖底瓶，只发现口沿）
和小平底瓮是具有代表性的器物（参见图1-1-7、图1-1-8）。除泥灰
质敛口瓮和重唇口尖底瓶见于庙底沟类型外，其他器皿都是半坡类型常见
的陶器。

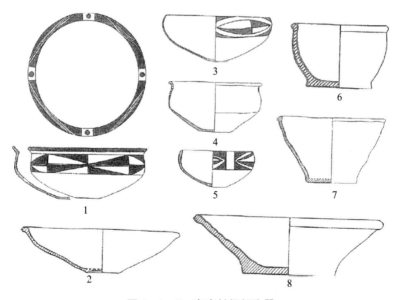

图 1 - 1 - 7　东庄村仰韶陶器

　　1.4. 浅腹盆（H104：4：11、H115：3：21）；2. Ⅱ式盘（H217：1：4）；3.5. 钵
（H104：2：16、H129：3：8）；6. 盂（H115：4：32）；7. 敞口盆（H208：3：9）；8. Ⅰ
式盘（H224：2：4）

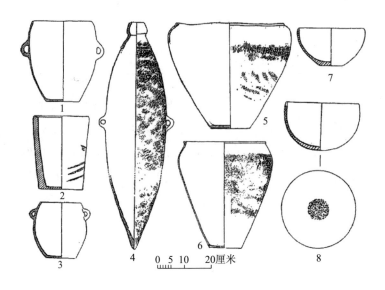

图 1 – 1 – 8　东庄村仰韶陶器

1.3. 双耳罐（H113：1：3、H113：1：2）；2. 直腹罐（H115：3：20）；4. 尖底瓶
（H113：1：7）；5. Ⅲ式瓮（H103：1：10）；6. Ⅰ式瓮（H104：4：10）；7. Ⅲ式碗
（H104：3：19）；8. Ⅰ式碗（Y203：1）

第二节　东庄村类型晚期遗存

——碾子坡仰韶文化

一　碾子坡仰韶文化内涵

碾子坡遗址位于陕西省长武县西南的黑河北岸岸旁，面积约 0.5 平方公里。1980～1986 年中国社会科学院考古研究所泾渭工作队对遗址进行了 11 个季度的大规模发掘，揭露面积 7000 平方米。在Ⅰ、Ⅱ、Ⅲ、Ⅴ和Ⅷ等五个发掘区内都发现了仰韶文化遗存（图 1 – 2 – 1）。

（一）遗迹

1. 方形圆角半竖穴房屋基址 1 座，仅残存房内居住面，靠北设有瓢形灶坑，房墙限于西部和东南部各残留约 0.17 米，存高 0.12～0.3 米。

2. 灰坑 44 座，皆残破，但形制尚清楚。可分为不同的 7 种型式。

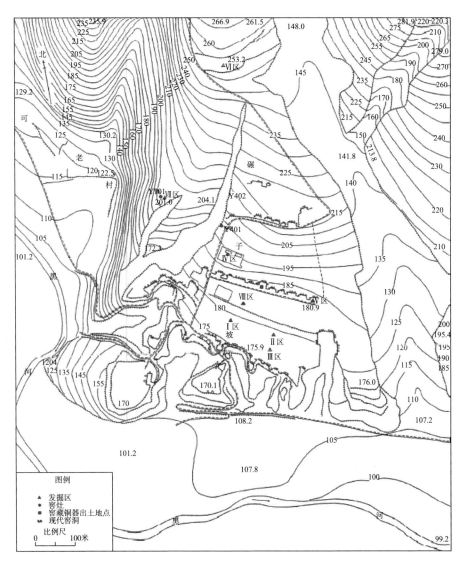

图 1 - 2 - 1　碾子坡地形及发掘区位置图

I 式　3 座，口小底大圆形袋状坑，以 H1114 为例（图 1 - 2 - 2）。坑口被 M1204 和 H1111 破坏，残存最大口径 1.4 米、底径 2.26 米、深 2.1米。坑底东半部有存宽 1 米、高 0.4 米的直边生土台。

II 式　3 座，口小底大的方形覆斗状坑，以 H1110 为例（图 1 - 2 - 3）。坑口南部被近代土坑破坏，北缘东西长 0.92 米，坑底南边 1.7 米、北边 1.3

米、东边 1.5 米、西边 1.6 米、深 1.04 米。

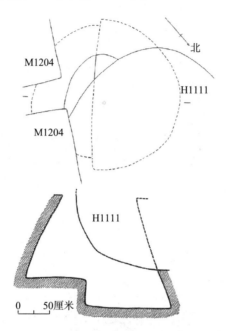

图 1 - 2 - 2　仰韶文化灰坑 H1114 平面、剖面图

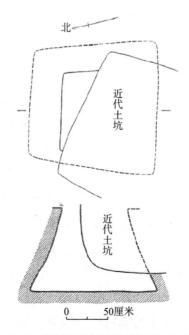

图 1 - 2 - 3　仰韶文化灰坑 H1110 平面、剖面图

　　Ⅲ式　11座，长方形圆角坑，以 H1121 为例（图 1 - 2 - 4）。口径东西
2.32 米、南北 1.63 米，底径东西 2.46 米、南北 1.72 米，深 2.48 米。

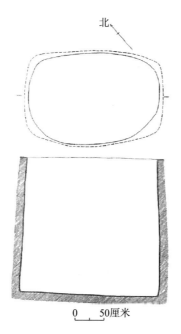

0　　50厘米

图 1 - 2 - 4　仰韶文化灰坑 H1121 平面、剖面图

　　Ⅳ式　7座，圆形坑，皆残破，仅保存近底部一段坑壁。

　　Ⅴ式　10座，椭圆形坑，皆残破，仅保存近坑底一段坑壁。

　　Ⅵ式　1座，长方形坑，仅保存下部，南北长 2 米，东西 0.82 ~ 0.92
米，深 0.6 米。

　　Ⅶ式　9座，不规则土坑，皆残破。

　　3. 灰沟　2道，均位于Ⅲ区。长条形，口大底小。G301 全长 11.5 米，
北端口宽 4 米、南端 1.5 米，存深 1.2 ~ 1.5 米。G302 只清理南半部，长 6
米一段，北半部压在探方外未发掘。

　　4. 制陶生产遗存

　　制造陶器生产遗存在Ⅰ、Ⅲ两区都有发现。在Ⅲ区只发现一座竖穴式窑址，
编号 Y6。在Ⅰ区发现 12 座竖穴式窑址，编号为 Y1 ~ 5、Y7 ~ 13，分布在 768 平
方米内。它们分为五组，其中两座陶窑为一组的，3 例，Y1、Y2，Y7、Y8、Y9、
Y12；三座陶窑为一组的，2 例，Y4、Y5、Y3，Y10、Y11、Y13（图 1 - 2 - 5）。

在各座窑址旁或附近，除常常发现因人长期践踏而形成的路土等遗留以外，还发现与制陶或烧陶生产活动有关的遗迹和遗物。如窑前的烧陶生产活动场地——椭圆形或不规则的竖穴土坑，以及贮水或存放陶泥的竖穴土坑等建筑遗留。在遗物方面，发现有陶拍、陶模等工具，盘筑器物使用的泥条或碎块，以及大量的烧废了的器皿残片、烧流渣、红烧草筋泥碎块、炭渣和灰烬等。

陶窑的附属建筑，发现三例。

（1）在窑址 Y3、Y4 和 Y5 的火膛前面有一个竖穴土坑 H153，平面呈不规则形，大口，斜壁，坑底微下凹，地面普遍存留 1～2 厘米厚的路土硬面。坑底西南部的路土硬面，与窑址 Y3 的南侧地面上的路土相连；坑底东北部的路土硬面，与窑址 Y4、Y5 的西侧和北侧地面上的路土相连。上述路土和路土硬面，当是人们在烧陶时来回走动而形成的。土坑口径东西 4.4 米、南北 4 米、存深 0.57 米。

（2）竖穴土坑 H1164 是窑址 Y10、Y11、Y13 的火膛前面的烧陶生产活动场地。竖穴平面呈圆形，大口，底面微下凹，地坪有一层厚 1～2 厘米的路土硬面。竖穴口径东西 2.3 米、南北 3 米、存深 1 米。

（3）竖穴土坑 H1159 是窑址 Y9、Y12 的火膛前面的烧陶生产活动场地。竖穴平面呈椭圆形，口略大于底，斜壁，坑底中部凹陷，坑底西半部是月牙形生土台，台面凹凸不平，台高 0.6 米。坑底和生土台面都有一层厚 0.5～1 厘米的路土硬面。坑径 3.6～4.7 米、存深 1.16 米。坑内挖有两个壁龛，其中一个位于坑底的东北壁上，平面呈半月形，宽 0.78 米、深 0.36 米、高 0.5 米。另一个壁龛开在西北壁上，平面近似方形，壁龛顶部被破坏，宽 0.82 米、深 0.83 米。

位于窑址 Y9 和 Y12 西南的竖穴土坑 H1155（图 1－2－6），平面呈长方形，坑口南北 4.1 米、东西 2.7 米、存深 1.46 米。坑南壁近似坡状，其余三面为斜壁。坑底北部是一个东西长方形平底仰斗状凹坑，东西 1.06 米、南北 0.78 米、深 0.3 米。坑底南部地面平坦，靠南有一生土台阶，高 0.24 米、宽 0.7，台面距坑口 0.64 米。竖穴东、西、北三壁及南部坑底和台阶面均修整平光。坑底南部地坪、台阶面及土坡状南壁表面都遗留有路土，南面当是土坑的出入口。

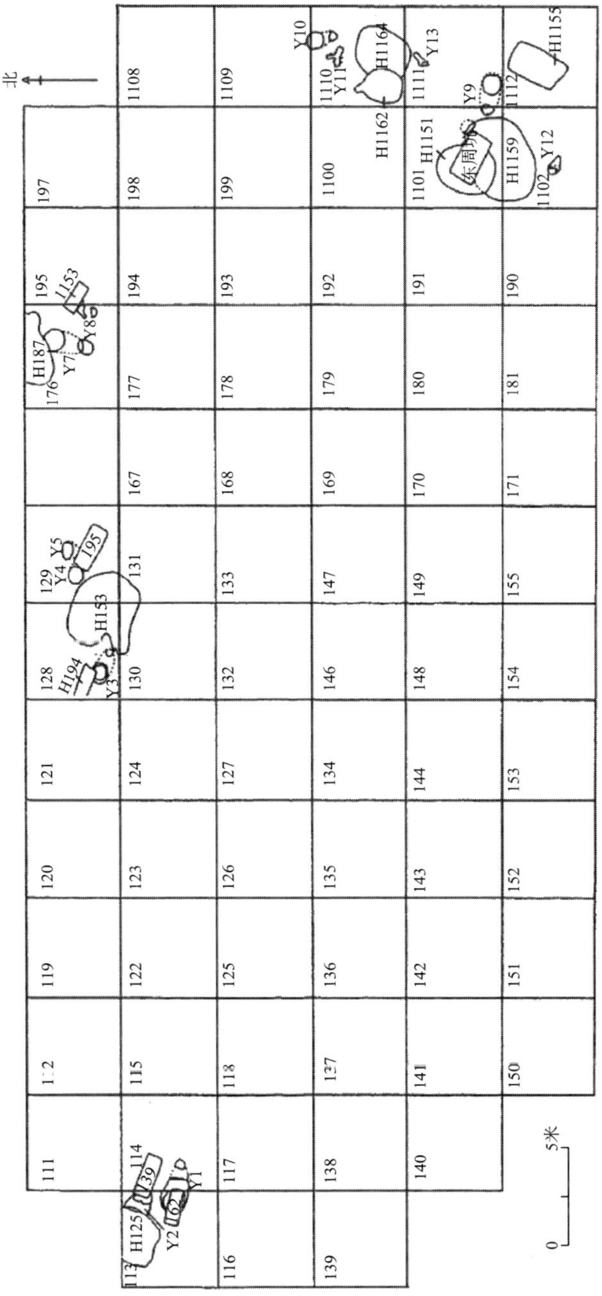

图1-2-5 I区仰韶文化陶窑址分布位置图

竖穴北端的凹坑四壁及底面，使用料姜石末和泥做成异常光滑的硬面，厚约1厘米，表面遗留有一层薄淤泥，大部淤泥已剥落，当是贮水制陶或存放陶泥的一种遗留。填土褐色，质地松散，土内夹杂大量的红烧土块、烧流渣以及碎陶片，此外还发现有泥模和泥条碎块。

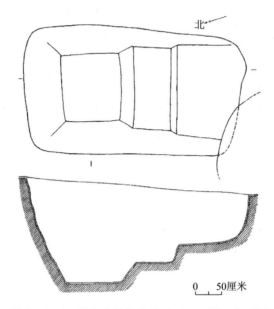

图1-2-6 仰韶文化灰坑H1155平面图、剖面图

陶窑的形制

陶窑结构一般由窑室、窑箅、窑顶、火膛、火口、火道、火眼等部分组成。所谓窑室，是指放置陶器坯胎的穴室。火膛是指放置燃料的穴室。火口是指燃料投放的入口。火道是指燃料点燃后，将火力送入窑室并加以扩散燃烧的渠道。窑箅是指将火膛与窑室分隔为上、下两层的土箅子。火眼又名箅孔，是指窑箅中穿透的小洞，小洞上口是窑室底面，小洞下口是火膛或火道的顶部。窑室、窑箅和火膛是陶窑最基本的组成部分。在碾子坡发掘的13座窑址，从结构上来说是属同一种类型，主要特征是窑室和火膛分界明确，窑室底部比火膛底高出了很多。窑室是一个圆形竖穴，穴形自下至上逐渐向内收缩变小。火膛是一个穹隆顶的洞穴，火口开在火膛顶面中部，是一个平面作圆形或椭圆形的小洞。它们在构造上存在着差别，大致可分为有土箅子和无土箅子二型。前者发现3座，后者发现7座，余下

3 座因破坏过甚，无法弄清有无土算子。

I 型

以窑址 Y3 为例（图 1 - 2 - 7）窑口向东南，方向 126°。平面作不规则形，由火口、火膛、火道和窑室四个部分组成。全长约 2.2 米，宽 1.25 米。窑室作圆形，北部坑壁被先周墓葬 M194 的墓穴挖破一些，周壁残高 0.18 ~ 0.3 米，上部略向室内倾斜。窑室底部是一个土台子，直径约 0.9 米，四周挖有一道环带形火道。火道上宽下窄，底部呈斜坡状，越往窑室后部越低，宽 7 ~ 15 厘米，深 23 ~ 40 厘米。火膛开设在窑室的东南面，靠窑室一端的形制较宽大，另一端的形制较窄小，底部平面为月牙形，西壁呈坡状，其余三面为弧形壁，顶面和坑壁之间无明显的分界线，坑底东西长 1.27 米，南北宽 0.64 米，深 1.2 米。火口开在火膛顶面中部，是一个椭圆形洞，东西径 0.48 米，南北径 0.54 米。火膛和火道相连处作"人"字状，火焰分二股进入窑室。整个窑的周壁及底均先抹一层料姜石浆后再抹一层草筋泥，厚 2 ~ 3 厘米。窑室及火膛的内壁由于长期经火烧灼，表面形成一层厚 10 ~

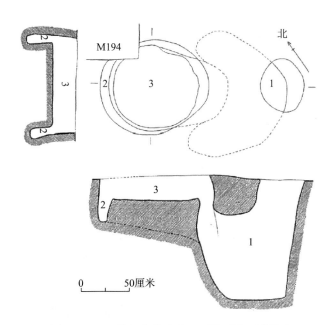

图 1 - 2 - 7　仰韶文化陶窑 Y3 平面图、剖面图

1. 火膛；2. 火道；3. 窑室

15 厘米的青灰色硬面，其中火膛内的青灰色硬面上，密布烧结了的流渣。在窑的周围地面上，残存有厚约 1 厘米的路土面，与东面的 H153 的坑底路土面相连接。

Ⅱ型

以窑址 Y9 为例（图 1 - 2 - 8），窑口向西，方向 279°。平面作长椭圆形，由火口、火膛、火道和窑室四部分组成。全长约 2.13 米、宽 1.1 米。窑室作圆形，周壁残高 0.1 ~ 0.3 米，上部略向窑室倾斜。窑室底部是一个土台子，直径约 0.9 米，四周挖一道环带形火道。火道上宽下窄，底部呈斜坡状，越往窑室后部越高，宽 6 ~ 10 厘米，深 20 ~ 40 厘米。在火道的上口，用有弧度的陶瓷残片沿窑室周壁围成一圈，利用瓷片的弧度和窑室壁面的弧度筑成一个大小不一的长椭圆形洞，实际上它起了箅孔的作用。火膛设在窑室的西面，是一个南北弧形顶的洞穴，靠窑室一端的形制较宽大，另一端的形制较窄小，平面为月牙形，底平，东壁呈坡状，其余三面是弧形壁，顶部和坑壁之间无明确的界限，底部南北径 1.1 米，东西径 0.9 米，深 0.41 米。火口开在火膛顶面中部，是一个平面为圆形的洞，南北径 0.6 米，

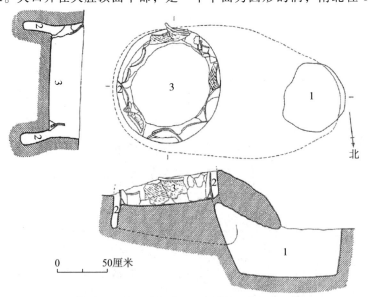

图 1 - 2 - 8 仰韶文化陶窑 Y9 平面图、剖面图

1. 火膛；2. 火道；3. 窑室

东西径 0.55 米。火膛和火道相连处的火焰分两股进入火道后，在整个窑的周壁及底均先抹一层料姜石浆后再抹一层草筋泥，厚约 2 厘米。窑室及火膛的内壁由于长期经火烧灼，表皮形成一层厚 1～1.5 厘米的青灰色硬面，其中火膛内壁的青灰色硬面上，密布烧结的流渣。在窑的周围地面上，残留有路土面遗存。

现参考民俗资料复原窑址 Y9，如图 1-2-9 所示。根据窑室形制大小，估计其高度不超过 1 米。陶坯入窑后，用树枝、芦苇和草筋泥土封顶，然后在顶部开辟若干烟道即可添火烧陶。

在 I 区发掘了五组 12 座烧陶窑址。①各组窑址所在位置的高差基本相同；②各组窑址的所在层位也是相同的；③各窑址所出陶器残片的基本特征，在器种上和器型上乃至纹饰方面也都是完全相同的。基于上述种种理由，我们认为五组窑址在年代上是同时并存的，这里是一个烧陶器的场址。

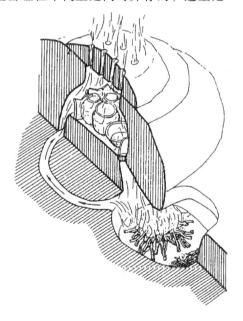

图 1-2-9　仰韶文化陶窑 Y9 复原图

（二）遗物

1. 生产工具。共获 126 件。其中，用于农业和日常生产活动的工具有石斧、石铲、石刀、骨凿和陶刀等；用于渔猎的工具有石弹丸和骨镞、角镞等；

用于纺织和缝纫的工具有陶纺轮和骨锥等；用于制作生产工具的工具有磨石和陶锉等。工具形制，是仰韶文化东庄村类型常见的同类工具器型。

2. 生活用具。除发现 1 件残破的骨匕以外，都是陶器残片，复原98 件。

陶质以夹砂红陶为多，泥质红陶次之，夹砂灰陶和泥质灰陶为少数。泥质红陶的陶色一般都很纯正，夹砂红陶的陶胎往往为黑色或灰色，器壁内，外表皮呈红色或暗红色。泥质灰陶的表面呈灰色或黑灰色，陶胎往往为红褐色，表里均为纯灰色者较少见。

碗、钵、盆、瓶、壶和甑等器物全是泥质红陶；罐、瓮都是夹砂红陶，敛口瓮有泥质红陶也有泥质灰陶；杯有泥质红陶或灰陶，也有夹砂红陶或灰陶。

纹饰以线纹、绳纹为主，素面抹光或磨光也是一种修饰的手法，彩绘较少见，只发现带状纹、变形鱼纹和以圆点和钩叶纹组成图案等三种（图 1 -2 - 10）。此外，还有弦纹、指窝纹、戳刺纹和附加堆纹，但数量很少或个别见到。

制法全部是手制，除小型器皿系直接捏塑外，其余都采用泥条盘筑，尖底瓶、平底瓶、厚胎筒形杯和瓮下部等器物的内壁明显留有泥条和手捏的痕迹，大多数器物的口沿经过慢轮修整。

器型有碗、杯、碟、匜、钵、盂、盆、罐、甑、尖底瓶、平底瓶、瓮和器盖等。其中，圜底碗、圜底钵、浅腹或深腹盆、葫芦口尖底瓶、重唇口尖底瓶、大口鼓腹小平底瓮等，是碾子坡仰韶文化具有代表性的陶器。

（三）墓葬

1. 竖穴墓 1 座。长方形竖穴大部被破坏，只存留竖穴中段底部。单人葬，尸骨仅存留下肢部分股骨和胫骨。在膝盖骨东侧放一陶壶，西侧陶罐只留下底面。

2. 瓮棺葬墓 4 座。以 M183 为例（图 1 - 2 - 11）：瓮棺埋在一个口大底小的土坑里，坑口径 0.58 ~ 0.6 米、存深 0.35 米。瓮棺竖立放在土坑底部，周围填以纯净的黄花土，瓮口上面覆盖 1 件倒置的陶钵。瓮内放 1 件陶碗。尸骨腐朽成灰末。

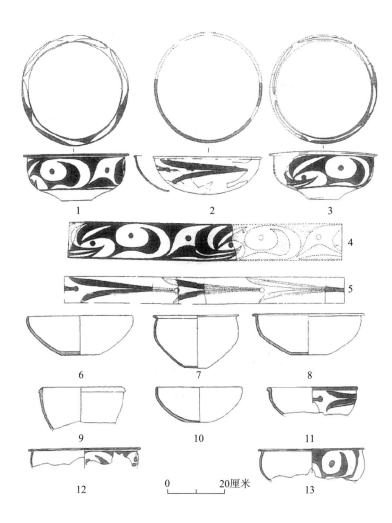

图 1 - 2 - 10　仰韶文化居址出土的陶盆

1、4. Ⅳ式（T1106⑤）；2、5. Ⅴ式（H1139：10）；3. Ⅵ式（H1168：1）；6. Ⅰ式（H1162：1）；7. Ⅲ式（Ⅴ区01）；8. Ⅱ式（H1161：1）；9. Ⅵ式（H1168：1）；10. Ⅰ式（H164：10）；11. Ⅴ式（T147⑤）；12. Ⅳ式（H1161）；13. Ⅳ式（H1153）

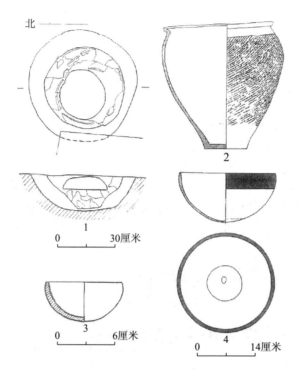

图 1 - 2 - 11　仰韶文化瓮棺葬墓 M183 及葬具

1. M183 平面、剖面图；2. 瓮棺（M183：1）；3. 碗（M183：3）；4. 钵（M183：2）

二　碾子坡仰韶文化性质、特征和年代

仰韶文化在遗址中的分布范围比较广，在Ⅰ、Ⅱ、Ⅲ、Ⅴ和Ⅷ 5 个发掘区内都有发现。但在Ⅱ、Ⅴ和Ⅷ 3 个区发现灰坑之类的遗迹数量很少。例如在Ⅴ区只发掘出 1 座灰坑，在Ⅱ区只发现瓮棺葬墓 1 座和灰坑 2 座，在Ⅷ区只发现 4 座灰坑。Ⅰ区和Ⅲ区的仰韶遗存分布比较密集，在Ⅰ区共发掘陶窑址 12 座、灰坑 33 座和瓮棺葬墓 3 座；在Ⅲ区发掘房址、窑址和墓葬各 1 座，灰坑 4 座，灰沟 2 条。可以认为：①Ⅱ、Ⅴ和Ⅷ 3 个区已经地处遗址的边缘；②Ⅰ区是仰韶居民制陶手工业作坊所在地区。

在各区发现的遗迹，绝大多数单位没有发生相互打破现象，两个不同单位在地层上存在叠压现象的是极少数。我们曾经对各类遗迹单位的包含物（主要是陶片）进行多次反复的检查和分析研究，发现各单位的陶片在器类、型式和纹饰等方面的特征是基本相同的，另外墓葬陶器和遗址陶器多数也是相同的，这表明遗址和墓葬是同时期的文化遗留。

据现在揭示出来的情况，碾子坡仰韶遗存有下列一些值得注意的特点。

（1）已发掘遗址面积 7000 多平方米，只发现仰韶瓮棺葬墓 4 座和竖穴墓 1 座。其中竖穴墓位于第 III 发掘区的南端，在其南约 40 米处是农民窑洞住房村落。农民在那里建筑窑洞时常挖出人骨和仰韶文化类型的陶器，多数器皿已残破丢失，现留存下来的有 30 多件，我们收集到 8 件。由此可见，仰韶墓地大概就在第 III 发掘区南边邻近地区，也就是居址在北，墓地在其东南，二者相毗邻。

（2）仰韶制陶遗存是发掘中的重要收获之一，共发掘出 13 座陶窑址及相关的一些附属建筑——主要是各种不同形状的土坑。分布在 I 区的 12 座窑址布局规整有序，范围东西长 64 米，南北宽 12 米（平均值），面积为 768 平方米。在 12 座陶窑址中，不见单座窑址孤立存在的现象，它们都是 2 座或 3 座窑址为一组集中分布在一个地方。每一组窑址的分布面积为 9～48 平方米。可以认为，制陶作坊的建设以及烧陶窑址的组合、布局是当时人们预先规划好的。

（3）墓葬和遗址中出土的陶器（详见《南邠州·碾子坡》），有一定的考古文化特征。绝大多数陶器属夹砂红色陶和泥质红色陶，夹砂灰色陶和泥质灰色陶所占比例很小，泥质深灰色陶（近似黑色）限于个别见到。所有陶器都是手制的，有些器皿经过慢轮加工。数量相当多的陶器经过抹平抹光，有的往往还加以打磨，表皮光滑。绳纹和线纹是主要的纹饰，弦纹所占比例不大，彩绘很少见，锥刺纹、指甲纹及泥饼凸饰、泥条凸饰仅个别见到。彩绘以黑色作彩，只发现三种图案，其中以宽带纹为多见，变形鱼纹和以圆点、勾叶纹组成的图案等较为少见。器型种类不多，形制也不复杂。数量最多的是夹砂陶罐和陶瓮、泥质陶碗、陶钵和陶盆，泥质小口尖底陶瓶、小口平底陶瓶、陶杯、陶盂和器盖的数量都很少，泥质敛口陶罐、敛口陶瓮、陶匜和陶甑等器皿限于个别见到。炊器中的鼓腹罐、深腹罐和敛口甑、绳纹敛口罐、VII 式碗、VI 式杯、III 式和 V 式钵、II 式盆、IV 式盆和 V 式盆、船形壶，以及杯形口尖底瓶等，在碾子坡是富有特征的器皿。还有，碗和盆都是平底的，钵除Ⅵ式属圜底外，其余各式钵也是平底的，这一现象在同类型遗址中是罕见的。

上述各点，当是碾子坡仰韶遗存的文化特征。

陶器是反映一种考古文化面貌特征最重要的标志。碾子坡陶器除个别——如Ⅱ式敛口瓮和Ⅳ式盆及纹饰目前只见于庙底沟类型以外，绝大多数陶器都是东庄村类型常见的器皿，它们与东庄村[1]、史家[2]和姜寨二期文化[3]的同类器皿在形制上是相同的。

（1）陶碗：Ⅰ式与史家Ⅰ式相同。Ⅱ式与东庄村Ⅰ式相同。Ⅲ式与东庄村Ⅳ式和姜寨Ⅴ式相同。Ⅳ式与东庄村Ⅷ式相同。Ⅵ式与东庄村Ⅲ式和姜寨Ⅲ式相同。Ⅷ式与东庄村Ⅴ式和姜寨Ⅱ式相同。

（2）陶钵：Ⅰ式与姜寨浅腹钵Ⅴ式相同。Ⅳ式与姜寨直口Ⅴ式相同。Ⅵ式与史家Ⅰ式和东庄村Ⅱ式相同。

（3）陶盆：Ⅰ式与东庄村Ⅲ式钵T104：4：1的器型相同。Ⅱ式与东庄村浅腹盆Ⅰ式标本H104：4：11和姜寨深腹盆Ⅰ式相同。Ⅴ式与东庄村浅腹盆Ⅱ式和姜寨深腹盆Ⅳ式的形制无二样。

（4）敛口罐：H1151：5与东庄村双耳敛口罐H131①：3的罐型相同。

（5）深腹罐：Ⅰ式与姜寨Ⅱ式标本T290②：1相同。Ⅱ式与姜寨Ⅱ式缸的器型相同。

（6）鼓腹罐：Ⅰ式与姜寨Ⅳ式深腹罐相同。Ⅲ式和Ⅳ式分别与东庄村Ⅱ式和Ⅲ式罐相同。

（7）细颈壶与史家Ⅰ式和姜寨Ⅷ式细颈壶的形制相同。

（8）重唇小口尖底瓶在东庄村有发现。

（9）杯形口尖底瓶和葫芦口瓶在东庄村、史家、姜寨三处遗址里都是共生的等。

上述比较分析说明，碾子坡、东庄村、史家和姜寨二期四处仰韶文化的面貌特征是基本相同的，它们应属性质相同，也可以说是东庄村（或称史家）类型遗存。但碾子坡陶器中出现典型的庙底沟类型因素，如Ⅳ式盆的器型及红底黑彩花瓣纹图案与关中地区年代较早的庙底沟类型遗址出土的同类陶盆及彩纹特征相一致，表明它的年代较晚，即属于东庄村类型晚期遗存，往下便发展为庙底沟类型遗存了。

三　碾子坡仰韶遗址发掘的学术意义

碾子坡仰韶文化遗存是一种颇为重要的发现，根据在发掘中所获得的实物资料，它在学术研究中至少在以下两个方面为人们提供了十分可贵的素材，澄清了某些模糊的认识。

（1）有关仰韶文化的分期及其发展规律的研究，当前在学术界多数人已有共识，即它从半坡类型依次递变为东庄村类型、庙底沟类型、西王村类型等四个不同发展阶段。但关于四个不同类型遗存的分期工作，则有待深入研究和进一步深化，如东庄村类型遗存的分期，过去基本上没有开展工作。而碾子坡仰韶文化恰好处于东庄村类型演变为庙底沟类型的过渡阶段，是属于东庄村类型的晚期遗存，所以它的发现无疑为总结仰韶文化的发展规律及其分期工作填补了某种空白，同时它的发现也为说明庙底沟类型来源于东庄村类型增加了新的支撑点。

（2）前已介绍，在 I 区发掘的 12 座烧陶窑址及其附属建筑，分布范围东西长 64 米，南北平均宽 12 米，面积约 768 平方米。各座窑址在年代上是并存的。在 12 座陶窑中，不见单座窑址孤立存在的现象，它们都是 2 座或 3 座陶窑为一组集中分布在一地的。属于 2 座为一组的窑址，计发现 3 例，属于 3 座为一组的窑址，计发现 2 例。各组陶窑的分布范围和面积，为 9 ~ 48 平方米不等。根据上述种种现象，在这里我们有理由认为：

①遗址中仰韶文化居民烧陶作坊的建筑并不是杂乱无章、毫无规划的，陶窑所在位置、布局以及在组合上都有明显的规律。

②如前所述，在 64 米长的地段内共发现五组 12 座陶窑，由此说明制陶作坊的建筑规模以及在陶器生产能力方面都是比较大的，估计当时在陶器生产中所需要的劳动力人数也是众多的。

这些情况充分表明，它已大大超出个体家庭制陶手工业的生产承受能力，而必须依靠遗址中的众多仰韶文化居民集体共同协作劳动，才有可能维持作坊制陶生产的正常秩序。另一方面，12 座陶窑烧制出来的陶质器皿，在数量上显然是相当可观的，而这种现象也远远超出个体家庭在日常生活中的陶器需求数量。所以，在此我们有充分的理由做出以下估计和推断：当时从作坊烧制出来的陶器不可能属于个体家庭拥有的财富，它应是遗址中仰韶文化居民共有和集体分配使用的。由此可见，我们无论从制陶作坊的建筑规模，还是从作坊陶器的生产能力及所需劳力人数，抑或从陶器产品数量及其分配办法的估计等方面来进行分析研究，在Ⅰ区发现的五组12座陶窑的烧陶作坊基址，不应属于个体家庭的制陶手工业，而是属于仰韶居民集体拥有的制陶手工业。众所周知，生产资料属于居民大家共有，以及居民在生产中集体协作劳动和产品共同分配等现象，是原始氏族社会在经济形态方面最显著的一些特征。所以，碾子坡仰韶文化烧陶作坊遗址是颇为重要的一个发现，它从某个侧面为说明仰韶文化的社会性质属于原始氏族公社制度增添了新的资料和具体例证。

注　释

[1] 中国科学院考古研究所山西工作队：《山西芮城东庄村和西王村遗址的发掘》，《考古学报》1973 年 1 期。

[2] 巩启明：《陕西渭南史家新石器时代遗址》，《考古》1978 年 1 期。

[3] 半坡博物馆、陕西省考古研究所、临潼县博物馆：《姜寨——新石器时代遗址发掘报告》，文物出版社，1988。

第三节　黄河中游晋、豫、陕接壤地区的仰韶文化类型及其演化

一　仰韶文化的发现以及半坡类型和庙底沟类型的性质及年代

仰韶文化，因 1921 年由安特生先生首次在河南省渑池县仰韶村发现而得名。

众所周知，以田野考古为基础的近代考古学是 20 世纪初期由欧洲人传入中国的。由于他们是地质学家或人类学家而不是训练有素的田野考古学

家，所以他们提供的成果往往存在这样或那样的缺陷。如安特生先生发现的仰韶文化，里面就混杂着不同性质的文化遗物。20 世纪 30 年代初期，中国学者梁思永先生首次运用科学的地层学方法（即根据文化堆积的不同土色及包含物分层进行挖掘）在河南省安阳殷墟遗址等地进行考古发掘，大大提高了工作质量和科学水平，标志着中国考古学研究的发展进入成熟时期。但因受多种因素制约，中国考古学在较长的时间内没有获得应有的发展。如仰韶文化的考古工作做得少，人们对它的认识十分粗浅和模糊，甚至连文化命名也缺乏共识。有人称它为仰韶文化，也有人称它为彩陶文化，此外还有人将两种性质完全不同的文化等同看待、混为一谈，即将仰韶文化和彩陶文化两个不同名称混同使用。直到 20 世纪 50 年代初，人们对以仰韶村为代表的文化研究，似乎只取得以下三点共识。

（1）彩陶并非仰韶文化独有的器皿及特征，其他考古学文化也有发达的彩陶，夏鼐先生在《临洮寺洼山发掘记》一文中首次使用“马家窑文化”命名另一彩陶文化就是这个意思。夏鼐这一学术思想和立说，现在在考古研究实践中已得到了充分的验证，人们不仅在黄河流域的上游和下流，而且在南方长江流域和北方辽宁省大凌河流域等地区都发现了不属于仰韶文化的彩陶器皿，如大溪文化彩陶、红山文化彩陶等（按：我们不排除这样一种可能性，某种考古文化的彩陶吸取仰韶文化的因素，但是该考古文化的彩陶来源问题，与彩陶已融合并成为该考古文化内涵的重要因素和不可分割的组成部分，属于不同含义和科学概念的两个问题。在史前考古学和历史考古学的研究中，常见有学人把上述两个不同问题混为一谈，这是十分不恰当和错误的。至今还有人称马家窑文化为甘肃仰韶文化，它应该属于学术研究中的一种倒退现象）。

（2）学术界普遍认同夏鼐的学说和主张，考古文化是遗存群体因素，而不是遗存中的某种特征（如彩陶或黑陶）甚至个别器类（如鼎或鬲）可以涵盖的，所以，史前文化遗存应以初次发现地点来命名。如仰韶文化、龙山文化等。

（3）安特生先生在河南仰韶村发现的遗存，虽然不属于单一的考古学文化，里面混杂有龙山文化器物，应将二者区分开来，但仰韶文化之名在学术界已约定俗成，所以目前不宜另立新名以代之，以免在学术上引起不必要的麻烦和混乱现象。

1951～1957 年，中国科学院考古研究所为弄清楚仰韶文化的性质、年代等问题，在建所初期骨干力量十分缺乏的情况下，对以下三个重要遗址进行了大规模的发掘研究（按：考古研究所每年都要汇报当年考古研究工作情况，报告田野工作收获时一般都有各种遗存的线图、相片和实物，并允许与会者做笔记以及鼓励大家提出问题来讨论，所以，在考古研究所工作的学人是了解该所各个遗址的发掘情况及主要收获的。至于各人对有关文化遗存的看法不同，纯属在学术认识上存在差异。下面，我们将谈及 20 世纪 50 年代末期至 60 年代初期的仰韶文化大辩论中出现的三种截然不同的论见，三种意见的代表人都是考古研究所的学人）。

（一）客省庄仰韶文化

客省庄位于西安市西南沣河中游西岸，相传那一带是西周都城丰邑故址所在地，是全国性考古地区之一。早在 20 世纪 30 年代初期，前北平研究院史学研究会的徐炳昶、苏秉琦等先生便在那一带做过考古调查。1951～1953 年，苏秉琦先生领导的中国科学院考古研究所陕西省发掘团在西安地区进行深入调查，并在客省庄村北做过发掘。《考古通讯》1956 年第 2 期发表了苏秉琦、吴汝祚两位先生合写的《西安附近古文化遗存的类型和分布》一文，详细介绍了西安地区仰韶文化的分布概况，以及在客省庄发现的仰韶文化遗存的基本特点。

1955 年 2～10 月，中国科学院考古研究所沣西工作队在客省庄村北开展大规模的发掘，发掘面积达 2800 平方米。由王伯洪先生主持发掘研究，参加工作的有 16 人。1963 年出版了《沣西发掘报告》（文物出版社）。该报告说，"1955 年在（客省庄）村北的发掘是在 1951 年调查和试掘的基础上进行的，也可以说是继续了 1951 年的工作"。

根据报告作者介绍，发掘地点是仰韶遗址的边缘，所以发现的仰韶遗存不丰富。发掘出的生产工具仅有一些石斧、石刀、蚌刀、陶刀、陶纺轮和磨石等。生活用具主要是陶器及残片。陶器中炊器有釜、瓮、甑、灶等。饮食器的数量较多，主要的器型是曲壁小平底的钵和盆，其次是碗和杯，也有重唇口尖底瓶和葫芦口瓶等器型。彩陶较发达，多是红底黑彩，也有几片白衣彩陶，在白底上绘有黑色和赭色两彩，花纹都是圆点弧线纹。装饰品主要是陶环，数量很多，而且式样也较多。石环、骨笄、陶笄只个别见到。

1955 年的发掘丰富了客省庄仰韶文化的内涵，自具特征的陶器群基本弄清楚了。安志敏先生认为它（按：他将客省庄误写作马王村）属于仰韶文化庙底沟类型的范畴。也就是说，在发掘庙底沟遗址之前，苏秉琦先生把客省庄列为具有明显特点的典型仰韶文化遗址，是很有见地和十分正确的。

（二）庙底沟仰韶文化

遗址位于豫西陕县（今三门峡市陕州区）南关外的青龙涧南岸，它是黄河水库考古工作队于 1955 年秋季调查时发现的，1956 年和 1957 年进行过两次发掘。由安志敏先生主持发掘研究，参加工作的人员先后达 101 人次。1959 年科学出版社出版了《庙底沟与三里桥》一书。

根据报告作者介绍，遗址面积为 240000 平方米，发掘面积约 4480 平方米。发现房址 2 座、灰坑 168 个、灰沟 1 条和无随葬品的残墓 1 座。收集各类器物 3744 件。

2 座房址都是半地穴式房屋，平面呈长方形，面积约 42 平方米。南面正中有一条窄长斜坡式的门道，屋内距门不远，有一个圆形的火塘，房址中央有 4 个设暗石础的大柱洞，四周墙壁下有密集的小柱洞。4 个大柱洞是支撑屋顶的，小柱洞除支撑屋顶外，还有兼作墙壁骨架的作用。

灰坑分为圆形和椭圆形两种，前者 103 个，后者 65 个。坑径多为 2~3 米，最大的达 5.7 米，最小的仅有 0.45 米。坑深多为 1~2.5 米，最深的达 3.9 米，浅的仅有 0.45 米。

出土生产工具约可分为四类。

（1）农业工具，386 件。器类有石斧 27 件，石锛 5 件，陶锛 5 件，石铲 130 件，石凿 7 件，骨凿 1 件，角凿 3 件，石刀 100 件，陶刀 100 件，石磨盘 3 件，石杵 5 件。家畜骨骼发现猪和狗的骨骼两种。

（2）渔猎工具，130 件。器类有骨镞 71 件，石球 45 件，陶球 9 件，石网坠 5 件。

（3）手工业工具，142 件。器类有石纺轮 25 件，陶纺轮 85 件，骨针 17 件，骨锥 9 件，角锥 6 件。

（4）其他工具，2258 件，其中石质盘状敲砸器 2230 件，石锤 17 件，角槌 1 件，陶锉 10 件。

乐器只发现 1 件陶钟。装饰品出土 141 件，器类有骨笄 61 件，蚌笄 1 件，石环 2 件，陶环 60 件，石珠 1 颗，石坠 6 件，陶坠 1 件，蚌坠 3 件，蚌指环 2 件，牙饰 1 件和穿孔蚌壳 3 扇。

生活用具只发现陶器，复原器皿 697 件。陶器的质料分粗红陶、细泥红陶和泥质灰陶三种。陶器大都采用盘筑法制成，部分器皿似有陶轮旋削痕迹。纹饰以线纹为多，彩纹次之，篮纹、划纹和附加堆纹也较常见。绘彩陶片占比达到 14.2%，说明在完整陶器中所占比例应更多。彩陶常施红色或白色的陶衣，前者比后者稍多一点。多用黑彩，少用红彩，兼用黑、红两种色料的更少，并只限于白衣彩绘。绘彩流行用圆点弧线构成复杂华丽的花纹（图 1 - 3 - 1）。陶器中炊器有罐、鼎、釜、甑和灶等。食器的数量较多，器型有碗、钵、盆、罐、盂和杯等。贮器有瓮、瓶等。此外还有器皿附件——器盖和圈足座。其中釜、甑、灶、釜形鼎和深腹小平底的碗、钵、盆以及重唇口瓶等是庙底沟遗址具有代表性的陶器（图 1 - 3 - 2），它们都不见于半坡遗址早期遗存中。

（三）半坡仰韶文化

半坡遗址位于西安市东边浐河的台地上，高出河水面约 9 米。它是西北文物清理队于 1953 年春发现的。同年 9 月，中国科学院考古研究所陕西省发掘团做了深入调查。1954 年秋至 1957 年春共发掘了五次，发掘面积达 10000 平方米。由石兴邦先生主持发掘研究，参加工作的人员先后达 200 多人次。1963 年出版了《西安半坡》一书，由文物出版社出版。

根据报告作者介绍，遗址略呈椭圆形，面积为 50000 平方米，其中居住区约为 30000 平方米。环绕着居住区有一条大围沟。在大围沟以外，遗址的北部是墓地，也有少量窖穴，陶窑则在东边。

这个遗址西部已被破坏，现存发掘的区域是存留下来的墓地和 1/5 的居住区。

图 1 - 3 - 1　庙底沟彩陶花纹

共发现房址 46 座，窖穴 200 多个，家畜圈栏 2 个，窑址 6 座，大围沟 1 条，小沟道 2 条，以及竖穴土坑墓葬 174 座和瓮棺葬墓 73 座。获得生产工具和生活用具及装饰品达 11220 多件。

聚落居址为向心型，即大房址居中，在其周围的小房址均门朝大房址。房屋有圆形和方形两种，每一种房屋的细部各有特点，但基本特征是相同的。如每座房子的门道里有一个用小隔墙围成的方形门槛；正对门槛的房子中心有一个灶坑，房子内有 1~6 根柱子以撑持屋顶；居住面和墙壁都用草泥抹成。

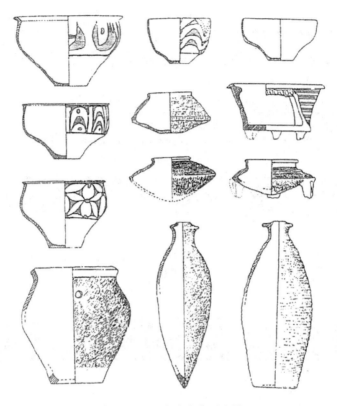

图1-3-2 庙底沟典型陶器

方形房子平面呈方形或长方形,面积一般在20平方米左右,个别小的仅10平方米,大的可达160平方米。从建筑结构上讲,有半穴居和从地面上木构建筑的两类。前一类的方形房屋见于早期;长方形房屋属晚期。后一类房屋发现2座,方形的和长方形的各1座,它们都是属于晚期遗存。

圆形房屋31座,分为半穴居和从地面上木构建筑的两类。它们的共同特点是:平面近似圆形,一般直径5~6米;个别面积较小,平面呈椭圆形。门宽0.7~1米不等,门口均有一斜长之横土脊,略似今日之门限。房子中央对着门口有一个长方形或瓢形灶坑,少数是浅圆形灶坑。两类不同房屋在早期和晚期均有发现。

窖穴大都分布在房址周围。43个早期窖穴的容积较小,最大直径多为1米或少于1米,2米以上的罕见。穴形有圆形袋状、圆形、长方形、椭圆形、近似方形和不规则形6种土坑。其他100多个晚期窖穴,形制固定,大都是圆形袋状坑，底径多在 1.8 米以上，直径在 1 米或 1 米以下的罕见。

两个饲养家畜的圈栏，形制相同，平面呈不规则的长方形，面积分别为 13 和 15 平方米。出入口在东北，建筑四周有一圈小凹槽，槽底密布柱洞，口径为 15～20 厘米，深 5～10 厘米。

大围沟是为保护居住区和居民安全的防卫设施，平面近似椭圆形。只残留北边、东边和东南角的一部分，略呈弓形，长 300 米，只发掘出北段 70 多米和东南角 18 米两段，其余部分均是钻探划定的。沟形上宽下窄，口宽 6～8 米，底宽 1～3 米，深 5～6 米。

两条小沟是早期遗迹，位于居住区中部的东、西两侧，中间有 3.2 米宽的通道。西沟残长 39 米，形似长柄曲钩状，口宽 1.4～2.9 米，底宽 0.45～0.84 米，深 0.6 米；东沟只发掘 13 米长，口宽 1.7～2 米，底宽 0.8～1.1 米，深 1.5 米。它可能是防止家畜外逃的设施，也有可能是用以区分不同人群的界限，后一种可能性较大。

陶窑分为横穴式和竖穴式两种。前一种 5 座，属早期的 2 座，属晚期的 3 座；后一种仅发现 1 座，属晚期遗迹。

出土生产工具 5791 件和半成品 2638 件。这在一定程度上反映了居民生产状况及生产的水平。按工具的功用区分，大约有以下四类。

（1）农业工具，735 件。除去 150 件陶刀以外，其他都是石制品，器型有斧 313 件、锛 71 件、铲 13 件、锄 19 件、砍伐器 59 件、刀 67 件、凿 18 件，以及加工粮食的碾磨器 11 件和杵 14 件。绝大多数工具是打制的，磨制的是少数，通体磨光的更少见。这说明当时的农业尚处于锄农业的发展阶段。农作物发现有粟。家畜遗留物发现有猪骨和狗骨。

（2）渔猎工具，1211 件。器型有石、角质矛头 6 件，骨、角镞 288 件，骨鱼叉 21 件，骨鱼钩 9 件，石网坠 320 件，石球 240 件，陶球 327 件。渔猎获物食后残余有斑鹿、水鹿、竹鼠、貉、獾、狐、狸、兔等动物的大量骨头，以及一些鱼骨和田螺壳等。采集物残留有榛子、松子、栗子和朴树子等果实炭化颗粒。

（3）手工业工具，1133 件。内有 1048 件是纺织缝纫工具，计石纺轮 2 件，陶纺轮 50 件，骨针 281 件和石、骨、角质锥子 715 件。其余是骨凿 77

件、石尖状器 2 件和磨石 6 件。

（4）其他工具，5350 件。其中石制品有砍伐器 59 件、敲砸器 88 件、锤 4 件、钻 5 件、刮割器 115 件、锉 38 件、砥磨石 157 件。陶制品有刮割器 1243 件、磨光器 38 件、锉 880 件。骨器 82 件、牙器 1 件、蚌刀 2 件。另有陶刮割器半成品 2638 件。

上述工具中，早期约占 1/3，晚期占 2/3。早期工具以打制为主。晚期磨制工具的数量大大增多，陶刀和陶刮割器已出现磨制品与钻孔现象。形制先进或磨制精细的工具，如石质的斧、锛、铲、凿、矛头、镞，以及骨镞、角镞、骨鱼叉、牙器和蚌刀等，只见于晚期。

乐器只发现 2 件陶埙。装饰品出土 1765 件，内有骨笄 715 件、陶环 1009 件、石环 14 件、蚌环 6 件、石璜 2 件、石管饰 2 件、带穿圆形石饰 1 件和蚌饰 16 件。

生活用具除发现 27 件骨匕以外，都是陶质器皿。出土陶片约 50 万片，完整的和复原的陶器达 1000 件。这批资料，使我们对半坡仰韶陶器有了全面和深入的了解。陶器的质料有三种，粗砂陶占 60%，泥质陶占 35%，细泥硬陶占 5%。陶器使用盘筑法制成，部分晚期器皿的口沿有慢轮旋削痕迹。纹饰以绳纹居多，其次是线纹，往下是弦纹、附加堆纹和锥刺纹等。其中锥刺纹是早期特有的一种纹饰，附加堆纹数量到晚期大大增多。彩陶不发达，出土数量不多，流行红底黑彩条纹和几何形纹（图 1 - 3 - 3），而比较复杂的鱼纹和人面纹不多见，并限于出土的早期遗存（图 1 - 3 - 4）。彩陶大都在器外壁着彩，个别的是内壁面着彩，并只限于鱼纹和人面纹。早期陶器中的炊器常用罐和瓮，鼎个别见到。食器的数量较多，器型有碗、钵、盆、皿、壶、杯、盘和盂等。贮器有瓮、瓶和尖底器等。此外还有器皿附件——器盖和圈足座。早、晚两期的典型器皿见图 1 - 3 - 5。

墓地设在聚落的北部。实行成人土坑葬，由于墓穴挖得浅而且上部被破坏，穴圹线及葬具痕迹往往难以弄清楚。婴孩实行瓮棺葬，除 4 座埋在墓地和 6 座埋在南边以外，其余 63 座都是埋在居住区各座房址旁。它也许是"母爱"在习俗上的一种反映吧！

图 1 - 3 - 3　半坡彩陶花纹

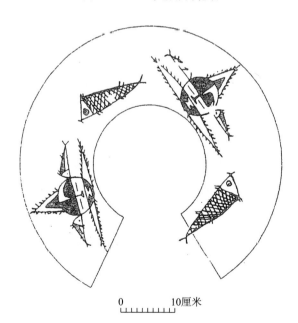

0　　　　　　10厘米

图 1 - 3 - 4　半坡 P. 4691 陶盆内人面纹和鱼形花纹展开示意图

　　墓地中的墓葬分布是有规律的，大都成群纵横排列，前后左右间距在
0.5 ~ 1 米。流行单人一次葬，二次葬仅发现 5 例，二人或四人合葬的各发

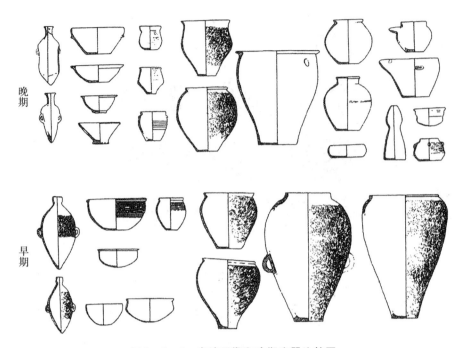

晚期

早期

图 1 - 3 - 5　半坡早期和晚期陶器比较图

现 1 例。人骨架头向西的，计有 157 座，向北的有 9 座，向南的有 7 座，向东的仅有 1 座。葬式：有仰身直肢葬 155 座，俯身直肢葬 15 座，屈肢葬 4 座。在众多的墓葬中，只发现 71 座（全都是仰身葬墓）有随葬品，主要是陶器，其他器物罕见。共出土陶器 308 件，每座墓出 1～10 件不等，常见的是 5～6 件。墓内陶器组合主要有四种：①钵、罐和尖底瓶；②钵和尖底瓶；③钵、罐和壶；④钵和壶。其中前两种陶器组合流行于早期墓葬；后两种陶器组合流行于晚期墓葬。

瓮棺葬墓以陶瓮为葬具，另用钵或盆做瓮棺的盖子。钵和盆的底部中央都钻一小孔，供"灵魂"出入，是居民的灵魂观念的反映。瓮内只葬一婴孩，头向和瓮棺口部的方向大体一致，下肢作卷曲状。

从上面的介绍，在这里我们可以得出以下四点认识和结论。

（1）半坡发掘是对遗址进行大面积揭露和全面的研究，所以仰韶文化聚落遗址的居住区及墓地分布位置、形制及内涵特征一目了然；另外在发掘中收集的遗存资料数量大而且种类齐全，十分全面地反映了半坡仰韶遗址的文化全貌，这样，人们对它就有了一个清晰的概念和认识，确立了它在史前考古学中的地位。

（2）庙底沟遗址发掘研究缺乏全局观点以及存在比较明显的缺陷：①发掘面积不及遗址面积的2%，也没有交代钻探情况，即局限于了解和研究遗址的一角，所以其仰韶文化聚落遗址的居住区及墓区的分布位置、形制及其内涵特征等重要问题都不清楚；②另外发掘所获是考古学文化一个侧面——居住遗存中的资料，缺乏与之年代相应的墓葬材料，由此可见，庙底沟仰韶遗址的文化面貌特征是片面的而不是全面的。若将它列为具有典型性和标尺性的一种考古学文化，在资料方面存在严重的缺陷，在理论上也是难以自圆其说的。

（3）半坡和庙底沟两地出土的陶器，既具有众多的共性，又存在着十分明显的差异性。概括地说，二者都属于仰韶文化系统的遗存，但庙底沟彩陶发达，出土的彩陶占陶器总数的14%以上。器型流行深腹曲壁小平底的钵、盆和重唇口尖底和平底的陶瓶以及釜和灶等。红色陶衣和白色陶衣在器皿中都很流行。绘彩常用圆点弧线构成复杂华丽的花纹，大都绘在器皿外壁面上，绝不见在器皿内壁着彩的现象。半坡彩陶数量少。早期遗存中不见釜和灶。常见陶器是圜底的碗、钵、盆和碗形口尖底瓶。彩陶大都是红底黑彩，花纹简单，较复杂的鱼纹和人面纹很少见。彩陶大都是在器皿外壁面着彩，少数或个别在器内壁面着彩，并只限于鱼纹和人面纹。

（4）陶器施白色陶衣的情况在客省庄极为罕见，但在庙底沟则十分普遍。安志敏先生认为庙底沟陶器盛行白色陶衣是受陕县以东的文化影响。我们赞同此说。换一句话来说，庙底沟类型的分布中心在关中地区，陕县已是地处分布地区的东边缘，所以庙底沟仰韶陶器受到境外的文化影响而产生了变异，即陶器盛行着白色陶衣。这样，比较合乎逻辑的推论是庙底沟仰韶文化遗存年代可能较晚，比它年代早的同类遗存应在关中地区寻找。

二　仰韶文化不同类型演化顺序

伴随着客省庄、半坡和庙底沟等遗址的发掘，我国学术界掀起了一股仰韶文化研究热和一场大辩论。人们在讨论中涉及的问题甚多，但争论焦点是仰韶文化的性质和年代问题。纵观各家提出的意见，大致可以将它们归纳为以下三种截然不同的主张和论说。

（1）石兴邦认为仰韶文化发育并流行于渭河流域，遗存分布中心在关中盆地。半坡遗址发掘提供的资料，是一种具有典型性和标尺性的考古学文化，即仰韶文化。所谓半坡类型和庙底沟类型，二者并非同时并存发展但各有源头的两种文化，它们应该是仰韶文化发展中不同阶段的遗存。其中半坡类型（指早期）在年代上早于庙底沟类型，后者是从前者演化而来的。

（2）安志敏认为仰韶文化以河南为中心，而分布于山西、陕西以及甘肃的渭河上游。大体上可区分为半坡类型和庙底沟类型两种。其中庙底沟类型的文化面貌显得原始，在年代上应早于半坡类型，所以半坡类型应是从庙底沟类型演化而来的。

（3）苏秉琦认为半坡类型和庙底沟类型是仰韶文化在其长期发展过程中形成的诸变体中两种主要的变体，而不是"仰韶文化先后发展的两个阶段"。其中半坡类型兴起于关中西部地区，它的发生与北首岭、元君庙下层文化有直接的关系。而庙底沟类型则发祥于关中东部的华山脚下，是中国古代"华族"的原始文化，它产生的文化源头与半坡类型可能有区别。

我们认为，在学术讨论中人们出现意见分歧是一种十分正常的现象，它同时也是对问题研究还不够深入的一种表现。产生意见分歧的原因是复杂的，其中除受资料局限影响以外，最主要的因素无疑是论者在理论上、方法上和观点上存在种种差异，所以在看法上难以取得共识。

其实在"大辩论"期间，由于仰韶文化考古工作得到了加强，在晋南和关中两个地区先后发掘了 10 多个遗址，新资料的发现层出不穷，争论诸家的观点孰是孰非已逐步明朗化。

（1）1958 年春季，黄河水库考古工作队山西分队发掘了永济县东庄村遗址，获得了比较丰富的仰韶文化资料，其文化面貌特征是半坡类型因素和庙底沟类型因素交融在一起，其中主要成分是半坡类型因素，可以认为，它是一种新发现的仰韶文化类型遗存，在年代上可能晚于半坡类型而早于庙底沟类型，是二者之间的过渡期遗存（按：20 多年后即 20 世纪 80 年代初期，我在陕西省长武县碾子坡发现比东庄村遗存年代较晚的同类遗存。其文化面貌特征也是半坡类型因素和庙底沟类型因素交融在一起，其中有典型半坡类型的圜底钵、碗形口尖底瓶和变形鱼形纹彩陶，也有典型庙底沟类型的深腹曲壁盆、重唇口尖底瓶和使用圆点弧线构成复杂华丽的彩陶花纹，而且它们往往共生于一个单位——如灰坑或陶窑等遗迹里——详见发掘报告《南邠州·碾子坡》）。十分遗憾，不知何故，东庄村发掘资料（1962 年春交出发掘报告稿）以及我的见解未能被及时发表出来。后来发掘资料在《考古学报》1973 年第 1 期上公布出来了，但它却被误判为半坡类型遗存（按：资料发表后，我曾向山西工作队负责同志问及此事。他说所里秘书组有人再三明确交代，没有必要将发掘报告稿给胡谦盈过目。这种不尊重作者意见和不负责的做法，在学术研究中实在罕见和令人费解）。此外，还有论者很不恰当地将完整的东庄村陶器群肢解为仰韶文化中不同类型的陶器，如将碗形口尖底瓶归属于半坡类型陶器，将重唇口尖底瓶划入庙底沟类型陶器的范畴。这种做法，实际上是在暗示或间接地批评东庄村遗址的发掘，似乎挖乱了地层。幸好问题很快得到了彻底澄清，得以澄清的原因是在陕西省临潼县史家遗址发现了与东庄村仰韶文化面貌相同的遗存，并且仰韶文化史家类型的命名为学人普遍赞同。其实东庄村遗址发掘面积达 1180 平方米，发现遗迹（有房址、窖穴、陶窑和墓葬）和遗物的数量比较多，陶器群面貌特征清晰；史家遗址发掘面积小，发现遗迹和遗物的数量不多，特别是陶器种类及其面貌特征存在欠缺。换一句话来说，东庄村资料更全面地代表了该类型遗存的文化面貌特征。

（2）1960 年春季，陕西省考古研究所泾水工作队在邠县下孟村（今属长武县）遗址的续掘中，发现庙底沟类型遗存叠压在半坡类型遗存地层的上面，这就证实了后者比前者的年代要早。

（3）1960 年春季，中国科学院考古研究所山西工作队在永济县西王村遗址里发现了著名的文化三叠层，即龙山文化遗存在上层，仰韶文化西王村类型（即半坡晚期）遗存居中层，庙底沟类型遗存在下层。而且遗址中的龙山文化和西王村类型遗存有着比较明显的传承联系。

于此，我们可以得出仰韶文化中四个不同类型的演化顺序：半坡类型→东庄村类型（史家类型）→庙底沟类型→西王村类型（半坡晚期）。最后递变为龙山文化早期，即庙底沟二期文化。

当时持续多年的"仰韶文化大辩论"，现在已经过去60多年。根据初步统计，迄今在黄河中游及其支流地区经过试掘和大规模发掘的仰韶文化遗址近100个，前述仰韶文化发展顺序的年代公式经受住了历史的考验。凡属包含两种以上不同类型遗存的仰韶文化遗址，它们在地层上的叠压先后顺序与上述顺序均相一致。例如，在姜寨遗址里（《姜寨》，文物出版社，1988年），半坡类型遗存在下层，东庄村类型遗存居中层，庙底沟类型遗存在上层。至今还未发现它们在地层上的叠压先后顺序与上述顺序相左的事例。

简而言之，在发掘半坡遗址以前，人们对仰韶文化的认识是十分粗浅和模糊的。半坡遗址发掘提供的资料，使人们对仰韶文化的全貌特征初次有了一个清晰的概念和认识，这确立了它在史前考古学中的地位。石兴邦认为仰韶文化发育并流行于渭河流域，遗存分布中心在关中盆地。所谓半坡类型和庙底沟类型，二者并非同时并存发展但源头不同的两种文化，它们应该是仰韶文化发展中的不同阶段的遗存，其中半坡类型的年代早于庙底沟类型，后者是从前者演化而来等一系列论述，是一种切合实际的科学学说。①

---

① 这里讨论的是河南省陕县以西地区的仰韶文化。根据目前已经掌握的考古材料，分布在陕县以东和以西两个不同地区的仰韶文化存在十分明显的区别，而且二者的文化源头也不相同，前者来源于磁山、裴李岗文化；后者来源于北首岭、元君庙下层文化和白家文化，所以它们在谱系上应该分属于不同的文化。我认为今后应及早通过发掘弄清楚河南省渑池县仰韶村遗址的文化全貌特征并以此作为标尺，将与它面貌相同者称为仰韶文化，与它面貌不同者另立名称以示区别。这样做有利于黄河流域史前考古学研究的深入发展；否则，过去在工作中存在的缺陷，即目前名为"仰韶文化遗存"的混乱现象会延续下去，最后在学术上更难梳理清楚其眉目，影响中国区系文化的深入研究。

第二章　提出常山下层文化

第一节　论常山下层文化

一　问题的缘由

常山下层文化遗存的发现年代较早，但一直被视作齐家文化或客省庄第二期文化（也有人称它为"陕西龙山文化"）。1979 年秋，通过甘肃镇原县常山遗址的发掘，发现它与齐家文化存在着密切的关系，但也与客省庄第二期文化以及近年在陕西省关中地区发现的庙底沟第二期文化[1]有相同或相似之处。可是，上述四种遗存的文化性质是不相同的。为了把常山遗址作为一个具有特征的典型来介绍，也为了避免用一个不恰当的名称来限制进一步探讨和其他文化之间的关系，我采用了"常山下层文化"的名称[2]，而不称其为"齐家文化"、"客省庄第二期文化"或"庙底沟第二期文化"。

过去因受资料的局限，往往将齐家文化和马家窑文化联系在一起，并误认齐家文化是马家窑文化马厂期遗存的继续与发展。这种不确切的推论，迄今还存在着某种影响甚至被推崇[3]。其实：（一）年代较早的齐家文化与马厂期遗存的年代相当；（二）两者的文化相及其主要特征分属于两种完全不同性质的文化遗存；（三）上述两种不同文化遗址分布的发达区各不相同。例如，马厂期遗存分布的所谓东区是甘肃省武威地区和青海省的东部地区；而齐家文化遗址则主要分布在上述地区的东边。甘肃东部地区的齐家文化遗存比甘肃、青海接壤地区的齐家文化遗存的年代要早。上述现象充分说明，齐家文化和马家窑文化马厂期遗存是同时并存的两种完全不同谱系的文化遗存，认为前者渊源于后者的推论并不确切。齐家文化的源头在哪里？据现有材料分析，齐家文化似乎是常山下层文化的继续与发展，而常山下层文化则渊源于仰韶文化。也就是说，在甘肃东部地区的原始文化发展序列中，过去认为由仰韶文化递变为马家窑文化（包括石岭下、马家窑、半山和马厂等四个不同"类型"），再递变为齐家文化的说法，与客观事实不符[4]。反映实际情况的序列应该是：仰韶文化—常山下层文化—齐家文化。因此 1979 年陇东镇原常山遗址的发掘及"常山下层文化"的命名，为解决齐家文化的起源问题提供了新途径，为建立甘肃东部地区新石器考古文化编年提供了新认识。本节就常山下层文化面貌、年代、分布及其源流等问题进行了初步综合分析，以期对今后的田野考古有所助益。

二 常山下层文化的考古概况

常山下层文化遗存的主要调查和发掘情况如下。

1957 年春，甘肃省文物管理委员会在甘肃渭河上游渭源、陇西、武山等三县进行考古调查。据介绍，在渭源和陇西两县都发现了"一种新石器时代的新文化遗存，共计有 4 处"[5]。据已公布的资料观察，其中多件陶器（或残片）与常山下层文化同类陶器基本相同或相似，应属同一文化谱系。大致可以说，这是常山下层文化遗存的最初发现和采集。

1956 ~ 1958 年，甘肃省博物馆在泾河和渭河两流域的上游地区进行考古调查，发现齐家文化遗址 176 处[6]。根据有关考古报告以及笔者对部分重要遗址的复查，那次调查后被确认为齐家文化的遗址中，有不少遗址实属常山下层文化范畴，或者在遗址里发现有常山下层文化的陶器（或残片），如天水地区秦安县的山王家遗址[7]，平凉地区的静宁县李家碾遗址和徐家碾遗址（李家碾遗址和徐家碾遗址今属庄浪县管辖）[8]，以及庆阳地区的镇原县六墩坪遗址[9]等。

1958 ~ 1959 年，中国科学院考古研究所渭水工作队在泾渭地区进行了考古调查，发现客省庄第二期文化遗址（或称"陕西龙山文化"）100 多处。其中有的遗址也应属常山下层文化的范畴，或者是在遗址内采集到常山下层文化的陶器或陶器残片（这类遗址多位于甘肃省渭河上游沿岸以及陕西省长武、彬县的泾河上游沿岸）[10]。

1960 年 5 月，陕西省社会科学院考古研究所泾水工作队在陕西泾水上游的调查中，曾在彬县（今彬州市）弥家河遗址中采集到一件双大耳陶罐[11]，其器型与常山下层文化的双大耳陶罐形制相同。

1960 年夏季，宁夏回族自治区博物馆在宁夏西吉县兴隆镇西北发掘了两座常山下层文化墓葬[12]。

1964 年 6 月，宁夏回族自治区展览馆在宁夏固原海家湾遗址中清理了三座常山下层文化墓葬[13]。

甘肃省平凉地区博物馆在平凉地区曾经进行过多次遗址调查和试掘工作，1982 年刊印了《平凉文物》一书[14]。根据《平凉文物》介绍，在全地区发现齐家文化遗址 329 处，其中有 83 处遗址位于渭河上游六盘山西侧地区，其余 246 处遗址位于六盘山东侧，也就是泾河上游地区。根据笔者在该地区博物馆或县文化馆看到的调查、试掘资料，以及对部分重要文化遗址进行复查的结果，发现分布在平凉地区渭河上游一股支流——葫芦河沿岸的"齐家文化"遗址，实际上包含常山下层文化和典型齐家文化两类不同性质的文化遗址。例如庄浪县南坪寺门遗址和刘堡坪遗址出土的陶豆、双大耳陶罐（俗称"安佛拉式"双耳罐）和高领双耳陶罐等器皿，与甘肃中部地区永靖县大何庄和秦魏家两地出土的齐家文化同类陶器的器型是完全相同的[15]，表明它们应是属于同一文化谱系的器皿。至于庄浪县南刘堡子等遗址出土的泥质陶盘和长颈广肩平底陶瓮，分别与镇原常山遗址出土的 I 式陶盘以及六十亩坪遗址出土的陶瓮是一样的，而且各器所饰绳纹或篮纹的风格也完全相同。所以，南刘堡子等遗址出土的陶器，应属常山下层文化的范畴。位于六盘山东侧即泾河上游及其支流沿岸的"齐家文化"遗址，实际上都是属于客省庄第二期文化的遗址，或常山下层文化遗址。前者如灵台县桥村遗址[16]，后者如灵台县妻家岭遗址和泾川县盖郭遗址。

甘肃省庆阳地区博物馆在该地区进行过多次调查和试掘工作，并已将资料汇编成《庆阳地区文物概况》第一集（1979 年铅印本）和第二集

（1983 年 12 月铅印本）。根据该书介绍，在庆阳地区发现"齐家文化"遗址 54 处。这些遗址的文化性质，据已公布的资料分析，其中并无典型齐家文化遗存，分别属于常山下层文化或客省庄第二期文化的遗存。常山下层文化遗址多集中分布在该地区的西部，即泾河的一股支流——蒲河两岸，如镇原县高庄、寺庄湾、大嘴、中心村和四十亩坪等遗址。客省庄第二期文化遗址多分布在宁县和正宁县的泾河沿岸，如杨庄小坡、荀仁等遗址。笔者在宁县杨庄小坡遗址调查时，曾经采集到客省庄第二期文化常见的典型陶器——鬲和斝的残器，其器型与陕西长安县（今西安市长安区）客省庄遗址出土的 I 式鬲和 II 式斝的形制[17] 是相同的。

1978 年秋至 1979 年夏，中国社会科学院考古研究所泾渭工作队在泾渭地区开展了广泛的遗址调查和复查工作。其中在甘肃渭河上游的庄浪县调查了 20 多处遗址，分别在李家嘴、徐家碾和邵家坪等地发现常山下层文化陶器（据庄浪县文化馆收藏的常山下层文化陶器的出土地点计算，该县至少有 10 处常山下层文化遗址）。在泾河上游及其支流地区，我们调查了妻家岭、康家岭、高庄、盖郭、寺庄湾和三不同大洼等 30 多处常山下层文化遗址。1979 年秋季，我们选择镇原县常山遗址进行了发掘（该遗址破坏严重，但遗址文化层堆积比较简单，又无仰韶文化和客省庄第二期文化两种遗存，我们估计通过工作可以弄清楚遗址下层堆积的文化性质），揭露遗址面积约 600 平方米，发现常山下层文化房屋基址 8 座、窖穴 16 座和墓葬 2 座，以及众多的生产工具、生活用具等遗物[18]。

近年，甘肃省博物馆文物工作队在天水地区秦安县大地湾遗址的发掘中，也发现了常山下层文化遗存[19]。

三 常山下层文化的分析

常山下层文化是一种原始社会晚期的文化遗存，目前虽然尚未发现青铜或红铜器物，但分布在甘肃地区的某些原始社会晚期文化遗存中已经屡出青铜器。例如，与其年代相仿或稍晚的马家窑文化遗存中发现了青铜工具[20]，与马家窑文化关系十分密切而年代较晚的齐家文化，在冶铜业方面已达到了较高水平[21]。因此，常山下层文化在今后考古中发现铜器，是完全可能的。此点，目前常山下层文化的陶器上屡见铜铆钉式的泥饼凸饰现象，似乎给了我们一种颇为明确的暗示。

根据现有资料，常山下层文化的居民无疑已过着定居生活。这从常山遗址中发现较密集的房屋基址和居民大量使用陶器，可以说明这一点。居民聚居的村落，目前发现面积最小的，如镇原县高庄遗址仅有1.5万平方米，面积最大的如泾川县盖郭遗址，计有500万平方米（不包括墓地）[22]。常山下层文化的人们长期活动在我国严寒的西北黄土高原东半部，居住一种窑洞式的房子。如常山房屋基址H14，房子由住室、门洞和坑道组成（图2-1-1）。住室是一个口小底大的圆形袋状土坑，门洞为拱形顶，通往屋外的道路是斜坡竖井坑道，屋内不筑"白灰面"和草抹泥，但用火烧烤过。估计住室顶是平的，或者顶部中间微微凸起，坑道是露天的，或筑有人字形小棚。若根据房屋基址的形制复原面貌，房子的建筑结构形式大致如图2-1-2所示。在房屋的周围或附近，常常发现有储藏东西的窖穴，形制有两种：一种是口小底大的圆形袋状土坑；另一种是圆形直壁土坑，以前一种为多。

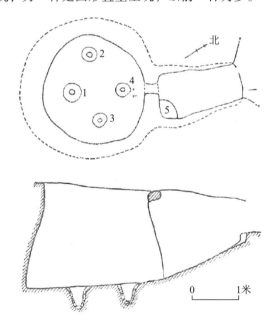

图2-1-1　常山下层文化房屋基址（H14）平面图、剖面图

1~4. 柱洞；5. 小凹坑

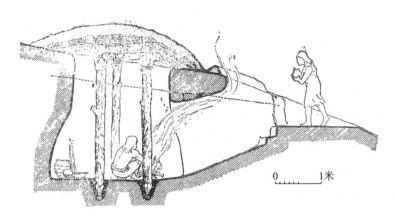

0   1米

图 2 – 1 – 2   常山下层文化房子（H14）复原图（张孝光复原和绘制）

常山下层文化居民的经济生活大概以农业为主。石斧、石刀和陶刀是当时最主要的农业生产工具。石斧多选用质地坚硬的天然砾石磨制，无孔，常见的器型是长椭圆形（图 2 – 1 – 3：3）。石刀和陶刀都是单孔的，穿孔靠近刃部。石刀（图 2 – 1 – 3：2、4），有长方形和不规则长条形两种，以后者居多。陶刀除利用残陶片磨制以外，还发现有用泥坯直接烧制的。这种陶刀（图 2 – 1 – 3：5）的刃部较厚，并不锋利，刃部有锯齿状的打击破碎面。用泥坯烧制的陶刀在常山遗址中被发现似非偶然，也许是当时农业发达，刀的需求量较大的一种反映。狩猎工具有箭镞和石弹丸。但捕捞工具和田螺壳等食物残余迄今都未被发现，因此常山下层文化居民似乎没有通过捕捞生产手段去攫取生活资料的劳动习惯。这种现象与齐家文化是相同的，但与客省庄第二期文化居民捕捞生产活动比较发达却有很大差别。此外，在工具中，小石锛和骨刀柄的出现是一个值得注意的问题。因为小石锛（图 2 – 1 – 3：6）系利用扁平三角形小砾石磨出刃部即行使用，具有浓厚的细石器工具的遗风。至于骨刀柄（图 2 – 1 – 3：1），则属于一种典型的细石器工具。这些细石器工具的发现，说明常山下层文化不仅与关中、甘肃西部诸原始文化存在联系，而且与活动在我国北方草原地区使用细石器工具的文化，也存在着某种联系。衣服方面，由于石质和陶质的纺轮（图 2 – 1 – 3：7、8）的发现，说明当时已有纺织品。在精神生活方面，常山下层文化迄今未发现文字，只见到在个别的陶器上刻画标记一类符号的现象（图 2 – 1 – 4）。有灼而无钻、凿的卜骨，是中国古代历史跨入文明时期前夕的一种具有代表性的信仰遗物。在齐家文化、客省庄第二期文化和龙山文化等原始社会晚期遗存中常常见到，但常山下层文化未出土，似乎说明该文化的居民在信仰方面尚处于较为原始和落后的状态。这种现象，与常山下层文化活动地区相邻以及在年代上相仿的庙底沟第二期文化和马家窑文化两种居民的情况大致是相同的。常山遗址出土的装饰物目前只发现了带柄的圆球状陶响铃一种。对居民死后的埋葬处理，是原始文化的人们在思想信仰方面的另一种重要反映。常山下层文化居民死后流行土葬，墓穴是一个长方形竖井土圹，墓内埋一人，多为仰身直肢葬。个别墓则属于"二次葬"（也称为"迁骨葬"）。上述现象表明常山下层文化居民在埋葬习俗方面，与我国其他原始文化如仰韶文化居民的葬俗基本相同。

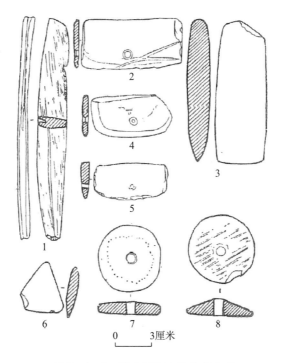

图 2 - 1 - 3　常山下层文化生产工具

1. 骨刀柄（H26：6）；2、4. 石刀（H13：3、T19：3：3）；3. 石斧（H7：1）；5. 陶刀（H26：3）；6. 小石锛（T2：4：9）；7、8. 陶纺轮（H24：2、H26：8）

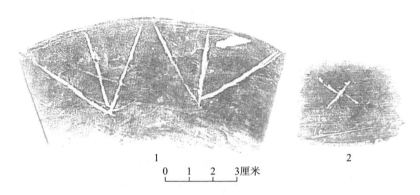

1
0 1 2 3厘米

图 2 - 1 - 4 常山遗址下层陶器上的符号拓片
1. 盘（H10：1）；2. 碗（T16：4：4）

陶器是区分考古学不同文化最重要的标志，常山下层文化有独特的陶器群。陶器的陶泥加工整治一般比较粗糙，胎质显得疏松，陶胎比齐家文化厚重，薄胎的陶器很少。陶质以泥质居多，夹砂较少，所夹砂粒较粗大，多属于黑色或深灰色的扁平状页岩颗粒。陶器烧制火候一般较低，敲打器皿声音脆弱。陶色以橙黄色为主，红褐色次之，砖红色少见，灰色的只个别见到。除形制细小的陶杯、罐耳是手捏的以外，一般器皿都是采用泥条盘筑法制成，泥条以 2 厘米粗为常见。纹饰以绳纹为最多，篮纹次之，素面和附加堆纹也比较常见。此外还有方格纹、指甲纹、锥刺纹、划纹、锯齿状凹沟、彩陶和彩绘等，但数量都不多，或者限于个别见到，如锥刺纹。绳纹的特征是纹痕浅而疏松，多横形或斜形拍印，与仰韶文化绳纹酷似。素面的常用湿手抹平器表，或用杆子略加打磨，器壁多残存有刮磨痕迹。附加堆纹多作泥条带状绕器壁一圈或数圈，或作圆饼状附加在器壁或罐耳上面。常山下层陶器富有特征的纹饰有篮纹，还有彩陶和彩绘。篮纹均横行或斜行施于器壁，常见的篮纹窄小，拍印深。彩陶使用赤砂石为颜料，由于颜料调和浓度大又未经压磨，棕红色彩纹完全裸露在器皿的壁面上。这种着纹作风与常见彩陶——如仰韶、马家窑等文化的彩陶于着彩后加以压磨光滑的情况迥然有别。彩绘所用颜料及其色泽，与彩陶完全相同，但彩绘是施于烧好的器皿上，因此极易脱落。彩绘均作带状，施于双大耳罐的腹壁（图 2 - 1 - 5：9）或瓮的颈部，一圈或两圈。彩绘图案比较简单，皆见于陶盘里部，计有两种：其中一种作圆内"十字形"（图 2-1-8：1），另一种在波浪形划纹中填以圆点和火焰状的彩点（图 2-1-8：2）。少数器壁内外蘸一层陶衣，多为橙黄色，也有红色、白色的。

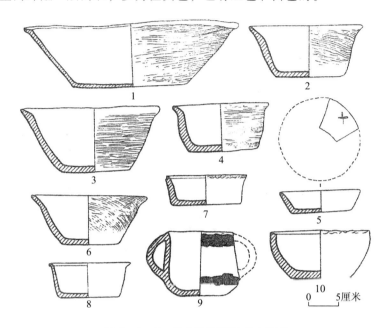

图 2-1-5 常山遗址下层出土陶器

1. Ⅱ式盆（H18：1）；2. Ⅴ式盆（T8：3：2）；3. Ⅲ式盆（T15：3：1）；4. Ⅱ式碗（T1：3：6）；5. Ⅳ式碗（T16：4：4）；6. Ⅳ式盆（H9：3）；7. Ⅲ式碗（H19：1）；8. Ⅴ式碗（H17：1）；9. 双大耳罐（H20：5）；10. Ⅰ式碗（H24：6）

　　器型以平底器为主，三足器、圈足器和尖底器极少，未发现圜底器。另一个特点是，大多数器皿显得矮肥，这与齐家文化陶器多瘦长恰好相反。器皿种类异常简单，炊器主要是各类陶罐子，包括无耳的、单耳的、双耳的，或体积较大的大口深腹罐。此外还有鬲、盉（？）、平底甗和尖底甗等，但数量很少，或仅个别见到，如鬲和盉。食器主要是无耳、单耳、双耳或三耳的陶罐、盆、盘和碗（图 2-1-5）等大口浅腹平底器也较常见，这是继仰韶文化以后诸原始文化中一种不多见的现象。此外，还有豆、无耳杯和单耳杯等。其中豆只个别见到，与齐家文化常见豆形器的情况迥然不同。储藏器只发现体积较大的泥质陶瓮一种。上述陶器中，炊器类的大口深腹罐、平底甗、尖底甗，食器类斜耳罐、单大耳罐、双大耳罐、饰长方格纹的侈沿浅腹盆和底部周边有锯齿状凹沟的单耳杯,以及储藏器的陶瓮等,都是常山下层文化具有代表性的陶器。这些陶器多属初见,少数器皿与其他原始文化同类陶器的形制类似,但它们在器型上往往属于不同的型式。例如,炊器中的平底甑,只底面有小孔,这与齐家文化和客省庄第二期文化中常见的近底器壁上有一周气孔的罐形甑,显然有较大的差别。至于尖底甑,似属初见,大概是从仰韶文化尖底器递变而来。在食器中,斜耳罐是一种特征突出的器皿,这种陶罐的两个泥条罐耳,总是斜贴在口沿和颈部之间。饰长方格纹的侈沿浅腹盆和底部周边有锯齿状凹沟的单耳杯,似未见于其他原始文化中。属于储藏器的泥质橙黄色陶瓮,侈沿,长颈,广圆肩,小平底,肩以上总是磨光,而腹壁施横行篮纹,其特征突出而形制固定。论及单大耳罐和双大耳罐,在齐家文化中是常见陶器,但两种不同文化的标本在器型上还是具有明显的区别。例如:常山下层文化常见的双大耳罐,罐腹壁面上下近直,矮肥,陶胎较厚(图2-1-5:9);齐家文化常见的则腹壁中部向内急收成束腰,瘦长,陶胎较薄(图2-1-10:2)。至于炊器中的大口深腹罐(图2-1-6:1)其形制及着绳纹作风与山西永济西王村龙山文化同类陶罐甚相似[23],在西王村仰韶晚期陶器中,也发现了此类陶罐的口缘[24]。

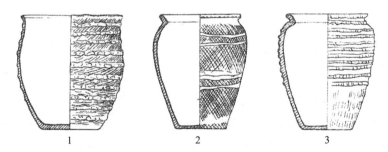

图2-1-6 常山下层文化陶罐和马家窑文化陶罐比较图

1. 常山下层文化陶罐(常山 H26:10);2、3. 马家窑文化陶罐(林家出土)

有人说上述常山下层文化深腹罐和陶盉(?),与"马家窑文化同类陶器雷同,纹饰也相像";常山内彩圆圈十字纹以及内彩圆点和火焰彩点也是"属于马家窑文化彩陶艺术的一种特征",因此,论者认为并且断言"常山下层文化的内涵包含有马家窑文化遗存"[25]。上述立论在研究方法上有片面性,且所谈内容与客观事实存在着较大的出入。例如:常山深腹罐(图2-

1－6:1），大口，侈沿，腹壁中部微鼓，平底，器形显得矮肥，上腹施斜行绳纹，下腹着横行绳纹，再在绳纹底子上绕以带状附加堆纹；马家窑文化陶罐（图2－1－6:3），内折沿，敛颈，上鼓腹，下腹向内急收成小平底，器形显得瘦长，饰竖行绳纹或交错绳纹，再在绳纹底子上绕以三或十圈附加堆纹。由此可见，两种文化陶罐的器型及绳纹作风截然不同，怎能将两者等同起来，硬说它们是"器型雷同，纹饰也相像"的同属于一种文化的器皿呢？又如，常山一件残陶盉，下部是平底还是三足尚难断言，因此我虽称之为盉但加了个问号。而论者断言它属马家窑平底锅实在令人费解。情况异常明白，从图七可以看出，常山陶盉（图2－1－7:1）的上部器型，与马家窑平底锅（图2－1－7:2、3）以及客省庄第二期文化盉形斝（图2－1－7:4）的器型都是有区别的，三者在着纹作风上也截然不同，说明常山陶盉具有自身的特点。论及常山彩绘和马家窑彩陶（《陇东镇原常山下层遗存浅析》一文列举的图例是彩陶），两者显然是两码事，况且两者的纹饰图案（图2－1－8:3、4、5、6）也迥然有别。如果说是彩纹图案中有

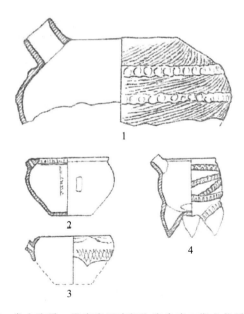

图2－1－7　常山陶盉、马家窑平底锅和客省庄二期文化盉形斝比较图

　　1.常山下层文化陶盉（？）（常山 H26:2）；2、3.马家窑文化平底锅（白道沟坪、西坡洼出土）；4.客省庄二期文化盉形斝（姜寨出土）

了圆点和火焰状圆点就等于两者的文化性质相同的话，那么仰韶文化彩陶中也常见使用圆点或不工整的彩点，将作何解释？是否三者的彩纹及图案乃至三种不同遗存也是一回事呢？问题绝不能作如此理解。总之，常山下层文化和马家窑文化两种陶器及彩纹作风的区别是明显的，绝不能混为一谈。所以，所谓"常山下层文化的内涵包含有马家窑文化遗存"的推论还不够谨慎。

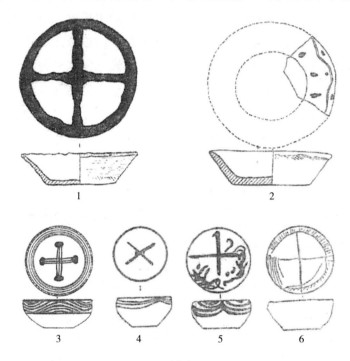

图2－1－8　常山下层文化彩绘图案和马家窑文化彩陶图案比较图

1、2. 陶盘（常山 H1∶1、H10∶1）；3. 盆（脑庄）；4、5、6. 钵（脑庄、王保保城、上孙家）

四　常山下层文化的分布和年代

常山下层文化遗址主要分布在我国西北黄土高原东部的泾、渭两河流域的上游地区。已知的分布范围大致如下：东界起自子午岭西侧；西界到达鸟鼠山东侧的渭源县；北界位于今宁夏回族自治区南部；南界深入陕西省旧彬县以及甘肃天水地区的南部，东西长约600公里，南北宽约300公里。包括今日甘肃省庆阳、平凉、天水三地区的全部，定西地区的部分，以及陕西省咸阳地区北部边缘和宁夏回族自治区的南部边缘。

常山下层文化的年代，依据地层叠压关系，断定相对年代晚于仰韶文化而早于寺洼文化和先周文化。如在甘肃镇原高庄遗址和灵台县妻家岭遗址中，常山下层文化叠压在仰韶堆积之上，而它本身又被先周文化堆积压着。在甘肃庄浪县徐家碾遗址中，寺洼文化墓葬打破了常山下层文化的灰土堆积。另外，据[14]C测定，常山遗址出土的木炭标本的绝对年代数据为公元前 2930±180 年（树轮较正年代）[26]，与[14]C测定甘肃秦安大地湾仰韶晚期遗存的年代基本相衔接（大地湾 F405 两个木炭标本测定年代数据平均值为公元前 3027±180 年，经树轮校正）[27]。

五　常山下层文化的源流

根据现已掌握的考古材料研究，我们认为常山下层文化的来源及其发展方向，是比较清楚的。现分述如下。

（一）常山下层文化渊源

关于常山下层文化的渊源，我在前面以及过去发表的文章[28]中都有论及，即认为常山下层文化是仰韶文化在陇东及其附近地区的继续与发展。《文物》1983 年第 11 期上，发表了甘肃秦安县大地湾遗址三篇工作报告[29]以及《试论大地湾仰韶晚期遗存》一文。这些发掘报告和论文，曾将常山下层文化和大地湾仰韶晚期遗存做过比较和分析，所得结论也是常山下层文化来源于仰韶文化。与此同时，发掘报告和论文还以丰富的资料精辟地阐明以下两个学术问题。

1. "从大地湾仰韶晚期的资料对比可知，曾被称作石岭下类型的遗存应属于仰韶晚期的范畴。自石岭下类型命名以来，所以借以命名的石岭下类型遗址发表的材料很少，归属于该类型的陶器主要是调查试掘和采集的彩陶，而占陶器主体的素陶和其他有纹饰陶的面貌无从知晓，遗迹资料基本空白，这就必然给研究工作带来困难。有鉴于此，我们认为不宜将大地湾仰韶晚期以及同类遗存仍然称作石岭下类型。"

2. 马家窑文化和仰韶文化应为不同谱系的文化遗存，认为前者在后者中、晚期一脉相承发展而来的推论，理由是不充分的。毫无疑问，明确了所谓"石岭下类型"实际上属于仰韶晚期文化遗存，以及马家窑文化并非来源于仰韶文化两个问题以后，也就直接或间接地增强了常山下层文化来源于仰韶文化这一立论的说服力。下面仅就两种遗存文化相最重要的方面即陶器的共性及其同类器皿在形制上的演化，做进一步的探讨和说明。

仰韶晚期和常山下层文化的陶器。陶色均以橙黄色为主，都有少量的彩陶、彩绘和内彩。不同的是后者橙黄色陶比例更大，彩陶更少，而且彩纹以及着彩方法更为简单粗糙。如常山下层文化的彩陶和彩绘所用颜料调和浓度大又未加压磨，棕红色彩纹完全裸露在器皿的壁面上，这显然是属于彩陶衰落和渐趋消亡的一种突出反映。陶器的纹饰方面，两者都以绳纹为主，素面、篮纹和附加堆纹也很流行。此外，还有少量的锯齿状凹沟、划纹、指甲纹、锥刺纹和方格纹等纹饰。两种文化中陶器的绳纹酷似，横行或斜行拍印。山西永济西王村仰韶晚期的篮纹多横行排列，斜行次之，竖行不见[30]，这与我们在前面介绍常山下层文化陶器着篮纹的作风是完全相同的。至于常山下层文化陶器中的锯齿状凹沟、锥刺纹、指甲纹、方格纹和附加堆纹等，无疑也承袭了仰韶陶器同类装饰的纹样。器皿形制方面，现将两者属于同类而在形式上相同或相似的陶器排列成图 2-1-9，用以说明其因袭和演化关系。

（1）尖底瓶。尖底瓶是仰韶文化陶器群中富有特色的一种典型器皿。仰韶晚期常见的一种器型，如大地湾出土的标本 H802∶11（图 2-1-9∶1），喇叭口、细颈、圆肩、尖底，腰间附双耳，饰斜绳纹。庆阳三不同大洼出土的常山下层文化尖底瓶（图 2-1-9∶6），喇叭口、细颈、微折肩，底呈钝角，腰间附双耳，饰横篮纹。两者应属同类而在形式上略有差别的器皿。依据标本的早晚年代顺序，后者当从前者演化而来。

（2）陶瓮。两种文化标本都是泥质橙黄陶，器皿体积较大而形制相同，侈沿、长颈、上鼓腹、广圆肩、平底。不同的是，仰韶标本如秦安县大地湾 H820∶2（图 2-1-9∶2）的下腹无纹饰，颈部和上腹壁于附加堆纹间填以绳纹。常山下层文化标本如镇原县六十亩坪出土 01（图 2-1-9∶7）的腹壁饰横行篮纹。这表明两种器皿除着纹以外，在器型上后者完全模仿和因袭前者的形制。

（3）小口罐。两种文化标本的器型基本相同。小口、侈沿、腹壁中部外鼓，平底，素面。不同的是，常山下层文化陶罐标本如常山 M1 : 1（图 2 - 1 - 9 : 8）比仰韶陶罐如西王村 H4 : 1 : 18（图 2 - 1 - 9 : 3）的颈部稍长。所以，前者的罐形也是因袭后者的形制。

（4）侈沿浅腹盆。仰韶陶盆如大地湾 H802 : 8（图 2 - 1 - 9 : 4）的器型，大口，侈沿，上腹微鼓，下腹斜收为小平底，腹壁中部有一周凸弦纹。常山下层文化陶盆标本如常山 H26 : 3（图 2 - 1 - 9 : 9）与仰韶陶盆的区别是，器腹由上至下渐形变小，壁面近似内斜线，饰长方格纹，后者当从前者的形制递变而来。

（5）筒形杯。两种文化标本的器型都是直口圆筒形，平底。不同的是，仰韶陶杯如陕西临潼姜寨 T9 : 3 : 24（图 2 - 1 - 9 : 5）[31]的陶胎较厚，素面无纹饰。常山下层文化陶杯标本如常山 T4 : 2 : 1（图 2 - 1 - 9 : 10）的陶胎较薄，腹部饰横行绳纹，后者器型无疑是因袭前者。

（6）陶碗。大地湾仰韶晚期标本 H359 : 11（图 2 - 1 - 9 : 11）的器型，敛口，上腹微鼓，小平底，素面。常山下层文化陶碗标本如常山 H9 : 1（图 2 - 1 - 9 : 15），内沿唇微内敛，上腹微鼓，平底，素面。两者属同类而略有差别，后者当从前者演化而来。

（7）斜腹盆。两种文化标本雷同，都是泥质橙黄陶。敞口，斜壁，平底。所不同的是，大地湾仰韶晚期标本 H850 : 3（图 2 - 1 - 9 : 12）的腹部较浅，圆唇，素面。常山下层文化陶盆标本如常山 T15 : 3 : 1（图 2 - 1 - 9 : 16）的腹部较深，斜尖唇，饰横行篮纹。

（8）双腹盘。此器型在仰韶晚期文化中比较流行，在西安半坡[32]、永济西王村和秦安大地湾等遗址中都有出土。器皿形制的主要特征，如大地湾出土的标本 T807 : 2 : 19（图 2 - 1 - 9 : 13）的盘口向外撇，下腹向内急收缩成小平底。由于腹壁中部内陷较深，整体近似双浅腹形，素面无纹饰。常山下层文化陶盘标本如常山 H24 : 1（图 2 - 1 - 9 : 17），由于腹壁中部内陷较浅，双浅腹状的形态不显著，当属于一种退化的形制。

（9）陶甑。陕西临潼姜寨遗址出土一种仰韶晚期盆形甑标本 H329 : 1（图 2 - 1 - 9 : 14）[33]，仅器底密布小圆孔。常山遗址出土的平底甑标本 H8 : 9（图 2 - 1 - 9 : 18），也是仅器底密布圆形小孔。根据器皿近底器壁的斜面观察，估计大致也是属于盆形甑。

除上述九种器皿外，我们在前面已经论及，常山下层文化的尖底陶甑，大概是从仰韶文化的尖底陶器递变而来的一种新器皿。常山下层文化的大口深腹罐标本如常山 H26∶10（图 2 - 1 - 6∶1），与山西永济西王村龙山文化同类陶罐甚为相似。在西王村仰韶晚期陶器中，也发现了这种罐的口缘。由此可见，常山深腹罐系承袭仰韶晚期同类陶罐的器型。

基于以上分析，我们认为常山下层文化渊源于仰韶文化晚期，是完全可以成立的。

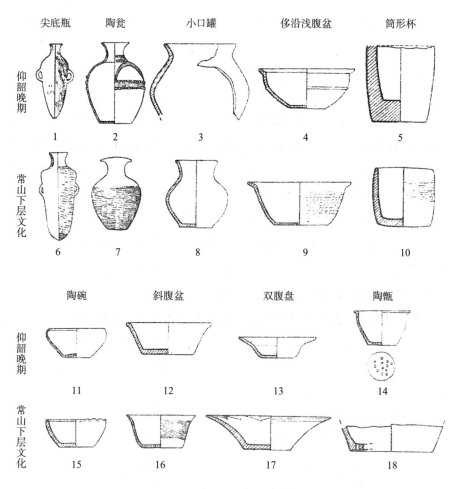

图 2 - 1 - 9　仰韶文化陶器和常山下层文化陶器比较图

（二）常山下层文化的发展方向

我在《试论齐家文化的不同类型及其源流》一文[34]中讨论过关于常山下层文化的发展方向。现在，结合以往的有关论据分两方面来对这一问题进行阐述。

1. 经济生活方面。常山下层文化和齐家文化[35]都以农业经济为主，狩猎生产活动占据一定的地位，但都没有形成捕捞生产活动习惯。如两种文化遗址都未见或罕见网坠一类捕捞生产工具和田螺壳等食物残骸出土，似可说明这一观点。另外，两种不同文化居民日常使用的劳动工具，具有以下比较明显的共性。如常山遗址出土的石斧，多属于秦魏家齐家文化的 Ⅳ 式石斧（T6：3）。石刀形制，分别属于秦魏家石刀中的 Ⅳ 式（T2：3）和 Ⅴ 式（T3：4）。石纺轮与大何庄齐家文化 Ⅱ 式（T10：4）相同。陶纺轮多属于大何庄的 Ⅰ 式（T3：2）和 Ⅱ 式（T21：3）。石镞与皇娘娘台遗址出土的齐家文化标本（T21：3）相同。常山遗址还出土有骨刀柄，其形制与皇娘娘台出土的标本略有差别。

2. 陶器是考古学文化最重要的一种标志，因此也是探讨两种不同文化是否存在因袭关系的最重要依据。齐家文化和常山下层文化两种陶器相同或相似的因素多而且异常突出。对陶器表皮的处理，两者都以绳纹、篮纹和素面（或磨光或抹光）为主，不同的是常山下层文化陶器的绳纹和篮纹属横行或斜行拍印，齐家文化陶器的绳纹和篮纹流行竖行拍印（作斜行或横行拍印的现象也有发现，但数量不多）。两种文化的器皿基本上都属于平底器，圈足器和三足器少见。此外，圜底器只个别见齐家文化出土，尖底器只个别见于常山下层文化出土。两种文化陶器的种类都异常简单，均以罐形器为主，陶罐往往附加单耳和双耳，无耳罐数量少，三耳罐极个别出现。杯、盆、盘和碗等大口浅腹平底器皿，在常山下层文化中较多见，在齐家文化中较少见。豆形器在齐家文化中十分流行，而在常山下层文化中限于个别见到。至于鬲和甗，两种文化都少见出土。

两者属于同类而在形式上相同或相似的器皿，下面排列成图 2-1-10 来加以说明。

（1）双大耳罐。常山下层文化标本 H13：1（图 2-1-10：1），罐口微外撇，器腹壁自上向下逐渐变小，平底，器形矮肥，下腹壁饰横行绳纹。

齐家文化标本如武威县皇娘娘台 F8：14（图 2 - 1 - 10：2）的罐口向外撇，上腹壁内收成束腰，下腹外鼓，平底，器形瘦长，上部施弦纹，下部饰竖行绳纹。后者当从前者的形制演化而来。

（2）陶碗。两种文化标本的器型雷同，大口，浅腹，平底，素面。不同的是，常山下层文化陶碗标本如常山 H24：6（图 2 - 1 - 10：3）的陶胎较厚，曲腹的弧度偏上部。齐家文化陶碗如永靖县秦魏家 M10：3（图 2 - 1 - 10：4）的陶胎较薄，曲腹的弧度偏下腹。后者当因袭了前者的形制。

（3）粗陶双耳罐。两者的器型相同，但常山下层文化标本如镇原县六十亩坪出土 02（图 2 - 1 - 10：5）的形制显得矮肥，近底的腹壁施横行绳纹。齐家文化标本如秦魏家 M98：1（图 2 - 1 - 10：6）的形制显得瘦长，素面。

（4）筒形杯。两种文化标本的形制都是直口圆筒形，平底。不同的是，常山下层文化标本如常山 T4：2：1（图 2 - 1 - 10：7）的陶胎较厚，器形显得矮肥，腹壁施横行绳纹。齐家文化标本如秦魏家 M59：1（图 2 - 1 - 10：8）的陶胎较薄，器形显得瘦长，素面无纹饰。

（5）单大耳罐。两者的形制基本相同，但常山下层文化标本如常山 H6：6（图 2 - 1 - 10：9）的器形矮肥，泥条圜形单耳较短小。齐家文化标本如秦魏家 M55：44（图 2 - 1 - 10：10）的器形瘦长。

（6）粗陶单耳杯。两者的形制雷同，但常山下层文化标本（灵台县妻家岭出土，图 2 - 1 - 10：11）的罐颈内陷较深，腹壁施斜行绳纹。齐家文化标本如大何庄 T49：3（图 2 - 1 - 10：12）的罐颈内陷较浅，素面无纹饰。

（7）折腹罐。两者的形制雷同，都是素面无纹饰。不同的是，常山下层文化标本（宁县康家岭出土，图 2 - 1 - 10：13）的器形显得矮肥。齐家文化标本如秦魏家 M107：2（图 2 - 1 - 10：14）的器形显得瘦长。

（8）三耳罐。两者器型特征很相似，但常山下层文化标本如正宁县核桃岭出土 01（图 2 - 1 - 10：15）的器形矮肥，腹壁有划纹。齐家文化标本如皇娘娘台 M48：3（图 2 - 1 - 10：16）的器形瘦长，素面无纹饰。

（9）粗陶单耳罐。两者形制相同，但常山下层文化标本如镇原县六十亩坪出土 01（图 2 - 1 - 10：17）的器形矮肥，腹壁施斜向划纹，近器底的壁面饰斜行绳纹。齐家文化标本如秦魏家 M98：6（图 2 - 1 - 10：18）的器形瘦长，素面无纹饰。

图 2 - 1 - 10：　常山下层文化陶器和齐家文化陶器比较图

1、2. 双大耳罐；3、4. 陶碗；5、6. 粗陶双耳罐；7、8. 筒形杯；9、10. 单大耳罐；11、12. 粗陶单耳杯；13、14. 折腹罐；15、16. 三耳罐；17、18. 粗陶单耳罐

基于上述种种理由，我们认为齐家文化和常山下层文化的关系是十分密切的，前者应是后者的继续与发展，而后者则是前者的先驱。

综上所述，以及根据秦安县大地湾遗址发掘的收获[36]，我们可将甘肃东部地区新石器时代考古文化编年及发展顺序排列如下：老官台文化（大地湾遗址一期）→仰韶文化早期（半坡类型）[37]→仰韶文化中期（庙底沟类型）→仰韶文化晚期（大地湾仰韶晚期）→常山下层文化→齐家文化。

注　释

[1] 1980 年 7 月，笔者曾在中国社会科学院考古研究所武功工作队驻地浒西庄住了几天。当时除在浒西庄及其附近做过调查外（1975 年秋笔者在这一带也做过调查工作），还有机会仔细地研究该队在浒西庄发掘所得的实物资

料，从而了解到常山下层文化陶器与浒西庄出土的"庙底沟第二期文化"中某些陶器存在相同或相似之处。该队在武功县的调查以及赵家来遗址（位于浒西庄村东边不及一公里）的发掘资料，近年已发表了工作简报，见卢连成、刘随盛《陕西武功县新石器时代及西周遗址调查》，《考古》1983 年第 5 期；梁星彭《1981—1982 年陕西武功县赵家来遗址发掘的主要收获》，《考古》1983 年第 7 期。此外，庙底沟第二期文化遗存在关中地区屡有发现，它在各个遗址里往往压在客省庄第二期文化的堆积下面，而且两种不同文化所出陶器具有较多的共同因素，两者存在前后因袭关系的脉络是明显的。

［2］［18］［28］胡谦盈：《陇东镇原常山遗址发掘简报》，《考古》1981 年第 3 期。

［3］谢端琚、赵信：《甘肃天水地区考古调查纪要》，《考古》1983 年第 12 期。

［4］马家窑文化和仰韶文化是不同谱系的文化遗存，前者并非由后者中、晚期形态一脉相承发展而来。见郎树德、许永杰、水涛《甘肃秦安大地湾第九区发掘简报》，《文物》1983 年第 11 期。

［5］郭德勇：《甘肃渭河上游渭源、陇西、武山三县考古调查》，《考古通讯》1958 年第 7 期。

［6］甘肃省博物馆：《甘肃古文化遗存》，《考古学报》1960 年第 2 期。

［7］郎树德、许永杰、水涛：《试论大地湾仰韶晚期遗存》，《文物》1983 年第 11 期。

［8］［9］1978 年中国社会科学院考古研究所泾渭工作队调查资料。

［10］这次工作只发表了部分资料，见赵学谦《陕西渭水流域调查简报》，《考古》1959 年第 11 期。根据笔者在当时了解的情况及见到的实物可以确定的是：一、那次调查的范围已达到甘肃渭河上游地区；二、他们在调查中采集的标本，目前还有很多资料藏在中国社会科学院考古研究所西安研究室。

［11］李诗桂：《陕西泾水上游调查》图五：2，《考古》1962 年 6 期。

［12］钟侃、张心智：《宁夏西吉县兴隆镇的齐家文化遗址》，《考古》1964 年第 5 期。

［13］宁夏回族自治区展览馆：《宁夏固原海家湾齐家文化墓葬》，《考古》1973

年 5 期。

［14］平凉地区博物馆编《平凉文物》，1982 年 10 月内部铅印本。

［15］1980 年春，笔者在庄浪县徐家碾发掘寺洼文化墓葬期间，曾经和丁广学同志对庄浪县文化馆收藏的古文化陶器做过整理和研究。有关寺洼文化陶器一文，见丁广学《甘肃庄浪县出土的寺洼文化陶器》（《考古与文物》1981 年第 2 期）一文齐家文化和常山下层文化两种陶器，后因丁同志调动工作岗位而未完成简报的写作。幸好《平凉文物》第 16、17 和 19 页上，附有庄浪县出土的齐家文化双大耳罐等陶器图片。这些陶器，与甘肃中部永靖县大河庄和秦魏家两地出土的同类器皿在形制上并无二致，这说明它们是属于同一谱系的文化陶器。另外，庄浪县位于甘肃东部边陲，而所出齐家文化陶器和甘肃中部大河庄等地出土的齐家文化陶器相同，所以，主张按地区即甘肃东部、中部和西部把齐家文化划分为三种不同文化类型的说法，是缺乏充分的理由和难以自圆其说的。

［16］甘肃省博物馆考古队：《甘肃灵台桥村齐家文化遗址试掘简报》，《考古与文物》1980 年第 3 期。

［17］中国科学院考古研究所编《沣西发掘报告》图三七，2（Ⅱ式）、5（Ⅰ式鬲），文物出版社，1963。

［19］郎树德、许永杰、水涛：《试论大地湾仰韶晚期遗存》，《文物》1983 年第 11 期，第 35～36 页。

［20］张学正、张朋川、郭德勇：《谈马家窑、半山、马厂类型的分期和相互关系》，《中国考古学会第一次年会论文集》，文物出版社，1980。

［21］根据现已掌握的考古资料分析，齐家文化的冶铜业已发展到较高的水平。首先，齐家文化的青铜器目前不限于在个别遗址中被发现，而是多处遗址里都有出土。其次，青铜器的器类计有刀、锥、凿、钻头、匕、斧、指环、镜、铜饰以及铸铜残留——铜渣等。最后，从制作技术方面，既有锻造，又有铸造，这表明齐家文化的先民已经认识了金属的性能，能制造各种不同用途的铜器工具了。

［22］中国社会科学院考古研究所泾渭工作队调查资料。

［23］［24］［30］中国科学院考古研究所山西工作队：《山西芮城东庄村和西王村遗址的发掘》图五一：2、图四四：4。《考古学报》1973 年第 1 期（以

下凡引西王村遗址资料均出于此)。

［25］陈昱、洪方：《陇东镇原常山下层遗存浅析》，《考古》1982 年第 4 期。

［26］中国社会科学院考古研究所编《中国考古学中碳十四年数据集（1965—1981)》，文物出版社，1983，第 136 页。

［27］郎树德、许永杰、水涛：《试论大地湾仰韶晚期遗存》附表《大地湾仰韶晚期遗存^{14}C 年代测定表》，《文物》1983 年第 11 期。

［29］郎树德、许永杰、水涛：《甘肃秦安大地湾第九区发掘简报》，《文物》1983 年第 11 期。赵建龙：《秦安大地湾 405 号新石器时代房屋遗址》，《文物》1983 年第 11 期。张朋川、郎树德：《甘肃秦安大地湾遗址 1978 至 1982 年发掘的主要收获》，《文物》1983 年第 11 期。

［31］［33］西安半坡博物馆、临潼县文化馆：《临潼姜寨遗址第四至十一次发掘纪要》，《考古与文物》1980 年第 3 期。

［32］中国科学院考古研究所、陕西省西安半坡博物馆：《西安半坡》图八十九：12，文物出版社，1963。

［34］胡谦盈：《试论齐家文化的不同类型及其源流》，《考古与文物》1980 年第 3 期。

［35］甘肃省博物馆：《甘肃武威皇娘娘台遗址发掘报告》，《考古学报》1960 年第 2 期。魏怀珩：《武威皇娘娘台遗址第四次发掘》，《考古学报》1978 年第 4 期。中国科学院考古研究所甘肃工作队：《甘肃永靖大何庄遗址发掘报告》，《考古学报》1974 年第 2 期。谢端琚：《甘肃永靖秦魏家齐家文化墓地》，《考古学报》1975 年第 2 期。青海省文物管理处考古队、中国社会科学院考古研究所：《青海柳湾——乐都柳湾原始社会墓地》，文物出版社，1984。文物编辑委员会编《文物考古工作三十年（1949～1979)》一书中的《青海省文物考古工作三十年》和《甘肃省文物考古工作三十年》两文，文物出版社，1979。

［36］张朋川、郎树德：《甘肃秦安大地湾遗址 1978 至 1982 年发掘的主要收获》，《文物》1983 年 11 期。

［37］据中国科学院考古研究所山西工作队《山西芮城东庄村和西王村遗址的发掘》一文（《考古学报）1973 年第 1 期），东庄村仰韶文化遗存无疑具有十分明确的基本特征，例如该遗址所出陶器多与半坡类型同类陶器和

彩纹相同或相似，但也有部分陶器和彩纹作风与庙底沟类型同类陶器和彩纹相同或相似。可以认为，东庄村仰韶文化是大致介于半坡类型和庙底沟类型之间的一种遗存。《史前研究》1984 年 1 期，发表了高天麟、张岱海、高炜等三位同志合写的《龙山文化陶寺类型的年代与分期》一文，该文在论及晋南原始文化谱系时，也明确指出东庄村遗存是继半坡类型之后的一种文化遗存，前者来源于后者。与东庄村遗址相同或类似的仰韶文化遗址，从 20 世纪 70 年代以来在陕西地区也屡有发现。巩启明同志称它为仰韶文化史家类型，并认为它是介于半坡类型和庙底沟类型之间的一种文化遗存（西安半坡博物馆、临潼县文化馆：《陕西渭南史家新石器时代遗址》，《考古》1978 年 1 期。又，巩启明：《三十年来陕西石器时代考古的主要收获》，《考古与文物》1980 年 1 期）。据说，属于东庄村遗存的仰韶文化遗存在甘肃省境内也有发现，但因未见典型遗址的发掘报告，故这里半坡类型之后暂不列入东庄村遗存。

第二节 齐家文化和常山下层文化的发现与研究

一 齐家文化

齐家文化是中国古代一种十分重要的考古学文化，分布在中国的西北部——黄河流域上、中游及其支流的甘肃省和青海省地区，因它首次在甘肃省广河县齐家坪遗址被发现而得名。当时据以文化命名的材料[1]，是 1924 年瑞典人安特生在齐家坪遗址考古获得的居址遗存资料，主要是陶质器皿及其残片，但是缺少墓葬遗存资料。众所周知，一种考古学文化是由居住遗存和墓地遗存两种不同资料构成的[2]，齐家坪发现的只有居住遗存而无墓葬遗存，所以它的文化面貌特征是片面的而不是全面的。另外，安特生凭主观臆测断定"素面陶"也就是齐家文化的年代最早，故把该文化的年代安排在他创立的所谓"文化发展六期说"之首[3]。刘燿（尹达）和瑞典的比林阿尔提对安特生的主张和说法，都表示怀疑。他们根据器物研究的结果，都拟加以修正[4]。

对安特生研究齐家文化存在的上述两个方面的失误和缺陷，最早通过考古科学研究程序——田野考古实践来加以修正的是考古学大师夏鼐先生。1944～1945年，夏鼐参加西北科学考察团到甘肃地区进行考古调查工作。(1) 1945年5月在广河县魏家咀村附近的阳洼湾（按："阳洼"是当地俗语"向阳的山坡"的意思）寻找到齐家文化期墓地。当时受条件限制未能进行大规模发掘，也未能弄清楚墓地文化内涵及埋葬习俗、制度和思想信仰问题，只发掘了两座墓葬[5]。至此，齐家文化既有居住遗存资料，又有墓葬遗存资料了。但十分遗憾，上述齐家文化两种不同遗存资料系分别出土于不同地点，而且当时在考古中收获的文物资料太少，未能如实地反映出和代表齐家坪遗址的文化全貌特征。(2) 由于在第2号墓葬的墓穴填土内发现了彩陶器的残片，夏鼐依据地层学断代原理科学地论述和说明了齐家文化的年代晚于甘肃仰韶文化（马家窑文化）的年代，成为中外学术界的共识。夏鼐还断言，齐家文化的年代"不会比公元前2000年早过很多，但是也许比之晚过很多"[6]。现在我们通过众多考古调查发掘和[14]C测年等研究工作，越来越具体地证明夏鼐的预言是接近客观事实的。

1953年，中国开始实施第一个五年建设计划，中国科学院考古研究所（今中国社会科学院考古研究所）甘肃工作队和青海省、甘肃省、宁夏回族自治区的文物部门考古队伴随着基建工程开展考古调查发掘工作。根据考古报告介绍，早在20世纪70年代末已基本查明齐家文化的分布范围：东缘在陇东庆阳沟原地带；西界止于青海省东部和甘肃省武威地区；北缘到达宁夏回族自治区南部；南缘在甘肃省武都地区[7]。其次，据不完全的初步统计，在上述地区发现齐家文化遗址和墓地多达数百处，其中进行过较大规模发掘的遗址和墓地有十多处。对甘肃永靖县大何庄[8]、秦魏家[9]、武威皇娘娘台[10]和青海省乐都县柳湾[11]等多处遗址和墓地的发掘，使人们对齐家文化的文化面貌、年代及社会性质等，都有了较多的了解和认识。

1. 据已公布的[14]C测年数据，齐家文化的绝对年代在公元前2000年前后（按：听说近年对某地遗存的测年数据比上述年数晚了数百年，大致与商代前期年代相当）。

2. 由于齐家文化遗址和墓葬重复地出土多种红铜工具和用具以及青铜工具、用具和铜镜等，所以，它已不是一种石器时代文化，而是已进入所谓铜石并用时期乃至青铜时代的文化了。至少齐家文化晚期已进入青铜时代，但至今未发现文字。

3. 至于齐家文化的社会性质，当时在居民中似已开始出现或初步分裂出贫富贵贱的对立现象。如在不同墓地中都出现少数人使用财富象征的猪头等兽类随葬，以及青年女子为男主人殉葬等。

我在《试论齐家文化的不同类型及其源流》[12]一文中，已有具体分析说明，分布在宁夏回族自治区南部和甘肃省陇山东、西两侧地区的名为齐家文化的遗址和墓地，实际上大都属于客省庄二期文化和常山下层文化遗存（图2-2-1）。如果我们把上述两种遗存从齐家文化中区别出来，齐家文化大致可分为甲、乙两个类型［按：谢端琚分为东、中、西三区五种类型[13]］，首先，东区地域即泾、渭两河流域上游及其支流地区，也就是常山下层文化和客省庄二期文化分布区。其次，位于东区的天水市名为齐家文

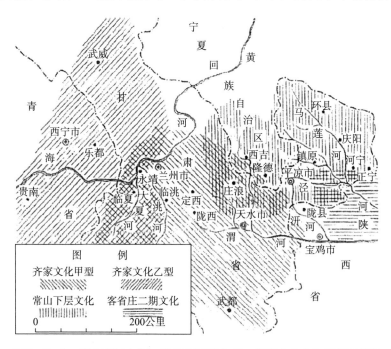

图2-2-1 常山下层文化、客省庄二期文化、齐家文化分布范围示意图

化师赵村类型遗存，与分布在中、西两地区的齐家文化面貌特征存在异常明显的区别，而与分布在关中地区的客省庄二期文化的文化相却极为相似或相同。如师赵村和西山坪两处遗址出土的陶器群[14]（图2－2－2、2－2－3、2－2－4、2－2－5），与陕西省客省庄[15]和赵家来[16]等遗址出土的客省庄二期文化陶器群基本相同。还有鬲、斝和"高帽式"器盖等器皿，不属于常山下层文化而是客省庄二期文化十分流行和最具代表性的典型陶器，它们均来源于庙底沟二期文化[17]。庙底沟二期文化和常山下层文化（早期）是同时并存而且分布地区相邻的两种不同性质的新石器时代文化。二者的绝对年代相当，约为公元前3000～2600年间。庙底沟二期文化分布在晋南、豫西和关中地区。常山下层文化分布在宁夏回族自治区南部和泾、渭两河流域的上游及其支流的陇东地区。上述斝、鬲和高帽式器盖等陶器只见于师赵村和西山坪等遗址出土，但不见于常山下层文化（早期）遗址和墓葬出土，也罕见于中、西两地区的齐家文化遗址出土（迄今所见标本

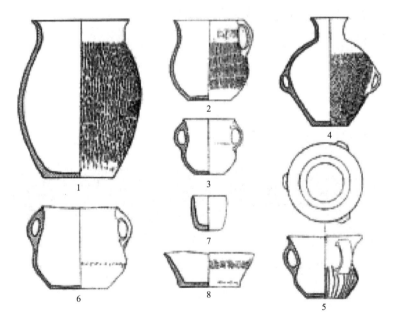

图 2－2－2　师赵村出土的陶器（一）

1. 侈口罐（T308②：20）；2. 单耳罐（T353②：1）；3. 双大耳罐（T308②：10）；
4. 高领双耳罐（T308②：11）；5. 三耳罐（F9：4）；6. 双大耳罐（T362②：1）；
7. 杯（T405②：4）；8. 盆（T317②：1）

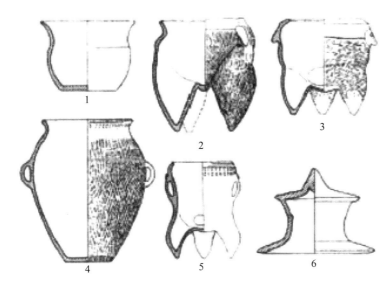

图 2 - 2 - 3 师赵村出土的陶器 （二）

1. 尊（T353②：1）；2. 鬲（T317②：10）；3. 斝（F25：1）；4. 瓮（T308②：5）；
5. 斝（F8：1）；6. 器盖（T384②：5）

似乎都是明器，也就是怀旧——追念先人生活上使用的器皿），所以，发掘者把师赵村和西山坪两地的遗存归属于所谓齐家文化范畴的做法，实在令人费解和难以接受。最后，所谓五种不同类型的齐家文化，往往十分简单地根据居址陶器或墓葬陶器中之一种资料来命名的（按：这种做法出现在中国考古学诞生初期阶段，是可以理解的，但时至近年仍然这样做就是不可原谅的了），所以它的文化面貌特征是片面的，也不符合考古学文化命名的基本条件要求。因为，一种考古学文化是由居住遗存和墓葬遗存两类不同资料构成的，如果缺少其中一种资料，它的文化相是模糊不清楚的[18]。甲型以大何庄[19]和秦魏家[20]两处遗存为代表，乙型以皇娘娘台[21]和柳湾[22]两处遗存为代表。甲型遗址位于东边，分布在甘肃省永靖县以东地区。乙型遗址位西部，分布在青海省东部和甘肃省武威地区。根据[14]C测年数据，甲型比乙型的年代早。甲、乙两种类型的遗存，既具有众多的共性，也存在明显的差异性，它十分突出地表露在陶质器皿方面，如两种不同类型陶器的质料、颜色、纹饰、器类及其制法基本相同。唯甲型陶器形制瘦长，陶胎较厚而整治粗糙（图2-2-6）。乙型器皿形制粗壮，陶胎较薄而

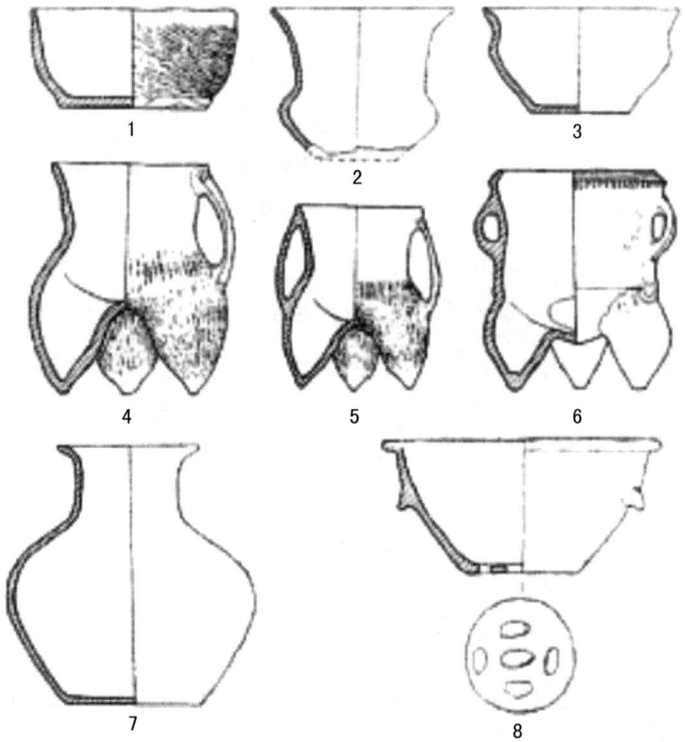

图 2-2-4 西山坪遗址出土的陶器（一）

1. 碗（T1③：28）；2. 尊（采：01）；3. 盆（T33②：7）；4. 鬲（T49③：13）；5. 双耳鬲（T48H18：18）；6. 斝（采：05）；7. 瓶（T7①：4）；8. 甑（T31H7：2）

整治细致，优美的“精品”不少（图 2-2-7）。乙型存在明显的马厂类型文化因素，而且马厂彩陶器和齐家两种不同文化陶器常见在灰坑内和墓葬内共生（图 2-2-8），甲型则无此现象。问题十分清楚，马厂和齐家两种不同文化陶器在乙型遗存中共存，表明二者的年代相同。而年代较早的甲型无此现象，这就充分说明齐家文化和马厂类型文化产生密切交流和融合现象是在齐家文化晚期而不是早期。所以，主张齐家文化来源于马厂类型文化的说法，是十分勉强和很不恰当的。继续坚持这种明显的不符合客观事实的观点，实在令人费解。

关于齐家文化的分期编年，目前在学者中存在不一致的意见，论见各异，可谓众说纷纭，莫衷一是。但就研究方法论来说，诸家的观点和处理问题的办法大都相同，或可说基本上是一致的，也就是滥用类型学原理，即十分简

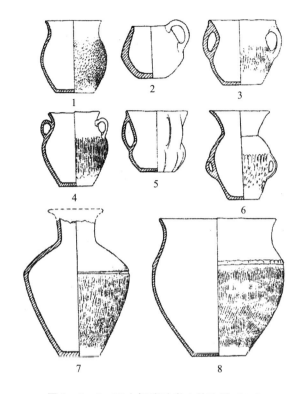

图 2 - 2 - 5　西山坪遗址出土的陶器（二）

1. 侈口罐（T1③：29）；2. 单耳罐（T48③：6）；3. 双大耳罐（T8M1：1）；
4. 双小耳罐（T51③：8）；5. 三耳罐（T48③：9）；6. 高领双耳罐（T2③：7）；
7. 高领折肩罐（T48H18：13）；8. 瓮（T7③：9）

单地依据陶器形制相似或相同的表面现象去安排齐家文化的分期编年。我认为上述做法获得的结果，应属论者的主观臆断，而不是合乎客观实际的科学研究结论。此观点我曾多次从理论上加以分析说明。此观点具体内容为确认具体遗存（或陶器）的早晚相对年代，地层学断代是准确的。类型学断代的原理是运用形制比较法，对年代不清楚的器物，根据年代明确的同类标本来推定其年代。这种立说是逻辑推理性质的，属于可能性而不是绝对准确无误的定论。原因是事物往往有产生、发展和衰亡的演化过程，各种器物的情况也是如此。这就说明，处于上述不同阶段的同类同式器物的年代是不同的，所以器物形制相似或相同是一回事，具体标本的年代是否相同又是另一回事，二者是不同含义和不同科学概念的两个问题。至于各式器物的沿用年代

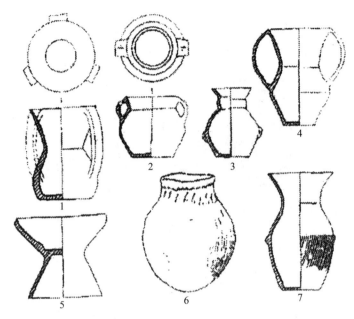

图 2 - 2 - 6　甲型齐家文化陶器

1. 三耳罐（T13：6）；2. 双耳罐（M98：1）；3. 曲颈罐（M36：3）；4. 双大耳罐（M134：4）；5. 豆（M48：2）；6. 圜底罐（T46：1）；7. 高领双耳罐（M106：5）

注：除 6 引自《考古学报》1974 年第 2 期外，其他引自《考古学报》1975 年第 2 期。

图 2 - 2 - 7　乙型齐家文化陶器

1. 曲颈罐（M30：12）；2. 双小耳罐（57M1）；3. 三耳罐（M48：3）；4. 高领双耳罐（M76：1）；5. 豆（M47：10）；6. 双大耳罐（M47：10）；7. 圜底罐（T11：13）

注：除 2 引自甘肃博物馆《甘肃武威皇娘娘台遗址发觉报告》《考古学报》1960 年第 2 期外，其他引自魏怀珩《武威皇娘娘台遗址第四次发掘》（《考古学报》1978 年第 4 期）。

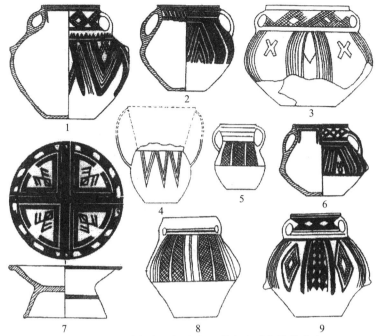

图 2－2－8　乙型齐家文化彩陶（甘肃武威皇娘娘台出土）

1. M32：5；2. M31：1；3. M6；4. F8：6；5. 缺号；6. M30：2；7. M47：10；8. 缺号；9. M9

注：1、2、4、6、7 引自魏怀珩《武威皇娘娘台遗址第四次发掘》，《考古学报》1978 年第 4 期；3、5、8、9 引自甘肃省博物馆《甘肃武威皇娘娘台遗址发掘报告》，《考古学报》1960 年第 2 期。

以及在不同阶段制作的同类同式标本的差年是否达到考古分期的要求则需要通过地层学研究来探讨和解决，使用类型学研究法是无法解决这类问题的。关于器物形制演化规律的研究，在考古中存在截然不同两种观点和处理方法。一种是正确的方法，也就是必须十分严肃地贯彻和坚持遵循人的认识来源于客观存在的科学方法，先确定具体标本的年代，然后根据标本年代先后顺序，说明其形制特征及器型演化规律性。另一种是错误的方法，即十分简单地滥用类型学原理，也就是运用器型比较法，以无明确年代的标本为根据进行所谓"陶器排队悟出标本的早、晚年代及其器型变化顺序，来安排遗存编年"，从方法论来说，这种立论属于一种不着边际的从猜想到猜想的"故弄玄虚"的文字游戏，与求是务实的学术研究是两回事。

总之，要科学地解决齐家文化分期编年问题，我认为必须通过田野考古实践寻找典型地层及其典型陶器群来进行探讨和研究，才有可能取得合乎客观实际的齐家文化分期编年结论。若坐在书斋里滥用类型学原理从考古文献中建立齐家文化分期编年，显然属于论者的主观臆断，是经不起历史检验的。

最后要论及的，齐家坪居址和墓地的内涵及文化面貌特征至今不清楚，今日名为典型齐家文化者均属论者的主观推断，它们与齐家坪遗存的关系如何还有待进行深入研究。幸好，广河成立了齐家文化研究基地，并开始对齐家坪遗址进行大规模发掘研究。我相信在不久的将来会有好的收获，也就是弄清楚齐家坪居址和墓地两类遗存的文化面貌特征。这样，我们研究齐家文化就有度量和判断学术是非的一把尺子（或者说一面镜子）了，从而使齐家文化研究工作步入正道。（按：我们还要在此强调指出，辛店文化研究状况和齐家文化研究上述状况完全相同，即辛店遗址至今未经发掘没有弄清楚其文化相，今日名为典型辛店文化者均属论者的主观推断，它们与辛店遗存的关系如何，辛店遗存和齐家文化的关系如何，还有辛店遗存和寺洼文化的关系及其早、晚年代关系如何，都有待通过辛店遗址的发掘来进行深入研究。）

二　常山下层文化

常山下层文化遗存的发现年代较早，1957年甘肃省文物管理委员会工作队在渭河上游地区调查中就有采集，并在考古报告中提出它是"一种新石器时代新文化遗存"[23]。十分惋惜，当时及后来他们都没有对遗址进行发掘，没有弄清楚它的文化面貌特征，以致人们错误地把它归入齐家文化的范畴，而且这种错误的做法，至今还强烈地影响着个别学人。

1978年至1979年，我经历了在泾、渭两河流域地区进行广泛而深入的考古调查，以及在各县（市）的博物馆（或文化馆）研究馆藏文物之后，深深感到甘肃省文管会张学正等同志提出的上述见解，是很有道理的。故于1979年秋选择陇东镇原县常山遗址作为典型发掘研究，发现遗址上层堆积遗存属西周文化，下层堆积遗存的文化相自具特征，故命名为常山下层文化[24]。

20世纪80年代初期，宁夏回族自治区文物部门和中国历史博物馆联合组成考古工作队对菜园子等多处遗址和墓地进行了发掘，所获遗存与常山下层文化的性质相同（按：在菜园子等遗址和墓地的发掘后期，俞伟超馆长在中国历史博物馆召开过一次学术讨论会。参加会议的学者计有：俞伟超、安志敏、胡谦盈、李仰松、谢端琚、严文明、李伯谦、李文杰和赵信等 10 多人。俞馆长在会上介绍了菜园子等遗址的发掘收获，并说明了遗存的性质属于常山下层文化范畴。与会学者对俞伟超的观点没有提出异议。参加菜园子等遗址发掘的中国历史博物馆研究员李文杰至今仍然坚持俞伟超的学术观点），唯遗存的年代偏晚，大致与宁夏南部固原县海家湾遗存（图 2 - 2 - 9）的年代相当[25]。

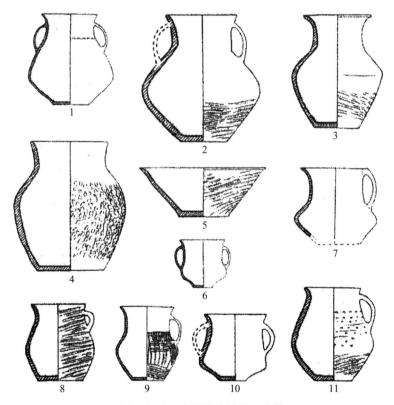

图 2 - 2 - 9　海家湾遗址出土陶器

1. 双大耳罐（M1：1）；2. 双耳罐（M3：3）；3. 瓶（M2：2）；4. 侈口罐（M2：1）；5. 盆（M2：3）；6. 双大耳罐（M1：2）；7. 单耳罐（M2：4）；8. 单耳罐（M3：1）；9. 单耳罐（M1：3）；10. 双耳罐（M3：4）；11. 单耳罐（M3：2）

　　常山遗址下层堆积遗存的文化面貌，具有以下一些十分鲜明的特点[26]。

　　1. 发现 8 座房屋基址，均为盖顶式窑洞，其中房址 H14 的地面有 4 个柱洞（图 2 - 2 - 10）。房址 H19 的地面只有 1 个柱洞。16 座窖穴分布在房址周围，除一座是椭圆形直壁土坑以外，其他 15 座都是口小底大的圆形袋状土坑。

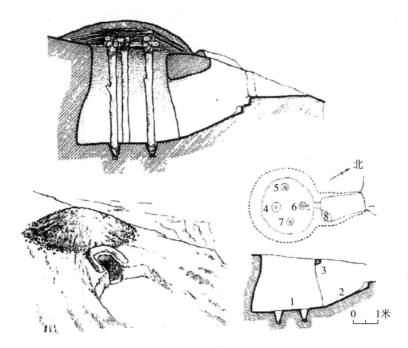

图 2 - 2 - 10　甘肃镇原县常山下层文化 H14 平面、剖面及复原图

1. 住室；2. 坑道；3. 生土门洞顶；4～7. 柱洞；8. 凹坑

　　2. 生产工具以石制品为多，陶质和骨质制品较少。器类计有磨石、斧、锛、凿、刀、镞、弹丸、纺轮、锥和骨刀柄等 10 种（图 2 - 2 - 11）。其中，最富有特色的两种器物：（1）石刀和陶刀的平面均呈圆角正长方形，个别为不规则长方形。只钻一孔，位置靠近刃部。（2）骨刀柄系利用兽类肋骨磨制，长条扁平。前端略宽，两侧边有嵌石叶的凹槽，这类工具无疑是用来切割肉类时使用的，也许当时社会的狩猎业或畜牧业比较发达。

　　3. 生活用具主要是陶制器皿，其他只有骨匕。陶器群的特征突出，质料有夹砂和泥质两种，后者稍多一些。泥质的陶泥比较细腻纯净，夹砂陶

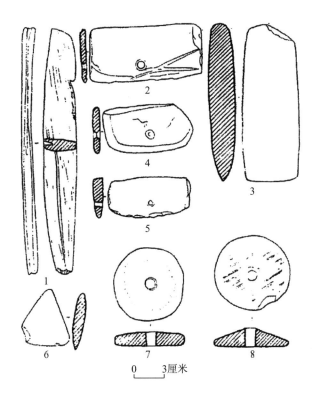

图 2 - 2 - 11 常山遗址下层出土的生产工具

1. 骨刀柄（H26：6）；2、4. 石刀（H13：3、T19：3：3）；3. 石斧（H7：1）；
5. 陶刀（H26：3）；6. 小石锛（T2：4：9）；7、8. 陶纺轮（H24：2、H26：8）

所夹砂粒粗大，多为黑色或灰色的页岩石颗粒。陶胎比较厚，薄胎陶器罕见。颜色以橙黄色为主，红褐色次之，砖红色少见，灰色个别见到。烧制温度一般不高，少数器皿烧制温度较高，质地坚硬。除形制细小的小杯、罐耳是手捏的以外，器皿均使用泥条盘筑法制成。纹饰以绳纹为多见，篮纹次之，附加堆纹也常有发现，此外，还有方格纹、指甲纹、锥刺纹、划纹、锯齿状凹沟、彩陶和彩绘等，但数量不多，或个别见到。其中富有特色的陶纹，则有如下特征。（1）绳纹的纹痕浅而松散，多横行或斜行拍印，竖行绳纹罕见，与仰韶文化陶器的绳纹特征相类似。（2）篮纹的纹道窄小，纹痕深而清晰，多横行或斜行拍印，与庙底沟二期文化陶器施篮纹风格雷同。（3）附加堆纹多作泥条带状绕器壁一圈或数圈（此特点也常见于仰韶文化晚期和庙底沟二期文化的陶器上），或作圆饼状附加在器壁或罐耳上面。(4)彩陶使用棕红色。由于颜料浓又未经压磨,因此,彩纹突出在器壁上。彩绘所用颜料及其色泽与彩陶相同,但它是绘在烧好的器皿上的,因此极易脱落,器壁上往往只留下绘彩痕迹。此外,还发现个别陶器上刻有符号。少数壁内外蘸一层陶衣,多为橙黄色,也有红色的、白色的。陶器多平底器,三足器、圈足器和尖底器仅个别见到,没有发现圜底器。器皿种类异常简单,主要是瓮和罐两种。瓮是储器,器型高大,高50厘米,腹径52厘米,所以瓮的残片出土数量甚多。陶罐的器型计有深腹罐(器体也较大)、短颈罐、侈口罐、折腹罐、斜耳罐、单耳罐、双耳罐、三耳罐、单大耳罐和双大耳罐等。其次是平底的盆、盘、碗、无耳杯和单耳杯。鬲、盉(?)、甑和豆很少见,只发现残器。上述陶器中,深腹罐(炊器)、斜耳罐、单大耳罐、双大耳罐、瓮和尖底甑等器(图2-2-12),是常山下层文化富有特色的器皿。

4. 两座墓葬均属长方形竖穴墓。单人仰身直肢葬。随葬品简单,M1只出土了陶罐和陶盘各一件。M2出土了陶盘和石斧各一件。

关于常山下层文化的年代问题,依据地层叠压关系,它晚于仰韶文化晚期而早于先周文化和寺洼文化。据^{14}C测定其年代,是公元前2939±180年(树轮校正年代),比齐家文化的年代早了约1000年。

关于常山下层文化的源流,即它上承仰韶晚期文化,向下发展为齐家文化问题,我在《论常山下层文化》(见《胡谦盈周文化考古研究选集》,四川大学出版社,2000,第274~285页)一文中已有具体分析比较,这里仅就齐家文化来源于常山下层文化问题,从两个方面来略加说明。

1. 经济生活方面

常山下层文化和齐家文化都以农业经济为主,狩猎生产占据一定的地位,但都没有捕捞生产活动习惯。如两种文化遗址都未见或罕见网坠一类捕捞生产工具和食后田螺壳残骸出土,似可说明这一论点。另外,两种不同文化居民日常使用的劳动工具,具有以下比较明显的共性。如常山遗址出土的石斧,多属于秦魏家齐家文化的Ⅳ式石斧[27]。石刀形制,分别属于秦魏家石刀中的Ⅳ式和Ⅴ式[28]。石纺轮与大何庄齐家文化Ⅱ式相同[29]。陶纺轮多属于大何庄的Ⅰ式和Ⅱ式[30]。石镞与皇娘娘台遗址出土

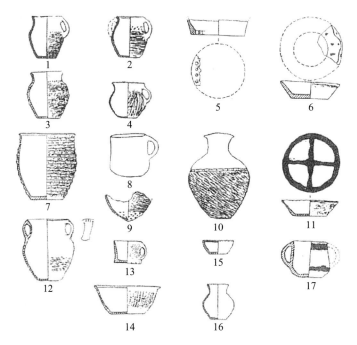

图 2 - 2 - 12 常山下层文化陶器

炊器：1. 单耳罐（H5∶1）2. 双耳罐（H24∶5）；3. 短颈罐（H7∶2）；5. 平底甑（H8∶9）；7. 深腹罐（H26∶10）；9. 尖底甑（T19∶3）

饮食器：6. 盘（H10∶1）；4. 单小耳罐（高庄01）；8. 单大耳罐（H20∶6）；11. 盘（M2∶1）；12. 斜耳罐（H26∶1）；13. 单耳杯（T1∶3∶4）；14. 盆（H26∶3）；15. 碗（H24∶6）；16. 侈口罐（M1∶1）；17. 双大耳罐（H20∶5）

储器：10. 瓮（六十亩坪01）

的齐家文化标本（T21∶3）相同[31]。骨刀柄也见于皇娘娘台出土，但两种标本的形制略有差别[32]。

2. 考古学文化方面

陶器是考古学文化最重要的一种标志，因此也是探讨两种不同文化是否存在因袭关系的最重要根据，齐家文化和常山下层文化两种陶器相同或相似的因素多而且异常突出。对陶器表皮的处理，两者都以绳纹、篮纹和素面（或磨光或抹平）为主，不同的是常山下层文化陶器的绳纹和篮纹属横行或斜行拍印，齐家文化陶器的绳纹和篮纹流行竖行拍印（作斜行或横行拍印的现象也有发现，但数量不多）。两种文化的器皿基本上都属于平底器，圈足器和三足器少见。此外，圜底器只个别见于齐家文化出土，尖底器只个别见于常山下层文化出土。两种文化的陶器种类都异常简单，均以罐形器为主，陶罐往往附单耳或双耳，无耳罐数量少，三耳罐极个别见到。杯、盆、盘和碗等大口浅腹平底器皿，在常山下层文化中较多见，在齐家文化中较少见。豆形器在齐家文化中十分流行，而在常山下层文化中限于个别见到。至于鬲和甗，两种文化都少见出土，两者属于同类而在形式上存在明显传承关系的 9 种器皿，排成图 2 - 2 - 13，下面不再做文字说明。

图 2 - 2 - 13　常山下层文化陶器和齐家文化陶器比较图

1、2. 双大耳罐；3、4. 碗；5、6. 粗陶双耳罐；7、8. 筒形杯；9、10. 单大耳罐；11、12. 粗陶单耳杯；13、14. 折腹罐；15、16. 三耳罐；17、18. 粗陶单耳罐

总之，齐家文化来源于常山下层文化的脉络是十分明显的，而且也符合二者的早、晚年代顺序。我认为渭河上游及其支流地区，应是常山下层文化晚期和客省庄二期文化产生密切交流和融合现象并发展为齐家文化的地区。目前在该地区已发现常山下层文化、客省庄二期文化和齐家文化等三种不同的文化遗存。例如：在渭河上游一股支流——葫芦河宁夏回族自治区西吉县兴隆镇和隆德县上齐村[33]，甘肃省秦安县大地湾、山王家[34]，甘肃省庄浪县李家碾和徐家碾[35]等地都发现了常山下层文化遗存。在甘肃省天水市的师赵村和西山坪[36]发现了客省庄二期文化遗存。在甘肃省天水

市七里墩[37]、佐李村[38]和庄浪县南坪乡寺门村、刘堡村等地[39]发现了典型的齐家文化遗存，其中出土的"安弗拉式"双大耳陶罐（夏鼐先生称陶瓶）与齐家文化命名地甘肃省广河县齐家坪和魏家咀村阳洼湾出土的同类双大耳罐的器型完全相同。1980 年春季，我在甘肃省庄浪县徐家碾发掘寺洼文化墓地期间，曾经协助该县文化馆丁广学馆长整理馆藏文物，见到一件典型齐家文化的"安弗拉式"双大耳陶罐，但未弄清楚陶罐的出土地点。不过，该陶罐出自庄浪县县境内是不成问题的。至于在西吉县、隆德县、庄浪县、秦安县和天水市以东地区，至今未发现齐家文化遗存，这一现象似暗示和说明齐家文化分布的东缘就在葫芦河流域。但如前介绍，齐家坪遗址的文化相至今仍不清楚，常山下层文化发掘工作做得少，收集遗存资料不多，特别在渭河上游及其支流地区做的考古发掘工作太少，在此情况下，我们要更全面深入阐明二者因袭流程是困难的，我的论述仅仅是问题研究的开端，圆满结题还有待后来人完成。

注　释

[1] J. G. Andersson, Reserches into Prehistory of the Chinese, 1943, pp. 78, 288; Margit Bylin-Althin, The Sites of Chu chia Ping and Lo Han Liang in *Bulletin of Museum of Far Eastern Antiquities*, No. 18, 1946, p. 398.

[2] [18] 胡谦盈：《周文化及相关遗存的发掘与研究》，科学出版社，2010，第 116 页。

[3] Andersson 前书 pp. 281 – 282，295。

[4] 刘燿：《龙山文化与仰韶文化之分析》，《中国考古学报》第二册 1947，第 276～280 页。Bylin-Althin, Op. cit pp. 462 – 468。

[5] [6] 夏鼐：《齐家期墓葬的新发现及其年代的考订》，《夏鼐考古学论文集》，科学出版社，1961，第 1～10 页。

[7] 安志敏：《甘肃远古文化及其有关的几个问题》，《考古通讯》1956 年第 6 期。张学正：《渭河上游天水、甘谷两县考古调查简报》，《考古通讯》1958 年第 5 期。甘肃省博物馆：《甘肃古文化遗存》，《考古学报》1960 年

第 2 期。甘肃省博物馆：《黄河寺沟峡水库新石器时代遗址调查简报》，《考古》1960 年第 3 期。谢端琚：《黄河上游盐锅峡与八盘峡考古调查记》，《考古》1965 年第 7 期。《甘肃省文物考古工作三十年》，载文物编辑委员会编《文物考古工作三十年》，文物出版社，1979。平凉地区博物馆编《平凉文物》，1982 年 10 月内部印本。甘肃省庆阳地区博物馆编《庆阳地区文物概况》第一集（1979 年铅印本）和第二集（1983 年 12 月铅印本）。钟侃、张心智：《宁夏西吉县兴隆镇的齐家文化遗址》，《考古》1964 年第 5 期。宁夏回族自治区展览馆：《宁夏固原海家湾齐家文化墓葬》，《考古》1973 年第 5 期。

［8］［19］［29］［30］中国科学院考古研究所甘肃工作队：《甘肃永靖大何庄遗址发掘报告》，《考古学报》1974 年第 2 期。

［9］［20］［27］［28］谢端琚：《甘肃永靖秦魏家齐家文化墓地》，《考古学报》1975 年第 2 期。

［10］［21］［31］［32］甘肃省博物馆：《甘肃武威皇娘娘台遗址发掘报告》，《考古学报》1960 年第 2 期。魏怀珩：《武威皇娘娘台遗址第四次发掘》，《考古学报》1978 年第 4 期。

［11］［22］青海省文物管理处考古队、北京大学历史系考古专业：《青海乐都柳湾原始社会墓葬第一次发掘的初步收获》，《文物》1976 年第 1 期。青海省文物管理处考古队、中国社会科学院考古研究所：《青海柳湾——乐都柳湾原始社会墓地》，文物出版社，1984。（按：该报告存在三大失误：一、墓葬只有平面图无一幅剖面图。二、有不少洞室墓误为竖穴墓。三、报告只介绍墓葬出土的彩陶器，而不公布素面陶器，而后者比前者多得多。这种做法实在罕见，也是不符合科学考古研究要求的。）

［12］胡谦盈：《胡谦盈周文化考古研究选集》，四川大学出版社，2000，第 252 ~ 259 页。

［13］《20 世纪中国知名科学家学术成就概览·考古学卷》第二分册，科学出版社，2015，第 262 ~ 263 页。

［14］［36］中国社会科学院考古研究所编著《师赵村与西山坪》，中国大百科全书出版社，1999。

［15］中国科学院考古研究所编《沣西发掘报告》，文物出版社，1963。

［16］中国社会科学院考古研究所编著《武功发掘报告——浒西庄与赵家来遗址》，文物出版社，1988。

［17］中国社会科学院考古研究所编著《庙底沟与三里桥》，科学出版社，1959。又参注［16］。

［23］郭德勇：《甘肃渭河上游渭源、陇西、武山三县考古调查》，《考古》1958年7期。

［24］［26］胡谦盈：《陇东镇原常山遗址发掘简报》，《考古》1981年3期。

［25］宁夏回族自治区展览馆：《宁夏固原海家湾齐家文化墓葬》，《考古》1973年第5期。

［33］钟侃、张心智：《宁夏西吉兴隆镇的齐家文化遗址》，《考古》1964年第5期。

［34］郎树德、许永杰、水涛：《试论大地湾仰韶晚期遗存》，《文物》1983年第11期。

［35］1978年中国社会科学院考古研究所泾渭工作队调查资料。

［37］［38］裴文中：《甘肃史前考古报告》，载《裴文中史前考古论文集》，文物出版社，1987。又，张学正：《渭河上游天水、甘谷两县考古调查简报》，《考古通讯》1958年第5期。

［39］平凉地区博物馆编《平凉文物》1982年10月内部铅印本第16、17和19页上，附有庄浪县刘堡坪和南坪寺门等地出土的齐家文化陶豆、高领双耳罐和"安弗拉式"双大耳罐等器皿照片。

补注：文中图2-2-2至图2-2-5和图2-2-9引自《齐家文化与华夏文明国际研讨会论文集》（文物出版社，2016）第21页之图一、二，第22页图三，第23页图四，第28页图八。

本节原载陈星灿、唐士乾主编《2016年中国·广河齐家文化与华夏文明国际论坛论文集》，甘肃文化出版社，2017，第12~21。

第三章　全面推进丰、镐周都的考古工作

第一节　丰、镐周都故址的确认和重现

一　文献记载的丰、镐二京

丰邑建于周文王时，镐京建于周武王时。故诗云："文王受命，有此武功，既伐于崇，作邑于丰，文王烝哉。……考卜维王，宅是镐京，维龟正之，武王成之，武王烝哉。"[1] 从周武王至幽王历十一世（十二王）和一个共和时期，约250多年，周人似无易都事迹，或许镐为周京是与整个西周王朝相终始的[2]。丰邑距镐京甚近，且周王居镐以后，丰邑仍然保留着周王宗庙，故西周诸王常客于丰或在丰料理国事。《尚书·召诰》云："惟二月既望，越六日乙未，王（指成王）朝步自周，则至于丰。"[3]《史记·周本纪》云："成王在丰，使召公复营洛邑，如武王之意。……既绌殷命，袭淮夷，归在丰，作周官。"[4]《左传》昭公四年云："康有酆宫之朝。"[5] 此外，西周金文中的"莽京"是丰的说法，是可信的。臣辰盉（成王时器）、麦尊（康王时器）、遹簋、静簋、静卣、小臣静彝（穆王时器）、史懋壶（懿王时器）、召伯虎簋（宣王时器）等铜器，都曾记载王客于"莽京"或在"莽京"赏赐功臣[6]。所以史家向来将丰、镐并称，或说二者是周都双城，是很有道理的。

周都丰、镐湮没过程，古史无详细记载。不过就现有认识来说，自平

王东迁洛邑之后，丰、镐因失都位而衰落了。丰、镐二都部分或大部分宫室毁于周幽王被杀之役，是完全可能的。其中镐京湮没年代似早一些，因为古史没有涉及镐京在西周以后的情况，且至今在镐京应在位置的遗址内也没有发现东周遗存。丰邑完全被废弃的年代较晚。《左传》僖公十五年："晋饥，秦输之粟；秦饥，晋闭之籴，故秦伯伐晋侯。……秦获晋侯以归。……乃舍诸灵台。"杜注："在京兆鄠县，周之故台。"由此可见，丰邑在东周时尚保留着部分建筑，或旧址仍然还继续使用。时至秦始皇或更早一些，丰、镐都址显然已完全废弃和荒芜了。故《史记·秦始皇本纪》云："吾闻文王都丰，武王都镐，丰、镐之间，帝王之都也。乃营作朝宫渭南上林苑中。"再过百年，一般的人似乎只能据文献或传说知道丰、镐的相对地望，但不能确认二都故址的具体位置及其范围了。如汉武帝穿昆明池时破坏了镐京故址，当时却出现"举朝不解"的故事[7]，似可说明这一点。

自汉迄唐，史地学家辨认和记录周都丰、镐位置，皆以都址附近诸水道——丰水、滈水、滈池和昆明池为据；另外也还指出它们和当时的城邑和汉城、唐城或鄠县的相互方位关系及里程。到唐末，和镐京关系极其密切的昆明池日渐荒湮，变为民田；滈水和滈池湮没年代更在昆明池之前。此外，世传"丰邑在丰水之西"，而北宋以后人们就莫能分辨古丰水的位置。这样，周都丰、镐地望就完全失传不能确指其位置了。明、清以来，人们试图解决周都丰、镐位置问题曾经做过很多的努力，但由于二都荒湮年代久远，且经历代起土破坏，同时又未能弄清丰水、滈水、滈池、彪池和昆明池的位置，所以对二都应在位置问题迄今未得解决。本文打算从实地考察，来确定丰水、滈水、滈池、彪池和昆明池的相对位置，并在这个基础上，根据文献记载和现有考古材料对丰、镐都址的应在位置进行判断和确认（图 3-1-1）。

二　丰、镐地区的水道

丰、镐地区是指今西安市西南沣河中游沿岸地带。为说明这个地区的古代的水道分布，我们先介绍一下沣河流域的地貌。这个地区北靠渭河，南枕秦岭山脉的终南山，整个地区的地貌是由两种完全不同的地段构成的。

1. 沣河西岸的客省庄（又名开瑞庄）以北，沣河东岸的高阳原以西（即今

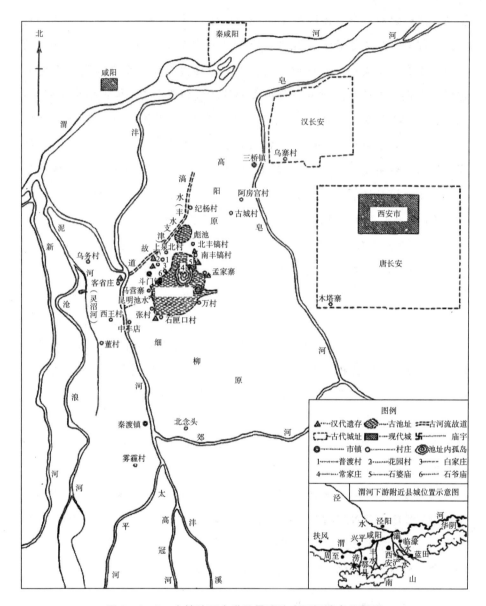

图 3 - 1 - 1　丰镐地区水道及昆明池旁西汉遗存位置图

资料来源：引自《胡谦盈周文化考古研究选集》图一，四川大学出版社，2000。

斗门镇的西北）诸地尽属低洼的碱滩，是河流的冲积地，沙土质，平均深约 2 米即见水。2. 其余都是高亢的黄土原地，属"郿坞岭"的岭地的一个组成部分。由于这段岭地上的河水密布，因此它又天然地被分割成几个互不连接的独立单元。沣河东岸，今斗门镇东北诸地俗称高阳原。斗门镇的东边，即介于南丰镐村和石匣口村之间，是一片面积广大的凹地，自石匣口村至郊河北岸地势高亢，俗称细柳原。郊河以南诸地地势尤高，向南和终南山北侧余坡相接。介于沣河和灵沼河之间（即客省庄以南诸地）的地形比较简单，是一块南北纵长的黄土高地，地势越南越高，直抵终南山的北侧。灵沼河西岸诸地也属于黄土地带，但地势比东岸原地平均低 3~4 米。

（一）昆明池

昆明池开凿于公元前 120 年。《汉书·武帝纪》："（元狩）三年，……减陇西、北地、上郡戍卒半，发谪吏穿昆明池。"[8] 到唐代文宗太和以后，昆明池石闼堰废，池涸[9]。北宋初，昆明池址早已荒湮，变为民田[10]。

关于昆明池的位置及其相对范围，史有明文记载。

《汉书·武帝纪》颜注："（昆明池）在长安西南，周回四十里。"

王文森于嘉庆十一年在今斗门镇北看到的古残碑，记载得更加清楚和具体。"……至镇北门外，见残碑剥蚀殆尽，惟昆明池界址存，云：'北极丰镐村，南极石匣，东极园柳坡，西极斗门'，所记甚清晰。"[11]

根据我们实地踏察的结果，证明以上记载是正确的。昆明池遗址今日从地面上仍然清晰可辨。池址是一片面积十多平方公里的洼地，地势比周围岸边低 2~4 米。池址南缘就在细柳原的北侧，即今石匣口村。东界在孟家寨、万村的西边。西界在张村、马营寨、白家庄之东。北界在上泉北村和南丰镐村之间的土堤的南侧。这土堤清代人叫作"斗龙岭"[12]，它是一堵人工筑造起来的池堤，经过打夯；现存高度约 5 米，基底宽 40~50 米，基顶宽 10~15 米（窄的地方是后代起土破坏了）。池堤中部的夯土内夹杂有大量的西周陶片，池堤两端下面尚压着未经扰乱的西周窖穴堆积。

池址中部靠北即常家庄一带，地势较高，像是池内的孤岛。《三辅故事》云："昆明池中有豫章台。"[13] 这个孤岛似乎就是豫章台的所在（按：豫章台《水经法》作昆明台，《三辅黄图》作昆明观或豫章观。笔者原先推断豫章观位于北常家庄一带孤岛上的观点是错误的，我在 1980 年 1 期《考古与文物》上发表的《昆明池及其有关遗存踏察记》一文中已更正。今北常家庄一带孤岛是唐代扩建昆明池时出现的，汉代昆明池的北缘在今北常家庄之南，豫章台位置是在今石匣口村西北约一公里处的孤岛上，1962 年我在孤岛上发现夯土基址和西汉板瓦、上林瓦当等物，见图 3 - 1 - 2。

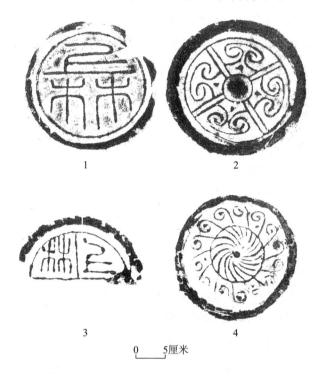

1   2

3   4

0   5厘米

图 3 - 1 - 2   昆明观和宣曲宫出土的瓦当拓片

1、4. 客省庄村北宣曲宫遗址采集；2、3. 汉昆明池中孤岛上昆明观遗址采集

我们在南丰镐村、孟家寨、石匣口村、花园村、上泉北村等地，分别发现有夯土建筑故基或石柱础，地面上散布着大量的汉代瓦片。文献记载昆明池或其附近有宣曲宫（在沣西客省庄村北，1955 年刘观民在那里发掘出一片西汉建筑基址及出土大量板瓦、瓦当等遗存）、白杨观、细柳观等建筑群[14]。现在我们还不便粗疏地去推断那处故基就是某宫的建筑遗址，但它们都是昆明池旁的离宫别馆的遗迹，当不成问题。

昆明池附近的汉代的牛郎和织女二石像现在仍然存在（图 3 - 1 - 3）。一个石像在今北常家庄石婆庙中，另一个石像在今斗门镇石爷庙中。俞伟超认为前者是男相，后者是女相，它们现在所处方位，和古代文献记载牛郎在东，织女在西，是一致的[15]。其说很是正确。

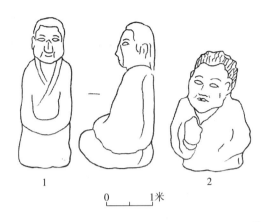

图 3 - 1 - 3　昆明池旁"牛郎"和"织女"二石像

1. 织女；2. 牛郎

资料来源：顾铁符：《西安附近所见的西汉石雕艺术》，《文物参考资料》1955 年第 11 期。

昆明池从开凿到湮没历 1000 余年，文献记载它约经过四次较大规模的浚修。

第一次，《魏书·世祖纪》记载："太平真君元年（440），……浚昆明池。"[16]

第二次，《读史方舆纪要》引《括地志》记载："贞观中修昆明池，丰、镐二水，皆悉堰入，无复流派。"[17]

第三次，《旧唐书·德宗本纪》记载：贞元十三年（797）"八月丁巳，诏京兆尹韩皋修昆明池石炭、贺兰两堰兼湖渠。"[18]

第四次，《旧唐书·文宗本纪》记载：（太和）九年（835）"冬十月，……乃浚昆明、曲江二池。"

上述四次浚池动土工程规模，史书佚记或记载不详。但这里似仍然还不难得出如下结论：昆明池废弃时的池址亦即现存池址，应该是唐代的范围。今南丰镐村一带的汉代建筑群，部分沦没于昆明池中，当是汉代以后浚池或扩建时破坏的，由此可见唐代昆明池的范围比汉代的范围大一些。[19]

（二）滈水、滈池和彪池

滈水　滈水即丰水支津。自隋代开皇四年凿永通渠以后（永通渠也称富民渠），滈水枯竭断流[20]。滈水北段和本要解决的问题无关，在这里暂且不论。永通渠以南滴水，河床遗迹至今犹存，是一段从西南向东北方向伸展的带状凹沟，位于高阳原西边的碱滩地上。它的南头就在今日斗门镇西北的沣河东岸，沿花园村西、普渡村西、上泉北村西、"古城址"[21]西，至纪杨村北边永通渠南岸止。河床东岸即高阳原的西边陲，岸高达八九米以上，是黄土原地；西岸地势低洼是沙土质的碱滩地。河床现存深度（以西岸地形为准）达0.7～1.2米不等，河床宽度各处不一，以步数测之，宽的100米以上，窄的仅有60米。

滴池和彪池 今昆明池北有一片广大的洼地，俗称"小昆明池"。有人认为它就是滴池[22]，我们认为这个看法是值得研究的。现将这个洼地的实况介绍于下。

洼地南缘在"斡龙岭"北侧，西缘在洛水村西边，东缘东距北丰镐村数十米，北缘距"古城址"约0.5公里，总面积估计有3平方公里。洼地北半部（北丰镐村西北诸地）的底部呈锅底形，东、西、北三边缘整齐。东边和北边皆是高达7米以上陡壁，西边缘靠北段是一堵夯土筑造的池堤，池堤长约0.5公里，高约4米，基底宽约40米，顶宽约7米。所以这块洼地的北半部（面积约一平方公里多一些）是一个古代池址是不成问题的。至于洼地的南半部，则不属于古池址的范围。因为：1. 在"斡龙岭"北侧没有发现"古池址淤泥堆积"，这说明池址南缘不在那里，而是在"斡龙岭"的北边；2. 洼地南半部地势不平坦，中部地形特别凹陷，形成一段南北向的带状凹沟，是一条渠道的遗迹。这条渠道原是沟通昆明池及其以北那个池址的，今渠道被"斡龙岭"堵塞住，可见它在很早以前就断了流。渠道东西两侧现在皆是斜坡地。在坡地耕土下没有发现"古池址淤泥堆积"，多是黄生土，个别地方则保存有新石器文化层、西周文化层或汉唐时期的建筑基址，如洛水村和北丰镐村西南等地区。因此我们推测洼地南半部即古渠道两侧的坡地，其地形原来是较高的，大部分地区是唐代以后被挖掘下去的。

根据《水经注·渭水》的记载，介于清冷台（按：永乐大典本《水经注·渭水》作汉灵台；化龙池本《太平寰宇记·长安县》引《水经注》和宋敏求《长安志》卷十二引《水经注》均作清冷台，故据后说校正）和昆明池之间有彪池（又名冰池）和滴池两个池址。彪池在北，靠近清冷台；滴池在南，靠近昆明池[23]。按"汉灵台（应为清冷台）在秦阿房宫南，南去明堂三百步，镐水经其西"[24]。秦阿房宫前殿位于今日阿房宫村、古城村一带，遗存至今犹在，是一个高出周围地面4～5米的夯土台基，夯土台基南缘就在古城村略南。如果从古城村向西划一条东西直线，则清冷台故址当在此线以南、"小昆明池"以北的高地上；其位置靠高阳原西边缘，面临滴水。也就是说，清冷台故址似乎就在传说中的"古城址"内，或在其邻近位置。现在介于清冷台和昆明池之间仅有一个古池址。而此池址靠近清冷台，且位于昆明池以北略偏西处，与《水经注》记载彪池的方位均吻合。所以这个池址应该是彪池。滴池是在彪池之南，故址已沦没于昆明池之中。估计其应在位置，向北不超出"斡龙岭"，向南不超出北常家庄，向东向西则不超出昆明池北半部的东、西两岸。

（三）丰水

丰水即今沣河，对此古来无异说。但丰水是否改过道，在哪里改道，却是一个讼而未决的问题。下面我们先介绍一下今日沣河的情况。

沣河发源于终南山北侧丰溪口，河水向北流入渭河。全河分为三段，由丰溪口至秦渡镇是上游，从秦渡镇至客省庄是中游，从客省庄至渭河是下游。上游是由丰溪、高冠、太平三水汇合成流的，至秦渡镇略南，郊河从东注来。中游仅有一股水。下游于客省庄北约一公里处又分成两股水：一股水东北流，即今日沣河下游主流，从咸阳东流入渭河；另一股水西北流，在长安县西马坊村的西边流入泥河，这段河水近年已经枯竭断流，但河床尚在，即使是近年测绘的地图，也还将它绘在图纸上。

客省庄以北即沣河下游，因沿河两岸都是低洼的碱滩地，河道改流过是很自然的，也是可以理解的（它的改流情况，后面在讨论北魏丰水时将要论及）。至于客省庄以南即沣河上、中游，我们考察之后，认为它是未曾改流过的。其理由如下。

1. 从河床情况看，除中游东岸的中丰店，西岸的上南丰、客省庄和上游三支流的上源等地区外，沣河上、中游两岸多有宽窄不同的河滩地（30～200米）。沿流河底及其河滩皆积有数米厚的细沙，这说明它是一条十分古老的河床。另外，沿流河滩以外都是黄土原地，这是河床未曾易流过的一个很好证明。

2. 从地形上看，上游三支流是由终南山北侧的山谷形成的，它不能往左右改流。中游东岸，从中丰店至郊河一段是细柳原，中丰店至斗门镇的东边有昆明池，沣河水是不能往东边改流的。中游西岸，从西王村（又名新旺村）至路柳庄之间是一个面积约3平方公里的洼地；从"灵台"至秦渡镇之间有一个约2平方公里的洼地。除两个洼地以外，其余都属高亢的黄土原地，地势平均高出今日沣河水面达8～9米以上，沣河水绝不能横断这个高地往西改道的。况且在这个高地上，古遗存分布十分稠密，如霂霏村、牛东村、北花园头、"灵台"、阿底村、上南丰、关道村、石榴村、冯村、西王村、大原村、马王村、张家坡、客省庄等地，皆发现有周代以前的古文化遗址或墓地[25]。此外我们在西王村南边那片洼地中部，也还发现汉代的建筑遗存。这也是沣河未曾在那一带易流过的有力证明。黄盛璋同志根据"泥河上游有一沮洳泥，俗称灵沼"，认为古丰水似乎就在那一带改流了[26]。其实位于今日董村和海子村之间的所谓"灵沼"，是高地上的一个小洼地，雨天时常有积水。但洼地外尽是平坦的原地，洼地东距沣河西岸约3公里，东北距西王村南边那片洼地也还有1.5公里。问题还在于沣河和所谓"灵沼"之间并无水流沟通，从地面上也看不到任何水道遗留的迹象，也就是说，沣河和"灵沼"是没有什么联系的。从我们实地考察所得的结果来看，无法证明古丰水曾在这一带改道过。

沣河上、中游（即客省庄以南丰水）未曾改流过，改流是在下游，文献记载也是十分清楚的。为了相互印证，我们想先谈谈唐宋时的丰水情况，后面再谈北魏丰水的情况。

唐人高骈诗云："吟社客归秦渡晚。"[27]可见秦渡是在唐代或更早一些时候就有的了。

宋敏求《长安志》卷十二《长安县》内记录丰水中游沿岸三个地点更加具体和清楚：

（1）北丰店沣水渡在县西四十里；

（2）南丰店沣水渡在县西（南）四十五里；

（3）秦杜镇在县西南沣水西，四十里入鄠县路。

秦杜，今作秦渡。南丰店和北丰店在清嘉庆年间仍然沿用旧名，其中南丰店就在今日沣河东岸的中丰店附近，北丰店是在中丰店的北边[28]。现在当地人口传南丰店和北丰店的地望，也就是在那一带。由此可见，史记丰水中游自唐宋以来是未曾改流过的。《诗·小雅·白桦》注疏曰："文王有声云，丰在丰水西，镐在丰水东，然则丰水（按：水字当是镐字之误刻）之间，唯丰水耳。"

至于沣河上游，史家一致认为它发源终南山北侧的丰谷，也就是现在的丰溪口。所以，它未曾改流过是很清楚的。

北魏的丰水可以据《水经注》的记载来弄清楚其眉目。但现在的《水经注》记载丰水流向时有讹字和脱句等错误，不过我们仍然还可以根据永乐大典本《水经注》和宋敏求《长安志》所引《水经注》记载的丰水的流向，并参照这里的古河道实况，来恢复北魏丰水的原来面目。

（1）"谓水又东会甘水。……又东丰水从南来注入。《地说》云：谓水又东与丰水会于短阴山内，水会无佗（他）高山异峦，所有唯原阜石激而已。渭水又东北与鄗水合，水上承镐池于昆明池北。……鄗水又北流，西北注与彪池合。……鄗水北径汉灵台西（案：汉灵台应为清冷台）。又径磁石门西。……鄗水又北径于渭。……渭水又东北径渭城南。"（按：渭城即秦代的咸阳城。）

（2）"丰水出丰溪。西（北）流分为二水：一水东北流为支津；一水西北流。又北，交水自东入焉。又北，昆明池水注之。又北，经灵台（清冷台）西。又北，至石墩注于渭。又曰，渭水东与丰水会短阴山，无他高山异峦，唯原阜石墩而已。"

以上两条引文，（1）见于永乐大典本《水经注·渭水》篇，（2）见于宋敏求《长安志》卷十二"丰水"条引《水经注》。其中（1）漏记丰水源头及其沿流所经地点，但它却十分清楚地指明了：①并无两股丰水流入渭河，而是一股丰水和一股鄗（滈）水；②丰水在短阴山附近流入渭河；③鄗（滈）水在磁石门北流入渭河，其源头就在昆明池北附近。（2）载明了丰水发源地，同时也还笼统地提到丰水沿流若干地点和有两股水的问题。

但丰水在哪里分成两股以及哪两股水从哪里流入渭河，"灵台"和"石墩"在何处，交水和昆明池水又在何处流入丰水，等等，这些问题从文内是看不出来的，其中当有讹字和脱句等错误。客省庄以南丰水（沣河上、中游）未曾改流过，而沣河中游自来只有一股水（这一问题前已论述），可见丰水分成两股是在下游（两股水的位置，下面再讨论）。交水即今郊河，它是在秦渡镇略南从东岸流入丰水的[29]。昆明池水也是从东岸流入丰水，其地点就在今日的中丰店至上泉北村之间，因为昆明池就在那一带。至于"灵台"和"石墩"，当在昆明池水的北边，其位置显然已在丰水下游了。另外文内所记交水和昆明池水均在丰水东岸，据常理度之，"灵台"和"石墩"的位置也应在丰水东岸。问题还在于今日沣河下游两岸，即介于泥河和滴水之间尽属低洼的碱滩，根本没有什么"灵台"和"石墩"。因此我们认为（2）所记丰水下游岸旁的"灵台"，似乎是（1）所记滴水东岸的清冷台之讹，"石墩"是磁石门的错记。至于（2）条中的"唯原阜石墩而已"的"石墩"，当是"石激"的误刻，它是向西北流那股丰水入渭的地方。也就是说，（2）条中的丰水之津，就是（1）条中的滴水。张揖认为"镐（滴）水在昆明池北"（《史记·司马相如列传》索隐)[30]。郭璞说"镐（滴）水，丰水下流也"，（《史记·司马相如列传》索隐）指的就是这一股水。所以丰水分为二水，一水东北流为支津（即滴水），一水西北流，是在今日斗门镇北才开始的。这样，则（1）（2）两条史料所记丰水内容就不自相矛盾，也能与这一带地形和古丰河故道相符合。

总之，北魏丰水即今沣河，其中，客省庄以南丰水（即沣河上、中游）未曾改流过，下流那两股水，丰水支津——即滴水不断由东向西推移到今日的沣河，向西北流那股水，似乎就是今日已枯竭的干河床，因为在其附近没有看到有古河道。同时在张家坡发现的唐代墓志指明今日的马务村，在初唐时已是一个居民点了[31]。

三 周都丰、镐位置确认

（一）丰邑

《诗·灵台》正义引《含神雾》："作邑于丰，起灵台。"《左传》昭四年

"康有酆宫之朝"。杜注:"酆在始平鄠县东,有灵台,康王于是朝诸侯。"可见,酆宫和灵台即在丰。所以,史籍记载酆宫或灵台所指地望是一个。

自汉迄唐,史家一致认为丰邑在丰水西,紧临丰水;位于汉城西南或鄠县城东或唐城西。下面列举典籍所载丰邑位置于下。

郑玄《诗·文王有声》笺云:"丰邑在丰水之西。"

皇甫谧《帝王世纪》:"丰在京兆鄠县东,丰水之西,文王自程徙此。"[32]又曰:"丰、镐皆在长安之西南。"[33]

《史记·周本纪》集解云:"徐广曰:丰在京兆鄠县东,有灵台,……皆在长安南数十里。"

唐魏王李泰《括地志》云:"周丰宫,周文王宫也,在雍州鄠县东三十五里。"[34]

《汉书·郊祀志》颜师古注云:"酆,今长安城西丰水上也。"

《史记·鲁周公世家》:"王朝步自周,至丰。"司马贞索隐:"按丰在鄠县东,临丰水。"

按汉城南墙今在马家寨南[35],唐城南墙在今木塔寨[36],隋唐的鄠县城即今县城,隋以前的鄠县城是在今城北二里[37]。所以三者所指丰邑位置是一个地方,即在沣河中游偏北,也就是今日客省庄、马王村、西王村一带。因为:1. 客省庄以南丰水未曾改流过,而该地又靠沣河西岸河旁;2. 该地与"唐城西丰水上"、"汉城西南数十里"、"鄠县城东三十五里"或"鄠县东,临丰水"等记载皆相符;3. 近年出土的两个初唐墓志,均指明那里是唐代丰邑乡辖地[38]。唐代称那里为丰邑乡,似不是偶然的,当与古传丰邑故址在那一带有关。

根据现有考古资料,客省庄、马王村、西王村一带是一个面积广大、内涵丰富的周代遗址[39]。遗址东界以沣河为界,西至灵沼河,北至客省庄、张家坡、南至西王村、冯村,总面积约八平方公里。在这个遗址内,目前除发现大量的石、陶、骨质工具和用具以外,也还发现铸铜容器的陶范和制陶、制骨、制瓦等手工业现象,在张家坡发现近10座为当时贵族殉葬的车马坑,其中第2号车马坑埋两辆车六匹马。1961年冬又在马王村西北数十米处发掘出一个储藏青铜器的窖穴,窖穴内出土53件西周青铜器[40],其中7号铜簋铭文记载"王客于康宫"(图3-1-4)。在马王村北边发现西周初期夯土建筑基址(详见第三节图 3 - 3 - 5)。这些现象，无疑说明有相当数量的较大贵族，生前在此活动，死后也在这一带埋葬。此外，从西周初期到东周的文化遗存，在遗址内均有发现，这和《史记》中丰邑的使用年代是一致的。因此我们认为，丰邑中心似乎不能超出这个周代遗址的客省庄和马王村一带范围以外。

图 3 - 1 - 4　马王村 7 号铜簋铭文（左：盖，右：底）

资料来源：西安市文物管理处：《陕西长安新旺村、马王村出土的西周铜器》，《考古》1974 年第 1 期，第 3 页图四。

铭文释文：

　　唯八月初吉丁亥，王客于康宫，娄伯右卫内，即位。王曾令卫，易赤市攸勒。卫敢对扬天子丕显休，用作朕文且考宝尊簋，卫其万年子子孙孙永宝用。

石璋如认为"灵台"遗址是丰邑[41]。但是：①遗址面积太小，据石璋如测量仅 0.23 平方公里[42]。②遗址内涵主要属于原始社会的"仰韶文化遗存"，周代文化遗物甚少，石璋如说："台的周围墙脚下，暴露着一公尺到三公尺的断面，断面内包含着大量的灰土，灰土内蕴藏着彩陶系统的遗存。"[43]（按：彩陶系统的遗存即仰韶文化堆积。）石兴邦同志说："在灵台北打了一条长 10 米、宽 1.5 米的探沟。掘至 1.6 米深时因配合西安东郊基本建设工程地区的文物钻探工作而中止。已掘的部分，上层是扰乱很厉害的仰韶文化遗物与零星的周代陶片混杂着，下层可能是仰韶文化堆积。"[44]③该地与《史记》中丰邑的地望不符。所以，石璋如的说法是缺乏科学依据的。

至于黄盛璋同志划定丰邑在今客省庄以北的碱滩地上的意见[45]，与实际情况也有较大的出入。因为按他所指丰邑位置，是跨着向西北流那股丰水河床两岸，和文献记载丰邑位置情况完全不合。问题还在于那一带是低洼的沙土质碱滩地，根本没有周代遗址。所以丰邑故址绝不会在那里。

（二）镐京

自汉迄唐，史家都认为镐京位于滈池附近，亦即在昆明池北，都址大部或部分沦没于昆明池内。现列举典籍中相关记载于下：

孟康曰："长安西南有镐池。"[46]

谯周《古史考》："武王迁镐，长安丰亭镐池也。"[47]

皇甫谧《帝王世纪》："镐池，即周之故都也。"[48]

《史记·周本纪》集解："徐广曰，镐在上林昆明北，有镐池。"

郦道元《水经注·渭水》："渭水又东北与镐水合，水上承镐池于昆明池北，周武王之所都也。……自汉武帝穿昆明池于是地，基构（搆）沦褫，今无可究。"

《三辅黄图》："镐池在昆明池之北，即周之故都。"[49]

《汉书·地理志》："武王治镐。"颜师古注："今昆明池北镐陂是。"

李吉甫《元和郡县图志》："自汉武帝穿昆明池于此，镐京遗趾（址）沦陷焉。"[50]

我们在"丰、镐地区的水道"一节已经讨论过，今上泉北村和南丰镐村之间的土堤（即"翰龙岭"），是昆明池的北界，而镐池位置就在这土堤之南，所以文献记载的镐京位置应该就在这一带。

根据现有考古资料，在昆明池西北即洛水村、上泉北村、普渡村、花园村、斗门镇一带，是一个面积广大（残存面积约四平方公里）、内涵丰富的西周遗址。目前已发掘出数量众多的遗迹和遗物。遗迹计有半竖穴式房基和窑洞房址，水井、灰土坑和烧陶窑址等。遗物主要是铜、石、陶、骨、角质生产工具和生活用具。在洛水村还发现大型夯土基址版筑房子以及大量板瓦及残片（见胡谦盈《1961—1962 年陕西长安沣东试掘简报》，《考古》1963 年第 8 期）。在普渡村发现周穆王左右亲信随员长甶的墓葬，随葬铜盉铭文 57 个字记载周穆王事迹，是一篇重要的史料（图 3 - 1 - 5）[51]。再有这个西周遗址，部分被昆明池破坏了。因为昆明池北界的土堤内夹杂有西周陶片，土堤两端下面尚压着未经扰乱过的西周窖穴。以上两种现象，和文献记载情况皆相合。因此，镐京中心就在这个西周遗址洛水村一带，大约是不成什么问题的。

长甶盉铭文释文：

唯（惟）三月初吉丁亥，穆王在下減庭（居）。穆王飨醴，即井伯大祝射。穆王蔑长甶吕（以）迷（来）即邢伯，邢伯氏寅不奸。长甶蔑历，敢对扬天子不环休，用肇作尊彝。

图 3 - 1 - 5　长甶盉铭文拓片

石璋如认为镐京在今北丰镐村西北一带。但我们从他发表的调查报告中，只看到那里有原始社会的"仰韶遗存"和"客省庄第二期文化遗存"，根本没有西周遗物[52]。《考古通讯》1956 年 2 期发表的苏秉琦、吴汝祚两位先生的调查简报《西安附近古文化遗存的类型和分布》中，也没有西周遗址。所以，石璋如的主张是缺乏依据的，镐京故址一定不在那一带。黄盛璋同志基本上同意石璋如的看法，但又力主镐京中心应在丰镐村的东南[53]。按黄同志所指镐京地望距滈池太远，和文献记载不符。问题还在于至今考古工作者并没有在那里发现过西周遗址，我们在考察中也没有看到西周文化遗存。所以，镐京在丰镐村东南的可能性，我们认为是不存在的。

注　释

[1]《诗·文王有声》，《十三经注疏》，世界书局，1935。以下凡引《诗》者均用此本。

[2] 按：西周自穆王以后是否都过郑，是一个聚讼未已的问题。不过按此说首见于《竹书纪年》，而《诗》《书》尚似无记载。出土金文，记王在郑者仅一见——免卣，记王在丰、镐者数十见，且不限于某一周王。郑是西周封国井叔食邑，周王实无都郑之理。至于在某种情况下，某王曾在郑居住过，甚至在那里有"离宫别苑"一类建筑，是可能的，但这不等于周王都郑了。

[3]《十三经注疏》，世界书局，1935。

[4]《史记》卷 4《周本纪》，中华书局，2003。以下凡引引《史记》者均用此本。

[5]《十三经注疏》，世界书局，1935 年。以下凡引《左传》者均用此本。

[6] "茦京"释丰和铜器断代均从郭沫若院长说，见《两周金文辞大系图录考释》，科学出版社，1957。

[7]《三辅故事》："汉武帝初穿池得黑土，帝问东方朔。东方朔曰：西域胡人知之，乃问胡人。胡人曰：劫烧之余灰也。"（张澍辑《三辅故事》，《丛书集成初稿》，商务印书馆，1936，第 10 页。以下凡引《三辅故事》而不加注者均引此本）又见曹毗《志怪》："汉武（帝）凿昆明池极深，悉是灰墨无复土（按：灰墨当是遗址内的灰土堆积），举朝不解，以问东方朔。曰：臣愚不足以知之，可试问西域胡。帝以朔不知，难以核问。至后汉明帝外国道人入来洛阳，有意（忆）方朔言者，乃试以武帝时灰墨问之。胡人曰，经云：天地大劫将尽则劫烧，此劫烧之余。乃知朔言有自。"宋敏求：《长安志》卷四"昆明池"条引，毕沅校《思贤讲舍校刊》，光绪辛卯。以下凡引宋敏求《长安志》者均用此本。

[8]《汉书》，中华书局，1962。以下凡引《汉书》者均用此本。

[9] 顾祖禹：《读史方舆纪要》卷五十三"昆明池"条"胡氏曰：武帝作石闼堰，……唐太和以后，石闼堰废，而昆明（池）涸矣。"中华书局，1955年。下面凡引《读史方舆纪要》者均用此本。

[10] 宋敏求：《长安志》卷十二《长安县》内。

[11] 中国科学院考古研究所编著《唐长安大明宫》，科学出版社，1959，附录第59页。又见清嘉庆修《长安县志·山川志（下）》卷十四，第3页。

[12] 清嘉庆修《长安县志·山川志（下）》卷十四，第4页。

[13] 宋敏求：《长安志》卷四"昆明池"条引。

[14] 《三辅黄图》："白杨观，在昆明池东。"又曰："宣曲宫，在昆明池西。"孙星衍校本，《丛书集成初编》，商务印书馆，1936。宣曲宫位于昆明池西的记载，还见于《文选·上林赋》《史记·司马相如列传》《汉书·司马相如列传》等文献的注释内。《上林赋》郭璞注云："（细柳）观名也，在昆明池南。"《文选》卷八，《万有文库》，商务印书馆，1931。以下凡引《文选》者均用此本。

[15] 俞伟超：《应当慎重引用古代文献》，《考古通讯》1957年第2期。

[16] 《魏书》，中华书局，1974。

[17] 顾祖禹：《读史方舆纪要》卷五十三"昆明池"条引。

[18] 《旧唐书》，中华书局，1975。以下凡引《旧唐书》者均用此本。

[19] 按：关于昆明池的位置及相对范围，陈子怡、石璋如和黄盛璋等人也曾作过探索，但所指地望与事实都有较大的出入。如陈子怡认为北丰镐村西边的所谓"小昆明池"（按："小昆明池"是彪池遗址）是唐昆明池的范围。汉昆明池比唐昆明池大得多，池址南缘在石匣口村，西缘包括今日斗门镇及其以西诸地（陈子怡：《由昆明池而溯及镐京和丰京》，《西京访古丛稿》一册，西京筹备委员会出版，西安，1935）。石璋如只笼统地提到"小昆明池"是昆明池，但未划出其范围（石璋如：《传说中周都的实地考察》，《历史语言研究所集刊》第二十本下册，1949）。黄盛璋承袭石璋如的说法，另外还指出池址南缘在今石匣口村。但文内插图的昆明池，是在今斗门镇南，其范围包括张村、马营寨及其以西的沣河河滩（黄盛璋：《周都丰、镐与金文中的荙京》，《历史研究》1956年10期）。黄盛璋于近年又作了如下补充和订正，"昆明池，汉武帝元狩二年（前

121）凿，唐以后湮为民田，现在遗迹尚隐约可辨，其范围南迄石匣口，北在两石像南，西至斗门镇及堰下张村，唯东界现不能十分确定"（侯仁之主编《中国古代地理名著选读·水经注·渭水》，科学出版社，1959）。

[20] 清嘉庆修《长安志·山川志（下）》卷四十，7页。

[21] 该地是一片面积广大的夯土台基址，地面上散布着很多秦代和汉代的瓦片，当地人叫它作"古城址"。

[22] 王世民：《周都丰镐位置商榷》，《历史研究》1958年第2期。又，侯仁之主编《中国古代地理名著选读·水经注·渭水》，科学出版社，1959，第116页。

[23] 郦道元：《水经注·渭水篇》，《永乐大典》，文学古籍刊行社，1955。以下凡引《水经注》而不加注者均用此本。

[24] 顾祖禹：《读史方舆纪要》卷五十三"灵台"引《水经注》。

[25] 考古研究所陕西省调查发掘团通讯组：《1951年春季陕西调查工作简报》，《科学通报》1951年第9期；石兴邦：《丰镐一带考古调查简报》，《考古通讯》1955年第1期；苏秉琦、吴汝祚：《西安附近古文化遗存的类型和分布》，《考古通讯》1956年2期。

[26][45][53] 黄盛璋：《周都丰、镐与金文中的莽京》，《历史研究》1956年第10期。

[27] 高骈：《寄鄠杜李遂良处士》，《全唐诗》卷五百九十八，中华书局，1960，第6917页。

[28] 清嘉庆修《长安志·土地志（上）》卷十二，第10页。

[29] 清嘉庆修《长安志·土地志（下）》卷十四，第6页。

[30] 百衲本《史记·司马相如列传》索隐："张揖曰，……镐水在昆明池北。"《汉书·司马相如列传》注、《文选·上林赋》和《史记会注考证·司马相如列传》索隐的引文，在"镐"下无"水"字。但从各书行文看，他们引张揖语都是注释所谓"八川"（灞、浐、泾、渭、酆、镐、潦、潏）中的镐水位置，并非注释周都镐京位置。所以清人百衲本《史记》的引文是正确的，其他于"镐"下脱"水"字，毕沅校宋敏求《长安志》在"镐京"条的按语云："张揖曰，镐在昆明池北。"毕氏未注明出处，我怀疑他是误抄了《汉书·司马相如列传》注或《文选·上林赋》注的引文，

以致曲解了作者的原意。

[31] [38] 两个唐墓在今张家坡村东约 300 米处被发现。

第 214 号墓

大唐故中大夫使持节龙州诸军事龙州刺史郭府君（名恒字如常）墓志铭："其年（唐中宗景龙二年）十一月十四日合葬于丰邑乡马邬原。"（按：今张家坡村北约一公里处有马务村。马务当是马邬之转音。马邬原似乎是由于马邬村而得名。今马务村的地上，尚遗留有唐代的瓦片。）

第 407 号墓

唐故东宫细引太原郭府君（嵩）墓志铭："……大周鋬（证）睡（圣）元年岁次乙未而（正）辛巳朔廿二日壬寅葬长安豐（鄠）邑乡。"

[32] 《诗·二南》正义引皇甫谧《帝王世纪》。

[33] 《诗·文王有声》正义引皇甫谧《帝王世纪》。

[34] 《史记·周本纪》正义引李泰《括地志》。

[35] 中国科学院考古研究所编《新中国的考古收获》，文物出版社，1961，第 80 页，汉城实测图。

[36] 中国科学院考古研究所编《新中国的考古收获》，第 96 页，唐城实测图。

[37] 清康熙修《鄠县志·沿革》作三里，但《元和郡县图志·鄠县》和宋敏求《长安志·鄠县》均作二里，故从后说。

[39] 主要参考文献：

1. 考古研究所沣西发掘队：《1955—57 年陕西长安沣西发掘简报》，《考古》1959 年第 10 期；杨国忠、张长源：《1960 年秋陕西长安张家坡发掘简报》，《考古》1962 年第 1 期。

2. 中国科学院考古研究所编《新中国的考古收获》的西周部分（有关沣西方面的考古发现）。

3. 中国科学院考古研究所编《沣西发掘报告》，文物出版社，1963。

[40] 郭沫若：《长安县张家坡铜器群铭文汇释》，《考古学报》1962 年第 1 期。

[41] [42] [43] [52] 石璋如：《传说中周都的实地考察》，《历史语言研究所集刊》第二十本下册，1949。

[44] 石兴邦：《丰镐一带考古调查简报》，《考古通讯》1955 年第 1 期。

[46] [47] 《后汉书·郡国志》"京兆尹"条下注引孟康云云，《二十四史》，

百衲本，商务印书馆，1958。以下凡引《后汉书·郡国志》者均用此本。又见《史记·秦始皇本纪》集解引孟康语。

[48] 乐史：《太平寰宇记》卷二十五引皇甫谧言，计澍园藏版，嘉庆癸亥年。

[49] 王应麟：《诗地理考》卷四《镐京》条引《三辅黄图》，《丛书集成初编》，商务印书馆，1936。

[50] 李吉甫撰，贺次君点校《元和郡县图志·长安县》，中华书局，1983。

[51] 主要参考文献：

1. 石兴邦：《长安普渡村西周墓葬发掘记》，《考古学报》1954 年第 2 期。

2. 陕西省文物管理委员会：《长安普渡村西周墓的发掘》，《考古学报》1957 年第 1 期。

3. 又参考注 [25] 内的三篇。

第二节　丰、镐都址文化层的分期与年代

一　丰邑都址文化层的分期和年代

在丰邑遗址发掘的地点比较多，但属于大规模发掘以及收集到大宗西周文化遗存资料的只有 1955～1957 年在客省庄村北和张家坡村东两个不同地点的发掘。其余地点的发掘都属于试掘或小规模发掘，揭露遗址面积比较小，有 20～500 平方米不等，出土西周文化资料的数量和种类都不多，尤其能辨别器型和粘对复原的陶器更少。少数几个地点的遗址发掘面积虽然在 1000 平方米以上，但由于发掘地点内的文化层堆积被破坏严重，出土的西周文化遗存很不丰富，尤其能粘对复原的陶器种类和数量更少，例如：（1）1976～1978 年在马王村北地发掘遗址面积 1140 平方米，主要收获是清理出 3 座残破的西周夯土建筑基址。由于文化堆积遭破坏严重，出土的西周遗物数量不多。（2）1983 年 9 月～1984 年 6 月在马王村北地发掘遗址面积达 2550 平方米，清理出一座特大的西周宫室夯土建筑基址，长 61.5 米，平均宽 31.5 米，面积 1940.35 平方米。但由于宫室基址只残存夯土台基址的下半部，出土西周遗物数量甚少。（3）1984 年秋季在西王村西南发掘遗址面积

1000 平方米，西周文化层堆积薄而且含物不多。另外各次发掘至今未公布详细的正式报告，只发表了一份简单的报道，而各发掘简报关于西周文化层的分期和年代，基本上都是采用和沿袭《沣西发掘报告》（文物出版社，1963）中的西周文化层分期和年代的说法。所以，下面我们以《沣西发掘报告》中的西周文化层分期和年代为例，来加以分析研究和说明。

根据《沣西发掘报告》（以下简称《沣西》）介绍，客省庄和张家坡两个不同发掘地点的西周文化层，都可以分为早期和晚期两种不同年代的堆积。在早期居址里，发现铸铜和制造各类骨、角器的迹象，房址计有深土窑式房址（全洞穴式窑洞房址）和长方形半竖穴式房址两种。晚期居址只发现一种圆形半竖穴式房址。长方形和椭圆形水井以及深浅不同的圆形、长方形和不规则形灰坑，在早、晚两期居址里都有发现。早、晚两期堆积包含的陶器存在明显区别；早期出土的红色或黑色的磨光细泥陶，在晚期居址里不见或罕见。红色粗泥绳纹陶片，早期比晚期的数量多得多。早期陶器常见饰印纹，如云雷纹、回纹、重圈纹和 S 形纹等；晚期陶器流行饰弦纹和篦纹（图 3 - 2 - 1）。论器型，早期多簋和尊，晚期常见的盉却不见于早期（按：《沣西》作者说客省庄和张家坡两地西周早期居址不出陶盉的论述，与客观事实不符。因为《沣西》第 78～79 页介绍张家坡早期居址制骨的生产遗存时有明文记载："H160 是一座早期的深土窑式房屋，在这里和附近的探方中也发现了很多骨料和角料，而以骨料为多。另外，在房址 H160 的西面，有灰坑 H148，我们在这个坑内发现一层凌乱堆置未经裁剖的兽骨，可能就是贮放的原料。"由此说明，《沣西》认为房址 H160 和灰坑 H148 都是张家坡西周早期的遗迹，而 H148 就出了 1 件陶盉标本 H148：2，见《沣西》图版五六中之 5，但作者却十分错误地把陶盉标本列为属于所谓"西周晚期陶器"。见《沣西》第 103 页）。另外，陶盉这种器皿在丰邑都址内不仅见于上述西周初期灰坑 H148 出土文物中，而且还见于先周文化遗址出土文物中。例如：（1）1959 年在客省庄村南发掘的先周房址 H11 发现陶盉的破片（图 3 - 2 - 2：1）。（2）1997 年在马王乳品厂发掘的先周灰坑 H18 有完整的标本出土[1]。两期共有的器皿，往往属于完全不同的型式。例如，早期流行双立耳小口折肩陶罐，三款足瓮［《沣西》图版六（4）、图版七（2）］、粗柄豆、裆

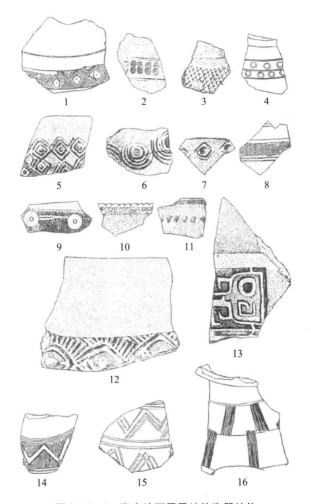

图 3 − 2 − 1　张家坡西周居址的陶器纹饰

1~8、12、13. 印纹；9. 附加堆纹；10. 花边口沿；11. 指甲纹；14. 划纹和篦纹；15. 划纹；16. 篦纹

注：1~13 为早期，14~16 为晚期。

资料来源：《沣西发掘报告》图八一，文物出版社，1963。

部内陷甚深的"瘪裆陶鬲"（见表 3 − 2 − 2 中西周 M145）。晚期流行矮裆袋足鬲或足跟附加乳头状"疙瘩"的袋足鬲、细柄豆、弦纹和篦纹的小口圆肩陶罐、圜底瓮（《沣西》图六四：2、3、5、9、11）。

《沣西》作者说："根据西周墓葬和早、晚两期居址的地层叠压关系"（按：前面已有说明，1955~1957 年在客省庄和张家坡两地发掘工作的质量

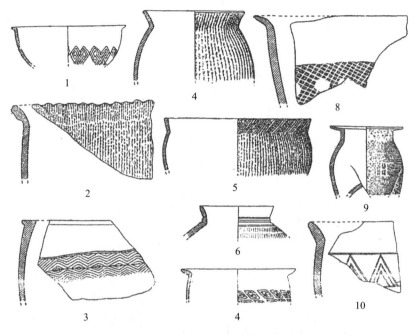

图 3 - 2 - 2　马王村 T13 H11 出土先周陶器

1. 盂；3、7、8、10. 盆；2、5. 瓿；4、9. 鬲；6. 罐
注：2、3、8、9、10 约 1/4，1、4、5、6、7 约 1/8。

是比较高的，西周居住遗存和墓葬的层位关系是清楚的，但十分遗憾和惋惜的是，《沣西》作者没有具体交代各墓的层位关系；舍弃地层学断代法而错误地采用所谓类型学断代法，也就是主观地根据陶器形制把西周墓葬划分为的五期）。早期居址的绝对年代，约略在周文王作邑于丰至西周成康时期或更早——也就是先周时期或主要是先周时期的文化遗存。晚期居址的上限年代和第四期墓葬的年代相当，约为西周夷王、厉王、共和时期，其下限年代可到西周末年。然而根据《沣西》报告公布的所谓"西周早、晚两期陶器"资料，附有线图或相片的完整陶质器皿只有 35 件，其中早期陶器有 8 种 15 件；晚期陶器有 9 种 20 件。而西周早期 8 种 15 件陶器中，迄今能确认属于先周文化标本的限于个别见到，例如客省庄 T32：2B 层出土的乳形袋足陶鬲属于先周文化晚期陶器当不成问题[2]（《沣西》图一、二：1；图版六：4）。至于其他绝大多数陶质器皿，则属于《沣西》报告中西周早期居址和一期墓葬（年代为西周初期的成王或康王时期）中常见的陶器形制，如Ⅲ

式和Ⅳ式陶鬲，Ⅰ式和Ⅱ式陶盆，Ⅱ式陶尊，Ⅱ式和Ⅲ式陶罐，"殷式陶
簋"等。另外，《沣西》作者对Ⅱ式即着"S"形印纹周式陶簋的年代的论
说是自相矛盾的。如《沣西》第96页介绍张家坡西周居址陶器纹饰时，把
施"S"形印纹陶簋列为早期居址，即属于周初成康时代或更早的典型陶器
（见图3-2-1:2。按：该标本是周式陶簋的腹部残片）。但《沣西》在图
八六中以及第129~130页的说明中，又说西周Ⅱ式（周式）陶簋比Ⅰ式
（殷式）陶簋的年代晚，是属于所谓二期墓葬即西周中期穆王或稍晚的典型
陶器，并且在报告附录三《张家坡和客省庄的西周墓葬登记表》中把随葬
这式陶簋的墓一律定为西周中期墓葬。只有173号墓是例外，也许是这座墓
除出土Ⅱ式簋以外，还出土了Ⅰ式簋的缘故。《沣西》作者在近年发表的考
古学专刊《张家坡西周墓地》（中国大百科全书出版社，1999，以下简称
《墓地》）中，同样把随葬上述陶簋的墓一律定为西周中期墓葬（见《墓
地》附录1《1983~1986年张家坡西周墓地墓葬登记表》）。其实，《沣西》
中的Ⅰ式（殷式）和Ⅱ式（周式）陶簋在西周时代是同时并存的，二者并
不存在谁早谁晚的问题（见《考古》1963年第8期《1961—62年陕西长安沣
东试掘简报》中的《西周陶器分期表》及文字说明）。另外，Ⅰ式和Ⅱ式陶簋
在《沣西》报告中的第173号墓内存在共生现象，也就表明它们是同年代的
器皿。由是说明，《沣西》作者不顾客观材料实际而主观地将Ⅱ式陶簋以及随
葬Ⅱ式陶簋的墓一律断为西周穆王或稍晚遗存的做法是欠妥当和十分错误
的。论及《沣西》中的西周晚期居址出土的9种20件典型陶器，其中施乳
钉凸饰的"Ⅵ式小口、圆肩、平底陶罐标本T202:3"（见《沣西》图六
四: 7）显然不属西周晚期而是西周中期偏早的典型陶器，它在丰镐地区常
见于西周中期居址和墓葬出土文物中。例如它在镐京白家庄[3]西周中期居
址和普渡村[4]周穆王时代的墓葬中都有发现。而且这种陶罐还见于《沣西》
报告中被定为西周初年"成康时代的墓葬M201"出土文物中（见《沣西》
图版八二: 1）。总之，《沣西》早期居址陶器多属于西周初期陶器，但里面
也包含先周陶器和西周中期陶器；晚期居址陶器大都属于西周晚期器皿，
但里面也包含有西周中期偏早的典型陶器。

以上分析说明，《沣西》关于客省庄和张家坡两地西周早、晚两期居址

的区分及其年代推断，与报告中的西周陶器资料显然存在诸多难以自圆其说的自我矛盾现象。而且《沣西》作者把西周居址分为不同年代的早、晚两期，与将西周墓葬划分为不同年代的五期，二者在年代上也是互不对应的。换句话说，《沣西》中没有西周中期居住遗存，但有数量众多的二、三期也就是西周中期墓葬。我们认为，上述只见埋葬死者遗存而不见活人活动遗存的现象是不应该存在的。（1）前已讨论，《沣西》中的西周早、晚两期陶器中都混杂有西周中期偏早的典型陶器。（2）1997年在马王乳品厂发现了西周中期居址堆积层[5]，发掘地点西距1956～1957年张家坡村东出土西周中期陶罐第二发掘地点约100米。基于上述两点，人们有理由认为《沣西》中无西周中期居住遗存似乎是资料基础整理和分期断代工作做得太粗疏所致，即作者把西周中期居住遗存错误地分别划归《沣西》中的所谓"西周初期或晚期两种不同文化堆积层"的缘故。

1959年春季，我和杨国忠在客省庄村南的西户公路南侧发现西周初期灰坑H10挖破先周窑洞房址H11的现象。H10和H11两个不同单位的出土物是有明显区别的。例如：横绳纹瘪裆陶鬲和高领乳形袋足陶鬲只见H11出土（图3-2-2），而不见于H10出土。上述两种陶鬲在岐邑等地先周墓葬中或遗址里是常见之物。H10出土了一些铸铜泥范，其中有一块铜簋外范的主纹是西周初期流行的翘尾夔龙纹（图3-2-3）。

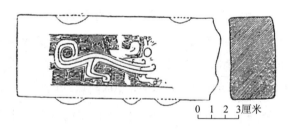

0 1 2 3厘米

图3-2-3 铜簋外范花纹

又，1997年春季在张家坡村东的马王乳品厂再一次发现西周初期和先周两种不同年代遗存的叠压地层。计发现先周房址1座和灰坑3个（发掘地点东距1959年发掘的先周房址H11约1000米，西距1956～1957年张家坡村东第五发掘地点约100米。见《墓地》图2），出土先周遗物数量比较多，陶器形制与前述张家坡西周初期陶器器型有明显的区别。其中马王乳品厂先周灰坑 H18 出土完整的和能辨别器型的陶器数量比较多，陶器群的面貌基本清楚（见图 3 - 2 - 4）。上述客省庄村南和马王乳品厂两地先周文化堆积的发现，补充和纠正了《沣西》中关于西周早期文化层分期和年代的论述。

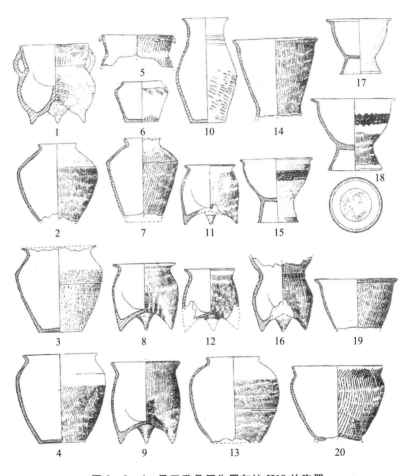

图 3 - 2 - 4　马王乳品厂先周灰坑 H18 的陶器

1、5. 乳形袋足鬲（H18：53、H18：124）；2、7. 小口罐（H18：43、II18：58）；3、4. 大口尊（H18：40、H18：41）；6. 敛口罐（H18：61）；8、9、11、12. 瘪裆鬲（H18：50、H18：49、H18：51、H18：39）；10. 壶（H18：47）；13. 大口罐（H18：42）；14、16、19、20. 甗（H18：60、H18：59、H18：142、H18：57）；15、17、18、21. 簋（H18：44、H18：46、H18：143、H18：45）

注：各器比例不一，1、5、6、10 约 1/6；7 约 1/5；余约 1/10。

资料来源：据《1997 年沣西发掘报告》，《考古学报》2000 年第 2 期，第 210～211 页，图一一和图一二绘制。

总之，根据上述比较研究和分析充分表明，《沣西》中的西周文化居址的地层堆积内涵，应该包括以下四期不同年代的文化遗存：其中一期约当周文王作邑于丰至武王灭商以前的先周文化遗存；二期约当周武王灭商至昭王时期的西周初期文化遗存；三期约当周穆王至夷王时期的西周中期文化遗存；四期约当周厉王至幽王时期的西周晚期文化遗存。由此可见，丰邑遗墟中的周文化居址遗存内涵，与我们把墓葬分为不同年代的四期遗存——即先周墓葬、西周初期墓葬、西周中期墓葬和西周晚期墓葬是相互对应和一致的。

二 镐京都址文化层的分期和年代

据《1961—62 年陕西长安沣东试掘简报》（见《考古》1963 年第 8 期）一文介绍，根据洛水村和白家庄两地西周文化层的堆积与内涵，可以将其划分为早、中、晚三期不同年代的遗存。各期包含的陶器区别如下。

西周早期绳纹粗红陶所占比重较大，薄胎磨光泥质红陶和灰陶也是这个时期特有的。中期以后，绳纹粗红陶的数量减少，绳纹粗灰陶的数量相应增多。早期罕见的素面泥质灰陶，在中期已经占相当的比重。到晚期，绳纹粗灰陶和素面泥质灰陶就占据着主要的地位。

陶器纹饰，早期印纹多，纹样有回形、圆圈和雷纹等，中期常见瓦纹或称凹沟纹，晚期流行弦纹和篦纹。绳纹是西周早、中、晚三个时期普遍使用的一种陶纹，但它们在风格上却有不同的特点：早期绳纹多纤细紧密，纹痕深而且清晰；中期绳纹变粗变浅，绳痕显得松疏；晚期流行的绳纹，绳纹缭乱，绳痕粗大松散，同时由于纹痕过浅，绳子痕迹往往模糊不清楚（图 3 - 2 - 5）。

陶器多属模制和轮制，其次是泥条盘筑法，完全用手捏塑而成的很少见。在制作方法和技术上，早期器皿制作一般比较端正，陶胎厚薄不均匀的现象罕见。此外还有相当数量陶器，模制或轮制以后再加整治，口部或肩部的表面被打磨光滑，如尊、盆和部分罐子等。以上特点，到中期便渐渐衰退和消失了。总的趋向是，时代越晚，器皿制作得越粗糙，如晚期的陶器，陶胎厚薄不均匀的现象相当普遍。另外还有相当数量的陶器模制或

图 3 - 2 - 5　镐京西周陶器纹饰拓片

1、2、3、5、6. 早期；7、9、11. 中期；4、8、10、12、13. 晚期

注：比例为1/4。

资料来源：引自《1961—62 年陕西长安沣东试掘简报》，《考古》1963 年第 8 期，第
408 页图一二。

轮制成器以后，由于整治草率，或者根本不加整治，表面往往十分粗涩，
如陶盂和陶罐子的下半部就常常残留着清楚的指模或刮削的痕迹。

早期和中期陶器种类比较多，晚期则异常简单（见表 3 - 2 - 1 及图 3 -
2 - 6）。西周早、中、晚三个不同时期，分别有其代表性的典型器皿，如尊
（标本白 F1：40；图 3 - 2 - 6：13）见于早期；盘（标本白 H1：8；图 3 -
2 - 6：30）[6]和瓦纹"三足器"（标本 H1：9；见图 3 - 2 - 6：24）[7]见于中

期；甑见于晚期。两个时期或三个时期都有的器皿，在器型上则属于完全不同的形制。即便在型式上近似或相同，但在数量上也有多少之分。下面我们打算重点介绍鬲、豆、罐和盂四种，其他一律以表 3 - 2 - 1 和表 3 - 2 - 2 来概括说明。

鬲 早期常见的型式（标本洛 H2：18；图 3 - 2 - 6：3），是三足间的分裆向内陷入甚深，鬲底中间至三足内侧各有一股粗大的凸脊，凸脊上施以成组的竖行粗绳纹，足的横断面近似三角形。中型鬲流行的型式（标本白 H2：11；图 3 - 2 - 6：4），是鬲足间的分裆不向内凹陷，鬲足和鬲底三股凸脊比早期鬲的凸脊矮一些，凸脊上的成组的竖行粗绳纹，只施于足尖部分，鬲足的横断面仍然呈三角形。晚期鬲的特征是（标本洛 Y2：2；图 3 - 2 - 6：11），鬲足间的分裆不向内凹陷，鬲底中间至三足内侧无凸脊，也无成组的竖行绳纹，足部的横断面近似圆形。实足、圆鼓腹的所谓仿铜式陶鬲，是西周常见而独树一帜的形制。它迄今未见于商文化或其他文化出土文物中，是周人在西周初期创造的一种陶鬲器型。早期常见的是分裆式（标本洛 H2：19；图 3 - 2 - 6：6），晚期流行的是平裆式（标本 Y2：11；图 3 - 2 - 6：10），中期分裆和平裆两式都有。

豆 豆的基本特征是浅盘，盘下接上一个"空腹"的把柄。豆的形制演变，十分突出地集中表现在把柄部分。早期豆的把柄长而粗壮（标本白 F1：4；图 3 - 2 - 6：19。标本洛 H2：1；图 3 - 2 - 6：27）。中期豆的把柄，比早期豆的细了很多（标本白 H1：10；图 3 - 2 - 6：20）。晚期豆形有两种不同的型式，其中一种是短把豆或称矮圈足豆（标本洛 Y5：1；图 3 - 2 - 6：28）；另一种是细把豆，把柄中部多有一周粗大的凸棱（标本洛 Y5：10；图 3 - 2 - 6：25）。上述两种不同型式的陶豆，以细把豆为多见。

罐 早期器型一般比较粗大，常见有两种完全不同的型式：Ⅰ式（标本白 F1：41；图 3 - 2 - 6：2），撇口，微卷唇，圆肩，平底，在肩腹分界处往往对称立有两个方形或"鹰嘴式"的竖耳。下腹饰绳纹，口部和肩部大都被打磨光亮，肩上施印纹或绳纹的个别见到，Ⅱ式（标本白 F1：3；图 3 - 2 - 6：1），唇沿外侈，圆肩，圈底内凹，罐子外壁施饰绳纹，于绳纹地上再横绕施以若干周凹弦纹，只施绳纹而无弦纹的，尚未见到。中期流行的也有两种不同型式：Ⅰ式（标本白 H3∶20；图 3 - 2 - 6∶7），喇叭口，圆肩，小平底，肩上多对称贴有两个带横穿的绳子式的罐耳，罐子外壁多施交错细绳纹，口部经过打磨，但打磨得不够平滑光亮。Ⅱ式（标本白 H3∶21；图 3 - 2 - 6∶5），小口，微卷唇，圆肩，平底，这种罐子不施绳纹，只在肩上横绕施以若干组（每组二至三条）凹弦纹，有的再在各组凹弦纹间贴上若干个圆饼状的泥饰。晚期流行的罐子和中期Ⅱ式相似，但根据罐形的局部变化，仍然还可以区分为两种：Ⅰ式（标本洛 Y5∶11；图 3 - 2 - 6∶8），小口，折肩，平底，颈下及折肩处施三组凹弦纹。Ⅱ式（标本洛 Y2∶12；图 3 - 2 - 6∶9），小口，短颈，圆鼓腹，平底，罐形显得瘦长，上腹施两组凹弦纹。

　　盂　早期陶盂数量不多，到中期和晚期则十分流行。早期形制是唇外侈，浅腹，平底，外腹壁施绳纹（标本白 F1∶42；图 3 - 2 - 6∶16）。中期有两种：Ⅰ式（标本白 H2∶12；图 3 - 2 - 6∶22）和早期陶盂的器型接近，但鼓腹部位比较靠近口部，腹壁不施绳纹，只在上腹横绕若干周凹弦纹。Ⅱ式（标本白 H2∶13；图 3 - 2 - 6∶21）和Ⅰ式的区别，主要是盂的沿唇宽阔近平，内沿唇有显著的折棱。晚期也有两种：Ⅰ式（标本洛 Y5∶12；图 3 - 2 - 6∶26）和中期Ⅱ式相似，但器形显得瘦长，盂自口沿向下约 4 厘米一段的腹壁向内陷入，外腹中部表面隆起一周粗大的凸棱。Ⅱ式（标本洛 Y2∶7；图 3 - 2 - 6∶32），深腹，平底，口沿面上有一周宽带凹沟。从上述似不难看出，陶盂形制演变顺序的基本特征，是由浅腹到深腹，口部沿唇，由外侈到内沿有折棱（沿唇宽阔近平），或在沿面上压入一周宽带状凹沟。

　　在这里，我们还要说明以下发现和问题，根据《镐京西周宫室》（西北大学出版社，1995）一书介绍，20 世纪 80 年代在镐京遗址的花楼子发掘出土 1 件先周文化乳形袋足陶鬲标本 T12③∶12（见该书图 140 和图版 114），其器型与岐邑刘家村先周墓葬 M3（标本 M3∶2，见《扶风刘家姜戎墓葬发掘简报》图二∶2，《文物》1984 年第 7 期）和《南邠州·碾子坡》（《夏商周断代工程丛书》，世界图书出版公司，2007）先周晚期墓葬 M109（标本 M109∶1，见该书图一八一和图版一四六∶1）两座墓出土的乳形袋足陶鬲

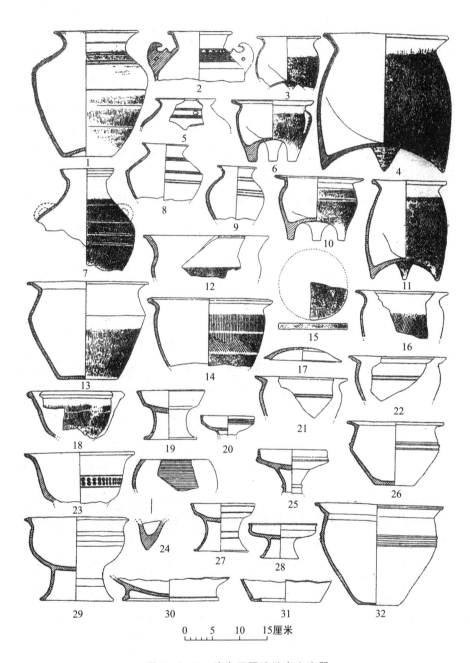

图 3 - 2 - 6   沣东西周遗址出土陶器

　　1、2、3、6、12、13、15、16、19、27、29. 早期；4、5、7、14、17、20、21、22、
24、30. 中期；8、9、10、11、25、26、28、31、32. 晚期；18、23. 早期和中期都有
　　注：器号见表 3 - 2 - 1。

形制相似。我们认为，这个发现似说明在先周时期也有周人在镐京地区活动和居住，至于迄今在那一带没有发现先周文化层堆积，可能是发掘工作做得尚少的缘故。

表 3 - 2 - 1　西周陶器分期表

时期	尊	盘	三足器	甑
早期	图 3 - 2 - 6：13，泥灰陶（白 F1：40）			
中期		图 3 - 2 - 6：30，泥灰陶（白 H1：8）	图 3 - 2 - 6：24，泥灰陶（白 H1：9）	
晚期				图 3 - 2 - 6：31，泥灰陶洛 Y2：10

时期	鬲	豆		
早期	图 3 - 2 - 6：3，粗灰陶（洛 H2：18）	图 3 - 2 - 6：6，粗灰陶（洛 H2：19） 图 3 - 2 - 6：10，粗灰陶（洛 Y2：11）	图 3 - 2 - 6：19，泥灰陶（白 F1：4）	图 3 - 2 - 6：27，泥灰陶（洛 H2：1）
中期	图 3 - 2 - 6：4，粗红陶（白 II2：11）		图 3 - 2 - 6：20，泥灰陶（白 H1：10）	
晚期	图 3 - 2 - 6：11，粗灰陶（洛 2：2）		图 3 - 2 - 6：28，泥灰陶（洛 Y5：1）	图一三，25，泥灰陶（洛 Y5：10）

时期	罐		盂	
早期	图 3 - 2 - 6：2，泥灰陶（白 F1：41）	图 3 - 2 - 6：1，泥灰陶（白 F1：3）	图 3 - 2 - 6：16，泥灰陶（白 F1：42）	
中期	图 3 - 2 - 6：7，泥灰陶（白 H3：20）	图 3 - 2 - 6：5，泥灰陶（白 H3：21）	图 3 - 2 - 6：22，泥灰陶（白 H2：12）	图 3 - 2 - 6：21，泥灰陶（白 H2：13）
晚期	图 3 - 2 - 6：8，泥灰陶（洛 Y5：11）	图 3 - 2 - 6：9，泥灰陶（洛 Y2：12）	图 3 - 2 - 6：26，泥灰陶（洛 Y5：12）	图 3 - 2 - 6：32，泥灰陶（洛 Y2：7）

时期	盆		簋	
早期	图 3 - 2 - 6：12，泥灰陶（白 F1：43）	图 3 - 2 - 6：29，泥灰陶（白 F1：2）	图 3 - 2 - 6：18，泥灰陶　（白 F1：43） 图 3 - 2 - 6：23，泥灰陶　（白 F1：44） 这两种簋主要流行于早期，中期为数不多。	
中期	图 3 - 2 - 6：14，泥灰陶（白 H1：14）			
晚期				

续表

时期	器盖	甗	瓷	瓦	
早期	图3-2-6：15， 粗灰陶（白F1：50）	多见	少见	未见	
中期	图3-2-6：17， 泥灰陶（白H2：8）	少见	多见	少见	
晚期		未见	多见	多见	

注：1. 白——白家庄北地；2. 洛——洛水村西地；3. F代表房子，H代表窖穴，Y代表窑址。

三　丰、镐遗址先周墓葬和西周墓葬的分期和年代

根据地层和陶器组合及器型特征，在丰镐地区发掘的先周和西周墓葬，略约可以分为不同年代的四期遗存（图表3-2-1）。

表3-2-2　丰邑先周和西周墓葬陶器比较

	鬲	罐	豆	簋、盂
先周 （张家坡 M89）				
西周初期 （客省庄 M145）				
西周中期 （张家坡 M157）				
西周晚期 （张家坡 M453）				

注：各图比例不一。

一期　先周墓葬，年代约当周文王作邑于丰至武王灭商时期。这类墓

葬迄今限于在丰邑遗址北半部客省庄至张家坡一带有发现，随葬陶器的组合是鬲和罐两种。最常见的陶鬲形制是高颈、乳形袋足，足跟圆尖。陶罐的器型特征是小口、圆肩、平底，肩上常见饰若干周弦纹或一周方格纹带（见图 3 - 3 - 3）。

二期　西周初期墓葬，年代约当武王灭商至昭王时期。这期墓葬的陶器组合是鬲、簋、罐（或瓶）等三种器皿，少数墓加粗把豆，个别墓有盂。陶鬲器型分三种：（1）以裆部内陷甚深的"瘪裆陶鬲"居多。（2）高裆、足跟圆尖的袋足陶鬲次之（按：这种陶鬲系从乳形袋足陶鬲演化而来——见《考古与文物》1982 年第 1 期《姬周陶鬲研究》一文）。（3）分裆仿铜式陶鬲，不多见。陶簋有两种：（1）绳纹深腹矮圈足陶簋，俗称殷式陶簋；（2）高圈足盆形陶簋，俗称周式陶簋。这种陶簋的腹壁常见施若干周弦纹，或"S"形印纹带，或方格乳钉印纹带。罐也有两种：（1）与上述先周文化陶罐特征相似或相同；（2）小口折肩陶罐，器型以瘦高者居多，器型较肥胖者少。豆都是粗柄豆。盂是侈沿，斜腹壁，平底，饰绳纹。

三期　西周中期墓葬，年代约当周穆王至夷王时期。这时期墓葬的陶器组合形式分为不同的两种：（1）鬲、簋、豆、罐等四种器皿；（2）鬲、盂、豆、罐等四种器皿。前一种陶器组合形式的年代偏早，后一种陶器组合形式的年代偏晚。在这期墓葬的典型陶器中，"瘪裆陶鬲"的裆部内陷较浅。陶豆的柄部较短。弦纹罐的肩部上往往附加圆形泥饼凸饰。绳纹溜圆肩陶罐的器型较瘦高。陶盂显得粗肥，殷式簋和周式簋都有出土，其中周式陶簋的腹壁中部常见施一周"S"形印纹带。仿铜式的分裆陶鬲和平裆式陶鬲都比较常见。

四期　西周晚期墓葬，年代约当周厉王至幽王时期。这个时期墓葬的随葬陶器组合形式是鬲、盂、豆和罐等四种器皿。典型陶器中，袋足陶鬲的裆部较矮，足跟圆浑无尖或附加乳头状"疙瘩"。仿铜式平裆陶鬲异常流行。陶豆的柄部细长，豆柄中部往往有一周凸棱。陶罐的器型瘦高，常见饰弦纹或篦纹。陶盂折沿、短颈、深腹、小平底，肩上施弦纹。

注　释

[1] 中国社会科学院考古研究所丰镐工作队：《1997 年沣西发掘报告》图一一：6、图一二：8，《考古学报》2000 年第 2 期。

[2] 胡谦盈：《姬周陶鬲研究》，载《胡谦盈周文化考古研究选集》，四川大学出版社，2000 第 88 页。按：1955 年在客省庄村北发现 1 件三款足陶瓮的形制别致（标本 T22：1，见《沣西发掘报告》图版七：2，文物出版社，1963），陶瓮口小内敛，高斜肩，以下腹壁外鼓，瓮底肥大浑圆。附三个矮肥乳形袋足。通体施竖行细绳纹，纹样与前述先周乳形袋足陶鬲标本 T32：2B 所施绳纹相同。由于这种陶瓮迄今不见于西周文化，也许它的年代略早于西周，属于先周晚期的器皿。

[3]《胡谦盈周文化考古研究选集》，第 29 页图五。

[4] 陕西省文物管理委员会：《长安普渡村西周墓的发掘》图版五：3，《考古学报》1957 年第 1 期。

[5]《1997 年沣西发掘报告》之"遗址概况"一节，张家坡第二发掘地点详见其中图一〇和图一九。

[6] 陶盘是仿铜的，它在西周遗址和墓葬中是一种比较少见的陶器。长安张家坡第 222 号墓（西周中期）曾有出土（中国科学院考古研究所编《新中国的考古收获》图版三六：2，文物出版社，1961。又见中国科学院考古研究所编《沣西发掘报告》图版七三：4，文物出版社，1963）。

[7]"三足器"的形制比较特别，上部像个深腹罐，底下接上三个空足。这种器皿，在长安普渡村西周中期长由盉墓中曾有出土，见陕西省文物管理委员会《长安普渡村西周墓的发掘》图版五：4，《考古学报》1957 年第 1 期。

第三节　丰、镐二京遗址中的宫室遗存

一　丰邑

（一）先周时期的丰邑

我们在前面已有详细介绍和讨论，丰邑建于周文王时，是周武王灭商以前的"周小邦"的一个都城。目前发现的丰邑故址及其范围，是西周时代的丰邑遗址及其西周文化分布的范围。至于先周时期的丰邑故址位置，迄今仍然是一个没有完全解决的问题。不过，从20世纪30年代初期至今日的90年时间内，考古工作者在沣河西岸及其周围地区限于在丰邑遗址北半部的客省庄、马王村和张家坡一带发掘出先周文化居住遗存和墓葬，在遗址南半部及其周围地区则没有发现先周文化遗存。

目前在客省庄至张家坡地区发现的先周文化遗存，计有以下几处。

1. 前面已有具体说明，1959年春季在客省庄村南西户公路南侧发现一座全洞穴或窑洞房址H11，出土了一些典型先周文化陶器及碎片（见图3-2-2）。房址被西周初期灰坑H10挖破，而H11又挖破一座竖穴式先周陶窑。H10除出土一些西周陶器及碎片外，还出土了一些铸铜泥范，内有一块铜簋外范，刻有西周初期常见的翘尾夔龙花纹（见图3-2-3）。先周窑洞房址H11的建筑形制，与西周同类窑洞住房建筑结构相同（详见第五章）。

2. 1997年春季，在马王村西北80~100米处的马王乳品厂内发现先周房址1座和灰坑3个。房址属于半竖穴式建筑，平面形状近似方形，南北长约3.72米，东西宽2.9米，面积为14.5平方米。房址周围的墙壁遭到破坏，房址西南角被先周灰坑H7挖破。房子建筑形制与张家坡村东1960年秋季发掘的半竖穴方形房址（编号为H205）的建筑结构无二样。建筑复原图参考《南邠州·碾子坡》专刊图三七。在3个灰坑中，H12是一个口小底大的圆形袋状土坑。灰坑H18出土陶器及碎片比较多，基本上反映出先周文化晚期陶器群面貌的特征（见图3-2-4）。

3. 发掘先周墓葬3座，墓穴都是一个口小底大的圆角长方形"覆斗状"土坑，墓室底部中央有一个长方形"腰坑"，"腰坑"内埋狗，狗架朽腐或被扰乱。分别介绍如下。

1983年客省庄西围墙村南墓葬M1（图3-3-1），东南距1959年发掘的先周窑洞房址H11约70米。它是3座先周墓中形制最大的1座，墓底东西长3.8米，南北宽2.1米，穴残深1.1米。墓主人的骨架朽腐成灰末儿，仰身直肢，头向东。在墓室南、北两侧的生土二层台的中部各挖一个长方形浅凹坑，长2米，宽0.4~0.5米，深0.5米，坑内各埋一殉葬人，殉人都脸向墓主人侧卧，双手下垂，双腿微屈肢，位于南边的殉人头向西，位于北边的殉人头向东。北侧殉葬人的木质葬具已朽腐成灰末儿，随葬玉璧 1 件，碎玉块 2 件，骨管 2 件，贝 3 枚和蛤壳 3 扇。墓葬随葬器物大都被盗，只残留陶鬲、铜戈和铜弓形器等物。

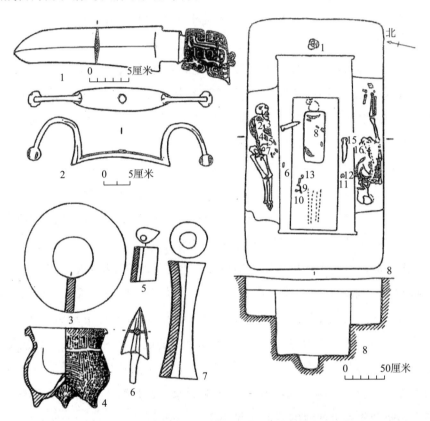

图 3-3-1 客省庄 1983 年先周墓 M1 平面、剖面图及部分出土器物

1. 铜戈 (M1:14)；2. 铜弓形器 (M1:13)；3. 玉璧 (M1:2)；4. 陶鬲 (M1:1)；
5、7. 骨管 (M1:5、M1:6)；6. 铜镞 (M1:12)；8. M1 平面、剖面图
资料来源：卢连成、陈昶：《长安沣西早周墓葬发掘记略》，《考古》1984 年第 9 期。

1967 年张家坡 M89 （图 3-3-2），位于 1956~1957 年张家坡村东第二发掘地点北边的断崖旁，墓底东西长 3.3 米，南北宽 2 米，深 4.1 米。墓主人骨架朽没，葬式不明，头向西。北侧二层台上埋一殉葬人，头向西，俯身直肢，上肢屈交于腹下。随葬陶鬲和陶罐各 1 件。[1]

1983 年张家坡沣西毛纺厂 M1 （图 3-3-3），位于 1956~1957 年张家

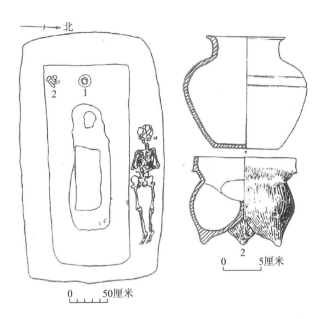

图 3 - 3 - 2　张家坡先周墓葬 M89 平面、剖面图及陶器

资料来源：中国社会科学院考古研究所：《1967 年长安张家坡西周墓葬的发掘》，
《考古学报》1980 年第 4 期，图二。

坡村东第一发掘地点的北边旁。该墓是 3 座先周墓中形制最小的 1 座，墓底
东西长 3.1 米，南北宽 1.56 米。墓主人的骨殖全部朽没，葬式不明，只能
确定头向西。此墓无殉葬人，但在墓主人头端的椁室内放有铜鼎、铜簋、
乳形袋足陶鬲和小口圆肩陶罐各 1 件。其中铜鼎腹内壁有铭文三字，上为族
徽图像，下有父乙二字。

此外，1967 年在张家坡村东发掘了墓葬 M3、M4、M16、M71 和 M72
（见《考古学报》1980 年 4 期《1967 年长安张家坡西周墓葬的发掘》）[2] 以
及 1983 ~ 1986 年在张家坡村西南发掘了墓葬 M21、M77 和 M318[3] 等 8 座西
周墓葬。各墓出土的陶鬲和陶罐既见于西周初期，又见于先周时期，但那 8
座墓出土的周式盆形陶簋的形制，迄今似乎只见于先周而未见于西周，也
许墓葬的年代略早于西周即属于先周的文化遗存[4]。不过，上述认识是陶
器形制比较研究的一种逻辑推理即属于可能性，问题是否符合客观实际无
疑还有待新的发现来加以验证。

4. 1955 年在客省庄村北发现了先周文化乳形袋足陶鬲[5]。近年有学者

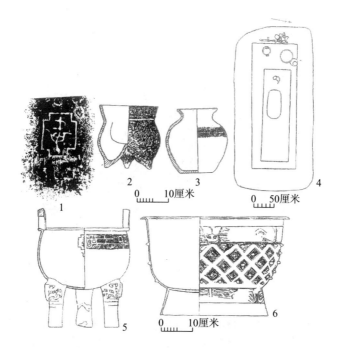

图 3 - 3 - 3　张家坡沣西毛纺厂 1983 年先周墓葬 M1 平面图及出土器物

1. 铜鼎铭文拓本 (9/10)；2. 隔鬲 (M1∶4)；3. 陶罐 (M1∶3)；4. M1 平面图；
5. 铜鼎 (M1∶1)；6. 铜簋 (M1∶2)

资料来源：卢连成、张昶《长安沣西早周墓葬发掘记略》，《考古》1984 年第 9 期。

把客省庄 T43∶5B 层和张家坡灰坑 H301 出土的陶鼎、陶鬲、陶尊、陶罐和殷式陶簋等器皿断为先周陶器，但论者没有提出任何理由和论据[6]，其主张无疑是属于论者的一种主观成见，或者说是大胆的推测和假设，而不是有实据的科学研究结论。根据《沣西发掘报告》介绍，客省庄 T43∶5B 层和张家坡灰坑 H301 都是属于西周早期遗存，年代约当周文王作邑于丰至成康时期，现在上述两个不同单位出土的陶片资料已被处理，所以目前已无从查对核实它们是西周文化堆积还是属于先周文化堆积的包含物。其次，上述陶鼎、陶尊、陶簋和陶罐迄今似未见于丰镐地区先周文化层出土；鬲裆内陷甚深的瘪裆陶鬲既见于先周，但也见于西周；殷式陶簋目前只见于西周似未见于先周；肩上附方形双立耳的陶罐（《沣西发掘报告》称它为Ⅱ式陶罐）在丰邑西周居址和墓葬中都有发现，在镐京白家庄西周初期房址 F1 也有出土，唯双立耳作尖曲状（见图 3 - 2 - 6∶2）。由是说明，把客省庄探方 T43：5B 层和张家坡灰坑 H301 出土的部分陶器（按：《沣西发掘报告》没有交代上述两个单位分别出土多少陶片以及斗合复原多少件陶器。但有一点是可以肯定的，报告已发表的 9 件陶器无疑是上述探方 T43：5B 层和灰坑 H301 出土陶器中的很少一个部分）断为先周器皿的做法，是不符合科学考古研究基本理论和方法的要求的，也是十分错误的。

以上种种发现，无疑为人们深入探索和研究先周时期的丰邑故址位置及其相关问题，提供了一种十分重要的线索和信息。

（二）丰邑西周宫室遗存

前面已有介绍和说明，周武王迁都镐京以后，丰邑仍然保留着周王宫室和宗庙，故西周诸王常客于丰，或在丰料理国事，此点在《尚书》、《左传》和《史记》等古书中都有记载，在臣辰盉（成王时器）、麦尊（康王时器）、静卣（穆王时器）、史懋壶（懿王时器）和召伯虎簋（宣王时器）等西周铜器铭文中也有记载。20 世纪 70 年代中期在岐山董家村发现 1 座铜器窖藏，出土 37 件青铜器，内有多件铜器有长篇铭文。其中卫盉的盖内壁有铭文 12 行，除九、十两行 9 个字外，每行 10 个字，重文十二，合文二，共 132 个字。铭文记载周天子在丰邑举行了建旗大礼。铭文（图 3－3－4）曰：

图 3－3－4　岐邑董家村出土卫盉铭文拓片

> 隹（惟）三年三月既生霸（魄）壬寅，王再
>
> 旂于丰，矩白（伯）庶人取堇（瑾）
>
> 章（璋）于裘卫，才（财）八十朋，氒（厥）
>
> 寅（贾），其舍田十田；矩或（又）取
>
> 赤虎（琥）两，麃韋（韍）两，（贲）
>
> 鞈一，才（财）廿朋，其舍田三田。
>
> 裘卫迺（乃）龏（矢）告于白（伯）邑
>
> 父、燮（荣）白（伯）、定白（伯）、琼
>
> 白（伯）、单白（伯）、白（伯）邑父，燮
>
> （荣）白（伯）、定白（伯）、琼白（伯）、单白
>
> （伯）迺（乃）令参（三）有嗣（司）嗣（司）土（徒）散（微）
>
> 邑，嗣（司）马单旟（旗）
>
> 嗣（司）工（空）邑人服，罪（逮）受田；
>
> 燮、趞，卫小子蔡，逆者其乡（飨）。卫用
>
> 乍（作）朕文考惠孟宝般（盘），卫其万年永宝用。[7]

《说文》爯部："爯，并举也。"旅应指太常，《周礼·司常》："周之大阅，赞司马颂旗物，王建大常，诸侯建旂。"注："自王以下治民者，旗画成物之象，王画日月，象天明也。""爯旂"就是王举行建大常的典礼。

由此可见，今在丰邑都址的东北部客省庄和马王村之间发现分布十分密集的西周时代的宏伟建筑群夯土基址残部，当非一种偶然现象，那一带应是西周丰邑都址的中心区即宫室建筑群所在地。目前在那里已经发掘出 6 座西周大型夯土建筑基址和两处陶管水道；钻探出 10 座夯土建筑基址和 6 处陶管水道，以及一条有车辙的大道和两段小路。上述诸建筑遗存的位置及其分布如图 3-3-5 所示。下面分别来加以介绍。

1. 位于建筑群西南部的两座夯土基址是 1959 年春季发掘的，二者东西并列，相距约 30 米。两座夯土建筑遭破坏严重，其建筑形制都不清楚。位于西边的一座基址编号为 F1[8]，东西残长约 30 米，南北残宽约 5～11 米不

等,夯土残厚1~1.5米不等。夯土呈黄褐色,土内不夹杂陶片,基址东端被一座西周晚期全洞式窑洞房址挖破。位于东边一座基址编号为F2[9],东西残长约20米,南北残宽2~5米不等,夯土残厚0.8~1.5米不等。夯土呈黄褐色,土内不夹杂陶片,基址西北部被一座西周晚期竖穴式陶窑挖破。两座夯土基址都属于西周初期建筑遗存。

2. 1976~1978年发掘的一号基址在1975年已暴露在土壕的断崖上,位于前述1959年发掘的F2基址东北部约60米处[10]。基址南半部及西部边缘遭到破坏,基址的顶部堆积着一些西周板瓦碎片。揭露出来的基址平面形状近似长方形,东西残长22米,南北残宽7.3米,夯土基残厚0.8~2米不等。夯土呈灰褐色,土内夹杂有西周初期陶器碎片,而基址又被西周晚期灰坑挖破。

3. 1976~1978年发掘的二号基址在一号基址东北约20米处。基址遭破坏严重,形状不清,东西残长9.3米,南北残宽1.65米,夯土基残厚0.5~1.2米不等。夯土为灰褐色,土内夹杂很多西周初期陶器碎片。在二号基址北边约25米的断崖上,发现两段管道,由一端粗一端细的陶水管套接而成。陶管的长度0.8~0.9米[11]。

4. 1976~1978年发掘的三号基址在一号基址正东约65米处,基址遭破坏也比较严重,基址的东半部近似方形,东西残长约20米,南北宽约18米;西半部呈长条形,东西残长12.5米,南北残宽1.7~2.1米,似是一条廊道。夯土基残厚0.5~2米不等。夯土为灰褐色,土内夹杂着很多西周初期陶器碎片。夯土基址的底部压着两座西周初期灰坑H1和H2,而基址又被一座西周晚期灰坑H3挖破。

5. 1983~1984年发掘的四号基址位于三号基址北边约15米处。它是一座特大型夯土基址,是迄今发现的我国古代奴隶制时期建筑面积最大的一座宫室遗存之一(按:疑是周康宫遗址)。夯土基址的平面略呈T字形,西部较宽大,东部略向南突,但大多被断崖破坏(图3-3-5、3-3-6)。基址东西长约61.5米,西部南北宽35.5米,东部残宽27.3米,基址总面积约1826.98平方米。方向以基址东边为准,适为正南北。

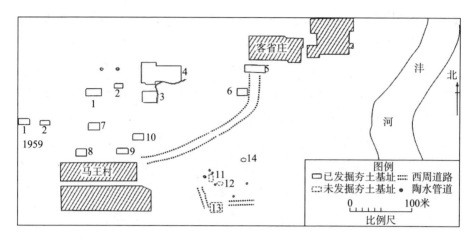

图 3 – 3 – 5　丰邑西周宫室建筑群及相关遗存分布图

资料来源：据卢连成《陕西长安沣西客省庄西周夯土基址发掘报告》（《考古》1987 年
第 8 期）图一一改绘。

在现存的夯土基址上，没有发现任何柱穴、础石或墙基之类的建筑遗存。

基址周边的夯土较薄，最薄处仅有 0.2～0.3 米，基址中部的夯土较厚，
最厚处 4 米以上，一般夯土厚 2～3 米。夯土基址的底部，有的比较平整，
有的则是坑洼不平的。基址的夯土是由上下两层夯土组成的，上层夯土为
紫褐色黏胶土，土质板结，内含小礓石碎块，夯土结实，夯窝为椭圆形，
直径为 3～4 厘米，现存厚度在 0.2～0.8 米之间。下层夯土为黄褐色，夯层
一般厚约 10～15 厘米，最厚的达 25 厘米，夯窝多为圆形，直径 3～3.5
厘米。

基址底部压着年代较早的西周初期灰坑，基址夯土内也夹杂有年代较
早的西周初期陶器碎片，而基址的东北部被一座西周晚期灰坑 H1 挖破。由
此说明基址的上限年代晚于西周初期前段，下限年代则早于西周晚期。换
言之，四号夯土基址有可能建于西周初期后段或西周初、中期之交，而毁
于西周晚期或稍早，前后百余年。

上述 1、2、3 号夯土基址的地层情况和 4 号夯土基址是相同的，其年代
也应相同，可以认为，它们应该属于同时期的建筑群的遗存。

6. 此外，在上述建筑群的东边和南边的附近地区，经钻探还发现 10 座
夯土基址（编号为 5～14 号夯土基址）、一条大道、两段小路和 6 段陶质管

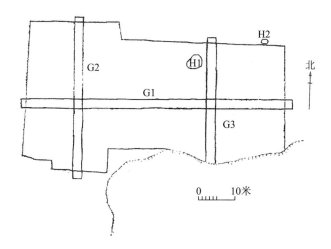

图 3 - 3 - 6　马王村北地 4 号西周夯土基址平面图

资料来源：卢连成：《陕西长安沣西客省庄西周夯土基址发掘报告》，《考古》1987 年第 8 期，图四。

道。分别介绍如下（见图 3 - 3 - 5）。

（1）5 号夯土基址在 4 号夯土基址正东约 100 米处，现存夯土面距地表约 2.6 米，基址呈长方形，东西长约 30 米、南北宽 8 ~ 10 米，夯土基址厚度为 0.5 ~ 2.5 米不等（基址中部夯土厚而周边缘夯土薄）。

（2）6 号夯土基址在 5 号夯土基址正南约 30 米处，夯土面距地表约 2.4 米。这处夯土基址残存平面形状不甚规整，东西最长约 13 米，南北最宽约 10 米，基址夯土厚度在 2.5 米左右。

（3）7 号夯土基址在 1 号夯土基址正南约 50 米处，夯土面距地表约 0.9 米，夯土基址残留平面形状近似长方形，东西长约 12 米，南北宽约 8 米。基址夯土厚度约 2 米。

（4）8 号夯土基址在 7 号夯土基址南约 35 米处，夯土面距地表 1.5 ~ 1.8 米不等。基址的两端被土壕断崖破坏，现存东西残长约 5 米，南北宽约 8 米，基址夯土厚度在 2 米左右。

（5）9 号夯土基址在 8 号夯土基址正东约 50 米处，夯土面距地表约 1.5 米。基址东西残长约 7 米，南北宽约 8 米，夯土厚度约 2 米。

（6）10 号夯土基址在 9 号夯土基址的东北约 20 米处，夯土面距地表仅有 0.5 米。基址东西残长约 7 米，南北宽约 8 米，夯土厚度在 2 ~ 3 米之间。

（7）11 号夯土基址在 4 号夯土基址的西南约 160 米处，夯土面距地表约 0.7 米。基址南北残长约 12 米，东西残宽约 5 米，夯土厚度约 1.5 米。

（8）12 号夯土基址在 11 号夯土基址东南约 10 米处，夯土面距地表约 1 米。基址东西残长约 7 米，南北残宽约 8 米，夯土厚度残存约 1 米。夯土基址下面压着一座西周初期灰坑。

（9）13 号夯土基址位于 12 号夯土基址的正南约 25 米处，夯土面距地表深约 1 米。基址残存平面近似方形，东西残长约 18 米，南北残宽约 14 米，夯土残厚为 1.2~1.7 米不等。

（10）14 号夯土基址在 11 号夯土基址的东北约 50 米处，夯土面距地表仅有 0.7 米。基址残存平面形状近似方形，东西残长约 7 米，南北残宽约 5 米，夯土厚度约 2.5 米。夯土基址下面压着西周初期灰坑。

（11）6 段陶质排水管道大都暴露在断崖上，它们也是由一端粗一端细的陶水管套接而成。陶水管与前述西周陶管的陶质、形制的特征相同。关于 6 段管道的归属问题，可以根据它们的位置来研究和判断。其中有 3 段管道分布在 11 号基址旁；位于北边旁的 2 段，位西 5 米处 1 段，表明它们是属于 11 号夯土基址的陶水管道的一部分。有一段管道是属于 12 号夯土基址的，位于基址的西边旁，余下 2 段管道位于 12 号夯土基址的东边，13 号夯土基址的东北部，14 号夯土基址的南边，其归属难以确认。

（12）大路已探明的长度 200 多米，北起 5 号夯土基址南侧，绕 6 号夯土基址的东边蜿蜒向西南。路面距地表深 1.6~2 米不等，路面宽约 10~13 米，最宽处约 15 米。大路共三层踩踏面，每层路面均坚实起层。西段较窄的路土均在 1 米深左右被发现，其中有一段在 13 号夯土基址的东边，路土东西走向，宽约 0.7 米，长约 40 米。另一段在 13 号夯土基址的西面，路土南北行，宽约 0.7 米，长约 35 米。

发掘者认为，上述 10 座夯土基址及一条大路和两段小路，都是压在汉代堆积层之下，有的基址下面是生土，有的基址下面压着年代较早的西周初期灰坑，由此可见，它们的地层情况和上述 1~4 号夯土基址情况是相同的，它们应该也是西周时代宫室建筑遗存。

二　镐京西周宫室遗存

镐京遗址的发掘工作做得少，目前限于在洛水村发现镐京宫室建筑遗存（图 3 - 3 - 7）。

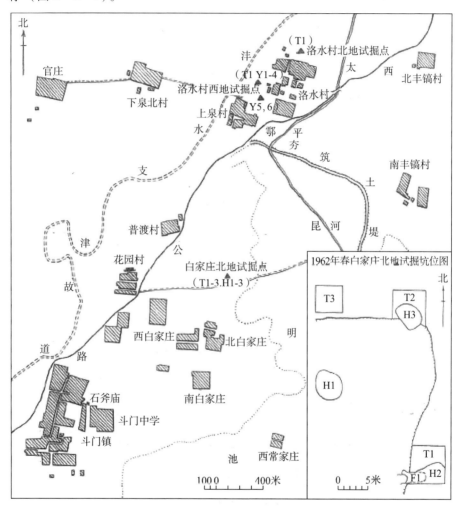

图 3 - 3 - 7　镐京西周遗址试掘位置图

（一）在洛水村村西旁发现一座不辨形制的西周初期大型夯土基址和一个大卵石柱础（图 3 - 3 - 8）。基址发掘面积南北 10 米，东西 10 米，基址东缘因近代挖土破坏，周围地面上散布着大量西周板瓦碎片；北、南、西三边缘压在探方外没有发掘。基址上面堆积着很多西周板瓦碎片。

（二）在洛水村村北旁发现一座不辨形制的西周夯土基址，基址东西残长约10米，南北残宽约5米。在基址周围散布着西周板瓦碎片。在上述夯土基址西南约50米处，发现一口西周水井，掘到2.5米深时因故停止工作。井内出土遗物主要是板瓦碎片和涂抹"白灰面"草筋泥土块墙皮（图3-3-9）。

图3-3-8 镐京洛水村西边旁的大型西周初期夯土房址

资料来源：《胡谦盈周文化考古研究选集》图版三：1，四川大学出版社，2000。

图3-3-9 镐京洛水村西周水井内的瓦片

资料来源：《胡谦盈周文化考古研究选集》图版：4，四川大学出版社，2000。

瓦片出土 1500 公斤，一件完整的板瓦重约 4.75 公斤，折合板瓦数量在 300 块以上。井未掘部分经过钻探，里面还蕴藏着大量西周板瓦片。这些西周板瓦碎片及"白灰面"草筋泥墙皮，应是水井附近的大型西周宫室建筑遗存的一种残余。

最后，在此还要论及在镐京地区普渡村和花园村等地发现的所谓"西周宫室"遗存问题。根据《镐京西周宫室》（西北大学出版社，1995。以下简称《宫室》）一书介绍，1983 年 5 月 ~1993 年 3 月，陕西省考古研究所在镐京遗址的普渡村和花园村一带钻探出 11 座所谓"镐京西周宫室夯土基址"，发掘了其中的一号和五号基址。所有夯土基址都遭过破坏，多数夯土基址只残存底部，建筑形制不清楚。此外，在"五号夯土基址"中部的 T17 ~T20 等四个探方内（面积为 400 平方米）发现客省庄二期文化房址 2 座和灰坑 21 个；在 T1 探方内清理西周窖穴 1 座；在 T7 探方内清理春秋墓 1 座；在 T6 探方内清理西汉水井一口。

上述诸遗存分布在以下两个不同地区，其中一、二、三、六、七、八、九、一〇等 8 座夯土基址位于普渡村的西北部，其他四、五和一一等 3 座基址则分布在花园村西边洼地上的名为"花楼子或称观花楼"地区。各种遗存的位置，均在古代镐水故道的东岸岸旁。

上述 11 座名为"镐京西周宫室"遗存中：（1）尚未发掘者的遗存性质及年代，无疑有待通过科学发掘来加以研究和确定，目前就断言它们一定属于西周遗存是缺乏根据和不妥当的。（2）已经发掘出来的"一号夯土基址"，呈长方形，东西残长 13 米，南北残宽 9.8 米，夯土基址残厚 0.5 ~1.2 米不等。由于基址中的夯土内夹杂着不明时代及文化性质的碎陶片，同时又未发现任何时代的遗迹挖破基址的现象，所以基址的上、下限年代是不清楚和难以确认的，《宫室》作者断言它属西周遗存应是一种不谨慎的说法。（3）论及名为"建筑结构清楚的五号西周宫室"的立论，其失误尤为明显。首先，根据笔者在 1954 ~1957 年目睹"花楼子或称观花楼"的情况，那里是洼地上一个高出周围地面 1 ~3 米的南北椭圆形土丘（它在 1935 年出版的万分之一的军事地形图上有标志），土丘中部是一个周边被破坏的夯土台基址，耕土层的下面残留有西汉板瓦碎片，正面饰绳纹，瓦的背面有布纹。1958 年冬至 1959 年农民平整土地时将土丘中央挖掉约 2 米（详胡谦盈《汉昆明池及其有关遗存踏察记》，《考古与文物》1980 年 1 期）。《宫室》第 9 页说："五号宫室建筑基址所在地的花楼子，由于 1974 年平整土地，将厚约 1 米的夯土推去，现在的耕土层和扰土层，实际上是原来的夯土层。……（基址）夯土层厚 0.4 ~ 2.3 米……"由此可见，那座所谓"形制及建筑保存基本完整的五号西周宫室"是在基址夯土内发现的，这种现象令人百思不得其解，因为夯土建筑基址是从下往上逐层夯打而成，所以在基址夯土内是不可能存在什么"形制清楚的宫室建筑遗迹"的。其次，根据《宫室》图 169，即《五号西周宫室剖面图》介绍，"夯土基址"被客省庄二期文化灰坑 H4 和 H5 挖破；说明其下限年代要早于客省庄二期文化 H4 和 H5 的年代，从此可以确定，名为"五号夯土基址"者绝非西周时期的所谓"遗迹"，而是早于客省庄二期文化 H4 和 H5 的"土方"。总之，在普渡村和花园村两地发现的 11 座所谓"镐京西周宫室"的立论，存在诸多不能自圆其说的矛盾现象，实在令人难以信服和接受。十分遗憾，《丰镐考古八十年》（科学出版社，2016）一书无任何说明因袭《宫室》上述立论，并附上雄伟壮观宫殿式的所谓"西周五号夯土基址复原图"，这在考古研究中实属罕见，也令人难以理解。因为该"夯土基址"被客省庄二期文化挖破，表明其年代要早于西周，这是关于田野考古发掘理论和方法的一种常识。

注　释

[1] 中国社会科学院考古研究所沣西发掘队：《1967 年长安张家坡西周墓葬的发掘》，《考古学报》1980 年第 4 期，第 58 页，图一。

[2] 中国社会科学院考古研究所沣西发掘队：《1967 年长安张家坡西周墓葬的发掘》，《考古学报》1980 年第 4 期。

[3] 中国社会科学院考古研究所编著《张家坡西周墓地》，中国大百科全书出版社，1999。

[4] 中国社会科学院考古研究所编著《徐家碾寺洼文化墓地－－1980 年甘肃庄浪徐家碾考发掘报告》，科学出版社，2006。

［5］胡谦盈：《胡谦盈周文化考古研究选集》，四川大学出版社，2000，第88页及图一四：3。

［6］徐锡台：《早周文化的特征及其渊源的探索——兼论文，武时期青铜器的特征》，载石兴邦主编《考古学研究》，三秦出版社，1993；张长寿：《沣西的先周文化遗存》，《考古与文物》2000年2期；张长寿：《商周考古论集》，文物出版社，2007。

［7］见《陕西省岐山县董家村西周铜器窖穴发掘简报》，《文物》1976年第5期。

［8］胡谦盈：《胡谦盈周文化考古研究选集》，图版二：3、4。

［9］胡谦盈：《胡谦盈周文化考古研究选集》，图版二：1、2。

［10］胡谦盈：《胡谦盈周文化考古研究选集》，第43页。

［11］胡谦盈：《三代都址考古纪实——丰、镐周都的发掘与研究》，中国社会科学出版社，2009，图三一。

［12］卢连成：《陕西长安沣西客省庄西周夯土基址发掘报告》，《考古》1987年第8期。

［13］胡谦盈：《汉昆明池及其有关遗存踏察记》，《考古与文物》1980年第1期

附　录

胡谦盈先生谈丰镐考古

朱容嬉

人物简介：胡谦盈，1930年7月19日生于广东省恩平市下绵湖村。1953年夏毕业于中山大学历史学系，8月由国家分配至中国科学院考古研究所工作。1958年起先后任考古所山西队、安阳队、丰镐队和泾渭队队长，主持晋南、豫东商丘和泾渭三个地区的考古调查，以及丰镐周墟、安阳殷墟、晋南东庄村仰韶遗址、陇东常山文化遗址、陇西徐家碾寺洼文化墓地和陕西碾子坡先周遗址等项目的大规模发掘研究。1990年退休，享受政府特殊津贴。1991~2003年义务完成徐家碾和碾子坡两地发掘资料的整理和

报告编写工作。胡先生的研究兴趣广泛，涉及西周文化、先周文化、寺洼文化、常山下层文化、仰韶文化、黄土地区洞穴居室文化等领域。学术著作有《胡谦盈周文化考古研究选集》《徐家碾寺洼文化墓地》《南邠州·碾子坡》《三代都址考古纪实——丰、镐周都的发掘与研究》《周文化及相关遗存的发掘与研究》等。

我于2016年6月4日、7月2日、7月9日前后三次在胡谦盈先生家对先生进行了访谈，现整理如下。

朱容嬉：咱们从您求学开始聊吧。

胡谦盈：1946年我从恩平初级中学毕业后考取了广州市一中高中部。1949年高中毕业后，同年9月考大学的时候，我一个友好同学余振纲代我报考广东文理学院历史系。考试考外语、语文、历史，就考上了。后来文理学院、中山大学、岭南大学三个学校合起来，我又转到中大历史系，班上有十几个人。

朱容嬉：您大学时有印象深刻的老师吗？

胡谦盈：有的，我选了陈寅恪先生的课。陈先生讲课同别的老师不一样，他眼睛看不见，脑子特别好，记忆力特别好。他上课是启发性的，问题说到根本，不是表面的。我好多文章都提到，从事科学研究同教学是两回事，教学是传授知识，研究是创新。陈先生老讲，别人说过的话他不说。比如他讲唐诗证史，别人讲唐史都是文献，他认为历史文献是统治者写的，可能同史实有出入，唐诗是民间文学，反映的历史应该是客观的，这同王国维的二重证据法是一样的。陈先生这个是理论创新。

朱容嬉：您毕业后为何会到考古所工作呢？

胡谦盈：大学毕业前，中大语言系主任商承祚老师是广东省文管会的主任，想将我要过去。1953年大学毕业，大学生开始由国家统一分配工作，地方不能截留，最初将我分配到中国人民大学国际关系专业做研究生，后转为中国科学院近代史研究所研究实习员，最后院里把我分配到考古所任研究实习员。我服从组织分配，但思想上想不通，原因是我从来没想过搞考古，本来想跟罗尔纲先生搞太平天国史。我那时候比较单纯，思想很进步，工作也变不了，你来了考古所，不干就回家吧，你思想通不通都在考古所，你干事，自己学到一些东西，你不干事，随着年华流逝，不进步要被淘汰的。

朱容嬉：您刚进考古所工作时，有前辈给予您帮助吗？

胡谦盈：我是陈梦家先生的学生，所里指定他是我的导师，当时要拜师的。拜师后陈先生给我开了学习的书单，还常来办公室看我在干什么。我在考古所，一天要工作 12 个小时，6 点起床到办公室看书（办公室在今隆福寺医院），7 点半回考古所吃饭，吃完饭又要到办公室去，晚上吃完饭，顶多花一个小时到天安门散散步，晚上看书到 11 点就回宿舍睡觉（宿舍在考古所）。我半年就将书单看完了，看了两遍。陈梦家不搞田野考古，只研究铜器、甲骨文、历史。考古我只能向夏鼐所长学。我从陈梦家先生那儿学到研究方法和勤奋。大学者都勤奋得不得了，不流汗哪有天上掉馅饼呐。

朱容嬉：能谈谈您在丰镐的工作经历吗？

胡谦盈：我于 1953 年 9 月份到考古所，1954 年 3 月份出差，跟着石兴邦到丰镐，石兴邦是队长，队员是吴汝祚同我。我们当时在普渡村挖西周墓，还沿沣河并展调查，1954 年春就干这两件事。1954 年 9 月至 1955 年 1 月，参加洛阳中州路两周墓葬的发掘，队长是苏秉琦，我、赵学谦和林寿晋是辅导员，实习同学是北大 1955 年毕业生。1955 年建设西安到鄠县的铁路，随铁路建设进行发掘。1955 年到 1957 年队长是王伯洪，但他身体不好，我身体好，队长只掌握方针大计和出主意，具体工作我来做，我是总管，要检查发掘合不合格，每星期要给所里写工作汇报，队内生活和见习员的管理都是我的事。

朱容嬉：当时丰镐工作队有多少人？

胡谦盈：当时最多的时候工人有二三百人，干部有好几十人。我在《三代都址考古纪实》那本书中对每一次工作都有评论的，对的我才用，不对的我也要交代，你怎么不对，人员也有交代。新中国成立后，1951 年第一次发掘丰镐，苏秉琦先生是队长，后来 1952 年还是苏先生。苏先生 1957 年写的简报没有将西周同东周分开，提出一个仰韶、一个龙山、一个周文化，即将遗存分文化一、文化二、文化三，文化三是西周和东周两种不同遗物混在一起。你再看看丰镐第一本发掘报告的地层图。第一个是农耕土；

第二个是唐代以后的堆积层；第三个是汉代地层；第四个是东周地层。有些墓打破东周地层，有些东周地层压着东周墓；底下才是西周，西周有早期和晚期。苏先生那个地层堆积线图是错的，农耕土、唐、汉、东周等堆积层分界线是平的，哪有地层堆积是平的？我今天同你说，我从来没有说过，实际上苏先生是不会挖的。苏先生是老师，吾爱吾师，但我更爱真理。当时水平所限，有些错误是无法避免的。苏先生之后，1954年第二任队长是石兴邦，1955～1957年就是王伯洪了。

朱容嬉：西围子在哪？

胡谦盈：西围子在客省庄最西边的一个村子。所以说我们搞考古要注意老地图，丰镐有几个老地图。一个是民国二十五年或三十五年绘制的，万分之一，军事地图。第二个是新中国成立后1956年或1957年出版的，五千分之一，地形图。实际上丰镐到现在好几千年了，变化大了，当地人挖土积肥，倒来倒去，变化很大的。夏先生告诉我民国的时候有航空照相，相片大概在老清华大学，后来可能在"中央研究院"，我就不太清楚了，那个照片我没有看到。这些对考古工作帮助很大，原来的地形早就破坏完了，钻探只能知道是夯土，但是不知道这个夯土是什么时候的。

朱容嬉：1957年后您暂时离开了丰镐？

胡谦盈：1958年丰镐没人工作，当时别的工作任务重，所里将我调到山西当队长，开辟新工地；下半年调我到安阳队当队长，在殷墟搞考古所的试验田，边发掘、边整理、边出报告；12月份又将我调去安徽搞训练班。1959年回丰镐当队长当了一年，采取新的研究思路同工作方法，以前是盲目的，为配合铁路建设而发掘，不考虑解决学术问题，我认为不对。第一步要解决丰镐位置问题，第二步要弄清楚丰镐的范围，然后弄清楚中心区、墓葬区，最后一步将丰镐都城的形制弄清楚。1960年到曲阜劳动锻炼一年，我的劳动表现是好的，但我不愿意接受表扬，所以一谈思想体会我就乱说一气，最后给我一个评价"有行动，思想不过关"。当时生活十分艰苦，一顿饭两个菜窝窝头，是红薯秧加红薯面捏的窝窝头，人都浮肿了，院部领导请示中央，12月份将我们弄回来了。1961年3月份，牛副所长调我去安阳队搞苗圃炼铜遗址，在那儿待了两个月；只准清理各个探方之间的隔梁，怎能弄清楚炼铜遗址的形制？牛说我不积极，没有完成任务，实属"乱弹琴，外行人说外行话"，后来又到山西工作一段时间；10月份丰镐工作紧张，又将我调过去，我就沿着昆明池的边钻探出昆明池的范围；后来钻出来镐池、彪池，将这些水道弄清楚了。到1963年，丰镐的位置、范围、中心区的问题解决了。1964年派张长寿到丰镐当队长，后来"文化大革命"期间丰镐就停工了。我在丰镐工作的时候，从1954年到1963年，我每个星期都骑着自行车绕丰镐地区看一看，每一个断崖都看，哪里有什么东西、什么时代，我都清楚得很。离开丰镐后，我差不多每年有机会都回去看，有时一年还会去好几次。

朱容嬉：您1963年离开丰镐队后为何还继续关注丰镐的发掘？

胡谦盈：丰镐是非常重要的，中国奴隶制社会是夏商周，周是中国奴隶社会最后一个王朝，所以周的问题必须得到解决。从考古学的角度看，西周文化的分期我解决了，接下来在周立国以前的遗存是什么？是先周文化，这个1959年我在丰镐也解决了。我后来研究先周文化，考虑到要解决古公亶父迁岐到文王迁丰这段的文化内涵难度大，所以另起炉灶，研究古公亶父迁岐以前的周文化。我认识先周文化是从丰镐开始的，实际上丰镐是周文化研究的基石。我研究周文化的思路是，先有个基点，从下往上追，不能从上往下追。

朱容嬉：在丰镐工作时，居住、饮食、交通、医疗等条件如何？

胡谦盈：我考古一生除1956到1957年住在沣桥砖厂外，都住在农民土房和窑洞中。1955年在客省庄发掘时，我、俞伟超和赵学谦三人住在农民土房的内间，外间是养牛和猪的畜棚，其卫生条件之恶劣可想而知。当时没有木板床，三人睡在土坯砌筑的睡炕上。有一天从睡炕的烧火口爬出一条蟒蛇，赵学谦同我都不怕，俞伟超吓得发呆。我们白天发掘8小时，晚上在煤油灯下工作和看书。一星期工作六天，星期天休息。遇到特殊情况，如清理墓葬底部，就没有休息日了。当时人人忙于工作，没有休闲娱乐时间，就是睡觉、吃饭、工作。当时交通十分不便，进西安城要步行两小时。吃饭请师傅做菜，有一辆自行车专供到斗门、户县等地买菜，肉很便宜，鸡三毛钱一斤，猪肉五毛钱一斤，1957年整风的时候年轻人给我写大字报说我吃肉是"资产阶级思想"，他不知道当时菜比肉贵。工作队一般带着常用的药品，不行就去西安、北京医治。我体质较好，很少得病，偶尔得感冒一类的小病。

朱容嬉：能谈谈丰镐发掘时请民工的情况吗？

胡谦盈：改革开放前，中国农村地区特别是西北地区农村相当落后贫困，农村剩余劳动力甚多，通过村干部就可以找到大量男性青壮年工人。我工作时全用男性工人，18 岁到 40 岁，每个探方雇用 5 个工人。例如 1955 年我们在客省庄发掘时，每天用工近 100 人；1956 年到 1957 年在张家坡发掘时，每天用工近 200 人，数量最多时达到 300 人；直到 20 世纪 80 年代在碾子坡发掘时每天用男性青壮年工人近百人。总之，我考古一生在雇用农民工方面从未遇到困难。现在农村面貌变化很大，男性多出外谋生，家中留下的是妇孺，加之目前实行的是市场经济，雇用农民工工资高而且困难，难以找到青壮年男性工人。上述情况都是我国社会发展的阶段不同所致，是社会现象，不是人为现象，没有什么奇怪可言。

朱容嬉：20 世纪 60 年代您开始考证丰镐两京附近的水道，您为何会注意到这个问题呢？

胡谦盈：我用了十年时间，将丰镐位置问题解决了、中心区问题解决了、水道问题解决了。为什么要解决水道问题？实际上，人类选择居住地离不开水，动物都离不开水，离开水就死了，但是又要预防水患。都城选址与水系的研究是从我开始的，我 1963 年就发表了《丰镐地区诸水道的踏察——兼论周都丰镐位置》和《1961—62 年陕西长安沣东试掘简报》两文。前面说到陈寅恪先生，听陈先生的课，我得到了启发，学到科学研究要创新，特别要注重开拓性的研究。搞科学研究同搞文学创作有相通的地方，都要有灵感。丰镐问题，苏秉琦先生研究过，石璋如研究过，后来王伯洪也研究过，都弄不出来，证明不了丰镐的位置在什么地方。我从他们的失败中吸取了教训。1959 年担任工作队队长以后，采取新的研究思路同方法研究丰镐，新思路就是水系。为什么丰镐位置研究不出来？我发现古代人记丰镐的位置，一个根据水系，一个根据距离唐城多少里、距离汉城多少里、距户县城多少里，现在我以水道为标准。

朱容嬉：能总结一下您在丰镐遗址方面的主要研究成果吗？

胡谦盈：我对丰镐都址和周文化的研究主要有三大突破。一是利用地层探查方法，弄清了与丰镐两京有关的古代水道——丰水、滴水、彪池、汉唐时期昆明池的具体流向、位置和范围。然后根据文献记载结合实地踏察、钻探和发掘收获，考证出丰京和镐京的具体位置和范围。二是运用地层学分期理论和方法，根据白家庄和洛水村两地的西周文化层堆积与内涵，提出周文化三期说，后来成为西周文化遗存分期断代的标尺。三是1959年在客省庄发现西周初期灰坑打破先周房址的现象，这一发现纠正了以往将先周和西周初期两种遗存混淆在一起并称西周早期居住遗存的错误，并成为后来探索先周文化的线索和依据。

朱容嬉：您如何看待田野调查发掘、室内资料整理、编写考古报告三者之间的关系？

胡谦盈：考古学是以田野考古为基础的，所以田野调查发掘是考古学的生长点和生命力。调查发掘、资料整理和编写报告是考古研究中三个不同工作环节。调查发掘是研究工作中的重中之重，若调查发掘工作缺乏科学性，要做好后两项工作就十分困难了，从学术上说也无多大意义。所以考古学家首先应该是位合格和出色的田野考古学家，才有可能在工作中取得合乎客观实际的考古研究成果。若在工作中看不懂"无字的地书"，便是一位不合格的考古学家，甚至可以说是位"外行人"。总之，考古成果是通过调查发掘取得的，所以田野考古必须有明确的学术目的性，也就是要根据学术上的要求做调查发掘工作。资料整理是对发掘收集的文化遗存资料按地层学进行类型学综合整理和研究，即分类、分型、分式。编写报告是用文字来表达成果。关键是发掘和资料整理要合乎科学性，考古报告文字才能表达通顺。

朱容嬉：考古田野工作对您的性格、习惯、处世等方面有何影响？

胡谦盈：我觉得主要有三点：一是生活上锻炼吃苦耐劳的习惯；二是工作上养成坚忍不拔和"拼命三郎"的作风；三是由于长期和各级政府官员、农民工接触，和队内成员天天工作生活在一起，培养出开朗乐观、平易近人的性格。

朱容嬉：您做学术的座右铭是"治学要有安心坐冷板凳的精神"，请问您如何理解这句话？

胡谦盈："治学要有安心坐冷板凳的精神"是鼓舞我毕生致力于考古研究科学实践的座右铭。也就是说，人做学问要做到静心、平心和乐心才能取得最大成效。"静心"指的是思想一定要静，这样才能思维，《大学》说"静而后能安，安而后能虑"就是这个意思。"平心"指的是要淡泊名利。做学问如果以名利为目的，就必然会因浮躁而导致失去诚信。"乐心"是人生处世最高境界。乐在其中，一个人才不会屈于任何外物，才不会受外在利益的诱惑，从而自得其乐。

朱容嬉：您认为一个合格的考古学者应该有怎样的学术素养？

胡谦盈：第一，考古学家应该是一位合格出色的田野考古学家，所以必须有健康的体魄，才有精力做到生活上吃苦耐劳，工作上勤勤恳恳和任劳任怨，学术上奋发向上和精益求精，力争取得创新成果。第二，考古学是研究人类社会历史的，是属于人文社会科学范畴，考古工作者必须具有较深的理论素养，这里包括哲学、史学和考古学理论和方法，其中以掌握唯物史观理论最为重要。20世纪初50年代学界辩论"人殉"问题时，郭沫若曾批评郭宝钧捧着金饭碗要饭，并强调指出，今日研究历史不掌握唯物史观是得不出正确结论的。我认为郭老的说法很有道理。第三，考古学是一门涉及面极广的学科，与自然科学、工程技术科学和人文社会科学三个方面的许多学科都有关系。对此，夏鼐先生曾做过多次科学精辟的论述，我不再重复。

总之，考古研究涉及面极广，我认为考古工作者不仅要熟识各种考古文化资料及相关历史文献资料，还要努力学习和力争掌握与考古学相关学科的基本知识，也就是知识面要广，才有可能在工作中，特别是在发掘中抓住新发现和取得创新考古成果。我在这方面有较多的经验和教训。例如：①学界主流认为高粱是公元前后由印度传入中国的，1981年我在碾子坡发现先周文化就有高粱，便及时著文宣布上述观点的终结；②我平时十分关注甘青地区考古及其文化遗存，因此1978~1979年在泾渭地区调查时取得了两项重大发现：齐家文化并非来源于马厂文化而是来源于常山下层文化，推进了寺洼文化的研究；③我参加过半坡和客省庄遗址的发掘，也曾专程实地考察过庙底沟遗址的发掘收获，对半坡和庙底沟这两个类型遗存的文化面貌和特点比较了解。1958 年我任山西队长时，带着解决半坡和庙底沟的年代及其相关问题，选择东庄村发掘，提出仰韶文化东庄村是从半坡演化为庙底沟的过渡期遗存。

第四章 迁岐以前的周人遗留及社会史复原

第一节 迁岐以前的周人遗留及社会史复原
——南邠碾子坡的先周文化遗存

一 导言

姬周是中国古代历史上一个十分古老的民族（按：这里"民族"一词是从广义说的。下同）。根据传说中的文献记载[1]，它的始祖后稷（名弃）只知其母不知其父，其母曰"姜原"，是姜戎族中的一位姑娘。姜原出野践巨人迹而感孕生后稷，以为不祥，弃之隘巷而牛、马皆避之不践踏焉，遂收养之。后稷由姜原抚养长大以后成为周族的始祖，也是向世人传授耕种务农生产技术的一位似人又似神的"模特儿"，在现实社会生活中当无真人真事，而完全属于后人虚构的理想中的周人初期社会的一个神话传说人物[2]。有明文记载而比较可信的周族先祖，大概是西汉史家司马迁在《史记·周本纪》中所记周人族系的第二人——即生活在戎狄族（也称羌戎族或姜戎族）群体之中的周后稷之子不窋[3]。也就是说姬周系属于分布居住和活动在中国西北部黄河流域及其支流地区的擅长畜牧业生产的姜戎族的一支，是中国古代夏、商、周时期奴隶制社会华夏民族形成与发展中最后也是最重要的一个组成族群[4]。姬周建立的西周王朝的势力和影响远远超越了前代——商王朝，是一个强盛的奴隶制国家。它那绚丽多姿的奴隶制物质文明和精神文明，是中国古代史十分重要和光辉的一页，并对中国社会的发展起着广泛而深刻的影响。周文化的影响，不仅在中国，在世界上也引人注意。周王朝前期出了一位大思想家叫周公，曾经辅助成王制定了"周礼"。"周礼"是中国最早最完整的奴隶制法令。周王朝后期又出了一位大思想家、教育家就是孔子。孔子自认为是周公的学生。孔子教导自己的学生又以"周礼"为准则，而孔子的思想和学说至今还是汉学当中的热门课题。近年世界上掀起了一股学习中国语言、文化的热潮，众多的国家相继成立了"孔子学院"，所以孔子的名字在今日已变成外国人眼中的中国语言、文化的"同义词"或"代名词"。但周人兴起与发展的历史，传说中的文献记载异常简略而且含混不清，要靠考古学来解决。其中，迁都岐邑（在今陕西岐山县和扶风县接壤地区的王家嘴、凤雏村、贺家村、刘家村、齐家村、召陈村和云塘村一带，面积约 15 平方公里）[5] 以前的周人没有确凿可信的历史，它基本需用考古资料来复原；周王朝建立前后的历史，也需要考古学研究来加以充实和完善。所以，20 世纪 70 年代的后期，我在过去研究周文化的基础上立题进行"先周文化与先周历史的探索与研究"。课题提议很快获得领导的批准，并于 1978 年列入中国社会科学院的科研计划。后由我负责组织泾渭工作队，专门进行这一工作[6]。

1978 年秋季至 1979 年冬季，中国社会科学院考古研究所泾渭工作队在泾水、渭水两河流域的广大地区进行广泛和深入的考古调查，行程数千里，踏察古文化遗址和墓地数百处，采集到数量众多、不同时代、不同性质的文化遗存资料，对各种古文化分布特别是先周文化遗存的分布及其规律有了一个比较全面而深入的了解。在此工作的基础上，在传说中的南豳地区，即周先王"公刘居豳"（《史记·周木纪》中的另一说法是周先王"庆节国于豳"）[7] 之处，选择陕西省长武县碾子坡先周文化遗址和墓地作为典型，从 1980 年秋至 1986 年连续 11 个季度进行了大规模发掘。揭露居址面积 7000 多平方米，发现各种房址、窖穴、灰坑和烧陶窑址等古代文化遗迹 298 座；发掘古代墓葬 365 座；出土和收集的古文化器物及陶片数以万计[8]。这是迄今为止在泾河上游地区发掘规模最大、收获最为丰富的一次考古工作。

碾子坡遗址包含多种不同时代、不同性质的古文化堆积，其中，仰韶文化东庄村类型晚期遗存为最早；再晚依次为客省庄二期文化、先周文化、西周文化和东周（义渠戎国）文化等。但碾子坡遗址的主要文化遗存，是先周时期的居址和葬地。在面积约 0.5 平方公里的整个居址中，处处可见先周文化居址遗存，包含物异常丰富。前述 298 座房址、窖穴、灰坑和窑址中，有 206 座属于先周遗存；在所有 365 座墓葬中，有 232 座属于先周文化墓葬（约占目前发掘的先周墓葬总数的 2/3）；数以万计的出土器物中，有 70% 是先周文化遗物[9]。由此说明，碾子坡遗址是迄今发掘规模最大、收获最为丰富以及对其文化面貌内涵了解最全面的一个先周文化遗址。2013 年，国家将碾子坡先周遗址列为全国重点文物保护单位。至此，长达 80 多年的先周文化探索和争论画上句号。

二 碾子坡先周文化面貌和内涵

前面已有说明，"先周文化"之名以及有目的有计划地开展这类遗存的田野考古工作是中国社会科学院考古研究所于 20 世纪 70 年代后期立项研究的一个考古学课题。所谓先周文化，指的是周人建立西周王朝以前的物质文化遗留[10]。我认为一种考古学文化，是由该文化的居址和年代相应的茔地中的墓葬两类不同遗存资料所构成的。居址是先民在生产、生活等方面进行各种活动的物质文化遗留，是当时社会上活人生活场景的缩影，所以它应该是反映一种考古文化的面貌的基本资料。而与居址年代相应的茔地中的墓葬，是当时社会上的活人对死者尸体的处理遗留，属于埋葬死者的一种习俗和制度，即先民在思想信仰方面的一种反映（占卜活动也是属于思想信仰之一种）。而且墓内随葬品往往比较规范化和制度化，文化内涵比居址简单得多。另外，墓葬随葬陶器和居址里出土陶器的情况（这里指的是陶器种类及其形式，包括各式陶器的多寡现象），二者有时是一致的，有时则不尽相同，其中后一种现象多见。所以，墓葬遗存的内涵往往难以反映和代表一种考古文化的全貌，也就是说，我们要客观和准确地去认识和论定一种遗存的文化面貌及其属性，首先必须搜集和掌握该考古学文化的居址及年代相应的茔地中的墓葬两类不同遗存资料。其次，在考察、分析和研究问题时，既要分清两类不同遗存资料的性质、特征及其使用价值，又要将二者联系在一起视为一种考古文化来整体看待，这样得出的认识和结论才有坚实的基础[11]。若论者只掌握和根据遗址中一种考古学文化的一个侧面（居址或墓葬两种不同资料之一种）[12]，尤其是在只有墓葬甚至是少数器物或个别器类的情况下[13]，就断言某类遗存是"新发现的考古学文化"，或者孤立和片面地以为遗存具有"代表性和典型性"，并且以它为"标尺"去推定其他遗址的文化性质，那么这种做法无论在理论、方法上，乃至在掌握材料方面，显然都带有极大的片面性和盲目性，其立论就容易出现偏差和错误。总之，一种考古学文化是由居址及年代相应的茔地中的墓葬两类不同遗存资料构成的，如果缺少其中一种资料，遗存的文化面貌就是不全面的，因而不具有典型性和标尺性的作用及学术价值。

如前所述，碾子坡遗址发掘所获的先周文化资料，既有大量种类相对齐全的居住遗存，又有大批墓葬，比较全面地反映了遗址中的先周文化面貌，使人们对它就有了一个清晰的概念和认识，确立了它在夏商周考古学中的地位。下面分三个方面来具体介绍碾子坡先周早期文化内涵及其面貌特征。

（一）居址遗址

发现房屋基址、铜器窖藏、灰坑（窖穴）和烧陶窑址等多种不同用途、反映不同性质生产、生活场景的建筑遗存。

1. 房屋基址

21 座房址都是残破不全的，但根据各座房址的残存部分仍然还可以辨认和判断其属于何种建筑。从房屋的建筑形式上加以区分，大致可以分为以下完全不同的三类。

一类　地面夯土版筑房屋，3 座。

这类房屋的形制比较大，面积都在 16 平方米以上。房子下部是一个浅竖穴夯土基址，房墙版筑而就，屋顶盖中层铺垫上面覆盖一层草筋泥土面。房内地坪抹以草筋泥和料姜石浆加以研磨光滑，最后用火烧烤成红褐色的硬土居住面。下面以第一号房址为例来说明。

第一号房址（F1）是形制最小的房址，长方形单间建筑，坐西朝东。房址下部是一个深 0.6 米的竖穴夯土基址。周墙版筑而就，只存墙根，宽 1

米。房子南北长 5.4 米，东西进深 2.9 米，屋顶盖应为一面坡。房门开在东墙中部，门宽 1.2 米。房内居住面平整，靠房门口有三个浅凹坑烧灶。房前南侧残存三块铺地的大石板。房屋复原如图 4-1-1 所示：四面墙下宽 1米，顶面宽估计是 0.5 米。东墙高 2.2 米，西墙高 3.2 米，南北两面山墙的顶面由西往东呈斜坡状，其高度分别与西墙和东墙的顶面相平。在南、北两面山墙的顶面中部各挖一个半圆形凹槽，槽内放置一根南北向的圆木檩。东西向的木椽斜放在东、西墙顶和木檩上面，再在木椽上面用细枝条和茅草做成中层铺垫，然后覆盖约 18 厘米厚的草筋泥，泥面加工平光。房门是否有木门一类的设施，情况不明。

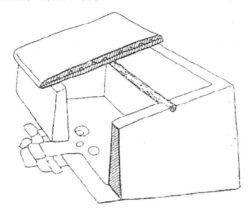

图 4-1-1　碾子坡先周文化夯土版筑房屋 F1 复原图

资料来源：中国社会科学院考古研究所编著《南邠州·碾子坡》，世界图书出版公司，2003。

二类　半竖穴式房屋，6 座。

这类建筑的形制窄小，面积在 4~7 平方米。房子下部是一个浅竖穴土坑，屋顶盖为四坡状，房内有一条斜坡坑道通往屋外。根据房子的平面形状，此类房屋可分为 A、B 二型。

A 型　长方形房址，4 座。

房址 H504 的平面为不规则的长方形，竖穴东西 2.4 米，南北 1.5~2米，残深 0.4 米，面积约 4.1 平方米。房门开在西边，门宽 0.6 米，通往屋外的斜坡坑道全遭破坏。竖穴周壁及地坪均抹一层草筋泥和涂一层料姜石浆加以磨光，居住面还用火烧烤成红褐色。房内中央有一个大柱洞，口径

18 厘米，深 28 厘米。凹坑烧灶设在房内东南角。房屋复原见图 4 - 1 - 2：
地穴深度估计为 1.2 米，门道长 1.6 米，宽 0.6 米，底部为斜坡形。房内中
央立柱是四坡式房顶屋架的主要承重点，立柱高约 3 米，4 根长杆的一头固
定在立柱顶端，另一头则斜放在坑口四角外面的地面上，然后在 4 根长杆上
捆绑横向的木棍和草帘，在草帘上抹一层 18 厘米厚的草筋泥土面。房门口
是否有木门一类设施，情况不明。

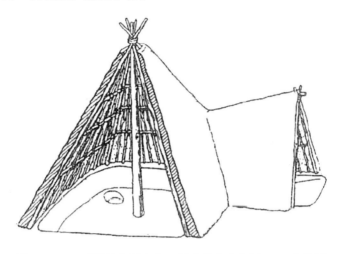

图 4 - 1 - 2　碾子坡先周文化 A 型半竖穴式房屋 H504 复原图

资料来源：中国社会科学院考古研究所编著《南邠州·碾子坡》，世界图书出版公司，
2003。

B 型　方形房址，2 座。

房址 H304 的平面近似方形，竖穴东壁 2.59 米、西壁 2.72 米、南壁
2.92 米、北壁 2.38 米，残深 0.35 米，面积约 7 平方米。房门开在西墙上，
门宽 0.52 米，屋外斜坡坑道全遭破坏。房内居住面研磨平光并用火烧烤成
红褐色，2 个凹坑烧灶位于屋内东南角，与烧灶相对的东墙根有一个半圆
形壁炉。房屋复原见图 4 - 1 - 3：地穴深度估计为 1.2 米，门道长 1.8
米，门宽 0.52 米，底部为斜坡形。由于房内无柱洞，四坡式的房顶架应
是用 4 根长杆架设起来的，即将 4 根长杆的一端斜插在穴口四角外面的地
面上，另一端则捆扎在一起竖立在房内中央上空，然后在长杆上捆绑横向
木棍和草帘，并在草帘上面抹一层 18 厘米厚的草筋泥土面。房门口是否

有木门一类设施，情况不明。

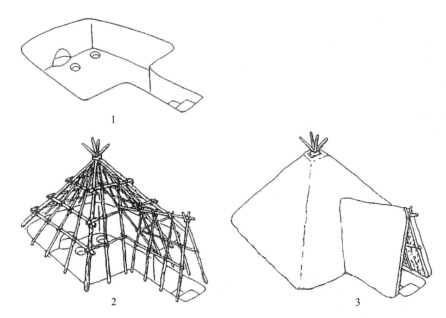

图 4 - 1 - 3 碾子坡先周文化 B 型半竖穴式房屋 H304 复原图

1. 房屋下部竖穴土坑；2. 房屋上部屋架构造；3. 房屋复原

资料来源：中国社会科学院考古研究所编著《南邠州·碾子坡》，世界图书出版公司，2003。

三类 窑洞房屋，12 座。分为 A、B 二型；前者 4 座，后者 8 座。

A 型洞穴居室前面没有土坑院坪，其建筑方法是从缓坡地面上开一条露天斜坡坑道，然后从竖井坑道壁面下部向里挖一个洞穴居室。如房址 H303，穴东西进深 2.14 米，南北宽 1.3 ~ 1.44 米，面积约 2.8 平方米。洞穴周壁残高 0.67 ~ 1.55 米。斜坡坑道残长 1.7 米，底宽 0.5 ~ 0.67 米，两壁残高 0.5 ~ 1.1 米。靠洞穴口的坑道东壁上有一个半月形生土台，估计它原来是一个壁龛。房内地坪用火烧烤成红褐色。洞穴高约 2 米，顶部为船篷形，窑顶面厚度估计在 1.3 米以上。门洞顶为拱曲状，高约 1.6 米（图 4 - 1 - 4）。

B 型 洞穴居室前面有一个土坑院坪，建造方法是从地面下掘一个深土坑，然后在土坑一壁下部向里掏掘洞穴居室。土坑院坪底部有一条台阶式或斜坡形生土梁道路通往坑口。由于窑顶及穴周壁上部坍塌，所以发掘出来的房址是一个椭圆形深土坑。这次发掘的 8 座先周窑洞未能复原，其建筑构造见西周同类房址——丰邑张家坡西周窑洞 H143（图 4 - 1 - 5）。

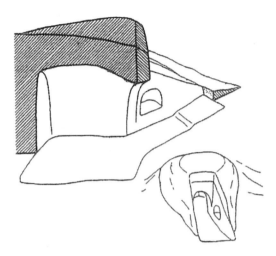

图 4 - 1 - 4　碾子坡先周文化 A 型窑洞房屋 H303 复原图

资料来源：中国社会科学院考古研究所编著《南邠州·碾子坡》，世界图书出版公司，2003。

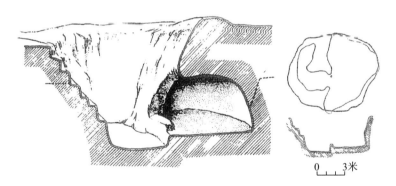

0　　3米

图 4 - 1 - 5　陕西长安张家坡西周 B 型窑洞房屋 H143 平面、剖面及复原图

资料来源：《胡谦盈周文化考古研究选集》图一〇二，四川大学出版社，2000。

2. 铜器窖藏

发现铜器窖藏 1 座，计鼎 2 件，瓶 1 件。3 件器物呈"品"字形倒置埋在圆形圜底的土坑中部，铜器距坑口 40 厘米，距坑底 30 厘米。土坑东部和北部被破坏，口径残长 1.6 ~ 1.8 米，残深 1.1 米。2 件铜鼎出土时外壁面有 2 毫米厚的烟炱，这情况似说明铜器是临时埋在土坑里的。

3. 灰坑（窖穴）

发掘灰坑 177 座，土坑大小不一，口径最大的达 9 米，口径最小的只有

1.3 米，坑残深 0.4 ~ 3.5 米。有少数土坑设有壁龛，在龛内发现石杵一类器物。在众多的灰坑中，有个别灰坑发现埋人或埋马或贮藏粮食等现象。如在灰坑 H318 的填土中发现一具人骨架（女性）和一个人头骨。在灰坑 H2：18 的填土中发现一具完整的马骨架，未发现捆绑现象，可能是马死以后埋进去的。在灰坑 H189 的中央距坑底约 0.3 米的填土中，发现一片东西 1.8 米、南北 1.2 米、层厚 5 ~ 20 厘米的未去皮的炭化高粱堆积。高粱颗粒多已腐朽成灰，内夹杂穗秆和叶的白色灰末。穗秆长 20 ~ 30 厘米，秆径 0.3 ~ 0 7 厘米，叶灰宽多为 3 厘米。此灰坑位于夯土房基址 1985 年春 F1 的西边旁，二者可能有联系。

灰坑的平面形状分圆形、长方形、椭圆形、长条形和不规则形五种。前两种坑的容积小而形制工整固定。后三种坑多属大型土坑，口径多在 4 米以上，坑底常见有一条台阶式或斜坡形道路通往坑口，因此我们不排除以下可能性，这类灰坑有的原来是手工业作坊遗址或窑洞房屋，废弃后屡遭破坏而面目全非。

4. 烧陶窑址

发掘陶窑 7 座，其中 1 座被破坏过甚，形制不清楚。余下 6 座分为 A、B 二型：前者 1 座，后者 5 座。

A 型 竖穴式。Y701 窑址的窑室全遭破坏，只残存窑箅和洞穴火膛，窑箅里有 8 个圆洞箅孔。窑址形制及复原见图 4 - 1 - 6。

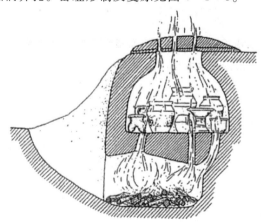

图 4 - 1 - 6 碾子坡先周文化 A 型竖穴式陶窑 Y701 复原图

B 型 横穴式。Y402 窑址的西边缘遭破坏，其余部分保存完好。窑室是一个圆形穹隆顶洞穴，口大底小的长方形土坑火膛横列于窑室前面，有 7 个圆洞烟道（其中位于西边 2 个烟道被破坏）从窑顶通往当时的地面。窑址结构及复原见图 4 - 1 - 7。

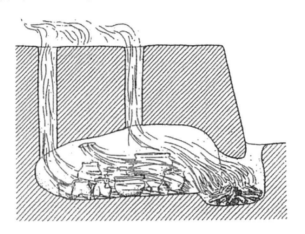

图 4 - 1 - 7 碾子坡先周文化 B 型横穴式陶窑 Y402 复原图

（二）居址出土遗物

遗物出土种类繁多而且数量大，按器物功用的差异大致可以分为以下不同的六大类。

一类 生产工具和武器

（1）砍伐、切削和敲砸工具出土 116 件，除铜刀 1 件、玉锛 1 件和骨凿 17 件以外，其他 97 件都是石制品。器类有斧、锤斧、锛、凿、楔、锤头、棒和盘状器。

（2）农业生产工具出土 355 件，内有 157 件石铲、144 件石刀、23 件石镰、25 件骨铲、3 件陶刀以及骨镰、角锄和石杵各 1 件。

（3）畜牧业生产工具出土 52 件，内有 32 件骨铲刀、17 件骨削和 3 件小石刀。它们都是用来别骨脱肉和剥取兽皮等的工具。

（4）手工业生产工具出土 773 件。制陶工具 8 件，器类有陶压锤、石压锤和梳形骨器三种；制骨器、角器的工具只出土 98 件磨石，器型大小不一，形状各异，器物表面有研磨骨器的痕迹；出土纺织缝纫工具 667 件，内有陶纺轮 417 件、石纺轮 6 件、骨针 9 件、骨锥 208 件、角锥 22 件、牙锥 2 件和铜锥 3 件。

（5）渔猎生产工具出土 162 件，除石镞 1 件、石弹丸 16 件和陶弹丸 10 件以外，其余 135 件都是骨镞、角镞。

（6）杂器及其他多件。马具及饰物有角镳和铜泡各 1 件；其他器物如大型陶轮（估计是制造陶器的工具）1 件、石圭 1 件、圆石饼 22 件和陶饼 32 件；此外还发现很多石、骨、角质的各类器物半成品以及有加工痕迹的骨角料。

（7）武器只发现 1 件残破的铜匕首。

上述生产工具中，石锤斧、石楔、骨凿、三孔石刀以及铲形骨刀和骨削等器物的形制别致，不见或罕见于其他考古文化出土，是碾子坡先周文化生产工具中具有代表性和典型性的器物（图 4 - 1 - 8：1~4、9~12）。

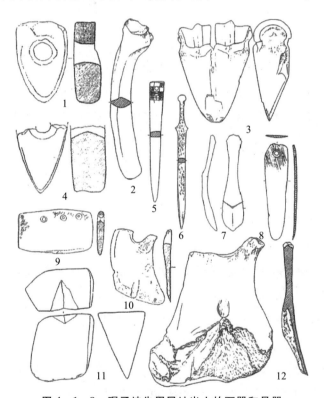

图 4 - 1 - 8 碾子坡先周居址出土的石器和骨器

1、4. 石锤斧（T157④：10、T813③：13）；2. 骨削（H143：14）；3. 骨凿（H131：70）;5、6. 骨笄（T1109②：5、174③：9）；7. 骨勺（H131：1）；8. 骨匕（H2：43）；9. 三孔石刀（H151：65）；10、12. 骨铲刀（H131：34、H134 23）；11. 石楔（H151：106）

注：器物比例不一。

二类 生活用具

（1）出土陶质器皿残片数以万计，斗合复原 130 多件不同种类、不同型式的陶器，根据这样大量的资料，我们对迁岐以前的先周文化陶器有了较全面的认识。夹砂陶占 20%，泥质陶占 80%。红色陶占 20%，灰色陶占 80%；但陶器的色泽大都不均匀纯正，内、外壁面往往有不同颜色的斑点，例外者很少见。陶器制法分模制、泥条盘筑、手制和轮制四种。但在 1 件陶器上往往并不限于一种制法，而是有两种甚至更多的制法痕迹，如乳形袋足陶鬲的三足系分别模制然后捏合在一起，颈部和口沿则采用泥条盘筑而成，鬲耳用手捏塑。陶器纹饰以绳纹为主，占 72%；弦纹占 11%；素面占 7.8%；附加堆纹占 5.5%；印纹占 2.2%。此外还有少量的锥刺纹、镂孔和几何形印纹，如云雷纹。陶器种类中，炊器有甗、鬲、鼎和甑及甗的附件——陶箅子五种；食器有簋、瓿、豆、杯、碗、壶、小盆、小罐、敛口罐、腹耳罐、大口罐、折肩罐、圆肩罐和凹底罐十四种；贮器有盆、缸、尊和瓮四种。其中具有典型性和代表性的陶器见图 4-1-9：1~19。

（2）铜容器只发现 1 件青铜瓿和 2 件红铜鼎，它们均出自 H1 铜器窖藏坑。其中铜瓿与殷墟二期文化铜瓿标本 HPM1001[14] 的形制基本相同或相似。使用红铜浇铸大型铜容器尚属初见。2 件铜鼎基本都属于深腹圆鼎，口沿上有两个带方穿的对称立耳，三足直立，圆柱形，上端粗下端细。一号鼎的上腹壁有乳丁纹，二号鼎的形制别致，上腹壁有三周凸弦纹（图 4-1-9：20）。

（3）骨制生活用具出土勺 1 件和匕 78 件。勺是利用禽类动物脊椎骨后部弯曲部分截去两端做成凹面凸背的直柄勺匙（图 4-1-8：7），是一件难得的工艺品。匕都是采用兽类的肋骨劈开两片加以磨制而成（图 4-1-8：8）。

三类 装饰品

装饰品有发髻饰物和佩戴饰物两种。前者只出土 39 件骨笄，它们都是利用禽兽类的肢骨或肋骨切削成长条圆锥形或扁锥状磨制而成，个别标本在顶端钻一小孔（图 4-1-8：5）或雕刻成"剑式"的形状（图 4-1-8：6）。"剑式"骨笄过去在丰邑客省庄西周遗址发现 1 件（见《从沣西发掘报告》图一四：7，文物出版社，1963）。佩戴饰物只发现一些用来做串饰的骨管、角管、带穿兽牙、"蚌钱"以及尾端磨一小孔的贝和蚌壳。

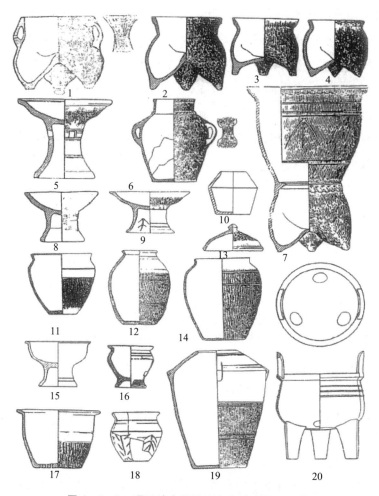

图 4 - 1 - 9 碾子坡先周居址出土的陶器和铜器

1、2. 袋足陶鬲(H134:6、H134:5);3、4. 瘪裆陶鬲(H13:14、H151:87);
5、8、9. 陶豆(H307:2、H131:76、H507:23);6. 腹耳罐(H7:10);7. 陶甗
(H131:73);10. 敛口罐(H116 17);11. 陶尊(H140:37);12. 陶罐(H503:5);13. 器
盖(H2:69);14、19. 陶瓮(H318:2、H507:26);15. 陶簋(H191);16. 陶瓶
(H813:35);17. 陶甑(H134:4);18. 小罐(H191:75);20. 铜鼎(赵 H1:2)。

注:各器比例不一。

四类　宗教信仰遗物

宗教信仰遗物只发现卜骨,获 284 片,完整的仅有 1 片。卜骨所用骨料
多为牛肩胛骨,马肩胛骨和兽类肢骨限于个别见到。卜骨的制作粗糙,未

去骨臼，削平脊根略加磨平即使用。少数的将骨臼以下两侧较厚部分切削磨平，或将两侧较厚部分保留，只将中间部分修磨成平槽形状。骨臼保留自然形态。卜骨上有圆钻和灼而无凿。有 8 片卜骨上刻有文字。

五类　甲骨文和陶文

发现文字 166 例，除 8 例甲骨文和 1 例见于骨笄外，其他都是陶文。文字在器物上大都是单个存在的，两个或多个字连书的现象少见，复合字仅 1 见。文字的内容大致分为五类（图 4 - 1 - 10）。

（1）数字。发现"一""三""四""六""七""九""十"等字，其中以六和七两个字为多见。

（2）干支。发现"丁""壬""戊"等字，其中以"壬"字为多见。

（3）方位符号。在器物上常发现有半弧形向上或向左或向右的符号标记，可能是"上""下""左""右"四个字，或者是代表上、下、左、右方位的一种标记。

（4）族名、国名及其他。文字计有"周""井""旦""弨（？）虫伯""欠""垂（？）""在"等。

（5）其他。族徽有缶和车轮两种；连书文字有"女（？）册王"和"羊（？）＋（乙）P（未能识读）"；此外还发现复合字 1 例 [四个复合字刻在一件大型陶器盖的截顶四棱形纽上面的，其中一面可能是"包七月（？）"三个字，其余者有待识读]。动物、植物图形各 1 例。

上述发现说明居邠之周人已有发达的文字。当时国号称周。轮子族徽过去在商末周初的铜器上有发现，但弄不清楚他们是何方人氏，现在根据碾子坡的发现似乎可以找到答案。轮子族徽之人来自西方，可能是周族的一支或者与周族结盟的族人。

六类　自然遗物

（1）居址出土大量的居民食后残余物——兽骨，经周本雄教授鉴定，家畜有牛、马、羊、猪和狗等；猎获物主要是鹿。其中以牛骨最多，占兽骨总数的半数以上。

（2）在多处房址和灰坑以及 1 件陶尊内发现炭化粮食，据中国科学院植物研究所刘亮教授鉴定，认为粮食是未去皮的炭化高粱。这个发现宣告了那种认为高粱是在公元以后才从印度传入中国的论点的终结[15]。

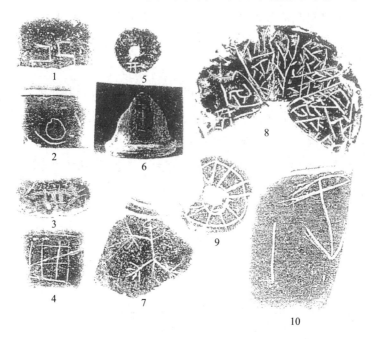

图4－1－10　碾子坡先周居址出土的陶文

1. 弜（？）（H130）；2. 旦（H191）；3. 女（？）册王（H07：20）；4. 周（田）（T803：3）；5. 井（H2012：13）；6. 壬（T816：4）；7. 垂（？）（H199②：3）；8. 复合字（H119：2）；9、10. 族徽（H2：39、H302：45）
注：各器比例不一。

（三）埋葬习俗和制度

在遗址北边高出第一发掘区65～73米的斜坡上发现一个先周茔地。茔地内的墓葬和先周居址的年代相同。这样，我们根据茔地和墓葬的特征可以初步复原当时周人的埋葬习俗和制度及其思想信仰内涵（图4－1－11）。

1. 居住区和茔地的地理位置选择

居址位于南边，茔地在北，居址位于低处，靠近水源——在黑河北岸岸旁的台地上。茔地位于高处，面朝居址区。

2. 茔区地形与墓葬方向

茔地位于北高南低的斜坡上，高差约8.2米；西边高出东边约4.5米；范围东西120米，南北96米，面积约11520平方米。墓葬方向特点是流行头在高处，脚朝低处，这似暗示人死以后仍然像活着时候一样头在高处以俯视远方。

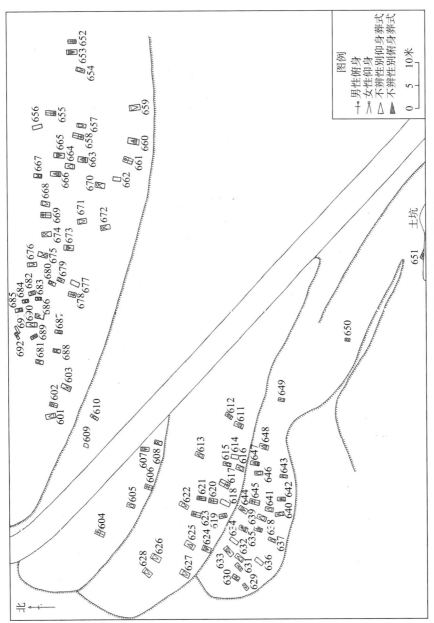

图 4-1-11　碾子坡先周早期茔地墓葬坑位图

3. 墓葬的分布、分群及组合

茔区中的墓葬分布有比较明显的排列顺序及特点，下面分三个问题来说明。

（1）墓葬的分布。由于筑公路和修梯田的缘故，茔区中部及东南部的墓葬全遭破坏（估计有100座墓被破坏），只发掘出92座墓。其中有44座墓位于北部梯田内，余下48座墓均位于茔区西南部边缘。

（2）墓葬的分群。茔区残存的墓葬分布稠密及位置排列有序，但因茔区中部和东南部的墓葬全遭破坏，所以墓葬的分群现象显得模糊。不过，碾子坡先周晚期茔地和西周茔地的墓葬分群现象是十分清楚的[16]，可以认为，先周早期茔地的情况也不会例外。

（3）墓葬的组合。墓葬中往往有两座形成一组的情况，它们之间左、右并列整齐，间隔均匀，墓主人的头向往往相同，唯二者在葬式上、性别上有相同的，也有不相同的。例如：

M626和M628是女性仰身葬墓的组合，她们应是有血缘的姐妹关系。

M601和M602是仰身葬（女）墓和俯身葬（男）墓的组合，他们应是姻亲的夫妇关系。

由是说明，周人墓葬制度处于血缘同性葬（兄弟、姐妹）向姻亲异性葬（夫妇）的过渡阶段。

4. 墓穴构造形制

墓穴是一个长方形竖穴土坑。流行短宽形墓圹，即穴宽约等于穴长的1/2。墓圹形制是"直壁土坑"和"覆斗形土坑"共同流行，后一种墓穴是周文化墓葬的突出特点。

5. 葬具

葬具以长方形木棺为主，个别墓用石棺，少数墓残留石棺葬子遗现象。此外还有少数墓的主人只用席子裹尸加以埋葬。

6. 葬式

92座墓中有3座没有发现墓主人的骨骸，其他89座都是单人葬。葬式有：①侧身直肢葬4座；②只埋一个人头的1座；③仰身直肢葬43座，其中能辨认其性别的17座，均为女性；④俯身直肢葬40座，其中能辨认其性别的 12 座，均为男性。由此可见，周人社会实行男性俯身葬和女性仰身葬，其思想信念的含义很可能是男、女生活上的一种天性反映，系冀求后代子孙繁衍不息的一种暗示和表露。

7. 随葬器物种类及放置

在 92 座墓中，只有 5 座墓发现随葬品，均为陶鬲。陶器放在木棺上或二层台上，或埋在二层台内。5 座墓出土陶鬲 6 件（图 4 - 1 - 12：1 ~ 3），其中 M663 出土乳形袋足鬲和瘪裆鬲各 1 件，其他 4 座墓各出土 1 件乳形袋足鬲。

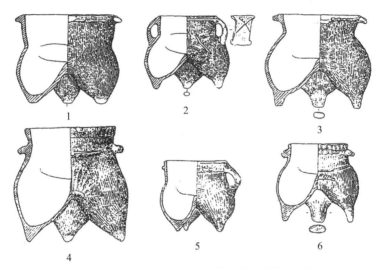

图 4 - 1 - 12　碾子坡先周早期墓葬和晚期墓葬出土的陶鬲

1 ~ 3. 先周早期墓葬陶鬲（M660：1、M662：1、M670：1）；4 ~ 6 先周晚期墓葬陶鬲（M109：1、M181：1、M1193：1）

我们在注[13]中有介绍，邹衡倡导用个别陶器去涵盖一种考古学文化，即以瘪裆陶鬲代表姬周文化，以乳形袋足陶鬲代表姜戎文化或称姜炎文化。现在两种不同形制的陶鬲在碾子坡先周居址和墓葬中存在共生现象，充分说明它们都是先周陶器，邹衡的说法是不妥当的。但十分遗憾，至今还有人坚持以邹衡的错误学术观点去阐述先周文化[17]，实在令人难以理解和接受。

三　碾子坡先周遗存分期和年代

前面有介绍，在碾子坡发掘的 230 多座先周墓葬，它们分别位于两个不同墓地之中。与先周居址同年代的墓地，位于遗址北边旁的斜坡地上，共发掘 92 座墓。另一个墓地位于先周居址的西半部，共发掘 138 座墓，它们均挖破居住址，说明此处先周居址废弃后又成为年代较晚的先周居民埋葬死者的茔地。上述发现，为碾子坡先周遗存分为早、晚两期在地层上提供了科学根据。此外，早、晚两期出土的同类陶器在形制上存在明显的区别以及承传联系，如乳形袋足陶鬲，早期鬲的袋足长而肥硕且多为扁体，高直领，口沿外侧常见附加 4 个横鸡冠耳或半环形斜耳及带状或锯齿状泥条凸饰（图 4 - 1 - 12: 1 ~ 3）。晚期鬲的袋足短粗，横剖面多为圆形，斜长领或弧形领，附两个鸡冠横耳或半圆形单耳，泥条凸饰多附加在颈部（图 4 - 1 - 12: 4 ~ 6）。但是，早、晚两期陶鬲又具有突出的共性，即它们都是乳形袋足鬲，高领、高裆、内隔较高、三足根直立（例外者罕见）、附鸡冠耳或半圆形耳，通体饰绳纹。其差异表明二者型式和年代的不同，而其共性则反映和说明它们在文化谱系上具有同一性。

晚期墓葬所出陶鬲，近年在周都岐邑刘家墓葬[18]中有发现，如碾子坡 M1193 : 1 与刘家 M3 : 1 的形制和纹饰相同，碾子坡 M109 : 1 与刘家 M3 : 2 的形制和纹饰完全相同，碾子坡 M1181 : 1 与刘家 M41 : 1 的器型雷同。再有，碾子坡铜铃 M182 : 1 与刘家铜铃 M41 : 10 的形制也完全相同。由此可见，碾子坡先周晚期墓葬和刘家墓葬不仅同属一个文化谱系，而且在年代上是接近的，或说是同时期的。我在《论碾子坡和岐邑、丰邑先周文化遗址（墓葬）的年代分期》[19]认为碾子坡先周晚期墓葬是周人迁岐前后的遗存，而刘家墓葬似乎是周人迁岐之初的墓葬，也就是说，它们系属于古公亶父、季历时期的先周遗存，绝对年代约当公元前 12 世纪后期。

碾子坡先周早期遗存的年代，可从以下两个方面来加以分析和说明。

（1）如前所述，碾子坡先周晚期墓葬和刘家墓葬是周人迁岐前后的文化遗存，而碾子坡先周晚期墓穴挖破了先周居址，说明居址的年代下限要早于先周晚期墓葬的年代上限。碾子坡先周早期文化陶器群迄今不见于岐、丰等地，表明它的年代要早于周先王古公亶父时期。

（2）周器和商器分属于不同的文化谱系，但遗存分布地区相邻而同类器中形制相似者，其年代往往相同或接近。从这个角度来考察，与碾子坡先周文化早期陶器形制相似的商代陶器年代最晚到殷墟二期。如碾子坡陶簋 H134：3 与殷墟二期墓葬 M505 出土的陶簋相似[20]，碾子坡铜甗与殷墟二期铜甗 HPM1001[21] 的形制相同。《竹书纪年》云："（商王武乙）三十四年，周王季历来朝，武乙赐地三十里，玉十珏，马八匹。"[22] 又云："（商王）文丁杀季历。"[23] 由此可见，周王季历之父——古公亶父和商王武乙及其父辈康丁、廪辛约略是同时代的人。

综合以上分析比较，可以认为，碾子坡先周文化早期遗存的年代略早于古公亶父时期，大致与殷墟二期文化的年代相当，绝对年代为公元前 1200 年前后。

四　迁岐以前的姬周社会史复原

根据前述先周文化资料，我们对迁岐以前的周人社会史状况有了一个清晰概念和认识。下面分三个问题来加以分析说明。

（一）姬周起源何处？

周人起源地包括周先王"公刘居邠"的"邠邑"所在地望在哪里？对此，历史学界长期存在意见分歧，大致可归纳为"陕西说"和"晋南说"两种截然不同的主张。其中，周人起源今日陕西省境内的传说，在汉、唐时期的史书中已有记载[24]。而周人起源山西省稷山县和闻喜县一带的主张，则是近代著名史学家钱穆提出来的[25]，不少学者从其说，直到 20 世纪 80 年代邹衡还试图从考古学角度来证明钱穆的说法是正确的[26]。但邹衡在《论先周文化》一文中提出来的论据十分脆弱，如他列举的先周文化发掘资料不是出土于晋南地区而是出自关中地区的岐、丰等地及其周围地区，而且遗存年代偏晚，约当周文、武二王时期，这怎能证明周人起源地及"邠邑"地望在晋南闻喜县及其附近地区呢？我注意和研究先周文化及周人起源地等问题始于 20 世纪 50 年代中期，1955 年我们在丰邑客省庄村北发掘出先周文化乳形袋足陶鬲[27]；后来又在客省庄村南发掘了一座先周文化窑洞房址[28]。1958 年我任黄河水库考古工作队山西分队队长时，恩师陈梦家先生要我从考古学角度去验证钱穆的说法[29]，当时我在晋南地区进行考古调查和发掘中没有发现先周遗存，所以在研究中排除周人起源地及"邠邑"地望在晋南地区的可能性 [按：1955 年邹衡是中国科学院考古研究所郭宝钧先生的研究生，毕业后分配到甘肃省兰州大学工作，后来调到北京大学工作，所以他对客省庄等地的发掘情况及工作收获不知情。直到 20 世纪 70 年代后期，邹衡应《文物》编辑部之托审稿徐锡台发表在《文物》1979 年 10 期上的两篇关于先周文化的考古简报和论文，才得知和了解在岐邑和丰邑发现的先周文化资料，以及写出《论先周文化》一文（《夏商周考古学论文集》，文物出版社，1980）]。1959 ~ 1975 年，我曾多次沿渭河两岸调查先周文化遗存，研究重点是深入考察所谓"周始祖后稷封邰都"的地望所在。其中 1975 年那次调查与张长寿同行，历时一个月，行程数百公里，踏察古文化遗址和墓地达 80 多处（包括武功县旧县城及其附近地区的郑家坡和尚家坡等周文化遗址），没有发现年代较早的先周文化遗存。1978 ~ 1979 年，我和白云翔根据"先周文化和先周历史探索与研究"工作计划在泾、渭两河流域广大地区进行广泛而深入的考古调查，行程数千里，踏察古文化遗址和墓地数百处，对先周文化分布及规律有了一个比较全面的了解，发现分布在关中地区的先周文化遗存与先周时期的岐、丰二都年代相当，迁岐以前的先周文化遗存主要分布在泾河上游的北邠地区和南邠地区。其中以南邠地区的先周文化遗址分布最为稠密，而且遗址文化层堆积厚和含物丰富，因此我们选择碾子坡遗址和墓地作为典型进行了数年的大规模发掘，获得了数量巨大而且种类齐全的年代相当于周人居邠时期的先周文化资料（详见本节"二"内容）。也就是说，从考古学的角度研究，即根据先周文化的分布状况考察，迄今已知的周人最早的居住和活动地区，是在泾河上游流域。这与古代文献记载年代最早的两个周都——"不窋故城"和"邠邑"分别位于泾河上游的北邠地区和南邠地区是相一致的[30]。于此，我们可以得出以下结论，有明文记载而比较可信的周人先祖是生活在"戎狄之间的不窋"，周人早期居住和活动地区是泾河流域上游。

（二）碾子坡先周早期遗存反映的姬周社会结构及其面貌特征

过去历史学家根据"经""注"一类典籍的传说记载，对迁岐以前的周人文化及其社会发展的状况往往估计偏低，一般都推测和主张周人完全从新石器时代末期或说原始氏族社会末期脱胎出来是迁岐以后的事情。现在，碾子坡先周文化资料获得充分说明了公元前 1200 年前后——也就是周人居邠时期的社会实际历史画面。

1. 社会发展处于奴隶制的历史阶段

碾子坡先周早期遗存已经属于铜器时代的文化了，在遗址里挖掘出周人铸造的大型铜质礼器——鼎和甗便说明了这一点。当时已有发达的文字。社会占卜风尚盛行，而流行占卜既是迷信的一种表现，同时也是社会文明的一种象征和标志。还有，遗址内的先周居民中出现贫富、阶级分化的迹象已十分明显了，例如"富者"拥有讲究的夯土版筑住房建筑和大型铜礼器（在中国古代的社会里，铜礼器中的"重器"与主人身份的显赫高贵往往是联结在一起的）。"贫者"则居住十分简陋的土窑洞房子，死后墓内无任何随葬物，真是穷得叮当响。毫无疑问，这类居民应是完全依附于"富人"的人。上述诸点，都是人类跨入文明历史也就是奴隶制社会的基本要素。可以认为，此时期的周人社会发展已处于奴隶制的历史阶段了。

2. 农、牧经济形态

此时期的周人无疑已过着颇为稳定的长期定居务农生活，这从居住遗址、墓地、农作物炭化高粱以及铲、刀、镰等农具的被发现得到了充分的说明。但农具出土数量比较少，而且多为石制品，骨、角制品少见；陶刀还个别见到；可能还有木制农具，但不易被发现；蚌制农具则无出土，这种情况与岐、丰等遗址出土铲、刀、镰等农具数量多且大量出现易于制作的蚌制品，是迥然有别的。我们认为上述情况的存在绝非偶然，而是暗示周人在农业生产方面有较大的进步和发展是迁岐以后的事情，在此以前，他们在农业生产上似乎还停留在比较幼稚和落后的状态之中。这种现象与古代文献记载周人早期生活"戎狄化"（按：这应理解为游牧生活或畜牧业发达的体现），以及迁岐以后革除"戎狄之俗"[31]和出现欣欣向荣的农业生产景象[32]是相吻合的。

由于周人此时期的农业生产水平比较低，单靠农作物的收成还不能维持人们日常生活中最低水准的需要，这从当时以养牛为主的畜牧业生产异常发达可以窥见其中的一斑。畜牧业发达的集中反映是居址出土居民食后残余——牛、马、羊和猪等家畜的骨头数量特别多，我们收集基本保存兽骨原状的标本达9086件，其中牛骨占总数的53%强。此外，发现52件专用于肉类加工的工具，器型有骨铲刀、骨削和小石刀，它们大概都是用来剥兽皮和剔骨取肉使用的。于此，可以认为，周人此时尚处于半农半牧的经济生产状态。

3. 手工业

这时期各种手工业生产状况，目前了解得不多，特别是制铜业因未发现作坊遗址及制铜泥范一类遗留，因此对制铜业情况目前基本上还一无所知。其他手工业门类如下。

（1）制骨、角器生产迹象，除出土一些大小不一的各类磨石以外，还发现大量的骨、角料以及骨、角器的半成品和成品，如铲、刀、削、锥、针、镞和笄等，根据各类器物的切、削、磨加工痕迹，大致可以看出各类骨、角器的制作过程及其基本特征。

（2）纺织、缝纫生产的迹象，只发现纺轮、铜锥及骨锥、角锥和骨针等工具。但陶纺轮和骨、角锥的出土数量比较多，而且有很多陶纺轮上刻有文字或族徽或其他符号标记，这些情况似表明纺织业是先周居民相当重视和比较发达的手工业。

（3）编织只发现已腐朽的席子灰末（未经鉴定是何种植物），其痕迹十分清晰，席子纹理粗细均匀，编织方法与今日常见的芦苇席子无多大差别，这说明周人当时的编织技术已达到较高的水平。

（4）陶器是遗址中广大居民日常广泛使用的器具，所以制陶是当时最主要和最发达的手工业门类。发现烧陶窑址7座，制陶工具有陶拍子和梳形骨器等。陶器残片出土数以万计，黏斗复原了各类不同形制的器皿130件，此外还有大量残留1/2或1/3或1/4的残破器皿。

4. 渔猎业

狩猎使用的工具只发现骨、角镞和石弹丸两种，出土数量不多。此外，属于猎获物食后残余——鹿一类兽骨少见，这充分表现当时的狩猎业并不发达。

捕捞工具和采集物的食后残余如田螺壳等在遗址中没有发现，这说明当时居民没有通过捕捞手段去取得生活资料的劳动习惯，至少是捕捞业很不发达，这是周人社会经济生活中一个十分突出的特点。同时它也是周民族和商民族（按：在商文化遗址里，常常发现网坠和田螺壳等物）在饮食生活习惯上一种异常明显的区别。

5. 居住生活和日常生活用具

前面已有介绍，发掘房址共 21 座，内有 3 座地面夯土版筑房屋、6 座半竖穴式房屋和 12 座窑洞房屋。地面建筑都是先挖土坑建筑一个夯土基址，然后在基址上面建立版筑夯土房墙和盖房顶的。这类房址应属奴隶主的住房。上述发现，无疑纠正了人们过去某些模糊概念和认识。如一些史学家根据《诗·大雅·绵》中的某种记载而错误地认为周人迁岐以后才学会和掌握版筑技术以及出现夯土版筑的房屋建筑。半竖穴式和窑洞两类房屋的发现数量多，其建筑一般异常简陋，应是聚落中不同等级广大居民的住房，也就是这类居民还处于穴居和半穴居的生活状态。此现象与《诗·大雅·绵》记载迁岐以前的周人存在着"陶覆陶穴"的居住生活习俗，是适相吻合的。

在房子附近常发现窖穴和灰坑。窖穴是用来储藏东西的，土坑容积较小而形制固定，以圆形坑和长方形坑为多。灰坑都是深浅不同的长条形、椭圆形和不规则形土坑。这类土坑的形制比较大，坑直径多在 4 米以上，有的土坑底部往往有台阶或斜坡道路通往坑口，它们原来有的可能是窑洞房屋或手工业作坊遗址，废弃不用以后屡遭破坏而面目全非。

这时期先周居民已经流行纺织物的服饰，此点从居址出土纺织和缝纫工具数量比较多得到了说明。但周人活动和居住在高亢黄土高原的寒冷地带，冬天大概还会利用兽皮来御寒。骨笄出土数量甚多，说明先周居民也有束发插簪的爱好和习惯。当时人们日常生活上使用的器具，除吃食使用的骨勺和骨匕以外，还有铜质和陶质的器皿。专供奴隶主贵族享用的铜容器只发现 2 件铜鼎和 1 件铜瓿。陶器是人们日常广泛使用的器皿，器物种类大致有鬲、鬲、鼎、甑（炊器）、簋、豆、盂、瓶、罐（食器）、盆、缸、尊、瓮（贮器）以及上述器皿的器盖和陶算子等 10 多种。其中以鬲、豆、罐和瓮等器物最为常见。这与西周时代人们使用的陶质器皿种类基本上是相同的。

6. 属于社会上层建筑的文化生活和思想信仰

当时已拥有发达的文字，社会占卜风尚盛行，丧葬习俗和制度等方面的发现及其意义，我们在前面已有具体介绍和分析说明，在此不再重复。

（三）居邠之周是商王朝的附庸"小邦"

殷墟武丁时期卜辞上之"周"、"周方"、"周侯"和"璞周"指的是何方人氏，一直是史学界十分关注和感兴趣的学术难题。碾子坡先周文化遗存及"周"字的被发现，为人们揭开和解读上述卜辞记载之谜提供了十分可贵的研究素材和实物证据。

（1）周人居邠时代的商、周疆界东西毗连，商在东，周在西，二者的分界线约略在渭河北岸的石川河流域，也就是今日陕西省咸阳市和铜川市的接壤地带[33]。由此可见，从商、周所在地理位置方面考察，二者经常产生种种来往和争斗现象是十分合乎逻辑的事情。此点，与殷墟卜辞记录商、周关系十分密切，恰相呼应。

（2）碾子坡先周文化遗存中存在异常浓厚的商文化因素，就是当时商、周来往频繁和关系十分密切的实物证据。此点，我在《商、周关系史和先周文化的商文化因素管窥》（《胡谦盈周文化考古研究选集》，四川大学出版社，2000）一文中已有具体分析说明，这里不再重复。

（3）既然商、周疆界东西毗连及关系十分密切，而当时商是国力强大昌盛的王朝，商王武丁常常举兵讨伐周边方国之事屡见于卜辞记载[34]。姬周在当时是一个弱小的初步建立较为稳定根据地的"小邦"，其疆域据现有考古材料不超出泾河上游地区[35]，社会发展处于半农半牧的经济生产状态。所以，商、周关系密切不可能是平等的关系，只有"周小邦"臣服于商，周才有可能在邠邑地区生存下去，这是历史的必然和顺理成章的问题。也就是说，殷墟卜辞上之"周"、"周方"和"璞周"指的是居于邠之周人，而"周侯"说的是与商王武丁同时代之周先公。

明确上述问题以后，就可以纠正下面两种不确切的记载和论说。

（1）周居于邠时期就称周了，而不是皇甫谧所说——周太王"邑于周地，始改曰周"[36]。

（2）周居于邠时已沦为商王朝的附庸"小邦"，而不是周人迁岐以后的周王季历时期才称臣于商。

总之，南邠碾子坡先周文化遗存及"周"字的被发现，把周人信史以及商、周关系史的年代往前提早到公元前 1200 年左右。

注　释

[1] 《诗·大雅·生民》，《十三经注疏》，世界书局，1935。以下凡引《诗》者版本均同。又见《史记·周本纪》，中华书局，2003。

[2] 胡谦盈：《太王以前的周史管窥——周族起源探索之三》，载胡谦盈《胡谦盈周文化考古研究选集》，四川大学出版社，2000，第 142~145 页。

[3] 胡谦盈：《胡谦盈周文化考古研究选集》，第 149~152 页。

[4] 胡谦盈：《姬周族属及其文化探源——周族起源探索之二》，《胡谦盈周文化考古研究选集》，第 96~105 页。

[5] 陈全方：《早周都城岐邑初探》，《文物》1979 年第 10 期。按：该文岐邑故址是西周时期的遗址范围，至于先周时期的岐邑故址所在位置及其范围，迄今仍然是一个有待探讨和解决的问题。近年在遗址西南部的刘家村发现周人迁岐初期的先周文化墓地，见尹盛平、士均显《扶风刘家羌戎墓葬发掘简报》，《文物》1984 年第 7 期。另外在刘家村西边不远的王家嘴一带采集到年代比较早的先周文化陶器及残片，见孙华《关中商代诸遗址的新认识——壹家堡遗址的发掘意义》图十四，《考古》1993 年第 5 期。这些发现，无疑为人们深入探索先周时期岐邑故址具体位置提供了十分重要的信息。

[6] 胡谦盈：《郭沫若院长来到我们丰镐考古队——深切怀念郭老》，载胡谦盈《胡谦盈周文化考古研究选集》。

[7] 胡谦盈：《浅谈先周文化分布与传说中的周都——周族起源探索之四》，载胡谦盈《胡谦盈周文化考古研究选集》。

[8] 中国社会科学院考古研究所编著《南邠州·碾子坡》，世界图书出版公司，2007。

[9] 中国社会科学院考古研究所编著《南邠州·碾子坡》。

[10] 胡谦盈：《试谈先周文化及相关问题》，载胡谦盈《胡谦盈周文化考古研究选集》，第 124~125 页。又见胡谦盈《论碾子坡和岐邑、丰邑先周遗址（墓葬）的年代分期》，载石兴邦主编《考古学研究》，三秦出版

社，1993。

[11] 胡谦盈：《南邠碾子坡先周墓葬和西周墓葬》，载中国社会科学院考古研究所编著《中国考古学论丛——中国社会科学院考古研究所建所40年纪念》，科学出版社，1993。又见胡谦盈《商周关系史和先周文化中的商文化因素管窥》，载胡谦盈《胡谦盈周文化考古研究选集》，第219~220页。

[12] 按：陕西省武功县郑家坡（发掘地点更靠近尚家坡村）和扶风县刘家村两地发掘所获都是一种考古学文化的一个侧面资料，而不是反映和说明该遗址的文化全貌的完整资料。例如，刘家村发掘只获得墓葬资料，缺少居址遗存（《扶风刘家姜戎墓葬发掘简报》，《文物》1984年第7期）；郑家坡发掘简报中则只有居址遗存而无墓葬资料（《陕西武功郑家坡先周遗址发掘简报》，《文物》1984年第7期），所以发掘研究者把两地发现断为两种完全不同文化的典型遗存资料的做法无疑是片面和十分勉强的，也是不准确的。事实已经证明，郑家坡居址和刘家村墓葬都是属于周文化遗存。二者差异之处，前者是周人平日进行生产、生活和文化等方面的活动遗留，是当时社会上活人的活动画面缩影；后者是活人对死者尸体的处理遗留，属于当时社会上层建筑——在思想信仰方面的埋葬死者的一种习俗和制度，详见《胡谦盈周文化考古研究选集》一书中的《试谈先周文化及相关问题》和《南邠碾子坡先周墓葬和西周墓葬——周人早期葬俗探讨之一》两文。

[13] 按：邹衡在《论先周文化》（载其著《夏商周考古学论文集》，文物出版社，1980）一文中倡导用个别陶器形制去涵盖一种考古学文化——所谓"联裆（瘪裆）陶鬲代表姬周文化"，"乳形袋足陶鬲代表姜戎文化或称姜炎文化"。后来出现的所谓"刘家文化命名"（《扶风刘家姜戎墓葬发掘简报》，《文物》1984年第7期），"郑家坡典型先周文化命名"（《陕西武功郑家坡先周遗址发掘简报》，《文物》1984年第7期）等，大都出自和因袭邹衡上述错误学术观点和主张。

[14] [21] 中国社会科学院考古研究所编著：殷墟的发现与研究》，科学出版社，1994，第282页，图一五一：4。

[15] 安志敏：《大河村炭化粮食的鉴定和问题——兼论高粱的起源及其在我国的栽培》，《文物》1981年第11期。

［16］中国社会科学院考古研究所编著：《南邠州·碾子坡》。

［17］刘军社：《先周文化研究》，三秦出版社，2003。

［18］尹盛平、王均显：《扶风刘家姜戎墓葬发掘简报》，《文物》1984 年第
7 期。

［19］胡谦盈：《胡谦盈周文化考古研究选集》，第 184～201 页。

［20］中国社会科学院考古研究所安阳工作队：《1969—1977 年殷墟西区墓葬发
掘报告》，《考古学报》1979 年第 1 期，第 111 页，表四。

［22］《太平御览》卷八一引《竹书纪年》。

［23］《晋书·束皙传》引《竹书纪年》。

［24］（1）"邰都"位置：《史记·周本纪》集解："徐广曰，今斄乡在扶风。"
又《史记·周本纪》正义引《括地志》云："故斄城一名武功城，在雍州
武功县西南二十二里，古邰国，后稷所封也。有后稷及姜嫄祠。"
（2）"不窋故城"位置：《史记·周本纪》正义引《括地志》云："不窋
故城，在庆州弘化县南三里，即不窋在戎狄所居之城也。"所指地望恐就
是今日甘肃省庆阳市境内或其附近。
（3）"邠邑"位置：《史记·周本纪》集解："徐广曰，新平漆县之东北，
有豳亭。"又《史记·周本纪》正义引《括地志》云："豳州新平县，即
汉漆县，诗豳国，公刘所邑之地。"又云："豳州三水县西十里，有豳原，
周先公刘所都之地也。豳城在此原上，因公为名。"又《诗·毛传》云：
"豳（邑）在今豳州三水县。"

［25］钱穆：《周初地理考》，《燕京学报》1931 年 10 期。

［26］邹衡：《论先周文化》，载其著《夏商周考古学论文集》，文物出版社，1980。

［27］中国科学院考古研究所编《沣西发掘报告》图一二：1，文物出版社，
1963。又见《胡谦盈周文化考古研究选集》图一四：3。

［28］胡谦盈：《丰镐考古工作三十年（1951～1981）的回顾》，载胡谦盈《胡
谦盈周文化考古研究选集》，第 43 页。

［29］按：陈梦家先生在《殷墟卜辞综述》（科学出版社，1956）一书中曾暗示
赞同钱穆的主张，但他深知问题的解决必需考古材料来印证，故特别提
醒我注意从考古角度去验证钱穆的说法。

［30］胡谦盈：《胡谦盈周文化考古研究选集》，第 159～161 页。

[31]《史记·周本纪》,中华书局,2003。

[32] 按:《诗经》里涉及周族农业生产景象的记载甚多,这里恕不一一列举。

[33] 胡谦盈:《太王以前的周史管窥》,载胡谦盈《胡谦盈周文化考古研究选集》,第152页及图四五。

[34] 按:这里涉及资料太多,恕不一一列举,请参阅陈梦家先生著《殷墟卜辞综述》,第269~312页。

[35] 胡谦盈:《试谈先周文化及相关问题》,载胡谦盈《胡谦盈周文化考古研究选集》。

[36]《史记·周本纪》集解。

第二节 南邠碾子坡先周文化遗存的性质分析

一 导言

众所周知,历史学家在对周人起源及其早期历史的研究中长期存在着不同意见,诸家论说分歧甚大,"仁者见仁,智者见智"。深究其根由,问题的症结在于迁歧[1]以前的周人无信史,需利用考古资料来复原,西周王朝建立前后的历史,也需要用考古材料来加以充实。中国社会科学院考古研究所为解决上述学术难题,于1978年成立泾渭工作队开展"先周文化及先周史的探索与研究"工作[2]。1978~1979年,该队在泾、渭两河流域的广大地区进行广泛而深入的考古调查,行程数千里,踏察古文化遗址和墓地数百处,采集到大量文物资料,对先周文化遗存的分布及其规律有了一个比较全面且深入的了解。在此基础上,在传说中的南邠地区,即周先王"公刘居邠"[3]之处,选择陕西省长武县碾子坡先周文化遗址和墓地作为典型,从1980年秋至1986年连续11个季度进行了大规模发掘。揭露居址面积达7000平方米,发现各种房址、窖穴、灰坑和烧陶窑址等古代文化遗迹298座;发掘古代墓葬365座;出土和收集的古文化器物及陶片数以万计[4],这是迄今为止在泾河上游地区发掘规模最大、收获最为丰富的一次考古工作。

碾子坡遗址包含多种不同时代、不同性质的古文化堆积，其中主要的文化内涵属于先周遗存。前述 298 座房址、窖穴、灰坑和窑址中，有 206 座属于先周遗存。在所有 365 座墓葬中，有 232 座属于先周文化。数以万计的出土器物中，有 70% 是先周文化遗物[5]。由此说明，碾子坡遗址是迄今发掘规模最大、收获最为丰富以及对其文化面貌内涵了解最全面的一个先周文化遗址。

碾子坡遗址发掘所获的先周文化资料，既有大量种类相对齐全的居住遗存，又有大批墓葬，比较全面地反映了遗址中的先周文化面貌，使人们对它有了一个清晰的概念和认识，确立了它在商周考古学中的地位。碾子坡先周文化遗存，比岐、丰等地发现的先周文化遗存年代要早。而对于碾子坡先周文化早、晚两期遗存的划分，二者既有明确的地层叠压关系，两期包含的陶器又存在明显区别，同类器物前后承袭演化的轨迹清晰，从而为建立先周文化考古编年的"三期说"[6]提供了必要而且可靠的科学断代依据。其中，一期以碾子坡先周早期遗存为代表，年代在公元前 1200 年前后；二期以碾子坡先周晚期遗存和岐邑先周早期遗存为代表，大约属于周先王古公亶父和季历时期的先周文化遗存，年代为公元前 12 世纪中、后期；三期以岐邑先周晚期遗存和丰邑先周遗存为代表，大约属于周文王至武王灭商以前的先周文化遗存，年代约在公元前 11 世纪前期[7]。在碾子坡发现的先周文化遗存，是此地的先周居民进行各类日常活动遗留下来的，是他们在经济、政治、生活和文化等方面的过往历史的一种具体反映，同时也是周人居邠时期社会面貌的一个缩影。由是说明，碾子坡先周时期遗址的发掘在考古学和历史学研究中都具有重要的学术意义。

所谓先周文化，指的是周人建立西周王朝以前的物质文化遗留。这类遗存虽然在 20 世纪 30 年代初期就有出土[8]，但有目的和有计划地开展先周文化考古工作则起步较晚，而且迄今所发掘的遗址数量不多。其中除碾子坡遗址发掘面积大和收获丰富以外，其他遗址大都属于试掘性质。个别遗址如郑家坡虽然有一定的发掘规模，但发现的先周文化遗存并不丰富而且存在缺环，难以反映出遗址中先周文化的全貌[9]。由于存在上述工作的局限性，加上发掘者和研究者在理论和方法上存在的差异及其他因素，何种遗存是周人都丰以前的先周文化，多年来在考古学界存在着种种不同观点。目前需要通过讨论把问题引向深入，以推动先周文化及先周史的考古学研究健康地向前发展。

二 关于碾子坡先周遗存文化性质的不同说法

关于碾子坡先周遗存的文化性质，多年来在考古学界中存在着不同研究方法和种种观点，大致可以归纳为以下四种完全不同的说法。

（一）"先周文化"说

多数学者赞同和遵循夏鼐先生倡导的学术思想，即考古学文化是遗存群体因素而不是个别器类甚至同类器物中不同形制的器皿可以涵盖的。认为碾子坡遗址的先周文化面貌虽有自身的某些特点，但它与周都岐、丰、镐等地所发现年代较晚的先周文化、西周文化具有明显的共同性和连续性，这是十分明确的，所以它们应该是属于同一个谱系的考古学文化遗存，即周文化遗存。至于它们的文化面貌存在某些差异，纯属遗存的年代不同所致，绝非是在事物本质上，也就是在文化性质上有什么区别。这个问题，下面我们还要进行具体分析和论证。

（二）"刘家文化"说

有的论者孤立和片面地用个别器类中不同形制的器皿去涵盖一种考古学文化，主张所谓"联裆（即瘪裆）陶鬲代表先周文化"，"乳形袋足陶鬲代表姜炎文化，或称姜戎文化即刘家文化"[10]。前者的典型遗存是陕西省武功县郑家坡遗址中的所谓"早期遗存，年代为公元前1500年前后"，发表的资料中仅见联裆陶鬲[11]；论者还将此遗存和"周后稷封邰"的神话传说相联系[12]。但实际情况是，联裆陶鬲和乳形袋足陶鬲在郑家坡遗址所谓"先周早期遗存"的地层里共存[13]；此遗存的年代则被人为地提早了数百年[14]。由此可见，此论与客观事实存在较大的出入。后者的典型遗存是周都岐邑故址中的刘家村所出20座墓葬，随葬的陶鬲只见乳形袋足陶鬲。发掘者根据所谓"陶器形制的演化规律"，把有陶器随葬的18座墓分为"六期"[15]。其中，一期墓的年代定在公元前1500年前后，二至五期墓的年代为商代前期至周人迁岐，六期墓的年代约当周文王、武王时期。如所周知，迄今在周人早期活动的泾渭地区发现的先周墓葬，包括在岐、丰都址内发现的先周墓葬在内，都是以随葬乳形袋足陶鬲为主，随葬瘪裆陶鬲的现象少见，两类不同形制的陶鬲共存一墓的情况也有发现，如碾子坡先周文化早期第663号墓[16]。至于刘家村墓葬的年代及文化性质，笔者过去已有详论，认为它们是属于周人迁岐初期的先周墓葬，年代约为公元前12世纪的中、后期[17]。

持此论者根据碾子坡遗址出土乳形袋足陶鬲数量多于瘪裆陶鬲的表面现象，断言碾子坡遗存不是先周文化，而是属于所谓"刘家文化"的范畴[18]。从上文的分析可知，这种主张无疑应属一种不谨慎的说法。

（三）某种"类型遗存"说

有论者认为郑家坡、刘家村和碾子坡等地的发现都是属于先周文化遗存，但应根据各自的文化内涵特点，即瘪裆陶鬲和乳形袋足陶鬲两类器物在居址或墓葬中有无发现，或二者的出土数量多寡，将它们划分为所谓先周义化"郑家坡类型"和"刘家类型"等；碾子坡遗存是属于所谓"先周文化刘家类型"的范畴[19]。此观点除承认乳形袋足陶鬲属于先周文化陶器以外，与前一种观点并无本质差别，也是用个别器类中不同形制的器皿去涵盖一种所谓"类型文化（或称类型遗存）"。其次，史前文化遗存的名称是不清楚的，所以人们常用遗存初次发现地点来命名。如果将上述做法移植到历史时期的考古文化中来便明显欠妥当了，因为历史时期考古的物质文化对象、性质和名称大都是十分明确的，没有必要给遗存另立新名，在学术研究中人为地制造混乱。

（四）"戎狄族文化"说

主张此说者认为碾子坡遗存的文化因素复杂，与所谓"郑家坡典型先周文化"的面貌不同，所以它不是先周文化而是"戎狄族文化"。此论难以成立的道理更为明显。首先，我们在前面已有讨论，所谓"年代相当于公元前1500年以联裆陶鬲为代表的郑家坡典型先周文化"的说法，是没有事实根据的。其次，郑家坡遗存的年代分期缺乏科学性，此点早已有学者指出[20]，笔者在碾子坡考古报告的"结论"注释中，对郑家坡遗址发掘简报中的失实现象及其相关问题也有分析和说明[21]。最后，笔者在《太王以前的周史管窥》[22]一文中已详论周人属戎狄族系一支。但我注意到，考古学文化和族是不同含义的概念。一个族群之遗存可以分属于不同的考古学文化，或者两个不同族群的遗存可能属于同一个谱系的考古学文化，例如我国春秋时代的秦戎和义渠戎两个不同族群的遗存就是属于同一个谱系的考古学文化[23]。所以，我们在报道和论述碾子坡遗存时采用"先周文化"这个考古学名词，而不用族属名称给遗存命名为"戎狄族文化"，避免在研究中人为地制造混乱。

总之，前述后三种说法，不仅论据十分单薄和脆弱，甚至还出现自相矛盾乃至失实的地方，而且立论本身在理论上和逻辑上也不能自圆其说，实在令人难以信服。

三　两个问题的讨论

碾子坡遗址发现的是周人迁岐以前的文化遗存，这是没有什么问题的。为明辨是非，我们先要弄清楚下面两个涉及方法论的具体问题，然后再来探讨碾子坡遗存的文化属性。

（一）考古学文化的面貌和内涵

一种考古学文化，是由该文化的居址和年代相应的茔地中的墓葬两类不同遗存资料所构成的。居址是先民在生产、生活等方面进行各种活动的物质文化遗留，是当时社会上活人生活场景的缩影，所以它应该是反映一种考古文化面貌的基本资料。而与居址年代相应的茔地中的墓葬，是当时社会上的活人对死者尸体的处理遗留，属于埋葬死者的一种习俗和制度，即先民在思想信仰方面的一种反映（占卜活动也是属于思想信仰之一种）。而且墓内随葬品往往比较规范化和制度化，文化内涵比居址简单得多。另外，墓葬随葬陶器和居址里出土陶器的情况（这里指的是陶器种类及其形式，包括各式陶器的多寡现象），有时是一致的，有时则不尽相同，其中后一种现象多见。所以，墓葬遗存的内涵往往难以反映和代表一种考古文化的全貌。也就是说，我们要客观和准确地认识和论定一种遗存的文化面貌及其属性，首先必须搜集和掌握该考古学文化的居址及年代相应的茔地中的墓葬两类不同遗存资料。其次，在考察、分析和研究问题时，既要分清两类不同遗存资料的性质、特征及其使用价值，又要将二者联系在一起视为一种考古文化来整体看待，这样得出的认识和结论才有坚实的基础。只掌握和根据遗址中一种考古学文化的一个侧面（居址或墓葬两种不同资料之一种），尤其是墓葬甚至是少数器物或个别器类，就断言某类遗存是"新发现的考古学文化"，或者孤立和片面地认为遗存具有"代表性和典型性"，并且以它为"标尺"去推定其他遗址的文化性质，这种做法在理论上、方法上，乃至在掌握材料方面，显然都带有极大的片面性和盲目性，其立论容易出现偏差和错误。总之，一种考古学文化是由居址及年代相应的茔地中的墓葬两类不同遗存资料构成的，如果缺少其中一种资料，遗存的文化面貌就是不全面的，因而不具有典型性和标尺性的作用及学术价值。

（二）研究和认识问题应从已知求得未知

如前所述，遗存分期断代准确和文化面貌完整的考古发掘资料，才具有典型性和标尺性的作用和学术价值。郑家坡和刘家村两遗址的发掘资料，都只是一种考古学文化的一个侧面资料，而不是能反映和说明该遗址文化全貌的完整资料。例如，郑家坡遗址只发现居住遗存，缺少年代相应的茔地中的墓葬资料[24]。刘家村遗址只获得墓葬资料，缺乏相应的居址材料[25]。另外，两个遗址的遗存分期断代与客观事实也有较大出入，此点前文已有说明。所以，郑家坡和刘家村两地发掘获得的资料本身在学术上不具备典型性和标尺性的使用价值和意义。若以它为标尺去度量其他地点的新发现，从方法上和逻辑上说，是在考古研究中以"不知（或问题模糊不清）去推定未知，最后还是不知"。我们认为要客观、准确地弄清碾子坡遗存的文化属性，必须十分严肃认真地遵循科学研究程序和方法，从已知探求未知，即以学术界公认的典型西周文化和先周文化作为基点和标尺。具体地说，要以岐、丰、镐都址的西周文化，以及丰邑所出年代约当周文王、武王时期的先周文化，作为基本的对比材料。因为岐、丰、镐三都遗址的发掘和研究已有数十年的历史，积累的西周文化资料十分丰富；而丰邑故址发现的先周文化资料虽然偏少，但包含有相对年代明确的居址和墓葬两类不同遗存资料，文化面貌基本清楚。而在岐邑故址发现先周墓葬的数量较多，但居址发掘资料欠缺[26]。至于其他地点的先周遗存和西周遗存，当然也是重要的参考资料，但一般性的遗址和都址的重要性当然不能相提并论。

四 碾子坡先周遗存文化性质分析

遵循上述科学研究程序和方法，我们认为碾子坡先周文化和岐、丰、镐等地发现的年代较晚的先周文化和西周文化，其面貌特征存在着十分密切和异常明显的同一性和连续性，突出地表现在以下四个方面。

（一）遗迹

在碾子坡遗址发现的先周文化半竖穴式房址和窑洞房址，在丰、镐等地的先周居址和西周居址里也常见，而且同类房址的形制是相同的。例如，在碾子坡发现的方形（1986 年 F2）和长方形（1983 年 H820）两种半竖穴式房址，前者在丰邑张家坡村东有发现[27]，后者在丰邑客省庄北地有发现[28]。再如碾子坡发现的 A 型（1981 年 H303）和 B 型（1982 年 H503）两种窑洞房址，其中 A 型即纵长形全洞式窑洞曾发现于丰邑马王村（1959年 F1）[29]和镐京白家庄（1962 年 F1）[30]。B 型番洞即深土窑式房址在丰、镐地区发现 20 多座，除客省庄南地的房址 H11 是先周遗存[31]以外，其他都是西周房址。郑家坡遗址周文化房址 F15 也属于 B 型窑洞结构[32]。这类窑洞房址的形制大同小异，具体构筑方法可参考对张家坡房址 H143 的复原[33]。总之，上述现象充分说明有"陶覆陶穴"这样居住生活习俗的周人[34]，一直到了西周时期仍然保留着本民族的传统居住习惯。又如在碾子坡发现的竖穴式和横穴式两种烧陶窑址（Y701、Y402），前者在岐、丰、镐等地先周居址和西周居址中屡见。后者在丰邑马王镇西北部有发现（一号窑址，见《1992 年沣西发掘简报》，《考古》1994 年第 11 期）。至于在碾子坡遗址发现的各种不同形状的灰坑，其形制也是关中地区先周和西周遗址中常见的。

（二）生产工具

碾子坡先周居民的经济结构是农、牧业并举[35]，而丰邑故址中的西周居民则以农业生产为主[36]。尽管二者存在巨大差别，但经过大规模发掘的张家坡和客省庄两地提供的西周文化资料，其中有很多应用于不同生产部门的生产工具与碾子坡先周文化中同类生产工具的形制特征是完全相同的。例如《沣西发掘报告》中列举的西周Ⅱ式、Ⅲ式和Ⅳ式石斧，Ⅰ式和Ⅱ式石铲，Ⅱ式骨铲，长方形双孔、单孔和无孔石刀，圆饼形、圆台形和算珠形陶纺轮，方柱形铜锥和Ⅰ式陶压锤等，相同形制的器物均见于碾子坡先周文化遗存。又如《沣西发掘报告》中的Ⅲ式西周铜刀 T431④：7[37]，与碾子坡遗址所出先周铜刀 T117③：1 的形状基本相同，刀背和柄衔接处稍稍隆起，刀尖上翘，弧形刃，靠柄端的刀身下方作三角形向外凸出约 0.5 厘米。唯独西周铜刀的柄末端附长方形环，柄部有鳞形纹；先周铜刀的柄末端附长方形实心锤头，柄部无纹饰。可见，西周铜刀系因袭先周铜刀的形制。再如，碾子坡遗址出土有用于修整陶器表皮的梳形骨制工具，过去在丰邑客省庄先周房址 H11 中也有发现[38]。最后还要强调的是，平面为圆角三角形的石锤（斧）是碾子坡先周文化独具一格的器物[39]，是该遗址先周居民常用的一种砍伐生产工具，它在丰邑西周遗址中屡有发现[40]，而且两地所见器型雷同。上述种种现象当非偶然，而是充分反映出丰邑遗址中的周人有众多应用于不同生产部门的工具渊源于碾子坡先周文化。

（三）陶器

陶器是区分不同考古学文化的重要标志。碾子坡先周文化的陶器以泥质灰陶为主，纹饰以绳纹为主，器类包括鬲、甗、甑、簋、豆、罐、瓶、壶、杯、碗、盂、盆、尊、缸、瓮、器盖等 10 多种。在岐、丰、镐等地发现的先周陶器和西周陶器，也以泥质灰陶为主，纹饰以绳纹为主，其器类及常见器型与碾子坡先周陶器相一致。由于年代不同，各个不同时期的同类器物在型式上存在差异，各类器物在数量上有所增减，也存在某种器型退化消失而出现新形制的情况。

1. 鬲

据现已掌握的考古材料，颇具特色的乳形袋足陶鬲和瘪裆陶鬲是周文化中常见的两种传统器物，两者在先周文化中从早期到晚期是同时并存、发展的[41]。而且不同时期的两类陶鬲在制作方法上也相同的,其中瘪裆陶鬲的制法沿用到西周末期。乳形袋足陶鬲的三个袋足系分别模制后再捏合在一起,其上器身用泥条盘筑而成;鬲底三足接缝填以泥条并抹平,鬲内三足接合处隆起呈三叉状凸脊。早期流行的此类鬲三足为扁体,横断面为椭圆形,如碾子坡先周居址出土的 H134∶6。晚期流行的鬲形是三足呈圆体,横断面近似正圆形,如丰邑客省庄先周墓葬的 M1∶1(图4-2-1)[42]。典型的扁体乳形袋足陶鬲在先周文化二期还有发现,但与一期鬲形相比属于不同的型式,如碾子坡先周晚期墓葬的陶鬲 M1193∶1(图表4-2-1∶2),岐邑刘家村墓葬所出 M3∶1[43]的形制也与此相同。扁体乳形袋足鬲大约到了周文王、武王时期已基本上绝迹了。瘪裆陶鬲的制法,是先做成一个圆筒形泥坯,然后将泥坯一端切开三等分捏制三足,三足内壁接缝用泥条填平并抹光,足根呈扁尖状或圆锥状、圆柱状;器身上部用泥条盘筑而成;足与足之间微内陷或内陷甚深,是鬲坯未晾干前有意识地做成的,故称之为“瘪裆”鬲。其中 A 型鬲的三足接连处不附泥饼,鬲底部往往有隆起的三叉状凸脊,侧视呈弧形或近似三角形。B 型鬲的三足接合处附加泥饼,鬲底近平,侧视若 ⌒ 形。上述 A、B 两型瘪裆陶鬲,从先周时期到西周晚期是同时并存、发展的,但不同时期的标本在型式上存在差异,所饰绳纹也有变化[44]。足之间瘪裆甚深的均属于 A 型鬲,其在西周初期十分流行,到西周中期就少见了;它的上限年代,据现已掌握的考古材料看是在先周晚期,约当周文王、武王时期[45]。有学者根据所谓“鬲形演化规律”把斗鸡台墓葬[46]和北吕墓葬[47]出土瘪裆甚深的西周陶鬲,推定为周先王季历时期或稍早的标准器,但持此论者所用标本既无地层叠压关系,又无年代明确的其他标本作为依据,只是一种假说而非有实证的研究结论。此外还有人把瘪裆甚深的陶鬲年代提早了数百年,达到公元前 1500 年,但相关发掘简报[48]中遗存的分期断代缺乏科学性[49],其结论令人难以信服。另一种现象是,在碾子坡先周遗址里乳形袋足陶鬲的数量大大多于瘪裆陶鬲。周人迁岐以后,在目前已发掘的先周居址中乳形袋足陶鬲比较少见了。到了西周时期,乳形袋足陶鬲已消失而演化成其他型式的袋足陶鬲[50],而且出土数量大大少于瘪裆陶鬲。

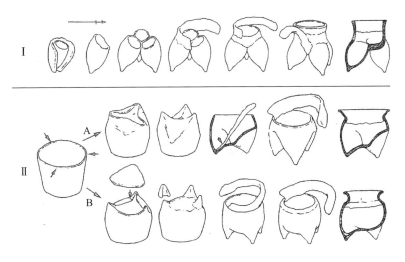

图 4 – 2 – 1　周文化陶鬲制法分解示意图

Ⅰ. 乳形袋足鬲；Ⅱ. A 型和 B 型瘪裆鬲

2. 甗

这是先周和西周时期共有的陶器，但碾子坡先周居址所出标本的下部鬲形器多为乳形袋足鬲，西周陶甗的下部鬲形器则基本上是瘪裆鬲。另一现象是，陶甗的出土数量从早期至晚期逐渐减少，大概到了西周中、晚期已基本绝迹。

3. 豆

属于西周文化的各式陶豆，多数能从碾子坡遗址的先周文化陶豆中找到其祖型，其中最为突出的是周式细柄豆。如碾子坡先周文化遗存所出标本 H1156∶1，上部状若浅腹盘，下接细长喇叭座，饰绳纹图 4 – 2 – 2：12 丰邑马王镇西周墓葬[51]中 M8∶8 的豆盘腹部较深，细长喇叭座中部有一道凸棱，素面（图 4 – 2 – 2：13）。后者应是因袭了前者的形制。

4. 簋

碾子坡遗址的Ⅱ式陶簋（H191），为大口，卷沿，盆形浅腹，圜底，下附高圈足（表 4 – 2 – 1：8）。这类高圈足盆形簋，过去在岐、丰、镐等地的西周文化遗址中常见，标准器型如《沣西发掘报告》中的Ⅱ式陶簋和镐京白家庄[52]所出标本 F1∶2（表 4 – 2 – 1：10）。而 1997 年在丰邑马王镇[53]发现先周文化灰坑 H18，内出有 3 件同类高圈足盆形陶簋（H18：

44、H18：45、H18：46）（表4-2-1：9）。换言之，过去我们不清楚西周文化中高圈足盆形陶簋的来源，现在根据碾子坡和马王镇两地的发现得知它是因袭了先周文化同类陶簋的器型，是属于周文化谱系中的具有自身特点的传统器型。

表4-2-1　先周陶器和西周陶器比较

	鬲	瓶	簋	敛口折肩罐	小口圆肩罐	小口折肩罐	尊
先周一期	1	4	8	11	14	18	22
先周二期	2				15	19	
先周三期	3	5	9	12	16	20	23
西周	6　7		10	13	17	21	24

1~3 鬲（碾子坡 H134：6、碾子坡 M1193：1、客省庄 M1：1）；4~7. 瓶（碾子坡 H813：35、西村 M69：1、普渡村 M1：7、张家坡 M50：3）；8~10. 簋（碾子坡 H191、马王镇 H18：45、白家庄 F1：2）；11~13. 敛口折肩罐（碾子坡 H116：17、马王镇 H18：61、马王镇 M2：1）；14~17. 小口圆肩罐（碾子坡 H503：3、刘家村 M27：9、马王镇 H18：47、张家坡 M390：3）；18~21. 小口折肩罐（碾子坡 H134：28、刘家村 M41：14、马王镇 H18：58、马王镇 M5：3）；22~24. 尊（碾子坡 H140：37、马王镇 H18：41、张家坡 H201）

5. 敛口小罐

这类陶器在周文化遗存中并不多见，但器型特征明显。其中敛口圆肩罐如碾子坡先周早期遗存所出标本 H134：1，口、底的直径大小相若，中腹微鼓，外壁饰一圈方格纹带（图4-2-2：11）；丰邑客省庄所出西周时期标本 T43：5B[54]与碾子坡的罐形制雷同，唯鼓腹弧度较大，器物形状显得粗壮，饰绳纹。二者应是前后因袭的同类陶器。敛口折肩罐如碾子坡先周早期遗存所出的 H116：17，小口，斜折肩，平底，素面（表 4 - 2 - 1：11）。年代较晚的岐邑刘家村标本 M53：4 的形制，与碾子坡敛口罐的区别明显，而与丰邑马王镇敛口罐的器型雷同（刘家村标本见《扶风县文物志》，陕西人民教育出版社，1993，第 168 页图 2）。丰邑马王镇的先周晚期标本 H18：61 之折肩部位靠近罐口，器物形状矮肥，饰绳纹（表 4 - 2 - 1：12）。而丰邑马王镇西周墓葬所出此类器 M2：1 与上述先周晚期罐形制雷同，唯口径略小于底径，素面（表 4 - 2 - 1：13）。可见，这类陶罐的变化主要表现为瘦高型递变为矮肥型；折肩部位由下往上移。

6. 凹底罐

这也是周文化中颇具特色的陶器，基本形制为翻沿，敛颈，上腹鼓，圆肩微折，圜底内凹；腹饰绳纹，并在绳纹地上绕若干周凹弦纹。碾子坡遗址出土的先周文化标本 H307：50 较矮肥（图 4 - 2 - 2：3），镐京白家庄[55]所见西周时器 F1：3 较瘦高（图 4 - 2 - 2：4）说明这类陶器的器型演化是由粗壮型递变为瘦高型。

7. 小口圆肩或折肩罐

这是周文化中最常见的陶器之一，在不同时期的遗址中出土数量比较多，而且同型器的器型演化轨迹清楚。例如圆肩罐，碾子坡出土的先周文化标本 H503：3 器物形状瘦高，小口，侈沿，敛颈，上腹微鼓，平底；腹饰绳纹，在绳纹地上绕若干周凹弦纹（表 4 - 2 - 1：14）。年代较晚的岐邑刘家村 M27：9，形制及纹饰与碾子坡罐基本相同，唯口较小，圆肩显得较宽大（表 4 - 2 - 1：15）。丰邑马王镇出土的先周晚期罐 H18：47，底残缺，除鼓腹弧度较大以外，形制及纹饰与上述标本雷同（表 4 - 2 - 1：16）。丰邑张家坡西周墓葬[56]出土的同类罐 M390：3，器型特征除了颈部发达以外，与前述标本没有多大差别，腹饰竖绳纹（表 4 - 2 - 1：17）。折肩罐中，碾子坡出土的先周文化标本 H134：28 器物形状瘦高，小口，折沿，敛颈，微折肩，弧腹，平底，饰绳纹（表 4 - 2 - 1：18）。岐邑刘家村墓葬所出标本 M41：14，形制及纹饰与上述碾子坡的标本雷同，唯口沿短小，尖圆唇，肩部斜直（表 4 - 2 - 1：19）。丰邑马王镇出土的先周晚期罐 H18：58，罐底

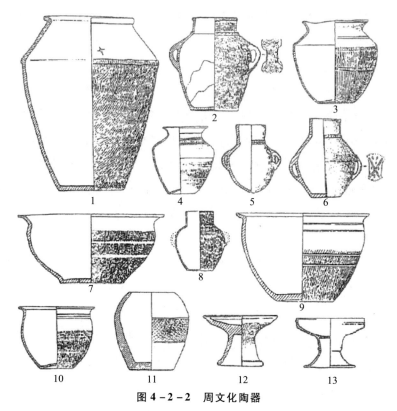

图 4 - 2 - 2　周文化陶器

1. 瓮（碾子坡 H318：7）；2、5、6、8. 腹耳罐（碾子坡 H7：10、刘家村 M37：3、刘家村 M7：5、高家村 M17：4）3、4. 凹底罐（碾子坡 H307：50、白家庄 F1：3）；7、9、10. 陶盆（张家村 T308：3、碾子坡 H151：134、碾子坡 H191：170）；11. 敛口圆肩罐（碾子坡 H134：1）；12、13. 豆（碾子坡 H1156：1、马王镇 M8：8）（1～3、9～12 先周文化一期陶器，5、6. 先周文化二期陶器，8. 先周文化三期陶器，4、7、13. 西周文化陶器）

残缺，除折肩弧度较大及下腹壁斜直之外，与刘家村陶罐的形制差别不大（表 4 - 2 - 1：20）。马王镇西周墓葬的另一件标本 M5：3 器物形状粗壮，口沿长而外翻，短颈，广折肩，斜壁，平底，素面（表 4 - 2 - 1：21）。可见，折肩罐的器型演化是由瘦高型渐变为粗壮型。

8. 腹耳罐

目前仅见在先周文化的居址或墓葬出土，都是夹砂红陶，通体饰绳纹；器型特征是小口，高颈，腹壁两侧附对称的宽带状双竖耳，器物形状瘦高。碾子坡先周文化居址所出标本 H7：10 为小口，高直颈，上腹微鼓，平底（图 4 - 2 - 2：2）。年代较晚的岐邑刘家村墓葬所出腹耳罐分平底、圈底两种，前者如 M7：5，小口，高直颈，圆鼓腹，平底（图表 4 - 2 - 2：6）；后者如 M37：3，小口，葫芦形高领，圆鼓腹，尖圜底（图 4 - 2 - 2：5）。年代最晚的此类器见于宝鸡市高家村墓葬（M17：4）[57]，小口，高直领，圆鼓腹，平底（图 4 - 2 - 2：8）。从以上三地出土腹耳罐的情况看，它们应是属于同一个文化谱系，即周文化的陶罐，此类罐器型演化特点是由上腹微鼓变为圆鼓腹。

9. 瓶

富有特色的周式陶瓶存在于碾子坡先周文化遗存中，标本 H813：35 为大口，侈沿，敛颈，上鼓腹，圆肩微折，尖圜底，下附圈足；腹饰绳纹，肩上有凹弦纹（表 4 - 2 - 1：4）。陕西凤翔南指挥西村先周墓葬[58]出土有标本 M69：1，小口，侈沿，敛颈，圆鼓腹，肩部微折，平底，下附圈足，肩部施弦纹（表 4 - 2 - 1：5）。丰邑张家坡西周墓葬[59]所出瓶 M50：3，除器底微下凹外，其形制及纹饰与上述标本相同（表 4 - 2 - 1：7）。镐京普渡村西周墓葬[60]中出土的标本 M1：7，除口沿长而外翻和圈足较高之外，器型与凤翔南指挥西村的瓶雷同；通体饰绳纹，并于绳纹地上绕若干周凹弦纹（表 4 - 2 - 1：6）。从上述材料看，陶瓶的形制演化是由大口、上鼓腹、尖圜底递变为小口、圆鼓腹、平底。

10. 陶盆

此种器物在周文化居址中常见，多为泥质灰陶，饰绳纹。常见器型有大口盆和深腹盆两种。大口盆中，属碾子坡先周文化遗存的标本 H151：134 为大口，卷沿，上腹微鼓，圜底内凹，下腹饰绳纹（图 4 - 2 - 2：9）；丰邑张家坡遗址出土的西周器 T308：3 为大口，卷沿，腹中部外鼓，腹较浅，平底，腹饰绳纹（图 4 - 2 - 2：7）。至于深腹盆，碾子坡出土有先周文化标本 H191：170，口微敛，折沿，鼓腹，圜底内凹，下腹饰绳纹（图表 4 - 2 - 2：10）；张家坡西周居址所出标本 T308：3[61]的器型与上器雷同，唯张家坡的陶盆是平底，通体饰绳纹。可见，陶盆形制的主要变化是由圜底变为平底。

11. 陶尊

尊形器在碾子坡先周文化居址中非常流行，器型多样。而在其他年代较晚的先周文化特别是西周文化的居址中，尊形器少见而且型式简单。另外，属于周文化不同时期的同类型陶尊，其形制演化轨迹较明显，饰绳纹的风格也相近。例如，碾子坡先周文化居址所出标本 H140：37 为大口，口沿短小且微外侈，敛颈，上鼓腹，圆肩微折，腹壁向下弧逐渐内收，平底；器外壁上部磨光并饰两周凹弦纹，下部饰竖绳纹（表 4 - 2 - 1：22）。丰邑马王镇先周文化灰坑出有尊 H18：41，其器型及纹饰与碾子坡的陶尊无太大差别，唯马王镇所出者口部较小，短小口沿外侈，圆折肩部位稍偏下，器腹上半部抹光（表 4 - 2 - 1：23）。丰邑张家坡西同居址也出有尊（H201），器型为大口，卷沿，颈部较长，圆肩微折，腹壁斜收，平底；肩部以上无纹饰，以下则饰绳纹（表 4 - 2 - 1：24）。

12. 陶瓮

这在周文化居址中也是最常见的陶器种类之一。据笔者参加 1955 ~ 1957 年丰邑客省庄和张家坡两遗址的大规模发掘时所见，西周居址出土的陶瓮残片要比碾子坡先周文化居址的陶瓮残片数量多得多。周式陶瓮的主要特点是流行瘦高型，大约到西周穆王以后才流行矮肥型，典型器为小口、圆鼓腹、圜底[62]。周文化不同时期的同型陶瓮，不仅形制及纹饰风格雷同，连器体大小也相若。例如，碾子坡先周居址所出瓮 H318：7 的器物形状瘦高，小口，敛颈，侈沿短小，折肩，斜腹壁，平底；肩以下饰绳纹；折肩处有一圈饰绳纹的带状附加堆纹；口径 30 厘米、高 63 厘米（图 4 - 2 - 2：1）。丰邑张家坡西周早期居址出土标本 T309：2A[63]的器物形状瘦高，小口，敛颈，侈沿较长，折肩，斜腹壁，平底；折肩处及肩中部各有一周凸棱，肩中部凸棱以下饰绳纹；口径 34 厘米、高 63.7 厘米。后者应是因袭了前者的形制特点。

通过上述 12 种典型陶器的比较研究，充分说明碾子坡先周文化遗存的陶器与年代较晚的先周陶器和西周陶器的面貌特征是一致的，而且同类型陶器的形制演化轨迹非常清楚，所以它们应该是属于同一个文化谱系的陶器，即周文化陶器。

（四）文字、占卜风尚和葬俗

在碾子坡遗址和岐邑、丰邑等地发现的先周和西周时期甲骨文、陶文，都是属于同一系统的象形文字，而且同类字的字形刻笔也相同，例如井、周（田）、壬、旦等（见前节图 4-1-10）。根据古代文献记载，现今陕西省长武、旬邑和彬县一带在中国古代称南豳（北豳在其北面的甘肃省庆阳地区），相传周人的早期居住地及都邑，即周先王"公刘居豳"（另一说法是周先王"庆节国于豳"）就在此地[64]。到周先王古公亶父时代，周人由豳迁都岐邑，周文王时由岐邑迁都丰邑[65]。过去在岐、丰两地常常发现"周（田）"字，而在碾子坡先周居址里也发现"周"字，其字形与岐邑的标本 QF-FLT5（3B）：43 的"周"字刻笔雷同[66]。上述现象当非偶然，应引起我们充分的注意。周人崇尚占卜，在碾子坡先周居址里出土卜骨的数量比较多，所用骨料多为牛肩胛骨，不去臼角，有圆钻和灼而无凿。在岐、丰等地的先周居址和西周居址里，除发现卜骨外还有卜甲，而且卜骨已去臼角，甲骨上往往钻、凿、灼三者俱全并出现含义明确的刻辞。这说明周人迁岐以后，在整治甲骨的技术上以及利用甲骨记事方面都有了较大的进步和提高。另外，碾子坡先周文化墓葬与岐、丰、镐等地发现的先周墓葬和西周墓葬，从总体看葬俗也是相同的。例如，对成年人流行单人土葬；竖穴墓和洞室墓的墓穴结构也相同；葬具流行长方形木棺，常见用席子覆盖在棺的上下；葬式流行直肢葬，但也出现个别微屈肢或只埋一个人头的现象。随葬陶鬲是周文化墓葬的显著特点，凡有陶器随葬的先周墓和西周墓几乎都有陶鬲，无鬲的现象极为罕见。但先周墓流行随葬乳形袋足陶鬲，随葬瘪裆陶鬲的现象少见，两类不同形制的陶鬲共存一墓的情况目前仅见于碾子坡先周文化早期的第 663 号墓葬。西周墓葬的情况恰恰相反，以随葬瘪裆陶鬲为主，随葬袋足陶鬲（是从乳形袋足陶鬲递变而来的新器型[67]）的现象少见，两类陶鬲共存一墓的现象也屡有发现，如张家坡遗址第 115、154、173、175 和 402 号西周墓葬等。

通过以上分析研究，可知从居址中先民的居住生活习俗，以及房屋形制和建筑结构，到他们使用的生产工具和生活用具（涉及陶器种类、流行器型和纹饰特征），乃至在文字、占卜风尚和葬俗等方面，碾子坡遗址的先周文化和迁岐以后的先周文化、西周文化的面貌特征是基本相同的，而且不同时期的同类遗存尤其是陶器形制前后继承及器型演化的轨迹十分清晰，这些都充分说明它们是一脉相承的、同一个谱系的考古学文化遗存，即周文化遗存。

注　释

［1］据《早周都城岐邑初探》（《文物》1970年第10期）一文介绍，岐邑故址在今陕西岐山县和扶风县接壤地区的贺家村和召陈村一带，遗址面积约15平方公里。毫无疑问，它应是西周岐都遗址范围。至于先周时期的岐邑位置及范围，至今仍然是一个有待探讨和解决的问题。近年在遗址西南部的刘家村发现周人迁岐初期的墓地，在刘家村西边的王家嘴还采集到年代较早的先周陶器及残片，这为深入探索先周岐邑故址的位置提供了一种十分重要的信息。

［2］胡谦盈：《迁岐以前周人遗留及信史探索的科学实践——南邠碾子坡先周遗址发掘亲历记》，载《胡谦盈周文化考古研究选集》，四川大学出版社，2000。

［3］胡谦盈：《浅谈先周文化分布与传说中的周都——周族起源探索之四》，载《胡谦盈周文化考古研究选集》。

［4］［5］中国社会科学院考古研究所编著《南邠州·碾子坡》，世界图书出版公司，2007。以下凡涉及碾子坡遗址的资料不另加注释者均见于此书。

［6］胡谦盈：《论碾子坡和岐邑、丰邑先周文化遗址（墓葬）的年代分期》，载《胡谦盈周文化考古研究选集》。

［7］周武王灭商之年本文采用《夏商周断代年表》中公元前1046年之说，见夏商周断代工程专家组编著《夏商周断代工程1996—2000年阶段成果报告（简本）》，世界图书出版公司北京公司，2000，第88页。

［8］苏秉琦：《斗鸡台沟东区墓葬》，国立北平研究所，1948。

［9］［11］任国芳、刘军社：《陕西武功郑家坡先周遗址发掘简报》，《文物》1984年第7期。

［10］邹衡：《论先周文化》，载其著《夏商周考古学论文集》，文物出版社，1980。

［12］尹盛平、任周芳：《先周文化的初步研究》，《文物》1984年第7期。

［13］尹盛平：《先周文化与周族起源》，载《华夏文明》第二集，北京大学出

版社，1990。

［14］［20］张长寿、梁星彭：《关中先周青铜文化的类型与周文化的渊源》，《考古学报》1989 年第 1 期。

［15］尹盛平、王均显：《扶风刘家姜戎墓葬发掘简报》，《文物》1984 年第 7 期。以下凡涉及刘家村遗址的资料不另加注释者均见于此文。实际上，此发掘简报所用标准陶器既无地层叠压关系，又无年代明确的标本作为依据，说明其所谓"陶器形制演化规律"不是有铁证的科学研究结论，只是一种推想。

［16］胡谦盈：《南邳碾子坡先周墓葬和西周墓葬——周人早期葬俗探讨之一》，载《胡谦盈周文化考古研究选集》。

［17］参见《胡谦盈周文化考古研究选集》，第 117、127 和 198 页。

［18］邹衡：《再论先周文化》，载《周秦汉唐考古与文化国际学术会议论文集》，《西北大学学报》1988 年增刊。

［19］邹衡：《再论先周文化》，载《周秦汉唐考古与文化国际学术会议论文集》，《西北大学学报》1988 年增刊；卢连成：《扶风刘家先周墓地剖析——论先周文化》，载陕西历史博物馆编《周文化论集》，三秦出版社，1993；戴彤心：《试论先周文化（摘要)》，载陕西历史博物馆编《周文化论集》，三秦出版社，1993。

［21］参见《胡谦盈周文化考古研究选集》，第 337～338 页。

［22］胡谦盈：《太王以前的周史管窥——周族起源探索之三》，载《胡谦盈周文化考古研究选集》。

［23］参见《胡谦盈周文化考古研究选集》，337 页。

［24］任周芳、刘军社：《陕西武功郑家坡先周遗址发掘简报》，《文物》1984 年第 7 期。

［25］尹盛平、王均显：《扶风刘家姜戎墓葬发掘简报》，《文物》1984 年第 7 期。

［26］胡谦盈：《论碾子坡和岐邑、丰邑先周文化遗址（墓葬）的年代分期》，载《胡谦盈周文化考古研究选集》。

［27］杨国忠、张长源：《1960 年秋陕西长安张家坡发掘简报》，《考古》1962 年第 1 期。

［28］中国科学院考古研究所编《沣西发掘报告》图版三八：1，文物出版社，1963。以下凡涉及张家坡和客省庄遗址的发掘资料不另加注释者均见于此书。

［29］参见《胡谦盈周文化考古研究选集》图版二：4。

［30］参见《胡谦盈周文化考古研究选集》图七。

［31］参见《胡谦盈周文化考古研究选集》，第314页，"窑洞房址遗构分类表"。

［32］任周芳、刘军社：《陕西武功郑家坡先周遗址发掘简报》图四，《文物》1984年第7期。

［33］参见《胡谦盈周文化考古研究选集》图一〇二。

［34］《诗·大雅·绵》，《十三经注疏》，世界书局，1935。

［35］参见《胡谦盈周文化考古研究选集》，第145、146和207页。

［36］参见《沣西发掘报告》中《概述》一节。

［37］参见《沣西发掘报告》图五〇：3；图版四二：4。

［38］徐锡台：《陕西长安鄠县调查与试掘简报》图九：2，《考古》1962年第6期。

［39］参见《胡谦盈周文化考古研究选集》图三十二：1、2。

［40］参见《沣西发掘报告》图版四〇：5。又见何汉南、唐金裕《陕西长安沣西张家坡西周遗址的发掘》，《考古》1964年第9期。

［41］胡谦盈：《试谈先周文化及相关问题》，载《胡谦盈周文化考古研究选集》。

［42］卢连成、陈昶：《长安沣西早周墓葬发掘记略》，《考古》1984年第9期。

［43］尹盛平、王均显：《扶风刘家姜戎墓葬发掘简报》图版二，《文物》1984年第7期。

［44］胡谦盈：《试论先周文化及相关问题》，见《胡谦盈周文化考古研究选集》；《南邠州·碾子坡》。

［45］徐良高：《1997年沣西发掘报告》图版二、三，图四一：4，图一一：7、12、21，《考古学报》2000年第2期。以下凡涉及马王镇遗址的资料不另加注释者均见此文。

［46］邹衡：《论先周文化》，载其著《夏商周考古学论文集》。

[47] 罗西章、张天恩：《扶风北吕周人墓地发掘简报》，《文物》1984 年第 7 期。又见罗西章《北吕周人墓地》，西北大学出版社，1995。按：两份文献中的墓葬分期和年代，都是根据所谓"陶器形制演化顺序及规律"加以安排的，但说者所用标本：①既无地层叠压关系；②又无年代明确的标本做依据；③而且两份文献中的所谓"鬲形演化规律"不一样，例如 Ⅰ 区 M5、M6、M7 和 Ⅳ 区 M119、M140 五座墓的陶鬲，在发掘简报中分列为四、二、一、四、三期；而在后者中则分别列为一、一、三、七、一期。根据上述三点，可以断言，论者提出的"鬲形演化规律"不是有铁证的科学研究结论，而是他凭个人一时想法和"志趣"摆弄出来的。若非如此，我们就无法解释"鬲形演化规律"在两份文献中存在的自相矛盾现象。恕我直言，上述做法实际上是"陶器演化规律在我心中，想怎样摆弄就怎样摆弄，客观标准是不存在的"。它显然是属于典型的主观唯心论的观点和方法。十分遗憾，多年来上述错误和有害的做法在我国考古著作中泛滥成灾，而且还有人著文妄加吹捧，迷惑了不少年轻人。我看，现在是犯此毛病者醒悟的时刻了，应该回到科学考古研究理论和方法的道路上来——通过田野科学实践寻找典型地层和遗存群体因素来探讨和解决遗存分期标尺及其相关问题。

[48] 任周芳、刘军社：《陕西武功郑家坡先周遗址发掘简报》，《文物》1984 年第 7 期。

[49] 张长寿、梁星彭：《关中先周青铜文化的类型与周文化的渊源》，《考古学报》1989 年第 1 期。

[50] 参见《胡谦盈周文化考古研究选集》，第 88 页及图十四：4。

[51]《1997 年沣西发掘报告》图版二：3，图四一：4，《考古学报》2000 年第 2 期。

[52] 参见《胡谦盈周文化考古研究选集》第 29 页的"西周陶器图"。

[53]《1997 年沣西发掘报告》图一一：7、12、13，《考古学报》2000 年第 2 期。

[54] 参见《沣西发掘报告》图版八：2。

[55]《胡谦盈周文化考古研究选集》29 页的"西周陶器图"。

[56] 中国社会科学院考古研究所编著《张家坡西周墓地》，中国大百科全书出

版社，1999，图 90：4。

［57］张天恩、田仁孝、王力军：《陕西宝鸡市高家村墓葬发掘简报》，《考古》1998 年第 4 期。

［58］韩伟、吴镇烽：《凤翔南指挥西村周墓的发掘》，《考古与文物》1982 年第 4 期。

［59］中国社会科学院考古研究所沣西发掘队：《1967 年长安张家坡西周墓葬的发掘》，《考古学报》1980 年第 4 期。

［60］石兴邦：《长安普渡村西周墓葬发掘记》，《考古学报》第八册，科学出版社，1954。

［61］参见《沣西发掘报告》图版五二：2。

［62］参见《沣西发掘报告》图六四：10、11，图版五五：1。

［63］参见《沣西发掘报告》图版五三：1，原《报告》称罐。

［64］胡谦盈：《浅谈先周文化分布与传说中的周都——周族起源探索之四》，载《胡谦盈周文化考古研究选集》。

［65］《史记·周本纪》，《二十四史》百衲本，商务印书馆，1958。

［66］陈全方：《周原与周文化》165 页图一，上海人民出版社，1988。

［67］参见《胡谦盈周文化考古研究选集》第 88 页及图一四：4。

第三节　碾子坡先周墓葬和西周墓葬

——周人的埋葬习俗和制度

一　各类墓葬分布地点

碾子坡先周文化墓葬分为早、晚不同的两期遗存。早期墓的年代略早于周先王古公亶父时期，约当公元前 13 世纪后期至公元前 12 世纪前期。晚期墓大致是迁岐前夕或稍晚的周遗存，年代约当公元前 12 世纪后期。西周墓葬多数属于初期的，约当公元前 11 世纪后期；个别墓的年代则属于中期，约当公元前 10 世纪前期[1]。

先周早期墓葬分布在遗址第Ⅵ发掘区，位于碾子坡村北不远高出第Ⅰ发掘区地面 65～73 米的斜坡地区内，现已开辟成梯田，农民称之为"七亩涧"。茔区地势北高南低（高差为 8.2 米）而西边又略高于东边（高差约 4.5 米），范围东西长约 120 米、南北宽约 96 米，总面积约 11520 平方米。茔区中部和东南部因修梯田和筑公路，原来地面普遍向下挖掘土方 2～5 米不等，因此有大量的先周墓葬遭到破坏。我们在茔区共发掘了 92 座墓，根据现存墓葬的分布排列推算，估计可能有 100 座墓在挖土工程中被毁，也就是说，先周早期茔区大致是一处埋有 200 座墓的中型坟地（见本章第一节图 4-1-11）。

先周晚期茔地在第Ⅰ发掘区，位于台地也就是先周遗址中部略偏西。台地南临黑河北岸河漫滩，东边和西边是大而深的沟壑，北边是陡坡和峭壁。台地的地势为东高西低呈缓坡形状，高差约为 6 米，现已开辟成梯田。138 座先周晚期墓葬分布在一块梯田的西半部，东西约 60 米、南北约 63 米，面积约 3780 平方米。茔区西边是东西长 40 米、南北长 50 米的一片洼地。它与茔区地面原是同高相连，系 1978 年才挖低约 2 米深的。据农民说，他们在那一带挖土时常见人骨和陶鬲，至今还有人存有标本，其鬲形与先周晚期墓葬出土的陶鬲相同。由此可见，茔域的相对范围应为东西长约 100 米、南北长约 63 米，总面积约 6300 平方米；另外根据现存墓葬的排列密度推算，估计有 50～60 座墓被破坏，也就是说，先周晚期茔区也是一处埋有 200 座墓的中型坟地（图 4-3-1）。

西周墓地位于先周晚期茔区的北邻，47 座墓葬分布在东西长 61 米、南北宽 5～27 米不等的区域内，总面积约 915 平方米，可见它是一处小型坟地（图 4-3-1）。

二　先周早期墓葬、晚期墓葬和西周墓葬的特征

上述三类不同墓葬的基本特征，既具有众多的共同性，又有十分明显的差异性，其共性表明它们系属于同一文化谱系，而差异性则说明三者在年代上存在着早、晚的不同。概括地说，三类不同墓葬的主要特征及其异同之处，约略可分为以下四个问题来加以分析和说明。

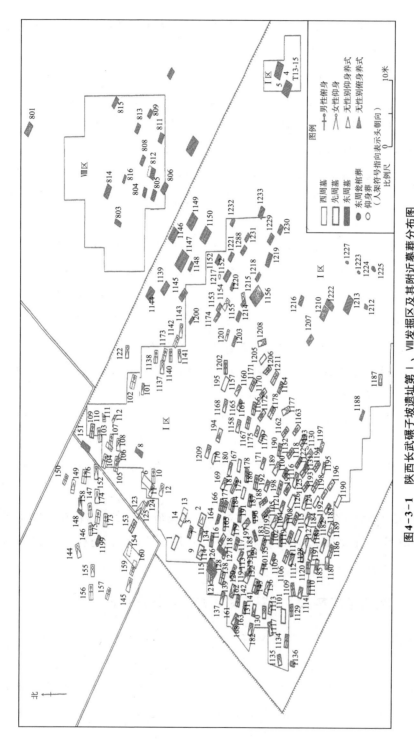

图4-3-1 陕西长武碾子坡遗址第 I、VIII发掘区及其附近墓葬分布图

1. M193、M1192为俯身屈肢；2. M172、M1101、M1190为仰身屈肢；3. M167、M170、M195、M1126为二次葬；4. M143为侧身屈肢；
5. M1111为侧身直肢；6. M1葬式和性别不详

（一）墓穴形制

三类墓都流行土葬，其中先周早期和西周都是土圹竖穴墓，先周晚期除 2 座是偏洞室墓以外，其他 136 座也是土圹竖穴墓。土圹竖穴的平面形状为长方形，但先周流行短宽形墓穴，即穴宽约等于或接近穴长的 1/2；西周则流行窄长形墓穴，即穴宽约等于或接近穴长的 1/3。墓穴形制是"直壁土圹"和"覆斗形土圹"二者并存流行，其中后一种墓穴是周文化墓葬的一种突出特征。"覆斗形土圹"可分为Ⅰ、Ⅱ两型：Ⅰ型是墓口有一段直壁"颈部"，以下逐渐向外扩大成为斜壁或弧壁敛口的形状，如 M195（图 4 - 3 - 2）。Ⅱ型是竖穴下半部或接近木棺时再向外挖大，四壁有微小的弧度，如 M12（图 4 - 3 - 3）。Ⅰ型墓穴在先周墓中较常见，Ⅱ型墓穴则流行于西周墓葬中。"覆斗形墓穴"在 3 类墓葬中的数量及其比重是：先周早期墓中有 24 座，约占穴形清楚的 50 座墓葬的 1/2 弱；先周晚期墓中有 70 座，约占 136 座墓葬的 1/2 强；而西周墓中有 10 座，约占 47 座墓葬的 1/5 强。由

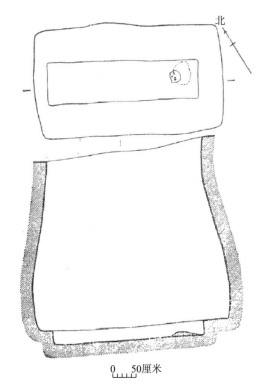

图 4 - 3 - 2　碾子坡先周晚期墓葬 M195 平面、剖面图（Ⅰ型"覆斗形墓穴"）

此可见，"覆斗形墓穴"在先周时期比西周时期更为盛行；此外，后者无疑
是承袭前者的形制。周文化墓葬的另一种常见现象和特征，是墓穴一端略
宽于另一端，二者相差一般在 0.1 米左右。这类墓穴在先周早期墓中有 28
座，约占 92 座墓葬的 1/3 弱；在先周晚期墓中有 29 座，约占 136 座墓葬的
1/4 强；在西周墓中有 12 座，约占 47 座墓葬的 1/4 弱。上述统计数字充分
说明，穴形一端略宽于另一端的现象在先周早期墓葬中最为盛行，往后其
数量在墓葬中的比重就逐渐减少了。另外一种现象是，先周墓穴流行人架
脚端略宽于头端，而西周墓与上述情况恰恰相反，墓穴以人架头端略宽于
脚端的现象为多见。过去在丰镐地区发掘的西周墓葬中的同类墓穴，也是
以墓主人头向一端略宽于脚端的现象为多见的[2]。在墓室里挖掘壁龛的现
象，先周早期墓中未见，在西周墓中仅一见，但在先周晚期墓中共发现 68

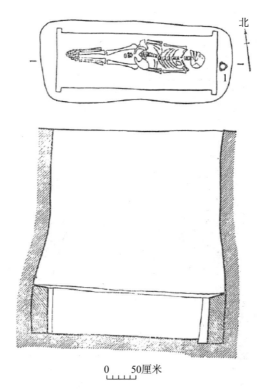

图 4 - 3 - 3　碾子坡西周墓葬 M12 平面、剖面图（Ⅱ型"覆斗形墓穴"）

1. 陶鬲

例，约占 138 座墓葬的 1/2。另外迄今在其他地区发掘的先周墓葬和西周墓葬，也鲜见在墓内挖掘壁龛的现象，例如在岐邑刘家村发现的 20 座先周墓中只有 M49 号墓设有壁龛[3]；再如在凤翔南指挥西村发掘的 210 座周墓中，只发现 2 座墓葬设有壁龛[4]。可以认为，墓穴内流行挖掘壁龛放置随葬品的习俗，应该是属于碾子坡先周晚期墓葬的一个显著特点。根据现已掌握的考古材料，洞室墓在周文化墓葬中的发现数量比较少，而且迄今所见墓葬都是从竖井墓道的一侧壁下部向外掏掘横向洞穴作为墓室，墓室底部略低于墓道底部，有的墓室比墓道略短或稍长，或者墓室位置略偏墓道一端，俗称之为"偏洞室墓"（图 4 - 3 - 4）。这类洞室墓在周文化墓葬中，目前最早见于碾子坡先周晚期墓葬，其后见于年代稍晚的岐邑刘家村先周墓葬[5]，近年在丰镐地区西周墓葬中也屡有发现[6]。也就是说，刘家村先周墓葬和丰镐地区西周墓葬中的洞室墓，应是沿袭碾子坡先周晚期墓葬中同类洞室墓的形制，而它们不可能超越本身的历史年代直接地与甘青地区某种古文化的洞室墓相联系[7]。论及洞室墓在刘家先周墓中较多见，而在碾子坡或其他地点内的先周墓和西周墓中较少见或未见，这种情况应属周文化墓葬在墓穴构造中的一种现象。与此相同或类似的事例在考古中是屡见不鲜的，例如在秦文化墓地中，洞室墓和竖穴墓在一个墓地中并存流行，或者洞室墓数量多于竖穴墓数量，或者竖穴墓数量多于洞室墓数量，或者只见竖穴墓而未见洞室墓等现象都是存在的。（按："偏洞室墓"，近年在甘肃临潭县磨沟村北发掘的齐家文化和寺洼文化早期墓葬中均有发现。它们与周文化"偏洞室墓"可能存在联系，应引起我们重视和深入研究。）

（二）葬具

三个不同墓群都流行用木棺作葬具。木棺的平面多为正长方形，少数长方形棺一端略大于另一端。别具一格的"Ⅱ"字形（图 4 - 3 - 4）和"T"字形两种木棺发现数量不多，其中"T"字形棺只见于先周早、晚两期墓葬而未见于西周墓葬；"Ⅱ"字形木棺在三个不同时期的周墓中都有发现。用席子覆盖木棺上、下被认为是西周墓葬的一种特征[8]，这种现象在碾子坡先周早、晚两期墓葬以及西周墓葬中都比较常见。另外，用席子裹卷尸体放入棺内以及单用席子裹尸作葬具等两种现象，在碾子坡三类不同年代的周墓中也常常见到。所有这些新的发现，也就进一步证明过去的认识——埋人流行用席是周文化墓葬的一个特点[9]，无疑是符合客观实际的。其次，西周墓葬流行用席裹尸以及用席子覆盖棺、椁的习俗，无疑系直接继承先周时期的葬俗。

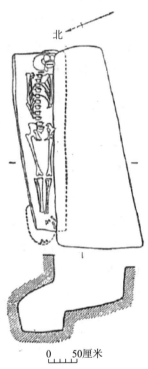

图 4 – 3 – 4　碾子坡先周晚期洞室墓 M184 平面、剖面图

1. 陶鬲

　　最后，我们在这里还要强调指出的是，在先周早期发现一座墓用石棺作葬具，另有 12 座在墓室里放置大石板，每一座墓埋石板数量由 1～4 块不等。石棺系使用长方形和近似方形的石板搭建而成，具体的构筑方法是在墓底中央用石板先围成一个平面呈长方形的石框架，墓主人头向的一端略高于脚端。石框架的上口与墓主人头部相对应的位置约 0.5 米一段不盖石板，以下覆盖石板 3 块。石框架的下口不用石板封底，但在生黄土墓底墓主人下肢骨的下面发现 5 块石板，其中较大的两块石板上下重叠在一起，位于脚掌骨的下面，3 块小石板从北至南纵向排列，位于下肢股骨和胫骨的下面。在墓室里放置大石板的墓，分为以下三种不同的情况。

1. 用石板和木板在墓室中央搭架成长方形棺，其构筑方法是先在墓室中央两端各竖立一块近似方形的大石板，然后沿二石周边放置木板架设成长方形棺，棺形往往为人架头向一端略高于另一端。

2. 用木棺作葬具的墓，凡埋一石者则立在人架头端或脚端棺外，石板紧贴着棺板。埋二石者分别贴着木棺两端竖立在棺外。埋四石的墓，除在木棺两端各立一石以外，余下二石则平放在棺顶的上面，或者在棺顶面平放一石，另一石立在人架头部右侧或左侧的棺内或棺外。

3. 用席子裹尸作葬具的墓，埋一石者则将石板横向立在墓主人头前或脚下。埋二石者则分别横向立在墓主人的头前和脚下。埋四石的墓，除在墓主人头前和脚下各竖立一石以外，余下二石则平放在高出人架约 0.3 米处的填土内，四石与生黄土墓底勾画出的轮廓为正方形，如 M683（图 4 - 3 - 5）。

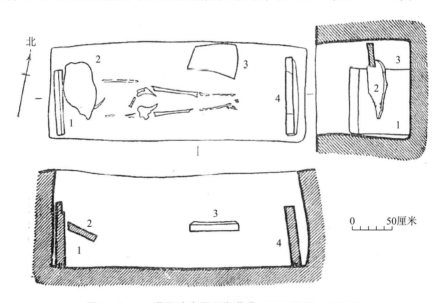

图 4 - 3 - 5　碾子坡先周早期墓葬 M683 平面、剖面图

1 ~ 4. 石板

上述三种不同的埋石现象，其中第一种情况用石板和木板搭架成长方形棺的墓，它毫无疑义是属于石棺葬的一种孑遗现象。至于二、三两种情况的埋石形式，我们从埋四石的墓室内的现象似乎可以得到颇为明确的答案，它们应该也属于石棺葬的一种遗留现象，因为四块石板在墓底中央的摆设位置与生黄土墓底勾画出的轮廓若正方形（参见图 4-3-5），它显然是长方形棺的一种象征和化身。

在 138 座先周晚期墓葬中，只发现一座用石板和木板搭架成长方形棺的墓——第 1187 号墓。在西周墓葬中既未见用石棺作葬具，也没有发现石棺葬的孑遗现象。

根据目前已经掌握的考古材料，石棺葬及其孑遗现象在周文化墓葬中尚属初见。与上述发现大致同时，即 1981 年冬在岐邑刘家村清理了 20 座先周墓葬，其中发现几座墓有放置小石块的现象，每一座墓埋石数量二至五块不等，石块多散布在墓室里的二层台上面[10]。根据前述碾子坡的发现，我们似乎可以认为，刘家村先周墓内埋小石块的情况很可能也属于石棺葬孑遗的一种现象。至于刘家村先周墓内埋的是小石块而不是大石板，估计其原因有两个：一个是岐邑地区的石板资源贫乏，故以小石块代替大石板；另一个可能是，刘家村先周墓葬的年代较晚，系周人迁岐以后的文化遗存[11]，由于石棺葬遗风的进一步衰退和简化，从而出现在二层台上面放置小石块以代替在木棺周围安放大石板的现象。

综上所述可得出以下结论。第一，如所周知，石棺葬在我国的分布地域广袤，在从东北至西南一线的吉林、辽宁、河北、陕西、甘肃、青海、四川、云南和西藏等省和自治区多种不同时代、不同性质的考古学文化中都有发现（按：石棺葬发现地点甚多，恕不一一介绍，可参见童恩正《试论我国从东北至西南的地边半月形文化传播带·石棺葬》，《文物与考古论集——文物出版社成立三十周年纪念》，文物出版社，1986）。它约略起源于新石器时代后期（按：迄今经科学发掘而年代最早的石棺葬墓是甘肃景泰县张家台半山文化墓地，见韩集寿《甘肃景泰张家台新石器时代的墓葬》，《考古》1976 年第 3 期），延续至铁器时代，但其鼎盛时期是铜器时代约当商周之际到东周时期。今在陕西长武碾子坡先周早期墓葬中发现石棺葬，从而为此葬俗在我国的传播在地域上和年代上填补了某种空白。第二，前已介绍，碾子坡先周早期墓葬限于个别墓用石棺作葬具，另有众多的墓发现石棺葬孑遗现象，这就充分说明，此葬俗在周文化中大概在略早于周先王古公亶父时期，已经处于衰退和没落的阶段，而不是处于上升发展或流行的阶段。年代稍晚，也就是到了古公亶父、季历时期，石棺葬习俗在周文化中显然已濒临绝迹了。因为，此时期迄今限于发现石棺葬孑遗现象，而且习俗遗风比较明显的只有碾子坡第 1187 号先周晚期墓葬一例，而在岐邑刘家村先周墓葬中发现的若干个事例，葬俗的孑遗现象已是面目十分模糊和难以辨认了。

（三）葬式

碾子坡先周及西周墓葬在葬式上最重要的一个发现，是俯身葬和仰身葬两种完全不同的葬式同时并存流行（图 4-3-6），而且二者在三个不同时期的周文化茔地内，墓葬的数量是十分接近甚至相同的。例如在先周早期墓葬中，俯身葬墓计 40 座，仰身葬墓计 43 座（详第四章第一节图 4-1-11）。在先周晚期墓葬中，俯身葬墓计 67 座，仰身葬墓计 63 座；在西周墓葬中，俯身葬和仰身葬各发现 21 座（图 4-3-1）。经潘其风和韩康信鉴定墓主人性别的结果，俯身葬的墓主人为男性，仰身葬的墓主人为女性。由此可见，男性俯身葬和女性仰身葬的现象绝非偶然，而应该是遗址中的居民死后在埋葬习俗上的一种定制，也是他们在思想意识形态方面某种信念的一种具体反映和写照。论及这一葬俗及其思想信念的含义，我们推测它很可能是男、女生活上的一种天性反映，系冀求后代子孙繁衍不息的一种暗示和表露。如果上述推断与客观事实没有多大的出入，那么问题就显而易见了，周人实行男性俯身葬和女性仰身葬这种制度及其所反映的信念应该是十分朴素、原始和幼稚的一种意识形态表露；同时它也是周人比商人较为落后在社会上层建筑——意识形态上的一个史例。如前所述，在三个不同时期的周文化墓地内，俯身葬和仰身葬，也就是男性墓和女性墓的数量是十分接近甚至相同的。这　现象似暗示和说明与各个墓地相联系的聚落遗址中的居民人口中，男性和女性的人数也是十分接近或基本相同的，亦即男、女两性的数量在人口中的比例是基本上平衡的。这种情况无疑是属于人类社会中的一种生态平衡现象，或者说是自然界的一种规律性现象。

（四）随葬器物

在随葬器物方面，比较重要的现象发现大致有以下两点。

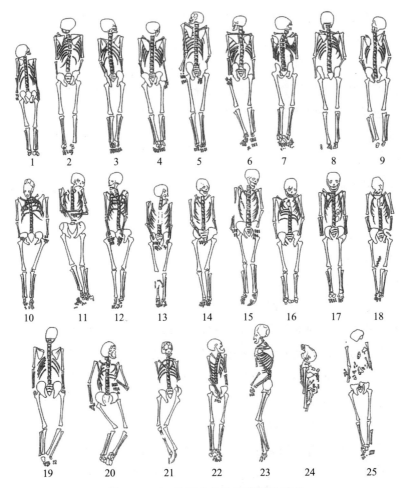

图 4-3-6 先周文化晚期墓葬的葬式

　　1~9. 俯身直肢葬（M1170、M138、M1194、M185、M1134、M1110、M186、M188、M1182）；10~18. 仰身直肢葬（M140、M1168、M139、M197、M165、M171、M1159、M1189、M1180）；19. 俯身屈肢葬（M1192）；20、21. 仰身屈肢葬（M1101、M1190）；22、23. 侧身葬（M1111、M143）；24、25. 二次葬（M170、M167）

　　1. 先周早、晚两期墓葬的随葬器皿只发现陶鬲一种，每座墓往往只出一件，个别的墓出两件。鬲形以乳形袋足陶鬲（分为扁体、长体和圆体等三型）占绝对的多数，瘪裆陶鬲（分为"窄裆"和"宽裆"等两型）极少见，仅获五件。西周墓的随葬陶器也以鬲为主，有33座墓各出一件。鬲形则以瘪裆陶鬲居大多数，袋足陶鬲少见，只获6件，全部标本都是属于长体乳形袋足陶鬲的退化型式。

据上述，可以认为：（1）随葬陶鬲应是周文化墓葬的一种突出特点；（2）另外一种突出现象，是先周墓葬盛行随葬乳形袋足陶鬲，而西周墓葬则流行随葬瘪裆陶鬲；（3）有人孤立地去片面强调乳形袋足陶鬲和瘪裆陶鬲在形制上的差异现象，断言二者系分属于不同谱系的文化遗存，前者属姜戎（或称姜炎）文化，后者属姬周文化[12]。也有认为刘家村先周墓葬包括在晁峪等地采集的乳形袋足陶鬲等标本属“辛店文化的一个新的类型”遗存[13]。其实根据周文化陶器群的相互依存关系，两种形制不同的陶鬲在周文化中是同时并存发展的，由此说明它们不存在分属于不同谱系文化遗存的问题。此点，过去我在《姬周陶鬲研究》[14]和《试谈先周文化及相关问题》[15]两文中做过分析和说明。现在，这两种形制不同的陶鬲又见于碾子坡先周早期和晚期两个茔地中的墓葬出土，而且二者在第663号先周早期墓葬内还存在着共生现象。这些发现，也就进一步增强了前二文中有关论述的说服力。

2. 三个墓群都是小型墓葬，其中先周早期墓只有5座发现随葬陶鬲（内有一座墓出二件，其他四座墓各出一件），而绝大多数墓葬无任何随葬品。先周晚期和西周两类墓葬与上述情况恰恰相反，有随葬品的墓占绝对的多数，无随葬品的墓罕见。先周晚期往往每一座墓只出一件陶鬲，个别的墓加小铜铃或铜镞或口中含贝。西周墓的随葬品出土情况分两种，各约占墓葬总数的一半。其中一种是每座墓出一件陶器；另一种是每座墓随葬器物有2~6件不等，但属于容器的往往只有2件，个别的墓出3件，其余均为玉、石、骨、蚌质的小件器物。

从上述论述可知，尽管三类墓的死者都是当时社会上的贫寒者，但比较而言，西周墓比先周晚期墓的随葬品为多，而先周晚期墓又比先周早期墓的情况强。由此可见，三类周墓的器物随葬多、寡与墓葬的早、晚年代顺序是成反比的，也就是年代偏晚比年代偏早的墓葬要稍“富”一些。这种情况显然是周社会及其生产力不断向前进步和发展的一种具体反映和写照。在这里应引起我们充分注意的问题是，墓葬是人们去世以后的“居宿地”，也是死者生前身份及其生活画面的一个缩影。前已介绍，先周早期的绝大多数墓葬无任何随葬品，而先周晚期和西周两类墓葬的情况则恰恰相反，无随葬品的墓罕见，而绝大多数墓葬都有器物随葬。所以，若我们从事物整体也就是宏观上看，前者和后二者的墓主人在占有财富方面（即有无随葬品上）存在的差别是十分明显的。上述差别现象的存在绝非偶然，我们认为除去墓葬年代存在着早、晚期有别的因素以外，它似暗示了姬周社会的奴隶制在太王以前和以后存在着较大的区别。这与史传周人社会在古公亶父时期有巨变的记载[16]，是基本上相一致的。

三 墓葬的方向和组合

墓葬的方向及其组合形式，也是古代人们在埋葬制度上具有一定思想信念的一种具体反映和写照。碾子坡先周及西周墓葬在上述两个方面都具有十分明显的突出特点，下面分别来加以分析和说明。

（一）墓葬的方向（以墓主人头向为准）

在 92 座先周早期墓中，以向北的墓居多，共 51 座；其次是向南的墓，计 37 座，内有 29 座为向南偏西，其余 8 座为向南偏东；向西和向东的墓罕见，前者发现 3 座，后者仅有 1 座。

在 138 座先周晚期墓中，向东的墓占绝大多数，共 112 座；其次是向南的墓，计 21 座，内有 20 座为向南偏东，另 1 座为向南偏西；向西和向北的墓罕见，前者发现 4 座，后者仅有 1 座。

在 47 座西周墓中，向东的墓占绝对的多数，共 43 座；向北和向西的墓各有 1 座；余下 2 座马坑的方向均朝南。

据上述可得出以下两点认识和结论。

1. 三群周墓都存在着东、南、西、北等四种不同的墓向，但它们都有一种墓向见于多数或绝大多数墓葬，其他三种墓向少见或属个别现象。由此可见，各群墓中虽然存在着多种不同的墓向，但其中有一种是主流的墓向，其他三种墓向则属于支流或个别例外现象。

2. 三群墓葬的墓向主流方位是存在差别的，主要是先周早期的墓向主流方位是北，而先周晚期和西周两类墓葬的墓向主流方位是东。上述差别现象的存在当非偶然，但它不属于周人在不同时期在墓向上具有不同思想信念的一种反映，而是由于各个茔地的地形地貌不同所致。前面已有说明，先周晚期和西周两个茔地南北相邻位于东高西低的缓坡台地上，二者的墓向主流方位都朝东，即墓主人的头向高处、脚朝低处。而先周早期茔区的地势是北高南低而西边又略高于东边，所以它的墓向主流方位朝北也是墓主人头向高处、脚朝低处的。论及各群墓中的其他墓向，凡是墓葬数量极少或限于个别见到者自当属例外现象。至于向南的先周墓葬发现数量较多，早期墓有 37 座，晚期墓有 21 座，但前者向南偏西（高处）的计 29 座，后者向南偏东（高处）的竟有 20 座，由此可见这类墓葬的方向仍然是多数指往高处的。综上所述，碾子坡先周及西周墓葬的墓向特点是埋在向阳的斜坡地上，墓主人的头向高处、脚朝低处，这似暗示人死以后仍像活着时候一样头在高处以俯视远方。

（二）墓葬的组合情况

在各个茔区的众多墓葬中，往往有两座墓形成一组的情况（图 4-3-7）。它们之间左、右并列整齐，间隔均匀，墓坑形制常见一大一小，而且墓主人的头向往往都相同，唯二者在葬式上有相同的，也有不相同的。下面先按墓群并分类列举典型墓例于下，然后再来加以分析和研究。

1. 先周早期：初步确认有 6 组 12 座墓，分为不同的三类（见本章第一节图 4-1-11）。

（1）俯身葬墓的组合，计两组墓。

M652 和 M653 的一组位于茔区东边陲，墓向都是 182 度。其中 M652 位东，墓坑较小，成年人；M653 位西，墓坑较大，成年人。

M660 和 M661 的一组位于茔区东部，墓向分别为 5 度和 9 度。其中 M660 位东，墓坑较大，成年人；M661 位西，墓坑较小，40~50 岁。

（2）仰身葬墓的组合，只有一组墓。

M626 和 M628 的一组位于茔区西边陲，墓向分别为 199 度和 226 度。其中 M626 位东，墓坑较小，成年人；M628 位西，墓坑较大，成年人。

（3）俯身葬墓和仰身葬墓的组合，有三组墓。

M601 和 M602 的一组位于茔区西边陲，墓向分别为 347 度和 2 度。其中 M602 位东，墓坑较小，俯身葬，50~55 岁；M601 位西，墓坑较大，仰身葬，成年人。

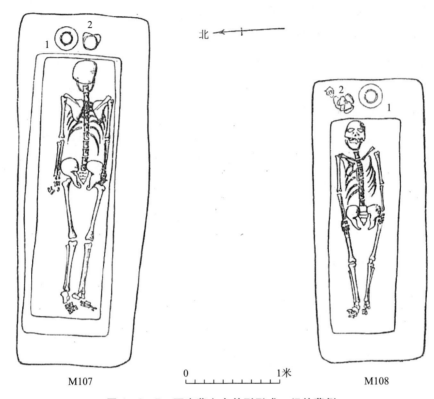

图 4 - 3 - 7　两座墓左右并列形成一组的墓例

M107：1. 陶壶，2. 陶鬲；M108：1. 陶罐，2. 陶鬲

M638 和 M639 的一组位于茔区西南部，墓向分别为 23 度和 21 度。其中 M639 位东，墓坑较大，仰身葬，成年人；M638 位西，墓坑较小，俯身葬，成年人。

M657 和 M658 的一组位于茔区东北部，墓向分别为 197 度和 190 度。其中 M657 位东，墓坑较小，仰身葬，成年人；M658 位西，墓坑较大，俯身葬，成年人。

2. 先周晚期：初步确认有 11 组 22 座墓，分为不同的四类。

（1）俯身葬墓的组合，有四组墓。

M166 和 M177 的一组位于茔区北边陲，墓向分别为 104 度和 105 度。其中 M166 位北，墓坑较大，25～30 岁；M177 位南，墓坑较小，年龄为 25 岁左右。

M188 和 M193 的一组位于茔区北边陲，墓向分别为 125 度和 146 度。其中 M188 位北，墓坑较小，年龄为 45 岁左右；M193 位南，墓坑较大，18～20 岁。

M1118 和 M1131 的一组位于茔区东部，墓向分别为 147 度和 143 度。其中 M1118 位北，墓坑较大，25～30 岁；M1131 位南，墓坑较小，年龄为 25 岁左右。

M1164 和 M1211 的一组位于茔区东部，墓向分别为 147 度和 143 度。两座墓坑的大小相似，其中 M1211 位北，年龄为 50 岁左右；M1164 位南，25～35 岁。

（2）仰身葬墓的组合，有三组墓。

M1127 和 M1191 的一组位于茔区南部，墓向分别为 110 度和 108 度。其中 M1127 位北，墓坑较大，25～40 岁；M1191 位南，墓坑较小，25～35 岁。

M1161 和 M1165 的一组位于茔区东北部，墓向分别为 115 度和 114 度。其中 M1165 位北，墓坑较小，成年人；M1161 位南，墓坑较大，成年人。

M1175 和 M1179 的一组位于茔区中部，墓向分别为 107 和 118 度。其中 M1175 位北，墓坑较小，成年人；M1179 位南，墓坑较大，成年人。

（3）俯身葬墓和仰身葬墓的组合，有三组墓。

M1106 和 M1112 的一组位于茔区西南部，墓向分别为 115 度和 110 度。其中 M1106 位北，墓坑较大，俯身葬，25～35 岁；M1112 位南，墓坑较小，仰身葬，25～30 岁。

M1109 和 M1114 的一组位于茔区南边陲，墓向分别为 80 度和 99 度。其中 M1109 位北，墓坑较小，俯身葬，35～45 岁；M1114 位南，墓坑较大，仰身葬，35～45 岁。

M1181 和 M1186 的一组位于茔区南边陲，墓向分别为 122 度和 110 度。其中 M1181 位北，墓坑较大，仰身葬，年龄大于 30 岁；M1186 位南，墓坑较小，俯身葬，成年人。

（4）二次葬墓和仰身葬墓的组合，只有一组墓。

M170 和 M1209 的一组位于茔区北部，墓向分别为 110 度和 109 度。其中 M1209 位北，墓坑较大，仰身葬，女性，30～35岁；M170 位南，墓坑较小，二次葬，男性，20～25岁。

3. 西周：初步确认有 7 组 14 座墓，分为不同的两类。

（1）俯身葬墓的组合，只有一组墓。

M104 和 M105 的一组位于茔区中部，墓向分别为 104 度和 96 度。其中 M104 位北，墓坑较小，成年人；M105 位南，墓坑较大，年龄为 40 岁左右。

（2）俯身葬墓和仰身葬墓的组合，有六组墓。

M101 和 M102 的一组位于茔区北边陲，墓向分别为 102 度和 98 度。其中 M102 位北，墓坑较大，俯身葬，年龄为 40 岁左右；M101 位南，墓坑较小，仰身葬，年龄为 40 岁左右。

M107 和 M108 的一组位于茔区中部，墓向分别为 110 度和 108 度（图 4 - 3 - 7）。其中 M107 位北，墓坑较大，俯身葬，40～45 岁；M108 位南，墓坑较小，仰身葬，50～55 岁。

M111 和 M112 的一组位于茔区北边陲，墓向分别为 88 度和 96 度。两座墓坑遭破坏严重，坑形大小尺寸不详。其中 M111 位北，俯身葬，30～35 岁；M112 位南，仰身葬，年龄为 56 岁左右。

M149 和 M150 的一组位于茔区北边陲，墓向分别为 100 度和 117 度。其中 M150 位北，墓坑被破坏一部分，穴长尺寸不详，俯身葬，成年人；M149 位南，仰身葬，年龄为 45 岁左右。

M152 和 M176 的一组位于茔区中部，墓向分别为 102 度和 94 度。两座墓坑的形制大小近似，其中 M176 位北，俯身葬，40～50 岁；M152 位南，仰身葬，25～30 岁。

M1140 和 M1141 的一组位于茔区东部，墓向分别为 91 度和 80 度。其中 M1140 位北，墓坑较小，俯身葬，年龄为 35 岁左右；M1141 位南，墓坑较大，仰身葬，30～35 岁。

根据前述墓葬的组合现象，我们在这里似不难得出以下五点认识和结论。

1. 一大一小两座墓左、右并列形成一组的情况，在碾子坡三个不同时期的周墓群中并非个别现象，而是一种具有典型性的常见现象，因此我们有理由认为，它应该是当时社会上一种颇为流行的埋葬习俗和制度。

2. 前有说明，两座墓左、右并列形成一组的情况，在先周早期茔区发现 6 组 12 座墓，约占 92 座墓葬的 1/8 强；在先周晚期茔区发现 11 组 22 座墓，约占 138 座墓葬的 1/6 弱；在西周茔区发现 7 组 14 座墓，约占 45 座墓葬（47 座墓中有 2 座马坑未计算在内）的 1/3 弱。由此可见，西周组合墓葬比先周晚期组合墓葬在墓葬中所占比重为大，而先周晚期组合墓葬又比先周早期组合墓葬在墓葬中所占比重略高，这就充分说明，两座墓左、右并列形成一组的埋葬习俗和制度在西周比先周晚期更为盛行，而先周晚期又比先周早期更流行。

3. 毫无疑义，上述各组墓葬的死者之间的关系是十分密切的，此点可从他（她）们的年龄和性别两个方面来加以分析研究。（1）从死者的年龄方面考察，首先，各组的墓主人都是成年人，而没有发现成年人墓和小孩（或婴儿）墓的组合现象。这种情况与氏族社会——例如我国新石器时代仰韶文化屡见成年人和未成年人合葬或将婴儿埋在成年人墓旁的情况[17]，是迥然有别的。其次，前有说明，在 24 组墓葬中，两座的墓主人年龄都清楚者共发现 13 组墓。其中死者年龄接近或相似的居大多数，共有 10 组墓葬。无可置疑的是，这 10 组墓葬中的各组墓主人应是同辈的一代人，而不可能属于长辈和晚辈的两代人。论及其他 3 组墓葬，死者年龄彼此相差 20 年左右，但这是两座墓葬的主人去世时的年龄相差数，而不是他（她）们活着时候的实际年龄差数，所以我们不能根据上述现象就去排除二者系属于同辈一代人的可能性。基于上述两点，因此有理由认为，前面列举的各组墓葬的主人不是长辈和晚辈两代人，而应该是同辈分的一代人。（2）既然各组墓葬的主人是同辈分的一代人，而在前面我们已有说明，俯身葬者是男性，仰身葬者是女性，这就清楚地说明：俯身葬组合的两座墓主人应是血缘的兄弟关系；仰身葬组合的两座墓主人应是血缘的姊妹关系；而俯身葬（包括"二次葬"的 M170 在内）和仰身葬组合的两座墓主人则应属于夫妇关系。

4. 前已介绍，在先周早期的 6 组墓葬中，同性墓组合和异性墓组合各居一半。在先周晚期的 11 组墓葬中，同性墓组合计有 7 例，异性墓组合计有 4 例。而在西周的 7 组墓葬中，则以异性墓组合形式为主，共有 6 例 12 座墓，约占墓葬总数的 27%；同性墓组合仅发现一例男性组。另外，先周早期和晚期的异性墓组合中，男、女墓葬的位置不固定，男左女右或男右女左的情况都存在；而在西周的异性组合墓例中，男、女墓葬的位置十分固定，男性墓居北，女性墓居南，无一例外（按：宝鸡"强国墓地"的一例异性组合墓也是男性在北、女性在南的[18]）。可以认为，上述现象的存在绝非偶然，它似暗示和说明周人进入西周时代由于奴隶制社会获得高度的发展，埋葬制度产生了大的变革，也就是夫妇两座墓并列的组合形式不仅成为埋葬上的一种定制，而且在当时社会葬俗和制度方面已经占据重要或主要的地位，而较为落后的同性墓组合形式已基本上消失了，至少在碾子坡周文化墓葬中的情况是如此。

5. 如所周知，血缘同性葬和姻亲异性葬是两种不同性质的埋葬习俗和制度。前者在原始氏族社会里异常流行，例如它在我国新石器时代的仰韶文化[19]、大汶口文化[20]中都屡有发现。后者在新石器时代文化中虽有发现，但它不是一种普遍性的常见现象，例如它在大汶口文化中、晚期[21]和龙山文化晚期[22]只见于少数或个别墓地之中，而且在墓葬中的比重微弱或属个别现象。今在碾子坡先周早期和晚期两类墓葬中，发现同性墓组合和异性墓组合等两种不同性质的葬俗同时并存流行，这就表明先周居民的埋葬制度系于血缘同性葬向姻亲异性葬演化的重要过渡阶段。另外，先周早、晚两期的异性墓组合中，男性墓和女性墓的位置不固定，男左女右或男右女左的情况都存在；而且二者的墓坑形制大小也不固定，男性墓坑大于女性墓坑或者女性墓坑大于男性墓坑的现象都有发现。这些情况无疑是异性墓组合葬俗和制度在此时期尚未完全定型的一种暗示和反映。大概到了西周初期，由血缘同性墓组合制度演化为姻亲异性墓组合制度的过程已基本完成。此点我们在前面已有分析，不再重复。最后要强调的是，姻亲异性墓组合现象不仅在碾子坡周墓中有发现，它在其他周文化墓地中也是存在的，如宝鸡茹家庄的著名"强国墓地"[23]内就有发现。至于其他地区如丰镐地区的周文化墓葬情况如何，因有关报告的资料不完备，我们还不得而知。

注　释

[1] 中国社会科学院考古研究所泾渭工作队：《陕西长武碾子坡先周文化遗址

发掘纪略》，《考古学集刊》6，中国社会科学出版社，1989（此文是1980～1984 年的发掘工作简报，那时三类周墓的数量及其茔区范围尚未弄清，故文中介绍的先周墓葬数量比本文列举的墓葬数量少）。

[2][8][9] 中国科学院考古研究所编《沣西发掘报告》，文物出版社，1963。

[3][10]：尹盛平、王均显：《扶风刘家姜戎墓葬发掘报告》，《文物》1984 年第 7 期。

[4] 韩伟、吴镇锋：《凤翔南指挥西村周墓的发掘》，《考古与文物》1982 年第 4 期。

[5][7] 尹盛平、王均显：《扶风刘家姜戎墓葬发掘报告》，《文物》1984 年第 7 期。梁星彭、郑文兰：《1984 年沣西大原村西周墓地发掘简报》，《考古》1986 年第 11 期。卢连成、郑文兰：《长安张家坡 M183 西周洞室墓发掘简报》，《考古》1989 年第 6 期。

[6] 梁星彭、郑文兰：《1984 年沣西大原村西周墓地发掘简报》，《考古》1986 年第 11 期。卢连成、郑文兰：《长安张家坡 M183 西周洞室墓发掘简报》，《考古》1989 年第 6 期。

[11][15] 胡谦盈：《试谈先周文化及相关问题》，《中国考古学研究——夏鼐先生考古五十年纪念论文集》第二集，科学出版社，1986。

[12] 邹衡：《夏商周考古学论文集》，文物出版社，1980，第 343～352 页。又见邹衡《再论先周文化》，《周秦汉唐考古与文化国际学术会议论文集》，《西北大学学报》1988 年增刊。又见注［7］。又见尹盛平、任周芳《先周文化的初步研究》，《文物》1984 年第 7 期。

[13] 张长寿、梁星彭：《关中先周青铜文化的类型与周文化的渊源》，《考古学报》1989 年第 1 期。按：该文说刘家墓葬属新文化遗存，墓形、陶器和铜饰都具有明显的特征。1. 考古学文化由遗址和墓葬两类资料构成。况且二者的内涵不同，遗址是人们在生产、生活和文化等方面的活动遗留，是反映一种文化面貌的主要和本质的基本资料；而墓葬属思想信仰的一种习俗，内容比较单纯而且随葬品制度化和规范化，往往难以代表一种文化的全貌。可见，上述立说在理论上、方法上乃至占有材料方面都带有片面性。2. 问题还在于刘家的洞室墓形制及大部随葬器物见于周文化遗址和墓葬，例如：①洞室墓见于碾子坡先周墓葬和丰邑遗址内的大原

村和张家坡两地的西周墓葬——详见注［4］［10］；②刘家墓葬 M41 出土的带镂孔的小铜铃与碾子坡先周晚期墓葬 M182 出土的小铜铃形制完全相同；③刘家墓葬出土陶器共 62 件，其中有周式绳纹灰陶罐 24 件，乳形袋足陶鬲 26 件，单耳、双耳和腹耳罐各 4 件——见注［7］。其中《扶风刘家姜戎墓葬发掘报告》称它为周式罐者当属典型的周文化器皿；乳形袋足陶鬲屡见先周出土——参见注［4］［15］［18］；腹耳罐在碾子坡有发现——先周文化灰坑 H7 出土有完整标本，三者合计 54 件，占陶器总数的 87%。所以，说刘家墓葬不属先周墓葬而是另一种新文化墓葬是没有道理的。

［14］胡谦盈：《姬周陶鬲研究》，《考古与文物》1982 年第 1 期。

［16］《史记·周本纪》（百衲本），商务印书馆，1958。

［17］中国科学院考古研究所山西工作队：《山西芮城东庄村和西王村遗址的发掘》，《考古学报》1973 年第 1 期。北京大学历史系考古教研室：《元君庙仰韶墓地》，文物出版社，1983。中国社会科学院考古研究所陕西工作队：《陕西华阴横阵遗址发掘报告》，《考古学集刊》第四集，中国社会科学出版社，1984。西安半坡博物馆、陕西省考古研究所、临潼县博物馆：《姜寨——新石器时代遗址发掘报告》，文物出版社，1988。

［18］［23］卢连成、胡智生：《宝鸡弓鱼国墓地》上册，文物出版社，1988，第 272 页。

［19］中国社会科学院考古研究所：《宝鸡北首岭》，文物出版社，1983，M6、M12。西安半坡博物馆、陕西省考古研究所、临潼县博物馆：《姜寨——新石器时代遗址发掘报告》，文物出版社，1988，M229、M237、M244 和 M250 等墓葬。

［20］［21］高广仁：《大汶口文化的葬俗》，载田昌五、石兴邦主编《中国原始文化论集——纪念尹达八十诞辰》，文物出版社，1989。

［22］中国社会科学院考古研究所陕西工作队：《陕西华阴横阵遗址发掘报告》，《考古学集刊》第四集，中国社会科学出版社，1984，第 27 页，龙山文化晚期墓葬 M9（图二七）。

第五章　开拓古代窑洞居室文化研究

以往，中国古代建筑学的研究对象局限于地面上的砖木建筑，缺失对地下的窑洞居室的研究。我约张孝光同志合写《论窑洞》一文丰富和完善了我国古代建筑史的文化内涵，并得到学术界认同。

第一节　文献记载中的窑洞建筑

营造方式异常简单、省料及具有隔音和冬暖夏凉等优点的土窑洞住房建筑，在今日中国北方广大的黄土地区极为流行。它的分布地域，主要在甘肃、陕西、山西、河南等省以及宁夏回族自治区和内蒙古自治区之阴山北岭间。上述地区，也就是黄河中游（按：黄河中游约西起甘肃省刘家峡，东至河南省三门峡）及其支流两岸，黄土堆积最为深厚，黄土的分布连绵不断而且厚达数十米至100多米，而我国其他地区的黄土分布则十分零碎，堆积得比较薄，最厚者一般不超过10米（图5-1-1）[1]。

溯及我国现代土窑洞住房建筑的源流，当在中华民族的文化摇篮黄河流域[2]。土洞穴住房的营造和穴居生活的习俗，屡见于先秦典籍。如：

《周易·系辞下》："上古穴居而野处，后世圣人易之以宫室，上栋下宇，以待风雨，盖取诸大壮。"[3]

《礼记·礼运篇》："昔者先王未有宫室，冬则居营窟，夏则居橧巢。"[4]

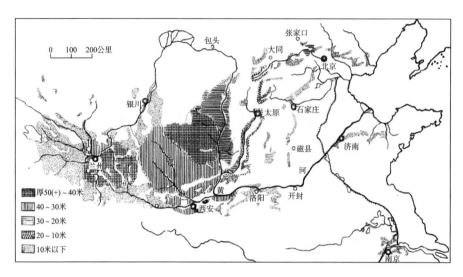

图 5 - 1 - 1　中国黄土分布概况

资料来源：《中国的黄土堆积》图 3，科学出版社，1965。

《孟子·滕文公下》："当尧之时，水逆行，泛滥于中国，蛇龙居之，民无所定，下者为巢，上者为营窟。"[5]

《墨子·过辞篇》："古之民，未知为宫室时，就陵阜而居，穴而处下，润湿伤民，故圣王作为宫室之法。"[6]

《诗·大雅·绵》："绵绵瓜瓞，民之初生，自土沮漆；古公亶父，陶覆陶穴，未有家室。"[7]

以上引文表明：1. 我国在古史传说时代曾经广泛地存在穴居生活习俗；2. 其中姬周民族（"民族"一词在这里是指广义说的，下同）直到进入奴隶制社会[8]以后，也还存在着穴居生活习惯。

至于何谓"穴"、"窟"和"覆"，汉、唐经注有过一些说明。

关于"穴"：

（汉）许慎《说文解字》[9]："穴，土室也。从宀八声。"

《礼记·礼运篇》（唐）孔颖达疏："地高则穴。"

《诗·大雅·绵》（汉）郑玄笺："凿地曰穴。"

关于"窋":

　　"窋"与"窐"同。《说文》:"窐,物在穴中貌。"
　　《礼记·礼运篇》:"冬则居营窋"。(唐)孔颖达疏:"营累其土而为窋,地高则穴于地,地下则窋于地上,谓于地上累土而为窋。"

关于"覆":

　　《说文》:"覆,地室也。"
　　《诗·大雅·绵》:"陶覆陶穴"。毛传:"陶其土而复之,土谓坚者,坚则不患崩压,故旁穿之,使上有覆。"

　　从上述引文中,似可得出以下两点认识:(1)所谓"穴""窋"和"覆",指的都是土洞穴住房建筑。(2)从土洞穴房子的营造方式来说,基本上可以分为两大类。一类是全洞穴,即土洞穴系从崖面侧穿,亦即"旁穿"而就。另一类是人工顶盖的地穴洞,即土洞穴系先挖掘一个土坑,然后在坑口盖顶累土而成。

　　至于各种土洞穴建筑的具体结构及其平面形制,史书佚记,是我国建筑史上的一个有待解决的问题。

　　要弄清楚传说时期及姬周民族的土洞穴住房建筑的形制与演化,无疑要仰仗田野考古调查和发掘来加以复原。本文遵循以上原则,就目前所见西周及其以前的古文化遗址中的土洞穴房基址进行初步整理研究,作为我国古代建筑史中的一种拾遗。当然,探索和研究已经被遗忘的中国古代土窑洞住房形制,并非发自怀古之幽情,也不限于为今日存在的土窑洞找寻其祖型,而是希望人们注意到,曾广泛分布在我国北方广大黄土地区的土窑洞住房渊源于远古,它出现和流行的历史已有5000多年了(真正的起源时间当然更早),所以土窑洞住房的营造与形制演化,应是我国建筑史研究中不可缺少的一个组成部分。

第二节　西周及以前窑洞居室的考古
发现与分布地域

从 20 世纪 50 年代中期以来，西周及其以前的土窑洞房屋基址，在田野调查和发掘中已屡有发现。但在 70 年代末期以前，发掘出土的窑洞遗构，往往残缺顶部，或仅保留房基址下半部，甚至仅存近底部分，因而人们对它的完整面貌缺乏了解和认识。其中除所谓"深土窑式"住房以外，其余的土窑洞房基址多被误解为"半竖穴式"的房屋遗构。1979 年以来，考古工作者先后在调查和发掘中，反复发现形制清楚、保存完整或大部完整的土窑洞房屋基址，甚至是窑洞住房聚落遗址，从而大大地增强了识别这类建筑基址的能力。根据不完全的初步统计，迄今发现的、明显属于土窑洞的房屋遗存，有 200 多座。下面便依发现的先后顺序，分地区作简单介绍。

（一）陕西省

1. 长安县丰、镐地区

1955～1957 年，中国科学院考古研究所（即今中国社会科学院考古研究所）沣西工作队在长安县沣河西岸的客省庄和张家坡等地进行了大规模发掘。在张家坡村东发掘出 6 座西周初期的"深土窑式"房基址，在客省庄村北发掘出 10 座客省庄第二期文化的"浅土窑式"房基址[10]。前一种居址均属坑径 5～9 米的椭圆形深土坑，穴里一壁向外掏，利用窑顶作掩蔽。穴底有一条出入的土坡道将住室分为两半，居住面不平坦，有 1～3 个圆形或椭圆形浅灶坑。后一种居址的平面多为"吕"字形，内室是一个口小底大的圆形或长方形土穴，也有个别的是单室圆形土穴。其中编号为 H98 的土穴坑壁保存最高处约 1.65 米，而在坑口及其周围未发现任何屋盖遗留，由此可见，土穴原深度还要深些。根据土坑深而周壁面拱曲有内收迹象加以分析，可以认为它们是洞穴式而不是"半竖穴式"，至少房基址 H98 如此（图 5-3-8）。

1959 年 5 月，该队在客省庄村南发掘了一座先周文化"深土窑式"房基址（H11）[11]，在马王村北地发掘一座西周晚期的圆角长方形土洞穴房基址，房墙残高达 2.2 米[12]。

1960 年秋，该队在张家坡村东的续掘中，发现两座西周初期的"深土窑式"房基址。其中编号为 H104 的土穴深达 5.1 米，可惜窑顶塌陷，未能复原[13]。

1961~1962 年，该队在沣河中游东岸的白家庄村北进行发掘，发现一座西周初期的圆角长方形窑洞房基址。房墙保存最高处约 2.3 米[14]。

1979~1981 年，该队在沣河中游东岸的普渡村村东发掘两座西周晚期的"深土窑式"房基址（H2、H3）。两座居址的门外都有一条竖井土坡道与室内出入口的台阶相接[15]，这与过去发现的同类遗构的斜坡道路位于土穴内的情况是不相同的。

2. 岐山县

1975 年秋，笔者和张长寿同志在西安至宝鸡的渭河两岸进行广泛的考古调查，其中在岐山县周公庙附近的一处土崖壁见到一座客省庄第二期文化的窑洞遗构。暴露在外的是遗构的横断面，房基址的居住面和近底墙壁都涂抹有厚约 0.3 厘米的一层白灰面[16]。

1977 年 4 月~1978 年 5 月，西安半坡博物馆在岐山县双庵村一带进行发掘[17]，其中Ⅲ区房基址 F1 和Ⅳ区房基址 F2、F3 等三座，似属窑洞遗构。因为 F1 是一座口小底大的圆形土坑，室内又无支撑屋顶柱子的柱洞，东壁被破坏处可能是居址的出入口。其他两座房基址的平面为"吕"字形，与前述客省庄同类遗构相同，而且 F2 和 F3 的土坑壁面都是自下往上向内斜收的，与宝鸡石嘴头窑洞遗构的房墙形制相同（详见本章第三节石嘴头房基址 F3、F4）。

3. 长武县

1980~1986 年，中国社会科学院考古研究所泾渭工作队在碾子坡进行大规模的发掘，发现周人迁岐以前的先周文化窑洞遗构 10 余座，多属于所谓"深土窑式"房基址，圆角长方形极少[18]。

4. 宝鸡市

1985 年春，西北大学历史系考古专业 82 级实习队在石嘴头遗址东区发现客省庄第二期文化窑洞遗构 10 余座，发掘了 6 座，其余几座因砖厂取土挖坏[19]。

（二）河北省磁县

1959 年 10～12 月，河北省文物管理处在磁县下潘汪遗址进行了发掘[20]，发现一座龙山时期的以坑壁做墙、坑口上面覆顶的"地穴式"遗构（F1）和若干座西周晚期的"半竖穴式"房基址。我们认为，所谓"地穴式"房子实际上是人工顶盖的窑洞房屋。至于西周"半竖穴式"遗构，有的也是人工顶盖窑洞住房遗留。例如房基址 F3 是一座圆形土坑，坑存深达 1.53 米，而在坑口及其周围又未发现房屋顶盖遗留，可见土坑原来还要深些，显然已大大超出常见的"半竖穴式"房子的墙壁高度。

1974～1975 年，河北省文物管理处在磁县下七垣遗址第三层发现 1 座商代"浅土窑式"房基址 H41，其形制与前述张家坡"深土窑式"房子的结构是相同的[21]。

（三）内蒙古自治区赤峰市

1973 年秋，辽宁省博物馆等单位在赤峰县（原属辽宁省，现为内蒙古自治区赤峰市）东山嘴遗址发掘，发现夏家店下层文化"半竖穴式"房基址共 9 座，除 1 座是方形土坑外，其余都是圆形或椭圆形土坑[22]。房基址 F2 是一座圆形直壁土坑，F5 是一座椭圆形直壁土坑。二者的坑壁存深均为 1.8 米，在坑口及其周围都未发现支撑屋盖的柱洞遗留，可见这并不是原来的深度。可以认为，它们应属人工顶盖的窑洞遗构，其形制约略与甘肃省镇原县常山窑洞[23]相类似。

此外，中国社会科学院考古研究所内蒙古工作队于 1960 年春在赤峰市近郊药王庙和夏家店等地的试掘中，也发现与东山嘴房基址 F2 相同的遗构。其中最明显的是药王庙夏家店下层文化房基址 F2[24]。

（四）甘肃省

1. 镇原县

1979 年 10 月，中国社会科学院考古研究所泾渭工作队在镇原县常山遗址发现 8 座单室圆形土坑房基址[25]。发掘者着重介绍了 H14，并指明它属于人工顶盖的窑洞遗构（图 5-3-10）。

此外，1978 年该队在镇原县东庄、刘水等地调查时，也发现过相似的窑洞遗构[26]。

2. 宁县和合水县

1981 年 10 月，庆阳地区博物馆在宁县阳坬遗址进行复查和发掘，发现房基址共 33 处，清理了 12 座，其居址面积为 6 ~ 25 平方米不等。其中有 4座是侧穿的全洞穴式（F7、F8、F10 和 F11），8 座是人工顶盖的窑洞遗构。此外，该馆还在合水县曹家沟、牛头山等遗址内发现与阳坬窑洞形制相同的房基址[27]。

（五）山西省

1. 夏县

1975 ~ 1977 年，东下冯考古队在夏县东下冯遗址的发掘中，也发现了窑洞住房遗存[28]，如庙底沟第二期文化房基址 F301 和龙山文化房基址F205。前者与客省庄、双庵两处遗址中的"吕"字形房基址相同。后者的住室是一个口小底大的土坑，坑存深达 2.1 米，而在坑口及其周围又未发现支撑屋盖的柱洞遗留，可见土坑原来还要深些。可以认为 F205 应是人工顶盖窑洞住房，而不是"半竖穴式"房子遗存。

1979 年秋，该队在东下冯遗址中区发现窑洞聚落遗址，共清理了数十座遗构。房基址均分布在内土沟的两侧壁里，土窑洞系从土沟崖面向里掏掘而就。房子的平面形状分圆形、椭圆形和圆角方形等多种，面积均约 4 平方米。门洞一般高 0.8 米，宽 0.5 米，室内顶部为穹隆状[29]。

2. 石楼县

1981 年春，中国社会科学院考古研究所山西工作队在石楼县城关的岔沟和东庄一带发掘了 20 座窑洞遗构。除房基址 F16 属于仰韶文化遗存外，其他 19 座都是龙山文化遗存[30]。

3. 临汾县

近年，陶寺考古队在陶寺遗址中发掘出众多的窑洞遗构，居址平面多为圆形和圆角方形，长、宽一般在 2 ~ 3 米。遗构分属于庙底沟第二期文化和龙山文化陶寺类型[31]。

综上所述，目前在山西省境内发现古文化窑洞遗构的数量最多，占总数的一半以上，其次是陕西和甘肃两省，合计占总数的三分之一强。其余的少数遗构，分别在河北省磁县和内蒙古自治区赤峰市发现。山西、陕西和甘肃三省位于我国黄土最为深厚的黄河中游及其支流地区，黄土堆积普遍厚达数十米至 100 多米。磁县位于太行山东麓与华北平原接壤地带，赤峰市位于燕山北侧的西辽河平原西南部，两地的黄土堆积层较薄，一般都不超过 10 米[32]，目前所发现的遗构也都是人工顶盖的窑洞房基址（详见下节）。

从上述材料中可以看出，迄今发现的西周及其以前诸古文化窑洞房屋的分布地域，主要在我国黄土堆积较厚的地区，也就是黄河中游及其支流地区。该现象与前引先秦典籍所记我国古代穴居地区以及今日所见土窑洞房屋的分布地域，基本上是一致的。

第三节　类型区分与典型遗构复原

上述古文化窑洞房基址，根据它们在营造方式上的差异，大致可以分为两类。下面分类介绍并对典型遗构试作初步复原。

一　类

这类窑洞的营造特征系依地形先修整崖面，然后向土里侧穿而就的全洞穴。洞穴周壁和顶部均属坚实土方，多为生黄土。依房屋基址的住室门前有无竖井土坑院落，又可分为 A、B 二型。

A 型

住室门前无竖井土坑院落。窑洞门前往往是土沟底部，或面临沟壑、洼地。洞口外常见有一条长条形坑道，个别房子门外有一片平坦的院坪。根据窑洞平面形状的不同，分为六式。

I 式　圆形

例：甘肃省宁县阳坬遗址 F10

遗址情况参见《甘肃省宁县阳坬遗址试掘简报》（《考古》1983 年第 10期，第 870~871 页），复原情况见图 5-3-1。

F10 保存基本完整。房址建在生黄土内，洞顶距地表 1.5 米。门洞偏西

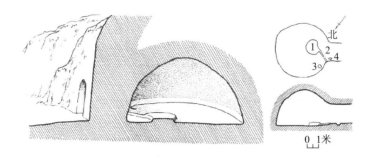

图 5 - 3 - 1 I 式窑洞房址

资料来源：甘肃省宁县阳坬仰韶文化晚期 F10 平面、剖面及复原图。

1. 灶台；2. 隔梁；3. 火种坑；4. 集水坑

南，进深 1 米，高 1.6 米，宽 1.5 米，顶部微拱。门洞连接住室西壁底部有一个椭圆形小坑。住室空间似一半球形，球体半径为 2.3 米，整个底面均有一层厚 3 毫米的白灰面，涂抹均匀，未见柱洞或其他支撑物基础的痕迹。在周壁 20 厘米处也有同样厚度的白灰面。住室地面在白灰面下，有厚 3 厘米的礓石粉末，其下有 1 厘米厚的草拌泥，再下是 6 厘米厚的夯样土。窑洞和周壁的烟熏很浓。灶台位于住室的前中央，和门洞相对，圆形，前方微凹进，高 1.5 米，直径 90 厘米。在灶台的西侧有一条与住室西壁相连的隔梁，高 6 厘米，宽 7 厘米，长 90 厘米，横切面呈半圆形。靠住室西壁的地面上，有一个深 30 厘米，直径 30 厘米的小坑，有火烧痕迹，似为保存火种之用。

阳坬房屋基址 F10 在我们已发现的所有实例中是保存最完整的，唯一被破坏的是洞口部分。另外遗址位于黄土沟原地区的坡地上，水土流失严重，窑洞的顶厚可能不是原来的高度。以上两点是我们复原遗构时要讨论的问题。

从剖面上看，居室和门道的地面平齐，说明它是沿水平方向侧穿掏掘的，因此窑洞必然要有一个高度足够的崖面。现有崖面不是原来的，门道口及其前面的环境被破坏便说明了这一点。至于原来崖面坍塌了多少，无从确知。比较现存的实例，东下冯 F565 的门道进深最小仅 0.4 米，岔沟 F5 的门道进深最深达 1.7 米，阳坬 F10 的门道进深现存约 1 米，应该说是接近原有深度的。也就是说，原有崖面破坏得不多，复原遗构时我们估计门道进深约为 1.5 米。至于崖头高度则有两种可能：一是利用天然崖壁掏洞穴，其高度至少应在 3.8 米以上（即现存顶高 2.3 米加顶厚 1.5 米以上）；二是

在陡坡上开出一段崖壁掏洞，崖头高度也不可能低于 2.5 米。按阳坬和岔沟
两处窑洞聚落同属于一种类型遗址（详见本章第五节），估计属于后一种情
况的可能性较大，故复原崖头高为 3 米，自崖头陡坡向上，其洞顶厚度当在
2 米以上。若非如此，它不可能经历数千年之久而窑洞顶部没有坍陷。

Ⅱ式　椭圆形

例：山西省石楼县岔沟遗址 F3

遗址情况参见《山西石楼岔沟原始文化遗存》（《考古学报》1985 年第
2 期，第 190~191 页），复原情况见图 5 - 3 - 2。

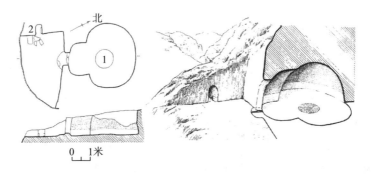

图 5 - 3 - 2　Ⅱ式窑洞房址

资料来源：山西省石楼县岔沟龙山文化 F3 平面、剖面及复原图。

房址坐北朝南，平面为"凸"字形，居室呈椭圆形。东西 4.15 米，南
北 3.1 米。中央偏南有高出地面 1~3 厘米的圆形灶台，直径 1.23 米。门道
长 1.4 米，宽 2 米，门宽 0.8 米，进深 0.4 米。

房内生土墙壁上下略有弧度，保存最高处约 1.55 米。靠上部均有坍塌，
已非原来壁面。墙面先抹 0.3 厘米厚的草泥土，再抹一层白灰墙皮，高 40
厘米，厚 0.3 厘米。门道两侧和门道南端转角也都有相连的白灰墙皮。居住
面也先铺 0.3 厘米厚的草泥土，再抹一层厚 0.5 厘米的白灰面。

门前有二级台阶。第一级宽 38 厘米，高 13 厘米，第二级宽 40 厘米，
高 10 厘米。台阶内侧呈坡状，上面横放一块石板。门外至断崖边，是一块
东西长 6 米，南北宽 2.7 米的院坪。院坪西端灶址东西 0.7 米，南北 0.4
米，存高 0.67 米。灶的两侧壁贴有石板，灶内烧成暗红色。居室填满生黄
土块和淤泥，仅南部近底处有 10 厘米厚的灰土堆积。

　　岔沟遗址位于黄土沟壑峁梁地区。F3 无任何构架屋盖痕迹，洞室内壁面向内拱曲，靠上部均有坍塌，室内填土有很多生土块，表明是一个生土洞穴。复原时要讨论的问题主要如下。

　　1. 洞穴顶部形制　F3 的居室四壁向内拱曲，再参考上述阳圪 F10 实例，应为穹隆顶。其次，F3 四壁的拱曲线不似正圆形，而是下段较直，上段弧度较大，所以洞顶超过现在壁高不会很多。按一般生活起居的需要，洞顶有 2.5 米左右的高度就能保证在屋内活动的方便。通过延长残壁弧线所得洞顶曲线虽有多种可能，但其出入不会太大。现在 F3 复原顶高为 2.4 米，顶高比大致接近于 3∶5。

　　2. 门和门道的顶部形制　现今实例表明洞穴最易塌方的受力部位是洞口，因此它必须有一个适当进深的门道。但细长的门道交通不便，也不利于通风采光。F3 的门道外端保持了狭小的洞口，内端则拓宽成一个似门厅状的较大空间。按门宽 0.8 米的适当比例，复原拱顶高约为 1.7 米（含台阶高度）。门道内端或称门厅部分的高度和顶部形状，则必须考虑对土崖前沿强度的影响，也不宜过高，否则就失去了加长门道进深的意义。另外，它的位置处于出入交通的缓冲部分，可以用来存放一些物品而较少在此停留活动，因此也不需要和居室同高。复原时按门道两壁和居室南壁自下向上、向内弯曲的弧度顺延，得到一个不足球面 1/4 的穹隆顶，门道内口即与居室顶衔接处高约 2 米。

　　3. 院坪　门前院坪地面平坦，只发现北壁和西壁，两壁相接处为直角，这表明它是在坡地上开辟出来的。洞穴系从北壁侧穿而就。院坪西壁有长方形灶，三边存高为 0.67 米，若按复原的窑顶崖高顺延，则门前土坡比现在高出了很多，所以我们认为它是一个壁灶，估计其拱顶高约 1 米。

　　Ⅲ式　圆角长方形

　　例：山西省石楼县岔沟遗址 F5

　　遗址情况参见《山西石楼岔沟原始文化遗存》（《考古学报》1985 年第 2 期，第 191～193 页），复原情况见图 5-3-3。

　　基址坐北朝南。平面为"凸"字形，居室呈圆角长方形，东西 5.25 米，南北 4.3 米。门道前端被断崖所毁，残长 1.7 米，北宽 2 米，南宽 1.7

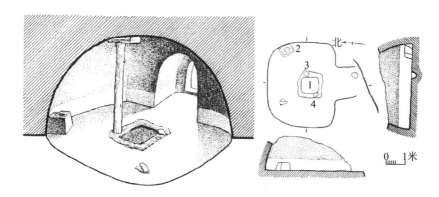

图 5 - 3 - 3　Ⅲ式窑洞房址

资料来源：山西省石楼县岔沟龙山文化 F5 平面、剖面及复原图。

1. 灶；2. 锅台；3. 柱洞；4. 石块

米。居室中央有一圆角方形凹灶，东西 1.15 米，南北 1.25 米，深 3 ~ 5 厘米。东北角有一个用黄土砌成的锅台，形状为截顶方锥形，高 45 厘米，底宽东西 65 ~ 70 厘米，南北 70 ~ 110 厘米。灶门偏在东南角上，底宽 30 厘米，高 25 厘米。锅台中央有一圆形灶口，口径 32 厘米，底径 37 厘米。在凹形灶东北角有一圆形柱洞，口径 32 厘米，深 42 厘米。

基址生土墙壁上下略有弧度，保存最高处达 2.2 米。墙壁下部约 85 厘米的壁面抹有厚约 0.3 厘米的草泥土，上面再抹白灰墙皮，厚 0.3 厘米。门道两壁也有白灰墙皮，但大部分已剥落。居室地面有一层厚 0.5 ~ 0.8 厘米的白灰面，靠墙根的白灰面上有一圈宽 0.6 厘米的红线。居室内填满淤土和生土块，仅底部有少量灰土堆积。

据上述现象可知，F5 与前例 F3 的结构基本相同，所以它的复原主要讨论以下两点：

1. 通过延长居室墙壁弧度所得曲线，洞穴穹隆顶高约 2.9 米，顶高比大致接近于 3∶5。室内立柱无疑是用来局部加固窑顶的，其原因或是 F5 的跨度大，也可能是窑洞使用一段时间以后出现了险情才加柱支撑的。

2. 门道前端已被破坏。残存部分北宽南窄，两侧壁南端有内收的趋势，这表明门道最前端是窄小的门口。参照 F3 实例，并根据 F5 的居室较大，我们在复原时适当地加大了它的门和门道的顶部尺寸，门宽 0.9 米，拱顶高 1.8 米，门道内口，即与居室顶衔接处高约 2.4 米。

Ⅳ式　方形

例：陕西省宝鸡市石嘴头遗址 F3

遗址情况参见《宝鸡石嘴头东区发掘报告》(《考古学报》1987 年第 2 期，第 212～213 页)，复原情况见图 5-3-4。

图 5-3-4　Ⅳ式窑洞房址

资料来源：陕西省宝鸡市石嘴头客省庄第二期文化 F3 平面、剖面及复原图。
1. 灶；2～5. 柱洞；6. 壁龛；7. "壁炉"

房址坐南朝北。平面近似方形，南北 3.1 米，东西 2.76～3.04 米，门道进深 0.85 米，宽 1.32 米，甬道宽 1.32 米，残长 0.6 米。居室中有一椭圆形灶台，直径 90～104 厘米，高出地面 8～10 厘米。东墙靠北的壁灶进深 70 厘米，宽 65 厘米，高 48 厘米，灶底凹陷填以卵石，再抹泥面和一层白灰面。表皮烧成青灰色，周壁的烟炱很浓，在南墙偏东高 66 厘米处有一方形壁龛，进深 53 厘米，宽 48 厘米，高 55 厘米。居室内东侧有两个圆形柱洞，偏南柱洞口径 24～26 厘米，深 32 厘米，偏北柱洞口径 26～28 厘米，深 46 厘米。门道内口的两个圆形柱洞大小相同，口径 18 厘米，深 20 厘米。

基址生土墙壁自下往上向内斜收，倾角分别在75°～80°之间，墙存高1.03～2.06米。门道两壁残高0.7～1.03米，甬道两壁残高0.3～0.5米，门道和甬道的墙壁抹有厚0.4～0.5厘米的泥面。居住面是厚0.5～1厘米的白灰面，下面有厚0.4～0.5厘米的泥面。门道和甬道的生土地面上遗留有路土。

石嘴头遗址位于宝鸡市渭河南岸的茵香河两岸。遗址地形南高北低，偏南的房址F3所在梯田高出河床约30米，偏北的房址F6所在梯田高出河床约20米，F3和F6相距约25米。按此推算，台地现在地势坡度为2.5∶1，估计其原来的地貌比现有坡度要大些。房墙残存最高处已超过2米，加上破坏部分则数字还要大。居址不见构筑顶盖的草筋泥块，两个柱洞偏东侧也不像是构架人工顶盖的遗留。可以认为，它应是一座全洞穴基址遗存。

洞顶形制存在多种可能性。1. 房墙在超过现存高度后逐渐弯曲，四角也随之消失，形成略带方圆形的穹隆顶。但这种形式的顶高至少在3米以上，从生活需要看似无必要。2. 四壁向上折曲，顶作四坡式。这种形式的顶高适中合理，但两个柱子恰好在洞顶斜面位置，不易支撑。3. 高出现存壁面不多的位置是个平顶。第3种可能性最大。按四壁平均倾角计算，在2.5米高度的洞顶面积为2×2平方米左右。这样大小的平顶洞穴对当地的土质条件来说是完全可能的，平顶的洞室墓屡有发现可作为佐证[33]。房内的两根立柱是用来加固顶部的，其位置在洞顶东缘的垂线上。托架方法大致先立柱，然后用长于顶跨的木板一端紧贴洞顶插入西壁顶部，另一端抬直卡入柱顶，牢牢托住洞顶中部易陷部位。从泥面和白灰面抹至柱洞周缘分析，两根柱子在铺设居住面之前便竖立起来了。门道内口的两根对称的柱子，应是支撑洞口过梁的，以加固洞口的强度。居址复原洞顶高为2.4米，门高为1.5米。

V式 长方形

例：陕西省宝鸡市石嘴头遗址F4

遗址情况参见《宝鸡石嘴头东区发掘报告》（《考古学报》1987年第2期，第213～214页），复原情况见图5-3-5。

图 5 - 3 - 5　Ⅴ式窑洞房址

资料来源：陕西省宝鸡市石嘴头客省庄第二期文化 F4 平面、剖面及复原图。

1. 灶；2 ~ 6. 柱洞；7. "壁炉"。

房屋基址 F4 坐南朝北，平面为长方形，南北 3.2 米，东西 2.28 ~ 2.5 米，门道进深 0.84 米，宽 1 米，甬道长 1.16 米，宽 0.86 ~ 1 米。居室中央有一圆形灶台，直径 68 厘米，高出地坪 6 ~ 8 厘米。东墙靠北的壁灶进深 64 厘米，宽 64 厘米，拱顶高 76 厘米，灶底中间有东西向的隔墙，高 28 厘米，厚 8 ~ 22 厘米。居室东侧有三个圆形柱洞，口径 20 ~ 26 厘米，深 30 ~ 40 厘米。门道内口有两个对称的圆形柱洞，口径 14 厘米，深 8 厘米。两个柱洞外侧贴墙各放置一块卵石。

生土墙壁存高 1.22 ~ 2 米，北墙上下近于垂直，其他三壁自下往上向内斜收，斜角约 80°。门道两壁存高 0.8 ~ 1.22 米，甬道两壁存高 0.25 ~ 0.6 米。居室地坪先抹一层 0.5 ~ 1 厘米厚的泥面，再抹一层 0.4 ~ 0.5 厘米厚的白灰面。门道地面经过夯平，表面有踩踏的路面。住室、门道和甬道的墙壁都抹一层泥面，厚约 5 厘米。

石嘴头房址 F4 与Ⅳ式实例在结构上相同，因此我们采用同一复原方案。居室平顶高为 2.4 米，门洞平顶高为 1.5 米。F4 的居室为长方形，用三根柱支撑洞顶，另外 F4 比 F3 的横跨略小，所以它在构筑上显得更为合理。

F4 的甬道前端无明显边缘，推测原来可能更长一些。可以认为，石嘴头这类窑洞营造方法是在坡地上沿坡向开沟，在沟内端向里掏洞，因此在甬道前面是没有宽阔的院坪的。

Ⅵ式　不规则形

例：山西省夏县东下冯遗址 F565

遗址情况参见《山西夏县东下冯遗址东区、中区发掘简报》（《考古》1980 年第 2 期，第 99 页），复原情况见图 5 - 3 - 6。

图 5 - 3 - 6　Ⅵ式窑洞房址

资料来源：山西省夏县东下冯二里头文化 F565 平面、剖面及复原图。
1. 火塘；2. 烟道；3. 窖穴

房址 F565 仅顶部塌陷。居室的平面为不规则形，即南边缘近于平直，东南部向内凹陷，其余边缘呈弧形状，进深 2.3 米，东西宽 2.55 米。生土墙壁存高 1.25 米，近底约 0.8 米一段的壁面较直，以上向内拱曲，墙壁与洞顶无明显界限。门洞向南略偏西，门道进深 0.4 米，宽 0.45 米。居址地面高出门前土沟底部约 0.48 米。室内靠门洞东侧有一火塘和一红烧土灶面，北壁有一小龛。西部有一圆形直壁土坑，直径 34 厘米，深 50 厘米。火塘有一圆形烟道通往洞外。

F565 的复原主要是窑洞顶部的门洞。通过住室壁面弧线的延长得到的是穹隆顶，推算其高度当在 1.4 米左右。关于门洞的形制，简报介绍的数座居址的门洞一般宽约 0.5 米，高约 0.8 米，我们推测门洞是拱曲顶。

这个居址的营造特点，适应了较平缓的地形条件。它是先挖掘路沟，然后利用沟壑掏窑洞，沟底成为许多窑洞相联系的通道。至于居址高出沟底 0.48 米，无疑是防止雨水倒灌。从火塘至洞外的圆形烟道，是其他类型窑洞所未见的。

B 型

洞穴门前有一个竖井土坑院落。居址多位于坡度小、平坦的台地上。其营造特点是先挖竖井土坑院落，然后在院落一壁向里掏洞。根据住室平面形状的不同，分为三式。

Ⅶ式　长方形

例：山西省夏县东下冯遗址 F301

遗址情况参见《山西夏县东下冯龙山文化遗址》(《考古学报》1983 年第 1 期，第 60 页)，复原情况见图 5 - 3 - 7。

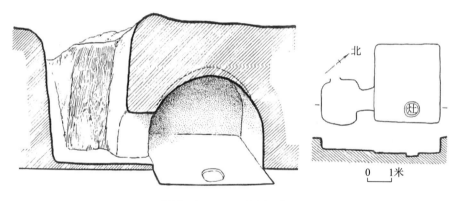

北

0　1米

图 5 - 3 - 7　Ⅶ式窑洞房址

资料来源：山西省夏县东下冯庙底沟二期文化 F301 平面、剖面及复原图。

基址平面为"吕"字形。前坑和后坑之间有长、宽约 0.8 米的通道。前坑呈圆角长方形，南北 1.82 米，东西 1.42 米，残深 0.64 米，西墙有宽 0.45 米的豁口，内有通向室外的路土。后坑形制较大，长方形，南北 3 米，东西 2.6 米，残深 0.64 米。坑底为黄沙硬面，靠东南迎门有一圆形灶坑，直径 0.6 米，深 0.14 米。

房基址 F301 无构架屋盖的柱洞和草筋泥块等遗留。另外从结构上看，前坑纵轴和后坑纵轴呈 90°折角，这不仅使后室的采光成为问题，排烟也极为困难。据此我们认为前坑是院落，后坑是全洞穴居室。复原洞穴穹窿顶高为 2.4 米，拱顶门洞高为 1.1 米，它的营造方法见下面Ⅷ式实例。

这个居址在布局上有其独到的特点：一是院落出入口的斜坡道设在坑外，节省了院落的空间；二是门道和灶坑均偏在住室一侧，这既便于居寝又不妨碍炊事，使居室空间得到了更为合理的利用。

Ⅷ式　方形

例：陕西省长安县客省庄遗址 H98

遗址情况参见《沣西发掘报告》（文物出版社，1963，第 43~44 页），复原情况见图 5-3-8。

图 5-3-8　Ⅷ式窑洞房址

资料来源：陕西省长安县客省庄第二期文化 H98 平面、剖面及复原图，复原时曾参考原发掘记录和照片加以补充。

1、2. 柱洞；3、4. 红烧土范围；5~10. 小灶；11、12. 小坑；13. 地面较松软部分；14. "壁炉"；15. 窖穴；16. 斜坡道

居址平面呈"吕"字形。前、后坑中间连有过道，长 0.7 米，宽 0.62

米，存高 0.5 米，两壁为"熟土"。后坑近似方形，穴口东西长 3.05 米，南北宽 2.7 米，底长 3.17 米，宽 2.92 米。前坑为长方形，穴口东西长 5.29 米，南北宽 1.85 米，底长 5.35 米，宽 2 米，穴西南角有一条斜坡道通往外面。居址生土墙壁存高 1.65 米，上距地表深 2 米。内有两层路土居住面，上层除多一壁灶外，与下层遗迹相同。下层居住遗迹现象据发掘记录介绍如下。

后坑中央有一圆形凹灶，直径 0.2 米，深 0.1 米，西南角有一片烧土，连带墙壁上也都烧成红色。靠东侧的圆形柱洞口径 0.3 米，深 0.37 米。

前坑东北角有一长方形凹槽，东西 0.7 米，南北 0.4 米，槽底不如其他地面坚硬。在凹槽西南角外侧有一圆形柱洞，口径 0.3 米，深 0.37 米。北墙中部有三个小凹坑灶，其中靠墙根的两个只是在地面挖个小坑，另一灶坑底部垫一大陶片，周壁抹一层夹砂草泥土。穴西北角有一圆形袋状窖穴。两坑过道的"熟土"墙外侧地面上各有一个深约 5 厘米的不规整的小坑。

关于居址的复原，可从三方面来考察。

1. 后坑现存壁高 1.65 米，上边被破坏，其原有高度当要更大些。另外穴壁上部内侧，并稍有弧度，向上有收拢的趋势。

2. 前坑和后坑都只有一个柱洞，且位置过偏，不像是人工顶盖的立柱遗留。同时也未发现顶盖草筋泥块。

3. 居址位于黄土堆积甚厚的"郿坞岭"[34]高地上，穴底距地表深达 3.65 米。

从上述分析可以认为，居址应是洞穴式的房基址。但审其东西总长在 9 米以上，中间又有窄小的"熟土"过道分为两室，洞穴在采光、通风方面都存在问题。其次，后坑形状规整，四壁整齐，地面平光；而前坑形状不规整，四壁和地面都凹凸不平，说明二者在用途上是不同的，在构造上也会存在差别。所以，我们认为前穴是土坑院落，后者是洞穴居室。

按照上述看法，复原洞穴应是一个弧度较小的穹隆顶，高度为 2.4 ~ 2.5 米，柱洞是加固顶部的立柱遗留。院落东北角的长方形凹槽可能是存放物品的地方，因不经常踩踏，所以槽底不如其他地面坚硬。凹槽西南角外侧的柱子是搭建栅盖的，估计其做法是以柱子为支点向东墙插一木为梁，然后向北壁斜搭木椽，上面以细枝和茅草做铺垫。推测这个居址的营造方法是先挖竖穴院落，西南角斜坡道是出入升降的通道，穴成后再向东壁开大口掏洞穴，最后在洞口砌筑门道。门道两壁的所谓"熟土"，可能是土坯筑成的，或者下部是夯土墙而上部是土坯，高不会超过2米。门口外侧两个不规整的小坑很可能是在那里立两根木柱类似门框，防止这两段短墙倒塌。

Ⅸ式　不规则形

例：陕西省长安县张家坡遗址 H143

遗址情况参见《沣西发掘报告》（文物出版社，1963，第76页），复原情况见图5-3-9。

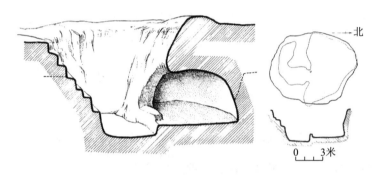

图5-3-9　Ⅸ式窑洞房址

资料来源：陕西省长安县张家坡西周初期 H143 平面、剖面及复原图。

房子挖在生土里，平面为椭圆形，南北9.5米、东西7.8米。穴口被灰层破坏，坑壁保存最高处约3米。在距坑口深2米处，坑内北半部有大片的生黄土，由北壁向南长约4米。生土的堆积情况是西北壁较厚，东南稍薄。揭去生土后，下面是灰土，直到坑底。在坑底偏南有一条东西向的生土梁将坑分为南北两半，生土梁的中部有一个宽1.2米的缺口，坑的两个部分可以互通。坑底较平整，有一层很薄的路土。北半部坑底高出南半部坑底约0.4米。在东部的生土梁上有三级台阶，台阶南转，出入口当在南边。

居址复原：根据生土窑顶坍塌在北部，可知竖穴南半部是院落，北半部是洞穴住室。穴南部低于北部约0.4米，其作用是防止雨水倒灌入洞穴内。洞穴是从院落北壁开大口向里掏掘的，进深约4米。穴底生土梁中间的缺口，应是窑洞的房门。窑顶形制可参考同类遗构加以复原。如在河北省磁县下七垣发现的基址 H41 的窑顶横剖面为圆拱顶，因此我们推测房址

H143 也是圆拱顶，高度约 2.7 米。窑顶外形根据今日窑洞形制应是前高后低呈漫坡状，以防止雨水流向洞穴崖面发生坍塌。

在张家坡发现的同类遗构，在穴内往往发现供炊爨用的圆凹小灶，但在房址 H143 内未见灶址，它可能是房子废弃后被破坏，或者灶坑设在坑以外，后一现象在陕西省长武县碾子坡先周居址内有发现。

二　类

这类窑洞的营造特征是先挖土坑然后在坑口架设木檩和中层铺垫，再覆土为顶。根据房址的住室门前有无竖井土坑院落，可分为 A、B 二型。

A 型

住室门前无竖井土坑院落。依住室平面形状的不同，分为二式。

X 式　圆形

例：甘肃省镇原县常山遗址 H14。

遗址情况参见《陇东镇原常山遗址发掘简报》（《考古》1981 年第 3 期），复原情况见图 5 - 3 - 10。

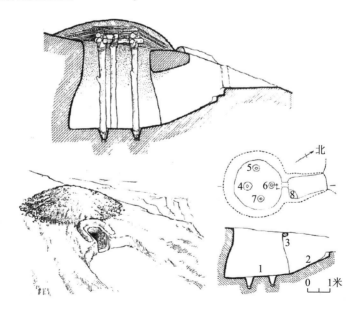

图 5 - 3 - 10　X 式窑洞房址

资料来源：甘肃省镇原县常山下层文化 H14 平面、剖面及复原图。
1. 住室；2. 坑道；3. 土圭门洞顶；4~7. 柱洞；8. 凹坑

住室是一个口小底大的袋状生土坑，现存上口口径 2.6 米，距地表深 0.7~1.14 米，自坑口向下 0.5 米一段是直壁"颈部"。坑底径 3~3.2 米，地坪用火烧烤过，有一层路土居住面。中央有四个圆形柱洞，口径 30~40 厘米，深 35~40 厘米，洞底垫有卵石或碎陶片的暗础，排列成方形，相距 0.8~1 米。门道开在北壁，呈斜坡状，长约 1.8 米，外端有一级 0.2 米高的台阶。门洞位于门道内端，现存进深 0.4 米，底部宽 1.34 米，顶塌陷残存部分厚 10~15 厘米。门洞下方靠南侧有一深 10 厘米的凹坑。

关于居址的复原，下面分四点来讨论。

1. 居址的顶盖问题

（1）住室是一个口小底大的袋状坑，上口残存 0.5 米一段的直壁"颈部"，这一现象与生土穹隆顶的条件是不相同的。

（2）居址虽然处于坡地，但坡度不大。相反的，穴口跨度大，要得到必要的顶厚，门道必须有足够的斜长。现存门道较完整，全长仅 1.8 米，若为生土穹隆顶也缺乏相应的条件。

（3）四个柱洞排列整齐，制作讲究，洞深达 35~40 厘米，平放的暗础表明，柱子是垂直方向受力的。

（4）穴内未见坍塌下来的生黄土。

从以上分析可以认为，居址应是木构顶架结构，穴底中央四个柱洞，是为支撑屋顶的四根立柱而设置的。生土穹隆顶的推论应予排除。

2. 屋盖的形式问题

屋盖形式，主要取决于居址的平面形状、穴深以及柱洞大小、数量与其排列情况，同时还应考虑到影响屋盖形式的地理和气候条件。本房址存深已达 2.2 米，加上被毁部分深度还要大些，也就是说，穴深已足够居住使用，因此从大体上说它的屋盖应该是比较矮小的。常山遗址海拔 1300 多米，西北黄土高原上气候寒冷，作为居址，不仅需要穴深，还需要顶厚，这样才能严实暖和。本房址没有发现草泥顶盖一类的建筑遗存，这就排除它是草筋泥顶的可能性。H14 的面积不足 8 平方米，顶架使用四个设暗础的深大柱洞，表明它们有较大的承重需要。根据屋盖应具有厚重承重力的要求，推测其最大的可能性应是堆土为顶。其做法是，以四根立柱为支撑，上端绑扎横向杆件，在穴口位置上构成"井"字形骨架，再以稍细的杆件搭于穴口与柱顶横杆之间，然后以细枝条、茅草作为中层铺垫，最上面覆土拍实而成屋盖。其外观大约像一个扁圆的土丘。

3. 门道和门道口

门道内端是生土拱顶门洞，现存最大进深 0.4 米，最大顶厚不足 0.3 米，这个数字对于起码的强度要求来说，显然是不够的。门洞的两壁向内微弯曲，沿门道向上逐渐变得平直，但至门道口处仍向内倾斜，这说明其原有进深较大。由于门洞处在坡道上，其拱顶必然亦呈前高后低倾斜状，因此它受破坏严重，现存的只是门洞里侧部分。按住室穴深的复原高度和该居址所处地形，推知其进深至少有 1 米，顶厚也不少于 0.8 米。

门道口保存有"八"字形向两侧分开的矮墙，长 0.4 ~ 0.5 米，这说明门道口是开在一个立面上。估计这个立面原来也不会太高，如果高了，不仅与遗址整体地形不符，而且高了也就不再需要使用斜穿式的门道。至于门道口的台阶，其作用无疑是因为地面坡度小，为取得足够的深度，又要尽量缩短门道长度而设置的，但门道两壁已到门道口，因此门口的台阶也只能再有一层，而不会再多了。

根据以上分析，虽然门口以外被破坏，但仍可以推想其门口的大体情况和营造方法。当是先在坡地上开出一块平地，然后在上坡地坎上开门道斜穿向下，由于高度有限，因此在门道的外端必有一段敞口部分，至一定深度掏生土门洞达室内。这时门口的平地，自然也就形成了室外的活动场地。斜穿式的门道是居址的最大特点，它解决了深竖穴的出入交通问题，避免了直接从穴口上、下的不便，也有可能使穴口完全封闭，得到了更好的保暖条件。

4. 门道口的围护方式

门道上口已被破坏。它是否有类似雨篷的顶盖，没有直接的证据去表明。但原来设有雨篷顶盖的可能性似不能完全排除。不过从居址所处的地形上看，或许用筑个堤埂的简单方法加以围护门道口，倒有更大的可能。因其处在坡地上排水快，内陆地区雨量少，只要在门道口的上方和两侧用石块和土堆起不高的堤埂，就不会发生雨水倒灌。门洞进深大，门道敞口部分相对较小，虽有少量雨水落入门道，其门洞下的凹坑也可以满足渗水的需要。

XI式　椭圆形

例：内蒙古自治区赤峰市东山嘴遗址 F5

遗址情况参见《内蒙古赤峰县四分地东山咀遗址试掘简报》（《考古》1983 年第 5 期），复原情况见图 5 - 3 - 11。

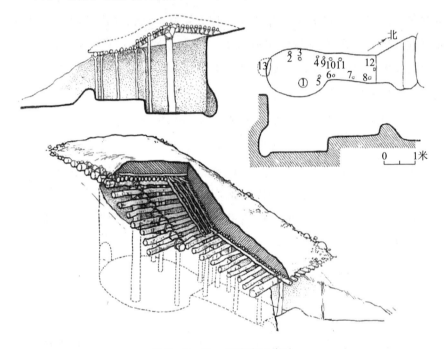

图 5 - 3 - 11　XI式窑洞房址

资料来源：内蒙古自治区赤峰市东山嘴夏家店下层文化 F5 平面、剖面及复原图。
1. 大柱洞；2 ~ 12. 小柱洞；13. 壁龛

房址建在生土里，方向 60°。住室是一个椭圆形直壁坑，南北 1.98 米，东西 1.5 米，存深 1.8 米。门道高出居室地坪 0.4 米，长 1.78 米，宽 0.8 米。门道前端有一土坎，高 0.3 米，长 0.7 米。住室南墙贴地有一壁灶，高 0.9 米，宽 0.52 米，深 0.5 米，灶底略低有火烧痕迹。居址内有 1 个大柱洞和 11 个小洞。居住面是 0.5 厘米厚的硬土面。

它的复原可以从以下方面加以考察。

1. 居址顶部破坏，住室壁面陡直无内收迹象，现存壁高 1.8 米，估计原高度还要大些。

2. 居址内有 12 个柱洞，数量多且密集。

3. 居址的平面形状不对称，纵轴线偏西侧，居室右侧向东凸出近 1/3。大柱洞正处于凸出部分，而且在室内的位置前后比较居中。

4. 居址纵深大，门道长，壁灶深居最后，这对采光、排烟都十分不利。

据以上分析，我们认为它是人工顶盖的窑洞遗构，室内大柱洞是顶盖的主要支撑点，推测其构架方法是：大柱子高于居室坑口，以柱顶做支点向前、向后各搭一根粗杆构成南北向的三角形枬架。东西向的木椽一端搭在西边坑口上，另一端搭在枬架上并伸出一段形成檐口，门道部分则直接搭在门道坑壁顶上，自居室后部密排铺至门道前沿，再用细枝条纵横交叠做成中层铺垫，最后在上面堆土。那些细小的柱洞排列无规律，可能是由于顶盖厚重因而在薄弱部位附加的支撑。至于它们在房子始建时就有，还是之后陆续增加的，由于不了解柱洞和居住面的结构详情，在此难以作出判断。其顶盖外形，高出地面不多，西侧扁平边缘平贴地面，使居室西侧顶部完全封闭，东侧边缘在居室中部折起，构成一个不高的三角形顶窗，门道部分则为平顶，整体呈不规则形。这个顶盖既满足了避风遮雨的主要要求，又使这个大进深的居室具备了一定的采光、通风条件。

B 型

住室门前有一个竖井土坑院落，根据住室平面形状的不同，分为二式。

ⅩⅡ式　圆形

例：甘肃省宁县阳坬遗址 F5

遗址情况参见《甘肃省宁县阳坬遗址试掘简报》（《考古》1983 年第 10 期，第 870 页），复原情况见图 5 - 3 - 12。

居址平面为葫芦形，两个圆形土坑和门道的底面相平。前坑直壁，直径 2.5 米，存深 1.6 米，南墙上有一拱顶壁龛，进深 0.5 米，宽 0.6 米，高 0.8 米，龛内有一个粗陶罐，门道位置在西南壁，宽 1.5 米。后坑四壁上部向内弧曲，直径 2.6 米，深 2.3 米，地坪用火烧烤过，南北两壁靠坑口处各有 3 个基本对称的小洞，似为置檩的支承点。靠门洞的北壁贴墙有一壁灶，坑内填土中有树枝印痕的草泥土块。

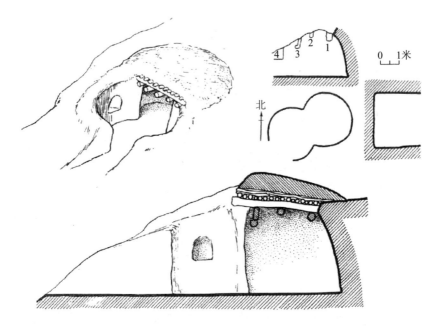

图 5 - 3 - 12　XII式窑洞房址

资料来源：甘肃省宁县阳坬仰韶文化晚期 F5 平面、剖面及复原图。

1～3. 置檩小洞；4. 壁灶。

居址现存现象表明它是一座有院落的人工顶盖窑洞基址，前坑是竖井院落，后坑是居室。复原时要讨论的是以下两个问题。

1. 居室顶盖形式。居室存深 2.3 米，在南北两壁靠坑口处有三对置檩小洞，估计其上部破坏不会很多。由于置檩小洞对称及处在相同的水平上，室内当是平顶。其结构是以三根较粗的杆件为檩，再纵横交叠密椽，然后以细枝条做铺垫，上面抹草泥面。顶盖外形，参照今日窑洞顶面垫土都是前高后低的形式，因此我们复原 F5 的草泥面顶盖也是前高后低。这样既可防止雨水流向居室前沿发生坍塌，同时阳坬地处黄土高原寒冷地带，屋盖加厚还可以增加居室的保暖能力。

2. 竖井土坑院落和出入的坑道上部破坏多少，我们无从确切地知道。但据遗构照片看，居址建在坡地上，若从居室前沿顺延来复原其原来地面，院落和门道的壁高以及门道长度约略如图 5 - 3 - 12 所示。

XIII 式　椭圆形

例：河北省磁县下潘汪遗址 F1

遗址情况参见《磁县下潘汪遗址发掘报告》(《考古学报》1975 年第 1期，第 88 页)，复原情况见图 5 - 3 - 13。

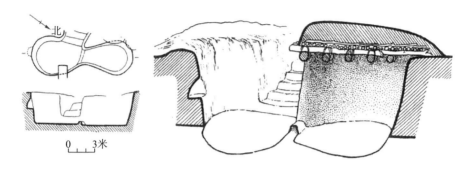

图 5 - 3 - 13　Ⅷ式窑洞房址

资料来源：河北磁县下潘汪龙山文化 F1 平面、剖面及复原图。

遗址位于漳河北岸平坦的台地上。F1 是一个生土坑，平面为"8"字形，像两个衔接的灰坑，坑口南北长 9.85 米，底长 8.95 米，深 3 米，中间留出高于坑底 0.3 米，宽 0.2 米的生土梁。北坑南北 4.4 米，东西 2.6 米，地坪上有一层厚 2 厘米的白灰面，大部已剥落。南坑南北 4.3 米、东西 3.4米，地面白灰面厚 2 厘米，南壁小龛进深 0.7 米，高 0.9 米，西壁有三级台阶通往屋外，每级台阶宽、高约为 0.6 米。靠东墙的地面上有一堆散乱的红烧土，烧土下面的地面及附近墙壁被火烧成红色，应是炊爨的地方。

遗构供复原的主要依据如下。

1. 居址位于平地上，坑口略大于坑底，坑壁面微微外斜，这表明遗构不是全洞穴而是有人工顶盖的窑洞房址。

2. 居址南北长近 10 米，若整个居址满覆顶盖，其室内采光通风都成问题。再从结构上看，居址平面呈"8"字形，中间有生土梁分隔为二，而且两部分的地坪一高一低，这似暗示二者在用途上是有差别的。根据土坑偏南部分的东西跨度大，而且又有阶梯式门道，所以它很可能是竖井院落。北半部的东西跨度较小，又有门槛与院落隔开，它大概是有人工顶盖的居室。遗构与前例阳垭 F5 在结构上是雷同的。

3. 屋盖结构可参照前例阳垭 F5 的屋盖加以复原，即将木檩横搭坑口为承重骨架，上面纵横交叠密椽，再用细枝条和茅草做成中层铺垫，最后土封。屋盖外形为前高后低的漫坡状。

第四节 各式窑洞遗构的分布、年代及其演化

（一）各式窑洞的分布与遗构文化性质

关于各式窑洞的发现地点及遗构的文化性质，综上所述可归纳为表 5 - 4 - 1 来表示，表下面不再作文字说明。另外，为避免表的冗长烦琐，各地凡属文化性质相同的同式遗构限举一例，放入典型遗构或同类遗构栏内。

表 5 - 4 - 1 各式窑洞特征与性质

类	型	式	形制	典型遗构	文化性质	同类遗构	文化性质
一类	A型	I	圆形	阳坬 F10	仰韶文化晚期	岔沟 F16 陶寺 F326 陶寺 双庵 F1 东下冯	仰韶文化 庙底沟二期文化 龙山文化陶寺类型早期 客省庄二期文化 二里头文化东下冯类型
		II	椭圆形	岔沟 F3	龙山文化	东下冯	二里头文化东下冯类型
		III	圆角长方形	岔沟 F5	龙山文化	陶寺 东下冯 白家庄 F1 马王村 F1	龙山文化陶寺类型早期 二里头文化东下冯类型 西周初期 西周晚期
		IV	方形	石嘴头 F3	客省庄二期文化		
		V	长方形	石嘴头 F4	客省庄二期文化	碾子坡 H303	先周文化早期
		VI	不规则形	东下冯 F565	二里头文化东下冯类型		
	B型	VII	长方形	东下冯 F301	庙底沟二期文化	双庵 F2	客省庄二期文化
		VIII	方形	客省庄 H98	客省庄二期文化	双庵 F3	客省庄二期文化
		IX	不规则形	张家坡 H143	西周初期	下七垣 H41 碾子坡 H503 客省庄 H11 普渡村 H2	商代文化 先周文化早期 先周文化晚期 西周晚期

续表

类	型	式	形制	典型遗构	文化性质	同类遗构	文化性质
二类	A型	X	圆形	常山 H14	常山下层文化	阳圷 F4	仰韶文化晚期
						东下冯 F205	龙山文化晚期
						东山嘴 F2	夏家店下层文化
						药王庙 F2	夏家店下层文化
						下潘汪 F3	西周晚期
		XI	椭圆形	东山嘴 F5	夏家店下层文化		
	B型	XII	圆形	阳圷 F5	仰韶文化晚期		
		XIII	椭圆形	下潘汪 F1	龙山文化早期		

注：1. 遗址所在省、市、县详见本章第二节；2. 房址缺编号者是原报告缺号。

（二）各种不同文化遗构的年代

我们在表 5 - 4 - 1 中已经列出各种遗构的文化性质和期属，这里根据各种不同文化的直接或间接层位叠压关系排列出其早、晚年代顺序的图解，然后再来讨论具体年代问题。

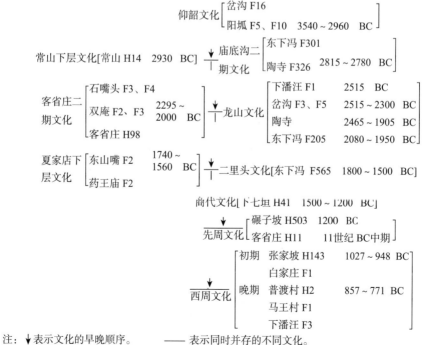

仰韶文化[岔沟 F16 / 阳圷 F5、F10　3540 ~ 2960 BC]

常山下层文化[常山 H14　2930 BC] ↓ 庙底沟二期文化[东下冯 F301 / 陶寺 F326　2815 ~ 2780 BC]

客省庄二期文化[石嘴头 F3、F4 / 双庵 F2、F3　2295 ~ 2000 BC / 客省庄 H98] ↓ 龙山文化[下潘汪 F1　2515 BC / 岔沟 F3、F5　2515 ~ 2300 BC / 陶寺　2465 ~ 1905 BC / 东下冯 F205　2080 ~ 1950 BC]

夏家店下层文化[东山嘴 F2 / 药王庙 F2　1740 ~ 1560 BC] ↓ 二里头文化[东下冯 F565　1800 ~ 1500 BC]

商代文化[卜七坦 H41　1500 ~ 1200 BC]

↓ 先周文化[碾子坡 H503　1200 BC / 客省庄 H11　11世纪 BC中期]

↓ 西周文化[初期 张家坡 H143　1027 ~ 948 BC / 白家庄 F1 / 晚期 普渡村 H2　857 ~ 771 BC / 马王村 F1 / 下潘汪 F3]

注：↓ 表示文化的早晚顺序。　—— 表示同时并存的不同文化。

按中国有准确历史纪年始自西周晚期共和元年，即公元前 841 年。在此以前的商周历史年数，迄今还是学术上有待解决的问题。不过，有较大影响的诸说法所指年代颇为接近，如关于周武王灭殷之年，唐兰说是公元前 1075 年[35]，新城新藏说是公元前 1066 年[36]，雷海宗[37]、丁山[38]、陈梦家[39]等认为是公元前 1027 年。前两说所指年份只差 9 年，后两说所指年份也不过相差 39 年。所以，我们采用前述中的某一说法去勾画出商周窑洞遗构的上下限年代，问题的出入都不会相距太大。

陈梦家先生推定的商、周年数如下[40]：

商　　约公元前 1600～公元前 1028 年　　　　共 573 年

殷　　约公元前 1300～公元前 1028 年　　　　共 273 年

西周　约公元前 1027～公元前 771 年　　　　共 257 年

西周初期为公元前 1027～公元前 948 年

西周中期为公元前 947～公元前 858 年

西周晚期为公元前 857～公元前 771 年

关于西周窑洞遗构的年代，参见前引陈先生推定的西周初、中、晚三期的年数。论及先周窑洞遗构的年代，其中客省庄房址 H11 被认为略早于西周的文化遗存[41]，约当公元前 11 世纪中期；碾子坡先周居址与殷墟第二期文化的年代相当[42]，为公元前 1200 年前后。下七垣房址 H41 属何期商遗存很难论定，此点我们在注 [21] 中已论及。不过，据《报告》发表的有关材料比较研究，遗构的年代上限似不早于二里头四期文化，下限不会晚于殷王武丁时期，为公元前 1500～公元前 1200 年。

商代以前诸文化房址可根据 ^{14}C 测年数据来加以论定（按：这里为便于下文讨论而使用商代一词，其实二里头遗址中的三、四期遗存属商代文化当不成什么问题）。

仰韶窑洞基址目前限于在岔沟和阳坬两地有发现。原报告说岔沟房址 F16 只出土 1 件粗陶罐，属仰韶文化何种类型遗存很难论定，所以它的年代在此暂且不论。至于阳坬仰韶晚期遗存与大地湾仰韶晚期遗存的特征是相类似的[43]，其年代亦应接近。

大地湾仰韶晚期的 ^{14}C 测年数据有以下 7 个[44]（表 5 - 4 - 2）。

表 5 - 4 - 2　大地湾仰韶晚期窑洞遗存 ^{14}C 测年数据

实验室编号	物质	层位文化	^{14}C 年代 (5730BP1950)	树轮校正年代	
				距今	公元前
BK—79027	木炭	H202	4900 ±110	5490 ±135	3540 BC
WD—80—50	木炭	H366	4690 ±100	5245 ±135	3295 BC
BK—81050	木炭	H405 柱基下	4520 ±80	5045 ±180	3095 BC
BK—81049	木炭	F405 居住面上	4410 ±80	4910 ±180	2960 BC
BK—79025	木炭	Y202	5320 ±150	5960 ±165	4010 BC
BK—79028	木炭	F404	5240 ±100	5875 ±125	3925 BC
BK—79024	木炭	H201：20	5140 ±90	5765 ±90	3815 BC

　　上述 7 个年代数据，后 3 个与大地湾仰韶文化中期即庙底沟类型的测年数据近似[45]，显然偏早，应予舍弃。前 4 个数据的年代比较集中，在公元前 3540 ~ 公元前 2960 年。

　　常山下层文化是仰韶文化在陇东及附近地区的继续与发展[46]，二者前后因袭关系的脉络是清楚的[47]。常山下层文化的 ^{14}C 测年树轮校正年代为公元前 2930 ±280 年[48]。

　　庙底沟二期文化的 ^{14}C 测年数据有以下 4 个[49]（表 5 - 4 - 3）。

表 5 - 4 - 3　庙底沟二期文化窑洞遗存 ^{14}C 测年数据

实验室编号	物质	层位文化	^{14}C 年代 (5730BP1950)	树轮校正年代	
				距今	公元前
ZK—111	木炭	陕县庙底沟 H588：5	4260 ±95	4730	2780 BC
ZK—894	木炭	武功县浒西庄 H16	4290 ±110	4760	2815 BC
ZK—964	木炭	武功县浒西庄 H30	4000 ±100	4405	2455 BC
ZK—960	白灰面	武功县浒西庄 H7	3880 ±80	4255	2305 BC

　　上述 4 个数据中，前两个可信，后两个应予舍弃。因为后两个数据与龙山文化陶寺类型早期的测年相似（详下），而庙底沟二期文化在年代上是早于陶寺类型遗存的，后者系从前者演化而来的[50]。另外，东下冯庙底沟二期文化被认为早于陕县庙底沟出土的同类遗存[51]，可以认为，东下冯庙底沟第二期文化窑洞遗构 F301 与常山遗址中的 H14 的年代是近似的。

下潘汪龙山文化的^{14}C测年树轮校正年代为公元前2515±155年（ZK—200—1蚌刀），与岔沟龙山文化的测年相似。

山西省石楼县岔沟龙山文化的^{14}C的测年数据有8个[52]：

表5-4-4　山西省石楼县岔沟龙山文化窑洞遗存^{14}C测年数据

实验室编号	物质	层位文化	^{14}C年代 （5730BP1950）	树轮校正年代	
				距今	公元前
ZK—1042	白灰面	岔沟 F1	4050±110	4465	2515 BC
ZK—1043	白灰面	岔沟 F2	3995±110	4400	2450 BC
ZK—1044	白灰面	岔沟 F3	3960±70	4355	2405 BC
ZK—1045	白灰面	岔沟 F4	3860±70	4230	2280 BC
ZK—1046	白灰面	岔沟 F5	4025±70	4435	2485 BC
ZK—1047	白灰面	岔沟 F12	3900±70	4280	2330 BC
ZK—1048	白灰面	岔沟 F15	3720±70	4055	2105 BC
ZK—1049	白灰面	东庄 F1	3965±70	4360	2410 BC

上述8个数据中，除房址F15偏晚以外，其他7个的年代都比较集中，在公元前2515～公元前2280年。

陶寺类型遗存的^{14}C测年数据有14个（详见注［31］）：

表5-4-5　陶寺类型窑洞遗存^{14}C测年数据

实验室编号	物质	层位文化	分期	^{14}C （5730BP1950）	^{14}C （5668BP1950）	树轮校正年代	
						距今	公元前
ZK—682	木炭	Ⅱ区 T101　H102	早	4340±90	4220±90	4825±185	2875 BC
ZK—579	木炭	Ⅱ区 T2：3B	早	4010±90	3900±90	4410±140	2460 BC
ZK—1098	木炭	Ⅱ区 T1：3B	早	4010±70	3890±70	4415±130	2465 BC
ZK—1099	木炭	Ⅱ区 T2：3B	早	3910±70	3790±70	4290±130	2340 BC
ZK—1104	木炭	墓地 H1102：2	早	3910±70	3790±70	4290±130	2340 BC
ZK—1086	木炭	Ⅳ区 T422：4D	中	3740±70	3630±70	4080±95	2130 BC
ZK—1150	木炭	Ⅳ区 H420	中	3710±70	3600±70	4045±95	2095 BC
ZK—1085	木炭	Ⅳ区 T423：4D	中	3700±70	3600±70	4030±95	2080 BC
ZK—1102	木炭	Ⅳ区 H419	中	3490±80	3390±80	3770±130	1820 BC
ZK—1237	木炭	M3231葬具	晚	3815±70	3700±70	4170±95	2220 BC
ZK—1103	木炭	墓地 H1101	晚	3780±70	3670±70	4130±95	2180 BC

实验室编号	物质	层位文化	分期	¹⁴C (5730BP1950)	¹⁴C (5668BP1950)	树轮校正年代	
						距今	公元前
ZK—1087	木炭	Ⅳ区 H428	晚	3760 ± 70	3650 ± 70	4110 ± 95	2160　BC
ZK—1100	木炭	Ⅲ区 H303：8	晚	3560 ± 70	3450 ± 70	3855 ± 185	1905　BC

　　龙山文化陶寺类型早期的 5 个数据中，标本 H102 所测年代比陕县庙底沟遗址测定的年代还要早，显然不合理。余下的 4 个年代比较集中，在公元前 2465 ~ 公元前 2340 年之间。中期 4 个数据的测年一般偏晚，与晚期数据有交错现象，这或许与这段时间大气¹⁴C 浓度的变化有关。但其中的前 3 个数据在公元前 2130 ~ 公元前 2080 年之间，不出早、晚期 9 个数据所勾画的年代范围。标本 H419 的测年为公元前 1820 年，比晚期中最晚的一个数据（H303）还要晚 85 年，明显不合理。总之，除去前述两个数据不可置信外，余下的 12 个数据所限定的年代范围当公元前 2465 ~ 公元前 1905 年之间。

　　东下冯龙山文化的¹⁴C 测年数据有两个，年代比较接近，标本 F203 为公元前 2080 年，标本 T208：3 为公元前 1905 年（树轮校正）。

　　客省庄二期文化的¹⁴C 测年数据有 6 个[53]（表 5 - 4 - 6）。

表 5 - 4 - 6　客省庄二期文化窑洞遗存¹⁴C 测年数据

实验室编号	物质	层位文化	¹⁴C (5730BP1960)	树轮校正年代	
				距今	公元前
ZK—741	木炭	灵台县桥村 H4	3785 ± 60	4135 ± 100	2185　BC
ZK—673	木炭	旬邑县木嘴 H1	3760 ± 90	4105 ± 100	2155　BC
ZK—951	木炭	商县紫荆 H133	3870 ± 95	4240 ± 130	2290　BC
ZK—975	木炭	华县梓里 H3	3635 ± 80	3950 ± 100	2000　BC
ZK—976	木炭	华县梓里 H4	3875 ± 80	4245 ± 135	2295　BC
ZK—1026	木炭	武功县赵家来 H5	3810 ± 95	4165 ± 115	2215　BC

　　上述 6 个数据的年代比较集中，在公元前 2295 ~ 公元前 2000 年。

　　夏家店下层文化的¹⁴C 测年数据有 4 个[54]（表 5 - 4 - 7）。

表 5－4－7　夏家店下层文化窑洞遗存¹⁴C 测年数据

实验室编号	物质	地点	¹⁴C (5730BP1950)	¹⁴C (5568BP1950)	树轮校正年代	
					距今	公元前
ZK—402	朽木	内蒙古大甸子 M454	3290±90	3290±90	3645±135	1695 BC
ZK—480	朽木	内蒙古大甸子 M759	3320±85	3420±85	3685±135	1735 BC
ZK—1028	朽木	内蒙古范仗子 M79	3545±95	3440±95	3835±140	1880 BC
ZK—1029	朽木	内蒙古范仗子 M84	3515±75	3410±75	3790±125	1840 BC

承仇士华同志面告，棺木比一般木炭等物质的¹⁴C 测年要偏早一些，但夏家店下层文化的数据距事实不会太远，若各个数据采用负数则其年代值为公元前 1740～公元前 1560 年之间。

关于二里头的¹⁴C 测定年代，仇士华等同志已有详论[55]，认为二里头文化东下冯类型遗存所测数据目前难以得出结论，因为迄今所测标本远不够多，已经测定的标本在年代上比偃师县二里头遗址的同类遗存偏晚。至于二里头遗址共测定 33 个标本，经分析研究所得出结论是：遗址中的一期至四期遗存年代，上限应不早于公元前 1900 年，下限不晚于公元前 1500 年，前后延续 300 多年到 400 年。

从考古文化角度研究，东下冯早、中、晚期遗存与二里头二、三、四期遗存是类似的，年代亦应相近[56]。所以在前者未测出可靠数据之前可暂时参考后者的测年数据，即东下冯类型遗存的年代当公元前 1800～公元前 1500 年。

（三）古文化窑洞的形制演化

前述不同营造方式的两类窑洞，其中二类即人工顶盖窑洞的 A、B 二型，各型发现圆形和椭圆形两种型式，而且它们在结构上多是大同小异的。所以，关于人工顶盖窑洞的形制演化，在目前除知道其平面形状由圆形变为椭圆形以外，其他问题还有待新的发现才能有较多的了解和认识。

一类（全洞穴）A 型窑洞共有六式，Ⅰ式出现年代最早，其次是Ⅱ式和Ⅲ式，再其次是Ⅳ式和Ⅴ式，而Ⅵ式的年代最晚，所以Ⅰ式是祖型，Ⅵ式是形制演化到后期的形态。也就是说，一类 A 型窑洞的演化顺序是Ⅰ式→Ⅱ式、Ⅲ式→Ⅳ式、Ⅴ式→Ⅵ式。

　　一类 A 型窑洞的形制演化，综上所述可得以下四点认识。1. 洞穴的平面形状变化无明显的规律，从早（期）至晚（期）依次由圆形变为椭圆形或圆角近似长方形，再变为近似方形或近似长方形，最后变为不规整的半圆形。2. 门道形制的演化，从早（期）到晚（期）基本上由长渐变短。3. 顶部形制比较固定，绝大多数遗构都属于穹隆状。4. 洞穴内的火塘设置，从 I 式至 V 式均位于室内中央，Ⅵ式的火塘则设在靠门洞的室内一侧，并有圆形烟道通往洞外，与现代窑洞住房的"睡炕"或烧灶的排烟设施完全相同。东下冯类型窑洞多有上述排烟设置，可以认为，窑洞住房在排烟方法上及其建筑形式上早在二里头文化时期已趋定型了。

　　一类 B 型窑洞包含有三式，其中Ⅶ式最早，Ⅸ式最晚，形制演化顺序是Ⅶ→Ⅷ式→Ⅸ式。

　　综上分析，一类 B 型窑洞的形制演化可得以下三点认识。1. 早期居址（Ⅶ式和Ⅷ式）的平面呈"吕"字形，晚期即Ⅸ式的平面为椭圆形。洞穴的平面形状变化，从早（期）到晚（期）由横向的长方形变为近似方形、变为不规整的半圆形，这一现象似暗示这型窑洞的平面形制到西周时尚未定型。2. 窑洞的顶部形制异常固定，均属于穹隆状。3. 窑洞从Ⅶ式到Ⅸ式的门道都是比较短的，不同之处是Ⅶ式的门洞系掏洞时有意识地留下来的生土门洞，而后两式遗构则是开大口掏洞然后在洞口砌筑房门的（其中Ⅸ式窑洞口的两侧"熟土"墙的形制尚未弄清楚）。后一现象与现代开大口掏窑洞口建造门窗的方法是完全相同的。

第五节　三种不同类型的古文化窑洞聚落遗址

　　古文化窑洞聚落中的房址布局，与遗址所在地形地貌关系十分密切。根据现已掌握的考古材料进行比较研究，古文化窑洞聚落约可分为以下三种不同类型。

　　第 I 类型

　　遗址位于黄土高原地区的河旁"坪地"[57]上，或在"原地"边缘的坡地上，或在"梁""峁"（也称"嘴地"）半腰的坡地上。这些坡度不同的阶地（也称台地）地面，由于长期的雨水侵蚀和冲沟发育而被分割得支离破碎，形成多层次台阶式的窄狭坡地或陡坡、峭壁。窑洞的建筑依自然地形而就，一般都选择在坡度较大或崖头不很高的崖面掘挖洞穴。窑洞分布有前有后，有上有下，聚落内的房址布局没有固定的排列规制。甘肃省宁县阳坬仰韶文化窑洞聚落和山西省石楼县岔沟龙山文化窑洞聚落就是属于这类的典型遗址。下面以岔沟遗址为例，来加以说明（图5-5-1）。

石楼县位于山西省的西部，毗邻黄河，属吕梁地区。这里的黄土高原由于长期的雨水侵蚀，被一条条的沟壑切割，原面破碎，成为典型的沟壑峁梁地区。岔沟村位于县城东约4公里处。屈产河自东向西经县城折向西北，注入黄河，岔沟村就在屈产河北岸的黄土坡地上。这里河谷狭窄，两侧崖壁陡峭。当地屈产河面海拔905米。19座龙山文化窑洞遗迹，由岔沟村向西，沿着屈产河，断断续续地分布在向阳的坡地上，一直到东庄村。其中房基址F14的位置最低，海拔约1013米，下距河滩25米。房基址F20的位置最高，海拔约1110米，距山顶45米。大多数房基址集中在海拔1065~1085米，三五成群地排列在一起，上下相距高差在6~7米。

第Ⅱ类型

遗址位于河流附近的坡度较大的黄土台地上。聚落内的房基址分布有明显的排列规律，窑洞住房在台地上自低往高成排分列于不同高度的地段内，同属于一排的房基址基本上处在相同的高度，房址与房址之间相距甚近。如在陕西省宝鸡市石坝河乡石嘴头发现的客省庄二期文化窑洞聚落，即属于此类遗址（图5-5-2）。

石嘴头客省庄二期文化遗址北临渭河，南倚石鼓山，东濒茵香河。西安至宝鸡公路东西穿过，将遗址分成南、北两个部分。窑洞房基址分布在遗址东半部即公路南侧茵香河南岸第二、三级梯田上。两级梯田的高差约10米。其中在第三级梯田内发现的6座窑洞遗构，由东往西排列在约22米长的地段内，各座房基址均坐南朝北，坐落位置对称而地势高差也基本相同。房址与房址之间相距1.5~2.5米不等。在这排窑洞遗构北边约25米即第二级梯田内，又有东西并列、坐南朝北的一排窑洞房屋基址，只清理了

图 5－5－1　第 I 类型窑洞聚落岔沟遗址图

F6 一座，在房址 F6 西边几座基址因砖厂取土挖坏了。

　　第Ⅲ类型

　　遗址位于河流沿岸坡度不大或地面平坦的黄土台地上，窑洞沿着人工挖掘的土沟两侧崖壁向里掏掘而就，土沟底部既是各座窑洞房屋门外的活动场地，又是居民出入村落的通道。这类遗址仅发现东下冯二里头文化窑

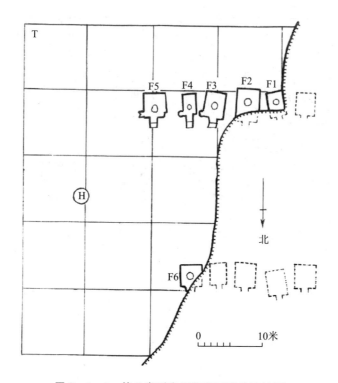

图 5 - 5 - 2   第 II 类型窑洞聚落石嘴头遗址图

注：断崖线为取土时形成的，虚线房址为取土时破坏的。

洞聚落一例。

　　遗址位于山西省夏县埝掌乡东下冯村的村北，青龙河两岸台地上，总面积约为 25 万平方米。窑洞聚落在遗址中区，位于青龙河南岸。数十座窑洞房基址分布在内、外两道人工挖掘的土沟两侧。两道土沟的北边是一条水冲沟，宽 50～70 米，两道土沟现存的平面形状如图 5 - 5 - 3 所示。两道土沟都是口部略大于底部的，里沟口宽 5～6 米，外沟口宽 2.8～4 米，底宽 2～3 米，现存沟口至沟底的深度也均在 3 米左右。沟壁保存较好，坍塌现象很少见，有些地方还留下了清晰的工具痕迹。沟底比较平坦，常见淤泥、淤沙和鹅卵石。各座窑洞房基址都是从沟壁向里掏掘而成。聚落内的房址分布情况参见局部复原示意图（图 5 - 5 - 4）。

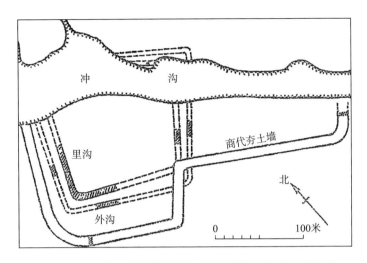

图 5 - 5 - 3　东下冯遗址中区夯土墙和两条土沟关系示意图

注：斜线为发掘部分，虚线为钻探部分。

资料来源：《山西夏县东下冯遗址东区、中区发掘简报》，《考古》1980 年第 2 期，第 97 页图二。

图 5 - 5 - 4　第Ⅲ类型窑洞聚落东下冯遗址示意图

第六节　窑洞居室和村落形态源流

我们在前面已有详细介绍，全洞穴和人工顶盖洞穴等两类古文化窑洞遗构，最早见于甘肃省宁县阳坬仰韶文化晚期遗址，二者在年代上是相同的。稍晚，全洞穴房址见于山西省夏县东下冯和临汾县陶寺两个遗址中的庙底沟二期文化，人工顶盖洞穴房址见于甘肃省镇原县常山下层文化，它们在年代上也大致相当。再晚，全洞穴房址在临汾县陶寺和石楼县岔沟等地龙山文化遗址中有发现，人工顶盖洞穴房址在河北省磁县下潘汪龙山文化遗址中有发现，而上述三地龙山文化窑洞遗构都属于早期遗存。再晚，全洞穴房址见于陕西省长安县客省庄、岐山县双庵、周公庙和宝鸡市石嘴头等地的客省庄第二期文化，人工顶盖洞穴房址见于山西省夏县东下冯龙山文化晚期，两种不同文化窑洞遗构在年代上亦相近似。再晚，全洞穴房址见于夏县东下冯遗址中的二里头文化东下冯类型，人工顶盖洞穴房址见于内蒙古赤峰市东山嘴、药王庙等地的夏家店下层文化，而两种不同文化遗构在年代上也大致相同。此后直到西周晚期，两类窑洞建筑也是同时并存的，例如全洞穴房址在长安县丰、镐地区屡有发现，人工顶盖洞穴房址见于磁县下潘汪西周晚期遗址中。上述现象充分表明，两类不同营造方式的古代文化窑洞建筑在我国北方广大黄土地区内，从原始社会的仰韶文化晚期直到奴隶社会的西周晚期都是同时并存、发展的。也就是说，仅就目前已掌握的考古材料来说，全洞穴和人工顶盖洞穴两类古文化窑洞中何者是祖型，何者是后来派生的，现在还很难论定。人工建造的窑洞房屋的渊源，目前也受到资料的限制，难以详细阐述和讨论。不过，人类利用天然岩洞为住房的现象远在原始社会早期阶段，即旧石器时代就颇为常见了，因此我们推测人工建造的土窑洞住房约略是模仿天然岩洞建设和发展起来的。另外，它的出现年代无疑比目前发现的遗构年代要早，因为迄今见到的古文化遗构不像是土窑洞建筑的雏形。从严密的辩证逻辑推理来说，以上推断和假设似无多大矛盾之处，但它是否符合客观实际则仍然有待新的发现来加以验证。

现代在广大的黄土高原地区见到的窑洞住房，其平面均为纵长方形，个别房子的后端两角近似弧形，宽约 3.3 米，进深 8～11 米不等。窑洞后墙壁面上下垂直，两侧墙壁下部 60～80 厘米一段的壁面无弧度，以上壁面向内微弯曲与弧形顶相接，二者无明显的分界线。洞穴顶部前高（3.6～4 米）后低（2.8～3.3 米）呈倾斜状，其横断面为半圆形，或为两弧相交，后者当地居民称为"尖顶"。窑洞顶厚最薄者为 1.5 米；加上 0.5 米的垫土，顶厚为 2 米左右。洞顶外形前高后低，呈漫坡状，它是建窑时垫土做成的，其主要用途是防止雨水流向洞口崖头造成坍塌。窑洞的建造方法，无一例外都是先修崖面开大口掏洞，然后在洞口砌筑门、窗。每个崖面常见的是建造三座相邻的窑洞。如果窑洞前面的院落是一个长方形竖穴土坑，或者院落两侧是崖壁，则在院落两侧的崖面还各掏掘一座窑洞。目前所见窑洞住宅村庄，也大致分为三种不同的类型，分别与前述三类古文化窑洞聚落遗址的情况和特征基本相同。

我们在前面已经强调，从崖面开大口掏洞，然后在洞口砌筑房门的建窑洞方法，始见于客省庄二期文化（详见Ⅷ式实例），窑洞的平面形状为纵长方形也始见于客省庄二期文化（详见Ⅴ式实例）。由此可见，我国黄土地区广大农村曾普遍采用的开大口掏窑洞方法及窑洞平面为纵长方形起源于新石器时代末期，至今已有 4000 多年的历史了。至于迄今所见的奴隶社会主要是商、周时期的窑洞遗构，比原始社会诸文化窑洞在建筑结构上无多大的改进，特别是商、周时期的全洞穴式遗构比原始诸文化遗构一般显得更为简陋和原始，说明目前发现的窑洞很可能是当时奴隶群众的住房遗留，而不是那个时期比较讲究的先进的窑洞建筑遗存。今日所见窑洞住宅村庄与前述三类古文化窑洞聚落的格局基本相同的现象，当非偶然。主要原因大约是窑洞的建筑及其聚落布局形式要受地形地貌的制约。

附　记

1985 年冬，苏秉琦先生要我写篇《论窑洞》的稿子，并且将部分遗址的原始材料交给我。为不辜负苏老对晚辈的期望，我约张孝光同志合作按期完稿。这里谨对苏老的厚意表示由衷的感谢。

补　记

《宁夏海原县菜园村遗址、墓地发掘简报》（《文物》1988 年第 9 期）介绍的宁夏海原县林子梁常山下层文化晚期窑洞房基址 F3，形制属前述一类 A 型Ⅱ式窑洞。《武功发掘报告》（文物出版社，1988）中的赵家来 6 座客省庄第二期文化窑洞遗构，其中 F12 属前述一类 A 型 V 式窑洞。F1、F2、F7、FI0 和 F11 的建筑方法与前述客省庄遗构 H98 相同，系从崖面开大口掏洞然后在洞口砌筑房门；其差异是赵家来窑洞前面的坪地上用夯土墙围成一个长方形院落，客省庄窑洞前面是一个竖井土坑院落，可见二者的形制应属同一类型。又，据《夏县东下冯》第 50 页（文物出版社，1988）介绍，发现二里头文化窑洞遗构共 44 座（东区 4 座，中区 40 座）。位于中区的遗构多分布在里沟槽的两侧土崖里，或在其附近，在外沟槽内未发现洞穴住房。

胡谦盈、张孝光

1993 年 2 月

　　原载苏秉琦主编《考古文化论集》三集，文物出版社，1993 年，第 335~370 页。

注　释

［1］刘东生等：《中国的黄土堆积》，科学出版社，1965。又，王永焱等：《黄土与第四纪地质（1976~1980）》，陕西人民出版社，1982。

［2］中华民族的摇篮黄河流域，是我国最早进入阶级社会的地区。夏、商、周三代“种族奴隶制”在这里形成、发展。先秦典籍所载传说时代的历史，基本上也是以此地域为背景。

［3］《周易正义》卷八，《十三经注疏》上册，中华书局，1979，第 75 页。以下凡引《周易》者均用此本。

［4］《礼记正义》卷二十一，《十三经注疏》下册，第 188 页。以下凡引《礼记》者均用此本。

［5］《孟子注疏》卷六（下），《十三经注疏》下册，第 2714 页。

［6］《诸子集成》第四册，中华书局，1954，第 17 页。

［7］《诗正义》卷十六，《十三经注疏》上册，第 509 页。以下凡引《诗》者均用此本。

［8］　根据现已掌握的考古资料分析研究，周人在略早于古公亶父时期大致已进
　　　　入奴隶制社会了。详见胡谦盈《太王以前的周史管窥》，《考古与文物》
　　　　1987 年第 1 期。

［9］　（汉）许慎撰、（清）段玉裁注《说文解字注》七篇下，上海古籍出版社，
　　　　1981。以下凡引《说文解字》者均用此本。

［10］　中国科学院考古研究所编《沣西发掘报告》，文物出版社，1963。

［11］　徐锡台：《陕西长安、鄠县调查与试掘简报》，《考古》1962 年第 6 期。

［12］　据 1959 年春季工作日记。

［13］　杨国忠、张长源：《1960 年秋陕西长安张家坡发掘简报》，《考古》1962
　　　　年第 1 期。

［14］　胡谦盈：《1961—62 年陕西长安沣东试掘简报》，《考古》1963 年第 8 期。

［15］　冯孝堂、梁星彭：《1979～1981 年长安沣西、沣东试掘简报》，《考古》
　　　　1986 年第 3 期。

［16］　据 1975 年秋季调查日记。

［17］　西安半坡博物馆：《陕西岐山庵新石器时代遗址》，《考古学集刊》第三
　　　　集，中国社会科学院出版社，1983。

［18］　［42］胡谦盈：《试谈先周文化及相关问题》，《中国考古学研究——夏鼐
　　　　先生考古五十年纪念论文集》第二集，科学出版社，1986。

［19］　《宝鸡石嘴头东区发掘报告》，《考古学报》1987 年第 2 期。

［20］　唐云明：《磁县下潘汪遗址发掘报告》，《考古学报》1975 年第 1 期。

［21］　孙德海、罗平、张沉：《磁县下七垣遗址发掘报告》图版三，9，《考古学
　　　　报》1979 年第 2 期（按：报告说房基址 H41 属第三文化层遗存，但据公
　　　　布的资料看，该层出土的遗物在年代上是有差别的，其中有些陶器与二
　　　　里头遗址四期陶器类似，有的陶器则与郑州二里岗遗址出土的陶器相同；
　　　　至于钻、凿、灼俱全的卜甲和卜骨，似未见或罕见于盘庚迁殷以前的商
　　　　代文化遗址出土。此外，报告中没有提及房基址 H41 的出土物。所以，
　　　　房基址 H41 属于商文化何期遗存我们在此难以论定。不过据报告中的资
　　　　料分析，它的上限年代似不早于二里头四期文化，下限年代不晚于殷墟
　　　　二期文化）。

［22］　李恭笃、高美峻、冯永谦：《内蒙古赤峰县四分地东山咀遗址试掘简报》，

《考古》1983 年第 5 期。

[23][25][46][48] 胡谦盈:《陇东镇原常山遗址发掘简报》,《考古》1981 年第 3 期。

[24] 中国科学院考古研究所内蒙古工作队:《赤峰药王庙、夏家店遗址试掘简报》图五、图版一:3,《考古学报》1974 年第 1 期。

[26] 据 1978 年调查工作日记。

[27] 许俊臣、李红雄:《甘肃省宁县阳坬遗址试掘简报》,《考古》1983 年第 10 期。

[28] 黄石林、李锡经、王克林:《山西夏县东下冯龙山文化遗址》,《考古学报》1983 年第 1 期。

[29] 徐殿魁、王晓田、戴尊德:《山西夏县东下冯遗址东区、中区发掘简报》,《考古》1980 年第 2 期。

[30][52] 张长寿、郑文兰、张孝光:《山西石楼岔沟原始文化遗存》,《考古学报》1985 年第 2 期。

[31] 高天麟、张岱海、高炜:《龙山文化陶寺类型的年代与分期》,《史前研究》1984 年第 3 期。高天麟、李健民:《陶寺遗址 1983—1984 年 Ⅲ 区居住址发掘的主要收获》,《考古》1986 年第 9 期。

[32] 刘东生等:《中国的黄土堆积》,科学出版社,1965,第 18、29、55 页。

[33] 吴汝祚、胡谦盈:《宝鸡和西安附近考古发掘简报》,《考古通讯》1955 年第 2 期。又,《洛阳烧沟汉墓》,科学出版社,1959。

[34] 按:今西安市西南的沣河中游东岸丰镐村、普渡村和花园村,以及沣河西岸的客省庄、张家坡、大原村等地比附近地势较高,当地人称它为"郿坞岭"。据张家坡村东出土的唐代墓志记载,那个高地在初唐时称为"马坞原",详见拙稿《丰镐地区诸水道的踏察——兼论周都丰镐位置》,《考古》1963 年第 4 期。

[35] 唐兰:《中国古代历史上的年代问题》,《新建设》1955 年第 3 期。

[36] 新城新藏:《周初之年代》,载新城新藏著,沈璿译《东洋天文学史研究》,中华学艺社,1933。

[37] 雷海宗:《殷周年代考》,《文哲季刊》1931 年第 1 号。

[38] 丁山:《周武王克殷日历》,《责善半月刊》1:20,1940。

[39] 陈梦家：《殷墟卜辞综述》，科学出版社，1956，第 207～208 页。

[40] 同 [39]。又，陈梦家：《西周铜器断代（一）》，《考古学报》1955 年第 1 期。

[41] 胡谦盈：《丰镐考古工作三十年（1951—1981）的回顾》，《文物》1982 年第 10 期。

[43]《甘肃秦安大地湾第九区发掘简报》《秦安大地湾 405 号新石器时代房屋遗址》《甘肃秦安大地湾遗址 1978 至 1982 年发掘的主要收获》，三文均见《文物》1983 年第 11 期。

[44][45] 郎树德、许永杰、水涛：《试论大地湾仰韶晚期遗存》，《文物》1983 年第 11 期。

[47] 胡谦盈：《论常山下层文化》，载田昌五、石兴邦主编《中国原始文化论集——纪念尹达八十诞辰》，文物出版社，1989。

[49] 中国社会科学院考古研究所：《中国考古学中碳十四年代数据集 1965—1981》，文物出版社，1983。以下凡不注明遗存 ^{14}C 测年数据出处者，均见此集。

[50] 高天麟、张岱海、高炜：《龙山文化陶寺类型的年代与分期》，《史前研究》1984 年第 3 期。

[51] 张岱海、高天麟、高炜：《晋南庙底沟二期文化分期试探》，《史前研究》1984 年第 2 期。

[53] 商县紫荆和武功赵家来两个数据，见《放射性碳素测定年代报告（一○）》，《考古》1983 年第 7 期。旬邑木嘴、灵台桥村和华县梓里等四个数据，见《中国考古学中碳十四年代数据集 1965—1981》。

[54] 内蒙古大甸子两个数据见注 [49]。余下两个数据见《放射性碳素测定年代报告（一一）》，《考古》1984 年第 7 期。

[55] 仇士华等：《有关所谓"夏文化"的碳十四年代测定的初步报告》，《考古》1983 年第 10 期。

[56] 赵芝荃：《关于二里头文化类型与分期的问题》，《中国考古学研究——夏鼐先生考古五十年纪念论文集》第二集，科学出版社，1986。

[57] 黄土高原的地貌，由低至高，即由河谷至山顶，可分为滩、川、坪、原、梁、峁（或称嘴）、岭等七种类型。滩地均在河谷最低处，是新近形成的平

地，即地形学上的河漫滩。川地为河谷最宽阔的平地，属第二级阶地。坪地一般包括河谷三级和四级阶地，约高出河床 50～100 米，地形多被水冲沟切割而破碎。原地为黄土高原上面积较广阔而坡度最小的地区。梁地多与原地处于同一高度，往往位于原地边缘，多由沟壑发育而形成。峁地在梁地上部，形如驼峰，或在原、梁边缘突出部位，经水流切割而成。岭地即山岭。上述七类地形中，原生黄土大多分布在坪地、原地、梁地和峁地的上面。

第六章　推进寺洼文化研究

第一节　试论寺洼文化

寺洼文化，因首次在甘肃省临洮县寺洼山被发现而得名。在新中国成立以前，寺洼文化的考古工作做得不多，而且限于在寺洼山一地发现，只挖掘了16座墓葬。因此我们对它的文化相的认识，是比较粗浅的。至于这种文化的分布及其有关的问题，或一无所知，或知之甚少。新中国成立以后，寺洼文化考古发现愈益深入，尤其是近年出土的遗存，大大开阔和深化了人们对它的认识。现在我们已有可能和必要对这个问题进行初步研究，以便今后有计划地开展田野研究工作。

一　寺洼文化考古的主要情况

1924年，瑞典人安特生派人到临洮县一带收购"古董"，并在寺洼山滥掘了8座墓葬。由于他的工作做得粗疏，考古报告记载甚为简略[1]。

1945年4月，夏鼐同志在安特生工作过的地区，发掘了6座墓葬和清理了1座残墓。夏鼐同志后来根据当时已有资料，对寺洼文化的性质作了周密和精辟的分析，从而为以后深入开展这一文化的研究奠定了基础[2]。

1947年9月，裴文中同志也曾在寺洼山挖掘一座墓葬，得陶器7件[3]。

抗日战争期间，黄文弼同志也曾在临洮县做过考古工作。因未见报告，尚不清楚其收获。

新中国成立以后，寺洼文化考古主要有以下一些新的发现和收获。

1952 年，在甘肃平凉翟家沟村南山坡，发现寺洼文化陶鬲等遗物[4]。

1956 年，中国科学院考古研究所黄河水库工作队在临洮辛店附近的石家坪，发现了一处寺洼文化墓地[5]。

1957 年，甘肃省文物管理委员会在临洮县洮河两岸发现 6 处寺洼文化遗址，内有 3 处是葬地，其余是住地和葬地的遗存。另外在寺洼山也找到了寺洼文化的住地[6]。

1958 年，甘肃省博物馆在渭河上游支流——漳河流域武山阳坬地方发现一处葬地，在渭河另一支流——水洛川流域柳家村也有住地和葬地发现。另外在泾河流域平凉东沟黑茨坬地方，也有寺洼文化马鞍形口的陶罐发现[7]。

同年，甘肃省博物馆还在平凉安国镇发现一座墓葬，出土 20 多件所谓"安国式"陶器。另外在庆阳地区合水县（按：原著是庆阳县）干沟桥村附近，也发现与上述属同一文化性质的遗址和葬地[8]。这些所谓"安国式"陶器或称"安国式文化"，其实都是年代较晚的寺洼文化遗存。因为这两地所出陶器，与寺洼陶器的基本特征是一致的。我们从器皿的陶质、颜色、制法、花纹和器型等方面，都看不出它们之间有何本质上的不同。

1962 年，甘肃省博物馆在庄浪柳家村清理了两座墓葬[9]。

1974 年，考古工作者在白龙江流域的陇南地区发现约 10 处"安国类型"遗址[10]。

1976 年 3 月，在陕西宝鸡益门公社濛峪沟发现一批陶器，据说，这些陶器是该地"西周小墓"被破坏后拾获的[11]。我们根据简报介绍的这些陶器的特征，认为其中 1、3、4、6、8、11、12 和 14 号罐，从陶器的质料、颜色、制法、纹饰及其器型等方面观察，似乎都不难窥测到它们不是姬周文化陶器，而是属于寺洼文化的陶器。因为这些陶器与庄浪柳家村出土的寺洼陶器形制是相同或相似的[12]。1978 年 12 月，作者在宝鸡地区进行考古工作时，见到宝鸡市博物馆收藏有寺洼文化特有的扁足跟袋足鬲[13]，据说它们是宝鸡市市郊社员送来的。这些发现充分表明，寺洼文化的遗迹，确实已遍及宝鸡市郊了。至于竹园沟第一号墓（在濛峪沟西南约一公里半）

内所出铜器，其年代当可定为相当于西周初期或稍早。但该墓出土的陶器，则多数不属于姬周文化陶器，而且其形制特别，似属初见。简报认为这些陶器与"安国式"陶器也就是寺洼文化陶器有着一定的继承关系[14]。这种看法还可研究。但我们认为至少那件马鞍形口陶罐的情况是如此。因为那件马鞍形口陶罐的质料、颜色及其整治作风，与寺洼陶器具有的特点是相同的；其形制除底附圈足外，与甘肃庄浪徐家碾、平凉安国镇、庆阳合水干沟桥等地所出马鞍形口陶罐的基本特征也相似。但这种样式的陶罐，却从未见于其他古文化遗址。因之竹园沟出土的那件马鞍形口陶器，与寺洼文化中的同类罐子，应该存在着一定的继承关系。

　　1978 年 10 ~ 12 月，我们在平凉、庆阳、咸阳和宝鸡等四个地区博物馆里，以及庄浪、灵台、泾川、合水、正宁、长武、旬邑等 10 多个县的文化馆里，看到大量寺洼文化的文物和调查资料。当时我们便在他们过去工作的基础上，和他们一起选择复查约 10 个重要的寺洼文化遗址（按：据遗物出土地点，至少有 30 多处遗址）。我们在复查遗址过程中，除初步查清遗址的范围和内涵等问题外，还查清楚不少遗物的出土地点。其中，我们认为合水县九站遗址特别重要，在这里略加介绍（这处遗址是许俊臣同志老早发现的。我不过将复查所见记录下来）。

　　九站遗址位于窄狭的河谷地缓坡上。它南靠合水川，北倚马家原，西南距合水县城约 42 公里。遗址东西约 400 米，南北约 120 米，面积约 48000 平方米（不包括墓葬在内）。有一条东西向的土公路从中穿过，将遗址分割为南北两半。我们到达遗址踏察时，恰遇社员在遗址南半部平整土地，古文物俯拾皆是。所见陶器残片，有两种截然不同的风格。一种属于西周流行的瘪裆鬲、折肩或圆肩的罐子等器皿的残片；另一种是典型的寺洼文化陶器残片，器型多是马鞍形口罐子，但也发现一些扁足鼎腿和鬲的扁足跟。我们曾反复地考察和研究遗址中的多处露头，发现扰土层以下有两种不同的堆积：上层是黄褐色土，厚 0.3 ~ 1 米不等，属西周堆积；下层是深灰色土，厚 0.5 ~ 1.5 米不等，属寺洼文化堆积。另外据我们的不完全统计，在平整土地的遗址范围内，计发现 4 座陶窑和 3 座房基。各座陶窑都残留火膛底部，窑址形制不清楚。各房基也大部被破坏，残存下来的只是一小块居住面和 1 ~ 2 个大型泥圈柱洞，柱洞口径 15 ~ 20 厘米，残深 10 ~ 20 厘米不等。所以，我们除知道房基属于地面建筑以外，具体构造不清楚。

二　寺洼文化的分析[15]

安志敏同志认为，寺洼文化是我国古代的一种青铜时代文化。但这一文化，迄今只发现装饰品铜镯，铜质的工具和生活用的容器则未见到。由于铜镯未经化验，其成分不清楚。另外这铜镯是寺洼文化居民与外界交换得来的，还是他们自己制造的，现在也不清楚。因之，它是我国古代存在于西北高原地区的一种青铜文化，还是新石器时代末期的一种文化，抑或二者兼而有之（即前期属新石器时代，后期属青铜时代，我认为这种可能性是存在的），目前仍然是一个有待解决的问题。

毫无疑义，寺洼文化的居民已经过着定居的生活了。居址中发现泥圈柱洞地面建筑房基和居民大量使用陶质器皿，似可说明这一点。居民聚居的村落，目前发现面积较小的，如临洮县朱家坪遗址仅有 6000 平方米；面积较大的如九站遗址，计有 48000 平方米。寺洼文化居民的经济生活，由于在陶器底部重复地发现谷物印痕，说明农业在当时已有较大程度的发展了。但劳动工具则还多是制作粗糙的石器，其中以打制的居多，周身磨光的甚少见到。石器种类计有单孔扁平长方形斧、有肩斧、石锛和缺口刀等。家畜目前只知道山羊一种。狩猎工具有骨镞、陶制或石制的弹丸。衣服方面，由于纺轮的发现，可见当时已有纺织品。但寺洼文化居民生息在严寒的西北高原地带，大概冬天还利用兽皮来御寒。在精神生活方面，寺洼文化已有文字见本章第二节介绍。装饰物除前面提到的铜镯以外，还发现过陶制响铃和各种骨饰。对居民死后的埋葬处理，是一个民族（指广义上的）在思想信仰方面的一种重要反映。寺洼文化居民中的埋葬方法，迄今共发现三种：①竖穴土坑葬，尸体平放仰卧；②二次葬或称迁骨葬，即将尸体暂埋土中，或暴露在地面上，待肌肉脏腑腐朽或被猛禽啄食，然后收拾尸骨埋入土坑里；③火葬，即将尸体火化，然后将骨灰放入陶罐内埋进土里。这三种不同的埋葬方法，以第一种最常见，可知它是寺洼文化居民奉行的主要埋葬方法。至于后两种则甚少见到，或许它是寺洼居民中埋葬死者的例外或特殊现象。与此相类似的情况，在我国远古文化中是常有的。例如仰韶文化居民死后普遍流行竖穴土坑葬，但在半坡[16]、东庄村[17]等仰韶遗址里，都发现少数或个别二次葬的墓。也就是说，如果我们从事物的主流方面看，寺洼文化和我国其他文化，如仰韶文化一样，居民死后都是流行竖穴土坑葬。至于在一种文化中，存在着少数或个别不同的埋葬方法，可以有多种不同的解释。如火葬：它可以是寺洼文化固有的；但也可能是受其他文化影响的；同时也不能完全排除，它纯属个别或少数居民身份特殊，甚至死因与众不同时的特殊葬法。总之，火葬仅是寺洼文化中埋葬死者方法的一种特殊现象，目前对这种现象还无可靠的实据来加以科学说明。

陶器是区分考古学不同文化最重要的标志。寺洼陶器的特征显著：陶器质料特别粗糙，陶土常羼杂较多的粗砂粒和碎陶末，整治又不均匀，因之胎质松疏而器型厚笨，内、外壁面粗糙，砂粒裸露。手制，采用泥条盘筑而成，器底多由内塞进，外表面或抹平或磨光。陶色砖红、棕红或灰褐，但色泽都不均匀，常常斑驳不纯。绝大多数器皿，都是素面无纹饰的。少数着纹的器皿，纹饰也很简单，似只有凸饰和绳纹两种。凸饰往往作"一"字或"人"字附加在鬲、罐的颈部或竖耳上面，或作带状绕鬲、罐的器口一圈。绳纹粗浅松疏，纹痕模糊，往往限于施饰在器皿的某个部位，如鬲的裆部或罐的下腹。陶器通体密布绳纹的现象甚少见到。而且器皿所施绳纹往往被抹平，绳纹纹痕隐约可见。器皿种类不多，仅有鼎、鬲、罐、瓮和豆5种。其中以罐的数量最多（主要是马鞍形口罐），约占陶器总数的60%以上。其次是鬲、鼎和瓮。豆形器为数甚少，迄今也只在庄浪柳家村、平凉安国镇和合水干沟桥三地发现。而安国镇和干沟桥两地寺洼文化的年代，都是比较晚的，或许豆是此时期受其他文化影响才出现的一种器皿。寺洼陶器中常见而颇富特色的器皿，要数以下三种：①马鞍形口罐，有4~5型；②扁足罐形鼎，有2~3型；③扁足跟袋足鬲，有3~4型。这三种器皿，其中马鞍形口罐出土数量特别多，所以它很早就被人们注意和十分熟识了。至于鼎和鬲，可能由于出土数量比较少，或者是其他什么原因，似乎未受到人们应有的重视。其实这两种器皿的分布地区，和马鞍形口罐的分布地区是同样广阔的，而且这三种器皿在寺洼文化遗址中往往共生。另外，扁足罐形鼎和扁足跟袋足鬲，迄今似未见其他古文化遗址出土过，因此它们应该也是寺洼文化中具有代表性的典型器皿。我们还需要特别指出的是，上述三种器皿约占寺洼陶器的 70% 强，而这些陶器的口沿外侧或口沿下，往往都附加两个对称的竖耳，例外者少见或罕见。由此可见，器皿附加两个对称的竖耳，也应是寺洼陶器十分突出的特色。寺洼陶器的这个特色，绝非偶然，即它不能纯属陶器设计上的一种美观装饰，其意义应和寺洼居民在日常生活中的需要和习惯密切相关。

三 寺洼文化的分布和年代

根据上面的介绍，我们知道寺洼文化的分布范围大致如下：东界起自子午岭西侧；西界到达洮河流域；北界位于甘、宁两省区接壤地带；南界深入陕西省旬邑、长武等县和宝鸡市南郊以及甘肃陇南地区。东西长约 800 公里、南北宽约 200 公里。其地望属今日甘肃省庆阳、平凉两地区全部，天水、定西和武都三地区的部分，以及陕西省咸阳和宝鸡两地区的北部边缘。这个地区的地貌，由于东有雄伟的子午岭，西有高大的鸟鼠山，中间是耸入云端的六盘山南缘及其余坡，因此地势高亢而地形险要复杂。这一地区属黄土地带，历来水土流失严重，所以到处几乎都是山头，孤原林立，沟壑溪流纵横交错。寺洼文化遗址，往往就坐落在沟壑河溪旁的缓坡地带上。也就是说，根据历年考古所得材料证明，寺洼文化就是在我国西北上述地貌里的一种古民族文化遗存。

关于寺洼文化的年代，据地层信息证实的情况是这样的：它的上限，在六盘山以西地区晚于齐家文化[18]；在六盘山以东地区晚于"客省庄第二期文化"，如在陕西省长武县四合老虎沟遗址里，寺洼墓葬挖破"客省庄第二期文化"堆积[19]。它的下限则在西周以前，至少寺洼文化某个阶段的遗存年代是如此。因为在甘肃省合水县九站遗址里，西周文化堆积压着寺洼文化遗存。齐家文化和客省庄二期文化，都是我国古代同时并存，但分布在不同地区的两种新石器时代末期的文化遗存。经 ^{14}C 测定，甘肃省永靖县大河庄齐家文化的绝对年代，是在公元前 2034 ± 81 年[20]。客省庄二期文化的绝对年代，据陕西省旬邑县木咀遗址出土木炭的测定年代数据，是在公元前 2155±110 年（树轮校正年代）[21]。周武王灭殷之年，据陈梦家先生推断，约在公元前 1027 年（据"夏商周断代工程"是 1046 年）。所以，寺洼文化的可靠年代，应在公元前 21～前 11 世纪之间的 1000 年内。至于它的具体年数，仍有待于今后新的发现和 ^{14}C 测定。不过就现在材料推断，寺洼文化略约就是我国古代活动在陇东地区的"薰育戎狄"的文化遗存。如果我们这个认识没有大错的话，则寺洼文化的鼎盛时期，应在姬周先王古公亶父的前后，即公元前 13～前 12 世纪。另外，我们在前面已经讨论过，宝鸡竹园沟第一号墓（年代相当于西周初期）出的马鞍形口陶罐，与寺洼墓葬中的同类陶罐在发展上是一脉相承的，况且寺洼文化墓葬中又有铜镯出土，这也就表明寺洼文化的具体年代，在公元前 21～前 11 世纪之间的 1000 年内，不是位于靠年代早的一头，而是位于靠年代晚的一头的。

关于寺洼文化的分期，目前尚嫌材料不足，主要是缺乏地层根据，因此这里还不能详细讨论。但如果我们着重从陶器形制演变序列等方面研究，就陇东地区的寺洼文化遗存来说，则安国镇和干沟桥两地所出器皿，包括庄浪柳家村出土了豆形器的墓在内，其年代似乎是比较晚的。因为：（1）豆形器在寺洼陶器中，是比较晚出的器皿；（2）两地所出陶鬲，其鬲裆较矮，袋足瘦小（按：鬲足跟特征依照片辨别不清楚），其形制与常见的年代较早的扁足跟袋足鬲，已有显著的差异了；（3）马鞍形口陶罐的形制，其竖耳表面下陷呈带状凹沟，罐口口沿四边作马鞍形凹陷，可见其罐形设计已偏重于装饰美观的目的，而不是实用的目的了。因此，它不像这类罐子的雏形，而是属于一种进化了的形态。

四　寺洼文化族属推断

寺洼文化是我国古代哪个民族的遗存呢？这个问题，似乎可从史家记录的姬周历史中找到线索。《史记·周本纪》云：

> 古公亶父复修后稷、公刘之业，积德行义，国人皆戴之。薰育戎狄攻之，欲得财物，予之。已复攻，欲得地与民。民皆怒，欲战。古公曰："有民立君，将以利之。今戎狄所为攻战，以吾地与民。民之在

我，与其在彼，何异。民欲以我故战，杀人父子而君之，予不忍为。"
乃与私属遂去豳，度漆、沮，逾梁山，止于岐下。豳人举国扶老携弱，
尽复归古公于岐下。

从上可知：①在古公亶父之时，姬周和薰育戎狄是同时并存的两个不
同的族，至少是两个不同的社会集团组织；②姬周和薰育戎狄是邻居，而
周自豳迁岐，是迫于薰育戎狄的威胁和入侵，其实质是周被戎狄逐出豳
地；③周迁岐后，豳地为薰育戎狄占有，当是意中之事。由此可见，若我
们能判明豳都相对地望，也就可以根据那里及其附近存在的古文化遗存，
来辨认何种文化是薰育戎狄遗留了。

关于豳都地望，史有明文记载。但近人由于从不同角度出发去理解和
引用文献，结果却出现以下两种不同的主张：①说豳在陕西省旬邑、彬县
一带，如已故的著名历史学家范文澜同志[22]，再如石璋如[23]；②说豳在山
西省中部，如钱穆[24]。我们认为钱说不可取（按：1958 年我任黄河水库工
作队山西分队队长时，恩师陈梦家先生要我注意，从考古角度验证钱穆的
说法。当时我们在工作中发现，在该地区常发现商文化遗址，姬周遗址少
见且遗存年代最早者属西周初期）。首先，史称周人势力东移始自文王晚
年。在此以前，山西属殷人势力范围。其次，迄今在山西常发现殷遗存，
但从未发现过先周遗存。所以，我们认为豳都在山西的可能性是不存在的。
豳都地望应在陕西省长武、旬邑和彬县一带。尽管目前我们还不能确指都
址的位置，但新中国成立以来，考古工作者已经在那一带发现先周遗存，
如长武县下孟村、碾子坡等遗址[25]。这些遗址出土的陶器，与岐邑贺家
村[26]和宝鸡斗鸡台[27]等地先周墓葬出土的陶器是相同的。

豳都不在山西而在陕西长武、旬邑一带的理由，已如上述。那么现在
据《史记·周本纪》记载，则薰育戎狄之乡就在长武、旬邑一带的邻近地
区，亦即长武、旬邑以北的陇东地区。因为陇东地区在我国古代，史家一
致认为它是戎狄盘踞之地。所以，薰育戎狄的文化，在陇东和长武、旬邑
一带必有遗留，这是不容怀疑的。

下面我们来分析这一地区西周以前古文化的内涵。

　　新中国后经过多次考古调查证明，迄今在陇东地区只发现仰韶文化——
"客省庄第二期文化"（其中有少数遗址可能属齐家文化）——寺洼文
化——西周文化。在长武、旬邑一带，除上述四种文化外，还发现先周文
化遗存。首先，仰韶文化和"客省庄第二期文化"的年代太早，当与薰育
戎狄遗存无关。至于姬周文化，不属薰育戎狄遗留也不待言。这样则只有
寺洼文化才是薰育戎狄的文化遗了。其次，以锥形袋足鬲为代表的先周
遗存迄今只见于豳境而不见于陇东庆阳地区，而寺洼文化在陇东地区特别
发达，但在豳境也有发现。可见这两种不同遗存的分布现象，与薰育戎狄
和姬周两族的活动情况是吻合的。还有，戎狄是我国古代一个落后民族，
而寺洼文化面貌落后，尤其制陶技术更低劣。从陶器的质量来看，它的制
陶业似乎还停留在比较幼稚的阶段，所以二者也是相一致的。最后，如前
所述，寺洼文化的年代略早于西周，这与《史记》薰育戎狄的活动时间也
相符。基于以上分析，我们推断寺洼文化约略就是薰育戎狄的遗留，至少
陇东和长武、旬邑一带的情况是如此。

注　释

［1］ J. G. Andersson. *Bulletin of the Museum for Eastern Antiquities*，1943，*Stockelm*，
　　　pp. 179 – 185，No. 15.

［2］ 夏鼐：《临洮寺洼山发掘记》，《考古学报》1949 年第 4 期。

［3］ 裴文中：《甘肃史前考古报告初稿》（油印本），前地质调查所北平分所，
　　　1948。

［4］ 乔今同：《平凉县发现石器时代遗址》，《文物参考资料》1956 年第 12 期。

［5］ 安志敏：《甘肃远古文化及其有关的几个问题》，《考古通讯》1956 年第 6 期。

［6］［18］张学正：《甘肃临洮、临夏两县考古调查简报》，《考古》1958 年第
　　　9 期。

［7］ 郭德勇：《甘肃渭河支流南河、榜沙河、漳河考古调查》，《考古》1959 年
　　　第 7 期。

［8］ 甘肃省博物馆：《甘肃古文化遗存》，《考古学报》1960 年第 2 期。

[9] 员安志：《甘肃庄浪县柳家村寺洼墓葬》，《考古》1963 年第 1 期。

[10] 长江流域规划办公室考古队甘肃分队：《白龙江流域考古调查简报》，载
文物编辑委员会编《文物资料丛刊》第 2 辑，文物出版社，1978。

[11] [14] 宝鸡市博物馆、渭滨区文化馆：《宝鸡竹园沟等地西周墓》，《考
古》1978 年第 5 期。

[12] 同 [9]。又，目前庄浪县文化馆收藏了不少这类陶器。

[13] 按：计有二件。其中一件与平凉翟家沟村南山坡出土的陶鬲相似。另一
件的器型比较特别，但就其形制特征来说，与长武县老虎沟、合水县齐
家村、庄浪县盘安湾王宫等地出土的陶鬲，是属于同一种类型。

[15] 按：以下凡不注明材料出处者，均见以上注释所引文献。

[16] 中国科学院考古研究所、陕西省西安半坡博物馆：《西安半坡》，文物出
版社，1963。

[17] 中国科学院考古研究所山西工作队：《山西芮城东庄村和西王村遗址的发
掘》，《考古学报》1973 年第 1 期。

[19] 据作者考古调查工作日记。

[20] 夏鼐：《碳－14 测定年代和中国史前考古学》，《考古》1977 年第 4 期。

[21] 中国社会科学院考古研究所实验室测定数据（木炭标本）。

[22] 范文澜：《中国通史简编》修订本第一编，人民出版社，1965。

[23] 石璋如：《传说中周都的实地考察》，《中央研究院历史语言研究所集刊》
第 20 本下册，1949。

[24] 钱穆：《周初地理考》，《燕京学报》10 期，1931。

[25] 实物分别藏于文中所说的各县、市文化馆。

[26] 戴应新：《陕西岐山贺家村西周墓葬》图一一，《考古》1976 年第 1 期。

[27] 苏秉琦：《斗鸡台沟东区墓葬》瓦鬲墓第一期墓，《陕西考古发掘报告》
第一种第一号，1948。

补 记

三月完稿后，承有关同志提供研究方便，又陆续发现一些重要材料，
现特附加文后，作为拙文的补充意见。

（一）甘肃省正宁县文化馆收藏两件寺洼陶鬲，均出于县城东约 3 公里

的西坡村，这是迄今在庆阳地区发现的最靠南的一处寺洼文化遗址。两件标本的形制相同，与旬邑县县城北地出土的陶鬲同属一种型式，表明它们属于同时期的遗存。

（二）宝鸡市博物馆王光永同志在宝鸡濛峪沟采集了一些寺洼陶器。这批陶器，与《宝鸡竹园沟等地西周墓》图一〇中一些寺洼陶器的特征是相同的。我曾将这些陶器和庄浪县柳家村出土的寺洼陶器作过比较，没有发现它们有本质的不同。过去在柳家村曾经发掘过两座寺洼文化墓葬，没有发现墓内有姬周陶器随葬（见注 [9]）。至于在濛峪沟发现的一些寺洼陶器，全部是采集品，所以这些寺洼陶器是否和西周陶器共出一墓，应是今后通过科学发掘来解决的问题。

（三）陕西省千阳县文化馆收藏有两件寺洼陶鬲。其中有一件标本与平凉县翟家沟村遗址出土的陶鬲形制相似，但该鬲双耳靠近鬲的口沿，颈部也较矮，腹壁所施绳纹被抹平，绳纹纹痕模糊不清楚。另一件标本与旬邑县城北出土的陶鬲同属一种型式。这两件标本是 1958 年农民在县城附近兴修水利时发现的，但标本的出土地点未弄清楚。我们认为这个发现不仅又一次证明寺洼文化已扩及陕西宝鸡地区，同时也说明陇东和宝鸡市两地寺洼遗存的联系。也就是说，陇东地区的寺洼文化，似乎是沿着渭河上游即陇县、千阳县往南发展而到达宝鸡市郊的。

（四）今春我们在合水县九站遗址复查时获得一件寺洼陶甗。陶甗上半部残缺，下部鬲形器与平凉安国镇出土的所谓"安国式"陶鬲颈部以下的器型相同。我们认为这一现象绝非偶然，而是两者系属于同一文化性质陶器的一种见证。

1979 年 7 月初

追　记

合水县九站遗址寺洼文化的绝对年代，经中国社会科学院考古研究所实验室测定木炭标本年代数据，是在公元前 1375±155 年（树轮校正）。这一年代数据与拙文推断寺洼文化相对年代大体一致。这一点认识明确以后，就大大增加拙文以下论见的说服力，即寺洼文化和姬周文化是同时并存的

两种不同文化，但二者关系密切，在文化上早就存在交流和融合现象。又，
拙文主要内容，在考古研究所 1978 年终学术汇报会上谈过，本文就以那次
发言为基础而写成的。

1980 年 2 月

第二节　甘肃省庄浪县徐家碾寺洼文化墓地

一　埋葬习俗和制度

寺洼文化居民是中国古代戎狄族（也称姜戎族或羌戎族）群体的一支。
而戎狄族是兴起和活动在我国西北部青海省、甘肃省、宁夏回族自治区南
部和陕西省西北部地区的一个古老民族（按：民族一词是指广义上的），在
埋葬习俗和制度方面具有以下一些十分显著的基本特点。

1. 居住址和茔地的位置选择

徐家碾寺洼文化聚落居址和茔地不在一处，居住址选择在地势低洼靠
近水源——北水洛河西岸岸旁的川地上，川地高出河水面 6～10 米。茔地则
选择在聚落居址西边地势高亢的坪地上，坪地与西北边的高山余坡相连接，
地形西北高东南低呈斜坡状。茔地高出居址地面 44～54 米。甘肃省合水县
九站[1] 寺洼文化聚落居址和茔地也不在一处，居址选择在地势低洼的川地
上，南临合水川。茔地则选择在居址北边不远的斜坡坪地上，坪地与西北
方的高山余坡相连接，茔地高出居址 40～80 米。由此可见，两地寺洼文化
居民选择居住地和茔地的情况是相同的。

上述寺洼文化居民选择居住地和茔地的位置特点，与陕西省长武县冉
店乡碾子坡[2] 先周文化居民选择居住地和茔地的情况是相似或相同的，即
居住地位于低处，茔地位于高处的斜坡坪地上；茔地面临居住地，背靠高
处——"中塬塬顶"[3]。

2. 墓葬方向的特点

徐家碾寺洼文化茔地位于西高东低的斜坡坪地上，墓主人头向西北，脚
朝东南，也就是墓主人头在高处，脚在低处。合水县九站[4] 寺洼文化茔地也

是位于西高东低的斜坡坪地上，墓主人头向西北，脚朝东南，即：墓主人头在高处，脚在低处。可见，两地寺洼文化墓葬的方向特点是完全相同的。

上述寺洼文化墓葬的方向特点，也与陕西省长武县碾子坡[5]先周早期墓葬和先周晚期墓葬以及西周墓葬的方向特点无二样，即墓主人头在高处，脚在低处，它似乎暗示人死以后和活着的时候一样头在高处以俯视远方。

3. 成年人和未成年人的埋葬习俗

徐家碾寺洼文化居民的成年人和未成年人包括儿童在内都实行竖穴土坑葬，共同埋葬在公共墓地内，而且他们的随葬器物及放置方式也大都相同。上述情况，也见于合水县九站[6]寺洼文化墓地之中。由此可见，在寺洼文化中埋葬成年人和未成年人的习俗和制度很可能是相同的。

上述埋葬习俗和制度在中原地区包括关中地区的各种古文化中未见或罕见，而在甘青地区的多种不同性质、不同年代的古文化中则屡有发现，如马厂类型墓地[7]、齐家文化墓地[8]和四坝文化墓地[9]等。这就表明寺洼文化的埋葬习俗和制度，与马厂类型、齐家文化、四坝文化的埋葬习俗和制度有相似和相同之处。

4. 茔地的墓葬分布与分群

茔区墓葬因水土流失和修梯田等人为活动破坏了不少。不过，就茔区存留下来的墓葬数量及其分布位置来加以研究，墓葬的分布是有明显的安排顺序和规律的（图6-2-1）。

（1）茔区范围为南北椭圆形，面积约为10100平方米。区内墓葬大致可以划分为南、北两个不同的群体，二者之间有宽6~10米的空地间隔。在两个不同的墓葬群体中，各有3座墓发现殉人陪葬现象，但北区比南区的墓葬数量多，而且北区墓葬中分布有两座车马坑，出土铜兵器的也多为北区墓葬，这些现象似暗示北区墓葬的族人比南区墓葬的势力大，地位更重要。

（2）有6座墓葬远离墓葬群体，孤立地埋葬在茔区的西北部边缘。与此相类似的情况，在陕西省长武县碾子坡先周早期茔地和先周晚期茔地以及西周茔地中都有发现[10]。由此可见，上述情况绝非一种偶然现象，而是周人和寺洼文化居民在埋葬习俗和制度上的一种定制。也就是说，埋在茔区内、外的墓主人身份是有区别的。它可能是离群埋葬的死者在族群上不属

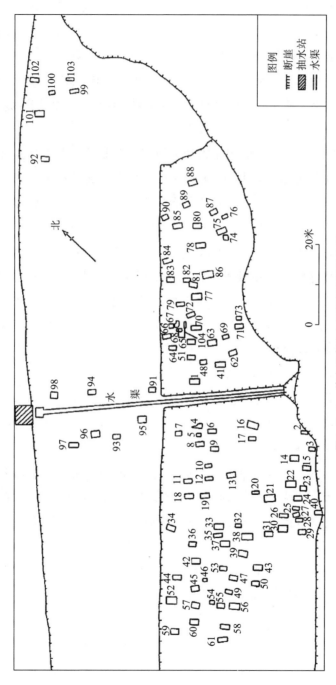

图6-2-1 徐家碾寺洼文化墓葬发掘坑位图

于居民群体的一种反映，但也有可能他们的身份最低下或者触犯某种族规，甚至其死因与众不同等，故将他们单人埋葬在茔区的外围，以示与众人的不同。

5. 墓葬的组合

在众多的墓葬中，往往有两座墓形成一组的情况。它们之间左（南）、右（北）并列整齐，间隔均匀，墓圹形制大都一大一小，墓圹形制大小相若是个别现象。另外，墓主人的头向往往都相同，但在葬式上和性别上既有相同的，也有不相同的。其中：

（1）仰身葬异穴墓的组合，发现墓葬 M99 和 M103 一例。

（2）俯身葬异穴墓的组合，发现墓葬 M30 和 M26 一例。

（3）仰身葬和二次葬异穴墓的组合，发现二例，即墓葬 M62 和 M69（仰身葬）；M61（仰身葬）和 M58。

（4）二次葬异穴墓的组合，发现五例，即墓葬 M78 和 M80、M83 和 M84、M18 和 M11、M17 和 M16、M50 和 M43。

（5）余下两个墓例，即墓葬 M71（二次葬）和 M73、M74 和 M75（二次葬），各有一座墓是二次葬，另外两座墓的人骨朽腐过甚，葬式、性别和年龄都不清楚。

上述 11 组墓例中，各组墓葬的墓主人性别和年龄都清楚的，计有 6 组墓例 12 座墓葬。它们是：

（1）同性葬的组合，计有 2 组墓。

墓葬 M18 和 M11 的墓主人都是二次葬。其中 M18 位于南部，墓圹形制较小，男性，年龄 40~45 岁。M11 位于北部，墓圹形制较大，男性，年龄为 30 岁。

墓葬 M50 和 M43 的墓主人都是二次葬，两座墓的墓圹形制大小相若。其中 M50 位于南部，墓室内埋一具人架尸骨和 1 个人头骨，尸骨为女性，年龄 35~40 岁；人头骨也是女性，年龄为 30~35 岁。M43 位于北部，女性，年龄为 30~35 岁。

（2）异性葬的组合，计有 4 组墓。

墓葬 M17 和 M16 的墓主人都是二次葬。其中 M17 位于南部，墓圹形制较小，女性，年龄为 16～18 岁。M16 位于北部，墓圹形制较大，男性，年龄为 22～24 岁。

墓葬 M83 和 M84 的墓主人都是二次葬。其中 M83 位于南部，墓圹形制较大，女性，年龄为 30 岁左右。M84 位于北部，墓圹形制较小，男性，年龄为 25～30 岁。

墓葬 M99 和 M103 的墓主人都是仰身直肢葬。其中 M99 位于南部，墓圹形制较小，女性，年龄为 35 岁左右。M103 位于北部，墓圹形制较大，男性，年龄为 25～30 岁。

墓葬 M61 和 M58 一组。其中 M61 位于南部，墓圹形制较小，墓主人仰身直肢葬，男性，年龄为 20～25 岁。M58 位于北部，墓圹形制较大，墓主人为二次葬，女性，齿龄约 60 岁，缝龄为 35～45 岁。

此外，墓葬 M62 和 M69 是成年人墓和儿童墓的组合，其中 M62 位于南部，墓圹形制较大，墓主人为二次葬，男性，年龄为 35～44 岁。M69 位于北部，墓圹形制较小，墓主人仰身直肢葬，性别不明，儿童，年龄为 6～7 岁。

根据以上各组墓例的情况，我们似乎可以得出以下三点认识。

（1）同性墓组合的两座墓主人应是具有血缘关系的兄弟或姐妹。在异性墓组合的 4 个墓例中，除墓葬 M61 和 M58 可能是母子异穴并列葬以外，其他 3 组墓的死者年龄相若或近似，他们应属于姻亲的夫妇关系。至于成年人和儿童墓的组合，两座墓的墓主人应属于父（或母）和儿辈两代人的血缘关系。

（2）在异性葬组合的三例墓葬中，男左女右或男右女左的情况都存在。另外，男性的墓圹大于女性的墓圹，或者女性的墓圹大于男性的墓圹的现象都有发现，由此说明，异性葬即姻亲的夫妇异穴墓组合葬俗和制度在徐家碾寺洼文化墓葬中尚未完全定型。

（3）如所周知，血缘同性葬和姻亲异性葬是两种不同性质的埋葬习俗和制度。前者在原史文化时期的社会里异常流行，例如它在我国新石器时代的仰韶文化[11]、大汶口文化[12]中都屡有发现。后者在新石器时代文化中虽有发现，但不是一种普遍性的常见现象，例如它在大汶口文化中晚期[13]

和龙山文化晚期[14]只见于少数或个别墓地之中，而且墓例数量在墓葬中所占比重很小或属个别现象。大概到了奴隶制鼎盛时期的西周时代，由于奴隶制社会获得高度的发展，埋葬制度产生了巨大的变革，也就是夫妇两座墓并列的组合形式不仅成为埋葬上的一种定制，而且在当时社会葬俗和制度方面已经占据重要或主要的地位，而较为落后的同性墓组合形式已趋于消亡了[15]。

以上列举的徐家碾寺洼文化墓葬组合的墓例中，能确认属于血缘同性组合的墓，计有 2 组 4 座墓；属于姻亲异性组合的墓，计有 3 组 6 座墓。这种情况似暗示和表明血缘同性墓组合和姻亲异性墓组合在当时是并存的。换一句话来说，徐家碾寺洼文化居民的埋葬制度处于血缘同性葬向姻亲异性葬演化的重要过渡阶段。

6. 墓穴构造形制

寺洼文化居民的成年人和未成年人包括儿童在内都实行竖穴土坑葬，土坑平面流行长方形，少数土坑呈方形，个别土坑为梯形或椭圆形。

长方形土圹的四个折角多为 90°的直角。土圹四个角浑圆者罕见。竖穴的墓室常见一端略宽于另一端，二者尺寸一般相差 10 厘米左右，相差最多的达 20 厘米。以墓主人头向一端较宽的现象为多，脚向一端较宽的现象少见。这种现象与西周墓葬的墓圹相同，而与先周墓葬的墓圹流行墓主人脚端略宽头端的情况不同[16]。土圹形制是口小底大的覆斗形竖穴和直壁竖井式竖穴并存流行，二者的数量比例约为 3：2。此外，还有个别墓是口大底小的斜壁土圹。

口小底大的覆斗形土圹墓穴，它的墓底比墓口一般长出 20～30 厘米，宽出 10～20 厘米；个别墓的尺寸相差数字要多一些，墓底比墓口长出 56 厘米，宽出 46～50 厘米。土圹的具体构造分为不同的二型。

Ⅰ型 墓穴土坑的口部有一段直壁"颈部"，以下逐渐向外扩大成为敛口斜壁的形状，土圹的四壁剖面呈斜直线，如 M85（图 6-2-2）。

Ⅱ型 墓穴上部的四壁上下近于垂直，接近棺、椁时的墓穴四壁向内挖大成为敛口弧壁的形状，如 M83（图 6-2-3）。

上述Ⅰ、Ⅱ型覆斗形墓圹，与周文化同类墓圹形制无二样[17]。

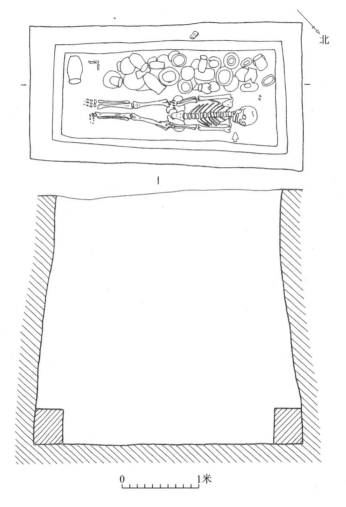

图 6 – 2 – 2 I 型 "覆斗形墓穴" M85 平面、剖面图

最后，发现有 6 座墓葬的土圹，在墓主人脚向一端即墓穴南壁上设一壁龛，龛内埋葬一个殉人。但这种情况异常罕见。

7. 葬具

流行用木棺或木椁，但未见棺、椁并用的现象。木棺是一个用木板做成的长方形木匣子，墓主人头端高出脚端 10 厘米左右。木椁是用比较厚的方形木板在墓室搭建而成，椁盖板往往比椁室稍宽大。木椁的平面形状分长方形、"Ⅱ" 字形和 "⊥" 字形等三种（上述 3 种椁均见于先周墓葬和西

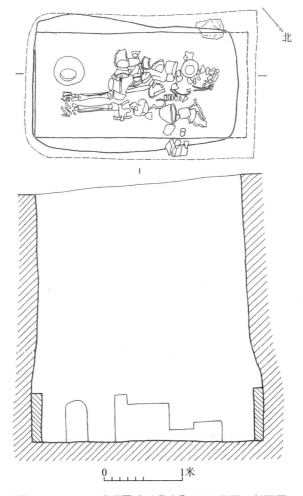

图 6-2-3　Ⅱ型 "覆斗形墓穴" M83 平面、剖面图

周墓葬）。有少数木椁的底板下面于两端各放置一根横向的方柱垫木。个别
木棺和木椁的表面涂上一层白彩和红彩。这些色料与陶器上的白彩和红彩
完全相同。

最后还必须指出，有 25 座墓在墓底四周的二层台上，或者在棺盖、椁
盖的上面有放置小石块，它应属于石棺葬的一种孑遗现象。

8. 葬式

在 102 座墓葬中，葬式清楚的 84 座墓。

（1）二次葬即迁骨葬有 50 座，占 84 座墓的 60% 弱；单人仰身直肢葬有 31 座，占 84 座墓的 37% 弱；单人俯身直肢葬 2 座；单人仰身直肢和单人迁骨合葬墓 1 座。由此说明，迁骨葬和单人仰身直肢葬在墓地中是同时并存的，但前者占比比后者多 23 个百分点。

（2）迁骨葬分为单人葬、二人合葬、三人合葬和六人合葬。迁骨葬的墓主人尸骨摆放形式多种多样。

单人葬流行将双腿骨或下肢胫骨摆成直肢，其余尸骨则杂乱叠压堆放在双腿骨的上方，或者将尸骨散布在棺（或椁）内的西半部。少数墓将死者骨骸摆成仰身直肢，头骨则放在尸骨上方正中或左右两旁，或者将头骨放在棺（或椁）盖面上或二层台上。也有少数墓葬将死者尸骨堆放在棺（或椁）内的西半部。此外还有个别墓葬将死者尸骨分三层加以埋葬（M38），或者只埋一个人头骨（M57）。

二人合葬分两种：第一种，如墓葬 M50 埋一具死者尸骨和一个人头骨。前者的尸骨摆成仰身直肢，女性，年龄为 35 ~ 40 岁。只埋一个人头骨的死者，头骨放在摆成仰身直肢葬死者的右肩旁，女性，年龄为 30 ~ 35 岁。第二种，发现 M37、M51、M86 和 M96 等 4 座墓葬。每一座墓都有一具人骨架的下肢胫骨摆成直肢，其他骨骸以及另一具人骨架则杂乱散布在棺（或椁）内西半部。各墓死者的性别、年龄见表 6 - 2 - 1。

表 6 - 2 - 1　M37、M51、M86、M96 墓主人性别、年龄统计表

墓号	性别	年龄（岁）
M37	男	25 ~ 30
	男	25 ~ 30
M51	女	30 左右
	?	14 ~ 16
M86	（上层）?	成年人
	（下层）?	成年人
M96	女	28 ~ 30
	?	?

三人合葬的墓葬 M45，其中有两名成年人的双腿股骨、胫骨和脚掌骨摆成仰身直肢，位于右者是男性，年龄为 30 ~ 35 岁；位于左者是女性，年龄

为 25~30 岁。其余骨骸和 7 岁儿童（性别不明）的尸骨杂乱散布在棺内西端。

六人合葬的墓葬 M77，死者的尸骨放入椁内分成左、右两组，每组 3 具人骨。各组人骨都有 1 具人骨架摆成仰身直肢，另 2 具人骨则杂乱散布在仰身者的胸骨及头骨上面及其周围。右一组的仰身直肢者是男性，年龄为 30~35 岁；另 2 名死者性别不明，一名为成年人，另一名是 10~14 岁的少年。左一组的仰身直肢者是女性，成年人，另两名死者的性别不明，其中一名死者的年龄为 30~35 岁，另一位死者是 10 岁左右的少年。

（3）仰身直肢和迁骨合葬的墓葬 M15 比较特别，仰身直肢者放入棺内，女性，年龄为 30~35 岁；迁骨葬者是男性，年龄为 30 岁左右，尸骨和 5 件随葬陶器埋在墓穴西北部的填土里，距墓底约 1 米。

从上述情况分析，我们得出以下三点认识。

（1）迁骨葬和单人仰身直肢葬在墓地中是并存流行的，前者占比比后者多了 23 个百分点，但在迁骨葬的墓葬中，多数墓主人的尸骨摆成仰身直肢或象征性的直肢，即将死者的双腿骨或下肢胫骨摆成直肢。在甘肃省合水县九站[18]寺洼文化墓地中，也是二次葬（该报告称乱骨葬，应为迁骨葬）和单人仰身直肢葬并存流行，前者比后者多了很多，而且迁骨葬的墓主人尸骨往往也摆成仰身直肢，或者将盆骨和双腿骨摆成仰卧直肢，或者将下肢胫骨竖向并列若直肢。上述情况充分表明，尽管两处寺洼墓地的迁骨葬比单人仰身直肢葬的墓葬数量多，但仰身直肢葬似乎是他们向往和崇尚的一种葬式和习俗。我们对这种现象可以有不同的推测，一种可能是二次葬是寺洼文化原有的埋葬习俗，后来受到其他文化的影响改为并崇尚仰身直肢葬。另一种可能是仰身直肢葬是他们固有的埋葬习俗，因迁徙而起取先人尸骨到新住地的公共墓地中加以埋葬。所以，凡属先人尸骨保存完整或比较完整而且骨质坚硬者，便将先人的尸骨摆成仰身直肢；凡属先人尸骨保存不全或骨质较差者，只能将盆骨和下肢骨摆成仰身直肢，或者将双腿骨甚至下肢胫骨摆成象征性的直肢。以后一种可能性比较大。

（2）在二人合葬的墓葬中，能确认墓主人性别和年龄的只有 M37 和 M50 两例。其中 M37 是具有血缘关系的兄弟合葬墓，M50 是具有血缘关系的姐妹合葬墓。

（3）三人合葬的 M45，根据死者的性别和年龄观察，他们应属于父母和孩子一家三口人的合葬墓。至于六人合葬的墓葬 M77，右边一组三人可能是父母和孩子一家人，左边一组三人也是父母和孩子一家三口人，即它是一座大家庭（或称家族）合葬墓。如所周知，在黄河流域地区，同性多人合葬和父（或母）子两代人合葬在新石器时代诸文化中常有发现，父母和儿辈三人合葬及多人家族合葬在仰韶文化[19]中也偶有发现。上述埋葬习俗在甘青地区延续的年代则比较长，在马家窑文化马厂类型[20]以及铜石并用时期的齐家文化[21]和青铜时代的四坝文化[22]中都屡有发现。但在中原地区，上述习俗在商周时期已绝迹，今在年代相当于商周之际的徐家碾寺洼文化墓地中，发现父母和儿辈三人合葬墓及多人家族合葬墓各一例，说明属于戎狄族（或称羌戎族、姜戎族）群体一支的徐家碾寺洼文化居民仍然保留着比较落后和原始的埋葬习俗。

9. 随葬器物的放置

各座墓葬都是以随葬陶器为主，其他器类如铜、石、骨、蚌质的器物数量比较少见。各墓随葬的陶器，大都放在木棺内或木椁内的墓主人右侧，竖行放一排或二排或三排。这与九站[23]寺洼文化墓葬流行将陶器横行排在墓主人头前，或将陶器放在墓主人头端的墓穴壁龛里，存在明显的差别。也有个别墓葬随葬品放在墓主人头端前面，横行放一排或二排。随葬陶器数量比较多的墓葬，则将部分陶器放在墓主人头端的二层台台面的中央或墓穴的西北角或西南角；或者将部分陶器放在棺盖或椁盖的盖面上；少数墓葬将部分陶器埋在墓穴的填土内。属于储器的陶瓮，各墓的陈列位置十分固定，大都放在棺内或椁内的墓主人脚端的右边，放在脚端中央或左侧的是个别现象。

戣、戈、矛和镞等青铜兵器和骨镞均放在墓主人头部或上身尸骨两旁；铜刀随身放置。铜铃位于盆骨下或头部两旁。铜钏则戴在死者的手臂上。墓葬 M9 出土的 1 件铜戈，援部的前端残缺，属于所谓断戈而葬，应是当时的一种埋葬习俗。这种葬俗，过去在先周文化和西周文化中常见，由此说明，寺洼文化居民和周人在葬俗上无疑具有一定的相同信念。

随葬饰物的墓发现 45 座，占墓葬总数的 45% 弱，说明徐家碾寺洼文化居民随葬饰物的习俗是十分流行的。各类耳饰均出自墓主人的耳侧。项链串饰有的戴在死者的颈部，有的放在死者的脸部或头部周围，有的则放在死者的身旁或腹部上面，等等。至于其他铜质的、骨质的和蚌质的饰物，以及玉石珠和玛瑙珠多数是串入项链串饰之中，少数是单个出土的。铜、骨、蚌质的饰物，都是单个出土的，陈放位置不固定和无规律。

有17座墓随葬纺轮，多数墓只出1个，个别墓出2个。纺轮有陶质和骨质两种，后者只个别见到。纺轮大都放在墓主人头部两侧，个别墓放在腹部上面、脚端下方或盆骨下方。属于二次葬的墓，纺轮放在尸骨堆上面或周围。

有18座墓出土铜泡，共35枚。大都出自棺内，位于墓主人的头部、腹部或脚端。二次葬墓铜泡位于尸骨堆周围。凡出3枚以上铜泡的墓葬，铜泡的出土位置集中，呈品字形、方形或梅花形置于墓主人头部或脸部，估计铜泡很可能是缀附在织物上覆盖在墓主人脸部的。

有23座墓随葬贝，大都放在尸骨头部或脚下，个别放入陶罐内。贝的尾端都磨透一小孔。

墓主人口中含玉饰的现象，只发现一例，见于墓葬M70。

有27座墓随葬祭肉，只残留骨头。计发现有黄牛头、马头、猪头、羊头、牛肢腿、马肢腿、羊肢腿以及大小不同的块状兽类肉食残留。祭肉大都放在葬具盖面上，少数放在墓底二层台面上，个别小块祭肉放入陶簋内。

10. 殉人

有8座墓发现有殉人陪葬，每墓殉1人，共8人。殉人墓约占墓葬总数的7.8%，比例是比较高的。被殉者都是事先被杀死甚至被断头或从腰部分割成两段后加以埋葬的。其中有6座墓（M38、M41、M70、M86、M94、M97）的殉人被塞进墓主人脚端的壁龛内，有2座墓的殉人埋在墓主人脚端的墓穴填土里。这与商周墓葬流行将殉人放在墓底二层台上，卡约文化墓葬[24]将殉人捆绑蹲跪埋在墓穴一角的填土中，是存在明显区别的。

11. 殉牲畜

殉牲畜只发现一例，见于墓葬M63。这座墓在墓圹填土里埋一头黄牛，距墓底约1.06米。黄牛是事先杀死后埋进土圹填土的，牛头位于墓穴北端偏东，嘴巴朝东，颈部伸直，牛脊背在下，四肢朝上，其中前肢双腿向上卷曲，后肢双腿并列伸直指向墓穴西南角。

二 随葬器物和墓葬年代

随葬器物按功用可分为生活上使用的陶器、武器、工具、装饰品和文字符号五类。

1. 陶器

陶器出土 1531 件。陶器制作的质料、烧制火候、陶色、纹饰和制法都具有自身的明显特点。

陶器的质料大致分为夹砂陶和泥质陶两类。其中夹砂陶的特征突出，陶泥中夹杂大量碎陶末颗粒和粗砂粒及其他羼和料，加之整治粗糙，碎陶末和粗砂粒往往裸露在陶器的内、外壁面上，质地异常疏松，这是寺洼文化陶器与其他文化陶器最显著的区别。

陶器烧制火候均匀及火候较高的是极少数情况，并且限于形制细小的器皿。绝大多数陶器的烧制火候都偏低且不均匀，器皿局部地方往往没有烧制成熟，内、外壁面密布不同颜色的斑点，极易破碎且破碎后难以粘对复原。

陶器的颜色，计有红褐色、橙黄色、灰色、黑色和砖红色等五种。红褐色占 60% 以上，橙黄色占 15%，灰色和黑色各占 10%，砖红色的数量甚少。绝大多数器皿的色泽都不纯正，器壁和陶胎往往夹杂不同颜色的斑点。

陶器的制法有泥条盘筑法、模制和手制三种。器皿往往不限于采用一种制法，大都兼用二种乃至三种不同的制作方法。一般来说，器皿主体部分都采用模制或泥条盘筑而成，辅以手制；器物附件——如罐耳、鬲耳和盖纽等系直接用手捏塑，然后接在器皿上面。寺洼文化袋足陶鬲和瘪裆陶鬲均属模制兼手制，其制作方法与先周文化和西周文化的同类器物制法完全相同。罐、簋、豆、壶、盂和瓮等器皿泥条盘筑而成。平底器的底部做法特别，圆饼式的器底泥坯是从器内塞进底部的。其中有的圆饼或泥坯直径略大于器壁底部直径，所以圆饼式泥坯只塞至离器底 0.3～0.7 厘米处若"圈足"——俗称"假圈足"。

陶器的纹饰，计有绳纹、划纹、戳纹和附加堆纹以及彩陶和彩绘等多种。其中绳纹占 70% 以上；其次是附加堆纹和划纹；戳纹少见。彩陶只出 5

件，皆为红底赭色彩，多以"羊头"为主纹，衬托几何纹或竖行纹，另在器皿颈部和肩上以及近底腹壁绘1周或2周彩带（图6-2-4：2、3、5、7）。彩绘大都用白彩，黑彩和赭色彩少见。白彩有圆圈纹和斜线相交若网格两种。圆圈纹大都是纵横密布绘在陶壶的外壁面。网格则大都绘在陶瓮

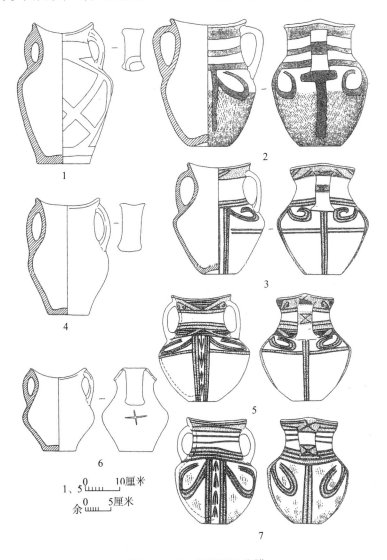

图6-2-4 马鞍形口陶罐

1.Ⅰ式（M84:19）；2、4.Ⅱ式（M69:9、M49:9）；3、5、6、7.Ⅲ式（M85:22、M51:11、M77:40、M69:13）

上（图 6 - 2 - 4：1），或作波浪形施于马鞍形口罐上腹。黑色和赭色彩绘均见于马鞍形口陶罐的肩、颈之间，花纹都是绘两条反方向的钩纹，内填两个圆形彩点或贴上两个圆泥饼（图 6 - 2 - 5：6），或者在彩钩下方镶嵌 2 颗白色骨管珠或 2 颗"蚌钱"，其形似兽类的双目，若"羊头"图案。

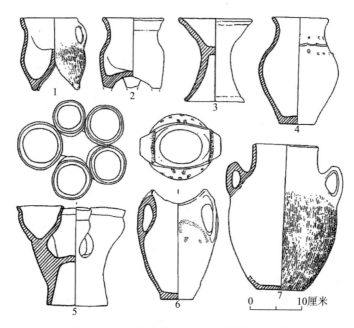

图 6 - 2 - 5　徐家碾寺洼文化墓葬出土陶器

1. I 式鬲（M12：9）；2. II 式鬲（M77：47）；3. 豆（M77：27）；4. I 式侈口罐（M72：17）；5. 五连杯（M84：2）；6. I 式马鞍形口罐（M78：12）；7. II 式双耳罐（M77：31）

镶嵌白色骨管珠或"蚌钱"的陶器少见，均施于陶器的颈部或肩上 1 周或 2 周，或者在罐耳上端壁面镶嵌 2 枚"蚌钱"。骨管珠和"蚌钱"大都腐朽脱落，只留下镶嵌痕迹。标本 M72：17 是例外，陶罐出土时颈部镶嵌的骨管珠和"蚌钱"十分清晰（图 6 - 2 - 5：4）。

陶器种类，计有袋足陶鬲、瘪裆陶鬲、双连鬲、马鞍形口陶罐、双马鞍形口陶罐、双大耳罐、单大耳罐、四耳罐、三耳罐、双耳罐、长颈罐、圆腹罐、折肩罐、大口罐、小罐、大口尊、簋、壶、豆、盂、杯、五连杯、瓮等 23 种。其中马鞍形口陶罐、双马鞍形口陶罐、双大耳罐、单大耳罐、壶、豆、瓮等，是徐家碾寺洼文化具有代表性的陶器。此外还出土了 21 件典型周文化陶器，其中陶罐 14 件（图 6 - 2 - 6），陶簋 7 件（图 6 - 2 - 7）。

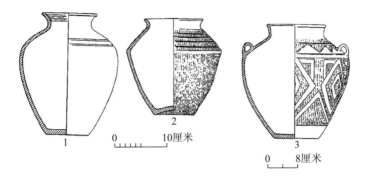

图 6 - 2 - 6 周文化陶罐

1. M95：13；2. M22：14；3. M43：1

2. 武器类

共 17 件。除 3 件骨镞（四棱式 1 件，三棱式 2 件）外，都是铜兵器。计有铜戣 3 件，分弧刃、凹刃和斜直刃三式。铜戈 3 件，长胡无穿式 1 件，援残断，属于所谓"断戈而葬"。短胡一穿式 2 件，M70：7 标本出土时，内上残存木柲碎片。铜矛 1 件，平面若柳叶形，出土时骹内残留一段木柲。7 件铜镞均为双翼倒刺式。

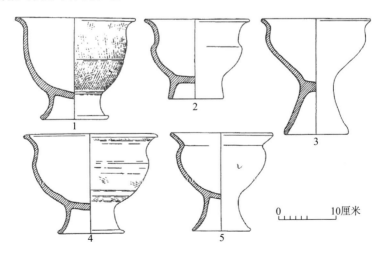

图 6 - 2 - 7 周文化陶簋

1. Ⅰ式（M72：23）；2. Ⅱ式（M31：7）；3. Ⅴ式（M24 下：4）；4. Ⅲ式（M63 中：5）；5. Ⅳ式（M45 下：30）

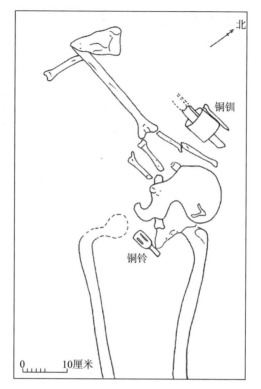

北

铜钏

铜铃

0 ___ 10厘米

图 6 – 2 – 8　寺洼墓葬 M71 出土的铜钏和铜铃位置图

3. 工具类

共25件。器型计有铜刀、石刀、石刮削器、陶纺轮和角纺轮等5种。铜刀2件，标本 M16∶9 为曲柄式，标本 M17∶4 为直柄式。石刀1件，长方形，双孔靠近背部，已残断。石刮削器1件，系利用石英石打制成长条片状。陶纺轮20件，分圆饼式、圆锥式、馒头式、圆台式和圆砣式。角纺轮1件，属圆锥式。

此外还出土马镳2件，铜牌饰1件（估计是镶嵌在马车上的铜饰）、铜泡35枚和贝47枚。

4. 装饰品类

前已介绍，徐家碾寺洼文化居民死后流行随葬饰物，主要是死者生前佩戴的耳饰和项链。其他只有1件铜钏、4件铜铃、6件铜管、2件半圆管状铜饰和3件镂孔铜版饰。后三种铜饰都是缀附在面幕之类的织物上的。

铜钏1件，形制为一长方形铜片卷成圆形，一端直径略大于另一端，结合部分张开。铜钏出土时，戴在二次葬尸骨的手臂肱骨上（图 6 - 2 - 8）。

耳饰计有铜耳环 1 件，系利用直径 0.2 毫米的铜条卷成椭圆形，两端结合部位稍张开。鹿角磨制的耳坠 1 件，椭圆柱状，两端圆钝，较细一端有系线的一周凹槽。绿色玉坠 3 件，其中 1 件的平面形状为椭圆形，底面平整，顶面微微隆起圆鼓，中央钻一穿孔。另 2 件的器身扁平，下端宽大近半圆形，上部窄小圆尖，近顶端有一穿。

有 24 座墓随葬成串的项链。21 座墓往往只发现 1 ~ 7 颗骨管珠或蚌钱珠，或者是 1 ~ 2 颗石珠、绿玉珠或赭色玛瑙珠。

出土项链 47 串。

项链串饰分为三种：

第一种　骨管珠项链，17 串。

第二种　蚌钱珠项链，27 串。其中墓葬 M77 出土 21 串，全部都是蚌钱珠，合计出土 434 颗。

第三种　项链以骨管珠为主，但串入 1 ~ 8 颗蚌钱珠。

5. 文字符号类

发现 81 例。其中有 12 例是红彩文字，其他 69 例是阴文。红彩文字见于 3 件马鞍形口陶罐的双耳上，每件标本的双耳壁面上对称书写 1 个"五"字和 1 个"×"形字（图 6 - 2 - 4：3、5、7）。在 69 例阴文中，除 4 例刻在陶纺轮上以外，其他 65 例都刻在陶器上。文字和符号往往是单个存在的，2 个或 3 个连书的现象罕见，并只限于数目字。文字和符号中有很多是重复的，其中不重复的有以下几类。

文字和符号分为以下三类。

（1）数字

计发现 1、5、6、7、16 等 5 个字（图 6 - 2 - 9：36、21、27、22、2、3、8、17、6、31）。

（2）干支

只发现丁和癸二字（图 6 - 2 - 9：13、38）。

（3）其他

名词和动词有父、个、虫和在等 4 个字（图 6 - 2 - 9：28、1、24、29、

15、17）。

"↑"和植物图案（图6-2-9：25、34）过去在先周和西周陶器上屡有发现。余下19例，除4例（图6-2-9：7、9、12、33）可能是符号以外，其他15例很可能是数字的连书。

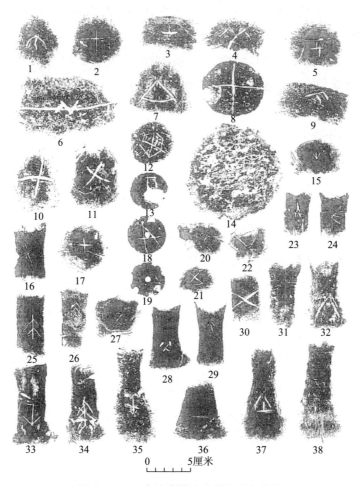

图6-2-9 寺洼墓葬出土的文字与符号

1、3、7、9、10. 陶豆（M6：9、M10：5、M48：2、M23上：4、M29：5）；2、4~6、8、14~17、21~38. 双马鞍形口陶罐（M9：16、M22：9、M16：5、M23上：1、M24上：4、M51：1、M39下：10、M9：4、M22：17、M28：2、M79：38、M95：14、M69：2、M45下：7、M28：2、M73：6、M45下：18、M72下：18、M95：19、M78：12、M51：20、M9：5、M22：1、M16：3、M67：2、M32：4、M16：5）；11. 陶簋（M51：14）；12、20. 单大耳陶罐（M97：21）；13、18、19. 陶纺轮（M78：20、M11：15、M88：15）

　　上述文字和符号，绝大多数是商、周常见的文字。由是说明，徐家碾寺洼文化居民与周人和商人是同文的。

　　墓葬存在相互挖破现象的有两例。另外各墓随葬品种类及其形制大同小异，而且器物及型式的组合大都相互依存，墓葬难以分期。至于墓葬的上、下限年代，则有以下意见：①铜铃 M71 下：20 见于碾子坡先周晚期 M82[25] 和岐邑刘家村先周墓 M41[26] 出土。②陶鬲 M12：1（图 6-2-6：1）与碾子坡先周晚期标本 M303：1 同式，唯前者附单耳，后者附双耳[27]。③徐家碾寺洼墓葬出土周文化陶罐 14 件，陶簋 7 件。其中陶罐 M95：13（图 6-2-7：1）与宝鸡市高家村先周晚期出土的标本 M3：3 的器型无二样[28]。陶罐 M22：14（图 6-2-7：2）与岐邑贺家村先周陶罐 M32：2 相同[29]。陶罐 M43：1（图 6-2-7：3）与丰邑马王镇先周晚期陶罐 H18：42 雷同，唯后者无双耳，腹饰绳纹[30]。至于 7 件陶簋属于周文化传统器皿，俗称"周式簋"。最早见于碾子坡先周早期，到先周晚期则比较常见。如标本 M45 下：30（图6-2-8：5）见于马王镇先周 H18 出土[31]，标本 M24 下：4、M72：23（图6-2-8：3、1）见于陕西北吕先周晚期出土[32]，等等。由此可推知，墓葬上、下限年代约当周人迁岐至先周末年（公元前 1150～前 1046 年）。

三　文化因素分析

　　墓葬中出土了一些兵器、工具和装饰品等各种不同种类、不同用途的铜质器物。经抽样对 7 个不同种类的标本进行化学成分分析鉴定，它们都属于青铜器物（详见《徐家碾寺洼文化墓地》附录一，科学出版社，2006），由此说明徐家碾寺洼文化是青铜时代的一种文化遗存。但经过鉴定的 7 个标本所含铜、锡、铅等金属元素的比例不尽相同，这种现象可能是寺洼文化的人们制铜技术和工艺还不够完善和成熟的缘故，也有可能是制铜原料来源地不同，或者是原料产地虽然相同但所含金属元素存在差异的缘故。

　　墓葬中使用人殉和车马坑陪葬，是我国古代的奴隶制社会——商周时期奴隶主阶级在埋葬习俗和制度方面的一个十分突出的基本特征，今在徐家碾寺洼文化墓葬中也发现用人殉和车马坑陪葬的现象，可以认为，徐家碾寺洼文化居民的社会发展已经进入奴隶社会的历史阶段。但徐家碾寺洼文化用人殉的墓竟占墓葬总数的 7.8% 强，其比例是相当高的，这种情况应是奴隶的劳动使用价值在当时未被重视的一种具体反映。用人殉的 8 座墓都是以随葬陶器为主，其他质料器物少见或不见。例如墓葬 M59 仅出土 5 件陶器；M41 只出土 51 件陶器；M95 只出土 22 件陶器和 1 件陶纺轮。这种情况既说明奴隶主厚葬之风在徐家碾寺洼文化中尚未出现，同时也表明寺洼文化的社会生产水平还比较低下，以及奴隶主积累和拥有的财富数量还十分有限，就连一般性的青铜兵器和装饰物在当时都仍然是一种十分贵重和稀罕之物。总之，上述种种现象似说明寺洼文化社会的奴隶制尚处于比较落后的初级阶段，而不是奴隶制已经发展到较高的历史阶段。

徐家碾寺洼文化居民无疑已经过着相对稳定的定居务农生活，聚落居住遗址和茔地以及大量陶质器皿的发现，便说明了这一点。但他们居住和活动的地区，是在我国西北部黄土区内的山地地区和丘陵地区的接壤地带[33]。那里的地势高爽（徐家碾村子所在地海拔约 1450 米）而地形地貌复杂，山峁林立，沟壑纵横，河流沿岸比较平坦的川地窄狭而面积比较小，川地周围又尽属陡坡或斜坡阶地（也称坪地），所以那一带适于发展农业生产的可耕种之地实在有限。加上该地区的年降雨量为 300～350 毫米[34]，是属于干旱和半干旱地区，适宜于发展畜牧业生产。寺洼文化墓葬流行随葬祭肉，以及发现用牛、马、羊、猪等家畜陪葬的现象，应是他们的畜牧业生产比较发达的一种具体反映。另外，寺洼文化罐形器流行附双耳或单耳，尤其是器身略高的双耳马鞍形口陶罐出土数量特别多，而这类罐形器显然不是一般性的所谓水器，而是有它的特殊用途——很可能是挤牛奶、羊奶时使用的一种盛器。可以认为，徐家碾寺洼文化居民单靠农作物收成还难以维持生计，畜牧业生产也是他们在经济生活中的一种重要因素。换一句话来说，徐家碾寺洼文化居民处于半农半牧型经济结构的生活状态中。

根据专家的鉴定，寺洼文化墓葬随葬祭肉的残留——兽骨来自黄牛、马、羊和猪等多种不同家畜。墓内出土的彩陶器和彩绘陶器的纹饰图案，常见以象征性的羊头为主纹，当非偶然现象，而是暗示羊与寺洼文化的人们存在着十分密切的特殊联系。文字学家说甲骨文和金文中的"羌"字是羊的象形字，历史学家则据此进而推断中国古代的羌人是牧羊之人。现根据徐家碾寺洼文化墓葬的上述发现分析研究，文字学家和历史学家的说法是有道理的。也就是说，徐家碾寺洼文化居民发达的畜牧业生产，大概以放牧羊群为主要内容之一。

根据现已掌握的考古资料，寺洼文化是分布在我国西北部黄土地区的一种青铜时代的考古学文化。其分布范围约略西边起自今甘肃省中部的洮河流域，东边止于甘肃、陕西省接壤地区的子午岭西侧，北边位于甘肃省和宁夏回族自治区的接壤地区，南边则到达陇南的白龙江流域和陕西省宝鸡市的渭河南岸，东西长约800公里，南北宽约500公里，其地望属今日甘肃省兰州市和甘南藏族自治州的东半部、定西、武都、天水、平凉和庆阳等地区的全部，以及陕西省西北部边缘和宝鸡地区的西部。这个地区的地貌，由于东有雄伟的子午岭，西有高大的鸟鼠山，中间是耸入云端的陇山山脉，地势高亢而地形险要复杂。这一地区属黄土地带，历来水土流失严重，所以到处山头、孤原林立，深壑溪河纵横交错。寺洼文化遗址，往往就是坐落在河溪旁的缓坡地带上。也就是说，历年考古所得资料证明，寺洼文化就是分布在我国西北上述地貌里的一种古民族文化遗存。

关于寺洼文化的渊源问题，过去人们根据寺洼文化和齐家文化存在某些相似和相同的因素，认为这两种考古学文化的关系异常密切，并推断寺洼文化是从齐家文化递变而来的。20世纪80年代，甘肃省甘南藏族自治州文化局、博物馆在洮河流域上游的卓尼县苫儿、大族坪、石坡、石嘴湾和大坡子等5处古文化遗址中发现一种新的文化类型遗存。其中苫儿遗址经过试掘，其他遗址的遗物则多为调查中的采集品，或者限于发掘或清理了个别灰坑或墓葬，但这些遗址发现的遗物数量比较多，陶器群的文化面貌轮廓及其基本特征清楚。考古简报[35]和论文[36]的作者认为该文化类型遗存既具有齐家文化的因素，又具有浓厚的寺洼文化因素。例如夹砂陶器的陶胎中夹杂大量的碎陶末和粗砂粒等羼和料，以及遗址出土的双大耳陶罐已经具有马鞍形口陶罐的雏形，等等。所以，该文化类型遗存应是齐家文化递变为寺洼文化的过渡期遗存。鉴于这类遗存与齐家文化已经存在较大的差别，而与寺洼文化则具有众多十分明显的共性，所以，也可以称它为寺洼文化的早期遗存。遗存的相对年代，约略相当于中原地区的夏代晚期或商代初期。（按：2008～2012 年，属于芭儿遗存的墓葬在卓尼县洮河南岸的临潭县磨沟村北有发掘。寺洼文化早期墓葬均挖破齐家文化的墓穴，另外还发现寺洼和齐家两种不同文化陶器在有些墓葬中共生，或者齐家文化墓葬随葬陶器中的双耳陶罐与寺洼文化马鞍形口陶罐的形制十分接近，明显有向寺洼文化转变迹象。这一发现，再一次为寺洼文化渊源于齐家文化提供了实物依据和信息。经 ^{14}C 测定，年代最晚的齐家文化墓葬为公元前 1500 年左右，所以芭儿遗存也就是寺洼早期文化的年代应在此年数之后。）

上述新发现为人们深入探讨和弄清寺洼文化的渊源问题，提供了十分宝贵的实物根据和信息。可以认为，寺洼文化约略起源和发育于甘肃省中部的洮河流域上游，然后沿洮河流域向东发展而广泛流行和分布在兰州以东的定西、天水、武都和平凉西部等广大地区[37]，并且越过南北走向的高大陇山山脉到达泾河上游的"沟原"地区。目前已知分布最东边的寺洼文化遗址，是甘肃省合水县的九站遗址[38]。根据九站遗址发掘报告[39]介绍，居址和墓地的文化内涵特点是寺洼文化和周文化二者融合为一体，遗存的上限年代约当先周晚期（公元前 11 世纪中期），下限年代约当西周晚期（公元前 8 世纪中期）。寺洼文化向南的发展则到达今日的宝鸡市渭河南岸濛峪沟一带。不过，在濛峪沟发现的 20 多件典型寺洼文化陶器，是墓葬被破坏以后的采集品而不是经过科学发掘获得的文化资料，所以那 20 多件寺洼陶器是寺洼文化墓葬的随葬器皿，还是先周墓葬或西周墓葬中的随葬器皿，现在已经无法辨认和弄清楚[40]。但是，寺洼文化的发展已经拓展至宝鸡市渭河南岸的濛峪沟一带乃至周都岐邑等地区，是没有什么问题的。因为根据现已掌握的考古资料，除在濛峪沟发现 20 多件典型寺洼文化陶器以外，在其他多处不同地点的周墓中也发现了寺洼文化器物。例如：

（1）在濛峪沟西南约 3 公里的竹园沟[41]，墓葬 M1（年代约当西周初年或稍早）出土了一件附矮圈足的双马鞍形口陶罐，器皿除附矮圈足外，罐形与寺洼文化同类双马鞍形口陶罐的形制完全相同，所以周器应是从寺洼文化同类器皿递变而来的[42]。至于该墓出土的单大耳双连罐，罐形也是寺洼文化常见的器型。

（2）在竹园沟西边的高家村[43]先周墓葬中也出土了典型的寺洼文化陶

器，如单大耳陶罐标本 M14：6 和双大耳陶罐标本 M16：8。

（3）在高家村西边的晁峪遗址[44]里，也发现了寺洼文化单大耳陶罐。

（4）至于在岐都刘家村先周墓葬中发现寺洼文化陶器和镂孔铜铃，我们在前面已有详论，这里不再重复。

（5）需要强调的问题，是碾子坡先周墓葬 M182 出土的镂孔铜铃，与徐家碾寺洼文化墓葬 M72 和刘家村先周墓葬 M41 出土的铜铃形制无二样。我们在前面已有详细介绍和论述，徐家碾寺洼文化墓葬和碾子坡先周、西周墓葬在葬俗上具有众多的共同性。例如他们对居住地和茔地的位置选择，墓葬方向特点，墓穴构造以及茔区墓葬分群和墓葬组合形式，等等，二者基本上是相同的。这种现象当非偶然，它应引起我们充分的注意。

简而言之，寺洼文化渊源于齐家文化。它约略起源和发育于甘肃省洮河流域上游地区，然后沿洮河流域向东发展并越过陇山山脉到达泾河上游"沟原地区"和陕西省的西部。根据现已掌握的考古资料，寺洼文化和先周文化存在着错综复杂的文化交流和融合现象，但要梳理清楚有关问题，今后无疑需要大力开展对年代较早的寺洼文化和先周文化的研究[45]。

注 释

［1］［4］［6］［18］［23］［39］王占奎、水涛：《甘肃合水九站遗址发掘报告》，载北京大学考古系编《考古学研究》（三），科学出版社，1997。

［2］［17］［25］［27］中国社会科学院考古研究所编著《南邠州·碾子坡》，世界图书出版公司，2007（以下凡涉及碾子坡资料均用此书）。

［3］黄土高原的地貌，由低至高，即由河谷至山顶，可以分为滩、川、坪、原、梁、峁（或称嘴）、岭等七种类型。滩地均为河谷最低处，是新形成的平地，即地形学上的河漫滩。川地为河谷最宽阔的平地，属第二级阶地。坪地一般包括河谷三级和四级阶地，高出河床 50~100 米，地形多被水冲沟切割而破碎。原地为黄土高原上面积较广阔而坡度最小的地区。梁地多与塬地处于同一高度，往往位于塬地的边缘，多由沟壑发育而形成。峁地在梁地上部，形如驼峰，或在塬、梁边缘突出部位，经水流切割而

成。岭地即山岭。上述七类地形中，原生黄土大多分布在坪地、塬地、梁地和峁地的上面。

［5］［10］［16］胡谦盈：《南邠碾子坡先周墓葬和西周墓葬——周人早期葬俗探讨之一》，载胡谦盈《胡谦盈周文化考古研究选集》，四川大学出版社，2000。

［7］［20］［21］青海省文物管理处考古队、中国社会科学院考古研究所：《青海柳湾》，文物出版社，1984。

［8］青海省文物管理处考古队、中国社会科学院考古研究所：《青海柳湾》，文物出版社，1984。又中国科学院考古研究所甘肃工作队：《甘肃永靖大何庄遗址发掘报告》，《考古学报》1974年第2期。谢端琚：《甘肃永靖秦魏家齐家文化墓地》，《考古学报》1975年第2期。

［9］［22］甘肃省文物考古研究所、吉林大学北方考古研究室编著《民乐东灰山考古——四坝文化墓地的揭示与研究》，科学出版社，1998。

［11］中国社会科学院考古研究所编著《宝鸡北首岭》，文物出版社，1983。西安半坡博物馆、陕西省考古研究所、临潼县博物馆：《姜寨》，文物出版社，1988。

［12］［13］高广仁：《大汶口文化的葬俗》，载田昌五、石兴邦主编《中国原始文化论集——纪念尹达八十诞辰》，文物出版社，1989。

［14］中国社会科学院考古研究所陕西二队：《陕西华阴横阵遗址发掘报告》图二七，《考古学集刊》4，中国社会科学院出版社，1984。

［15］［16］胡谦盈：《南邠碾子坡先周墓葬和西周墓葬——周人早期葬俗探讨之一》，载胡谦盈《胡谦盈周文化考古研究选集》，四川大学出版社，2000。又中国社会科学院考古研究所编著《南邠州·碾子坡》，世界图书出版公司，2007。

［19］中国社会科学院考古研究所编著《宝鸡北首岭》，文物出版社，1983。又北京大学历史系考古考研室：《元君庙仰韶墓地》，文物出版社，1983。又中国社会科学院考古研究所陕西二队：《陕西华阴横阵遗址发掘报告》，《考古学集刊》4，中国社会科学院出版社，1984。又西安半坡博物馆、陕西省考古研究所、临潼县博物馆：《姜寨》，文物出版社，1988。

［24］高东陆：《略论卡约文化》，载苏秉琦主编《考古学文化论集》三期，文

物出版社，1993，第 153～165 页。

[26] 尹盛平、王均显：《扶风刘家姜戎墓葬发掘简报》，《文物》1984 年第 7 期
（以下凡涉及刘家村墓葬资料均引此）。

[28] 张天恩、田仁孝、王力军：《陕西宝鸡市高家村遗址发掘简报》，《考古》
1998 年第 4 期（以下凡涉及高家村遗址资料均依此）。

[29] 徐锡台：《岐山贺家村周墓发掘简报》图二，5；图版四，5；《考古与文
物》1980 年第 1 期。

[30]［31］中国社会科学院考古研究所丰镐工作队：《1997 年沣西发掘报告》
图一一：15，《考古学报》2000 年第 2 期（以下凡涉及马王镇 H18 的资料
均用此）。

[32] 罗西章：《北吕周人墓地》图二三：2、3；图版九：3、4；图三〇：3；
图版七：4，西北大学出版社，1995。

[33]［34］刘东生等：《中国的黄土堆积》，科学出版社，1965，第 226 页，图
九九；第 224 页，图九七。

[35] 甘南藏族自治州博物馆：《甘肃卓尼县纳浪乡考古调查简报》，《考古》
1994 年第 1 期。

[36] 樊维华：《苣儿遗址文化性质初探》，《考古》1994 年第 1 期。

[37] 夏鼐：《临洮寺洼山发掘记》，《考古学报》1949 年第 4 期。

裴文中：《甘肃史前考古报告初稿》（油印本），前地质调查北平分
所，1948。

张学正：《甘肃临洮临夏两县考古调查简报》，《考古》1958 年第 9 期。

郭德勇：《甘肃渭河支流南河、榜沙河、漳河考古调查》，《考古》1959
年第 7 期。

甘肃省博物馆：《甘肃古文化遗存》，《考古学报》1960 年第 2 期。

员安志：《甘肃庄浪县柳家村寺洼墓葬》，《考古》1963 年第 1 期。

长江流域规划办公室考古队甘肃分队：《白龙江流域考古调查简报》，载
文物编辑委员会编《文物资料丛刊》第 2 辑，文物出版社，1978。

《甘肃省文物考古三十年》，载文物编辑委员会编《文物考古三十年
1949—1979》，文物出版社，1979。

丁广学：《甘肃庄浪县出土的寺洼陶器》，《考古与文物》1981 年 2 期。

甘肃省庆阳地区博物馆：《庆阳地区文物概况》，1979。

[38]［40]［42]胡谦盈：《试论寺洼文化》，载胡谦盈《胡谦盈周文化考古研究选集》，四川大学出版社，2000。

[41]宝鸡市博物馆、渭滨区文化馆：《宝鸡竹园沟等地西周墓》，《考古》1978年第5期。又卢连成、胡智生：《宝鸡𢂿国墓地》，文物出版社，1988。

[43]张天恩、田仁孝、王力军：《陕西省宝鸡市高家村遗址发掘简报》图八：1、3；图版一：2、3；《考古》1998年第4期。

[44]卢连成：《扶风刘家先周墓地剖析——论先周文化》图四，7；图五，13；载陕西历史博物馆编《周文化论集》，三秦出版社，1993。

[45]多年前，笔者在《姬周族属及其文化探源》（见《胡谦盈周文化考古研究选集》）一文中认为寺洼文化是周文化形成与发展的重要因素，并且根据西周器物和少数年代较晚的先周器物推断先周文化可能是从寺洼文化中分出来的新类型遗存。现在看来，前一点认识似无多大问题，后一推论由于在碾子坡发现年代较早的先周遗存，文中提出的论据自然失效。不过，先周文化或者它的主要因素来源于寺洼文化，其可能性是存在的。

第三节　《徐家碾寺洼文化墓地》的学术意义

2000年，我向中国社会科学院老干部工作局申请立项的考古学专刊《徐家碾寺洼文化墓地——1980年甘肃庄浪徐家碾考古发掘报告》，已由科学出版社于2006年6月出版，书中附有98页实物图片。

徐家碾是一个小村庄，位于甘肃省平凉市庄浪县中部北水洛河西岸河旁的川地上，东南距庄浪县城约3.5公里。墓地在徐家碾村西边旁高出川地地面40多米的阶地（也称台地）上。它是迄今发掘规模最大、收获最为丰富的一个寺洼文化考古项目，故该书也是至今唯一一部寺洼文化考古学专刊。

全书分为绪言、茔区墓葬、车马坑和结论四章，以及铜器、人骨、动物骨骼和陶器四个附录、研究报告，介绍有关发现及其学术意义。

如所周知，姬周是中国古代夏商周时期奴隶制社会华夏民族（民族一词是指广义上的）形成与发展中最后也是最重要的一个组成族群。而寺洼文化居民和周人都分布居住和活动在中国西北部的黄土地带——黄河上、中游流域及其支流地区。

根据西汉初期历史学家司马迁在《史记·周本纪》中的记载，传说中的周民族始祖后稷只知其母姜原而不知其父是谁，而且后稷是在姜原所在的姜戎氏族中长大的。换一句话来说，周民族是从姜戎族中分化出来的一个支族。据现已掌握的文献材料和考古学资料考察，周人和寺洼文化居民的关系十分密切，两种不同的考古学文化存在着错综复杂的文化交流和融合现象。这个问题，我在《徐家碾寺洼文化墓地》一书中有系统而深入的比较研究和具体说明。所以，寺洼文化应该是我们探讨和研究中国古代文明以及华夏民族形成与发展必不可少的一种考古学文化资料。

我们发掘研究古代墓葬的学术目的，是探讨和揭示当时人们的丧葬习俗、制度及其思想信仰内涵，而一种丧葬习俗和制度，应该包含以下两个不同方面的文化遗存资料。一是具体墓葬的形制特征，它包括墓穴形制构造、葬具、葬式、随葬器物放置（包括殉人、殉动物和祭肉等）以及随葬品的种类、器物形制及其组合型式等。二是茔地的形制特征，也就是一个特定人群茔地与年代相应居住地的方位关系、茔地的地理位置选择、墓葬方向的特点、茔区范围及其墓葬的分布、分群和墓葬组合型式等。

上述两类不同的墓葬遗存材料，如果缺少其中一种，就无法阐明和复原其埋葬习俗、制度及其思想信仰的内涵。徐家碾发掘提供的寺洼文化墓葬遗存资料，完全符合上述考古学研究的科学要求，即它既有具体墓葬形制特征方面的完整资料，又有比较完备的茔地形制特征方面的文化遗存，所以该书对徐家碾寺洼文化居民的埋葬习俗、制度及其思想信仰的介绍十分具体和清晰。这是《徐家碾寺洼文化墓地》考古学专刊独具的显著优点和特色，同时也是它与其他墓葬发掘报告或专刊存在明显不同和原则性区别的地方。

以田野考古为基础的近代考古学从 20 世纪初期传入中国至今已有 100 年的历史。根据不完全的初步统计，迄今我国发掘古代墓葬的数量数万座，发表墓葬考古简报、报告和专刊数以千计，但各个报告中公布的墓葬发掘研究成果往往只有具体墓葬形制方面的遗存资料，缺少茔地形制特征方面的遗存资料。这种情况充分反映我国古代墓葬的考古发掘研究工作带有明显的随意性和盲目性，缺乏明确的学术目的性——史学研究的目的性。换言之，我国墓葬发掘研究尚停留在低水平的初级阶段——"只做墓葬分期断代和遗存分类、分型式"的资料整理研究阶段，而没有通过田野科学发掘实践全面而深入地去揭示和复原墓地中死者，即古代居民的埋葬习俗、制度及其思想信仰。如果说上述现象在初期是受时代的局限，那么当中国考古学发展达到繁荣发达阶段以后，它显然是科学考古工作在思想上、理论上因陈守旧和故步自封以及缺乏科学批判继承精神和创新思维所致。明确上述问题，对进一步提高我国考古工作水平和科研成果质量无疑会起到积极的推动作用。

第七章　中国古代墓葬流行人殉的
性质与年代

第一节　郭沫若论商、周人殉的基本观点

一　郭沫若论商代人殉的基本观点和科学预见

以田野工作为基础的近代考古学在我国兴起以来，殷代文化考古工作做得比较多，尤其是在安阳殷墟地区发掘了数以千计的墓葬，而且其中一些属于殷代帝王之陵墓，又多数是 20 世纪 30 年代初期发现和发掘的，所以，人们在很早的时候就知道在我国殷代曾经存在着以人殉葬和用人牲祭祀的现象。但大家对这个现象具有严肃和科学的深刻理解和认识，则是 20 世纪 50 年代初期的事情。这应归功于我国杰出的马克思主义历史学、考古学大师郭沫若，是他首次运用辩证唯物主义和历史唯物主义的立场、观点和方法，科学、精辟地阐明殷代墓葬中的人殉问题，指出殷代墓葬中被殉者的身份，除个别或少数可能的例外，绝大多数都应该属于奴隶。而流行以奴隶殉葬的现象，则又是说明我国殷代的社会上有大量奴隶存在，以及殷代社会性质属于奴隶制的一种有力见证[1]。另外，郭沫若还认为"在历史发展中，在同一单位上来说，殉葬人数的多寡，并不能作为奴隶制的盛衰或有无的根据。照严密的辩证逻辑讲来，倒应该是反比。生产未发达，人的使用价值未被重视之前，人是多多当成牺牲使用的，牺牲就是死的牛

马。生产逐渐发达，人的使用价值被重视了，人是要多多当成奴隶使用的，奴隶就是活的牛马。故商王墓殉葬的人多，可以证明商代是有奴隶存在，但只可作为奴隶制的初期，而不能作为最盛期或终期"[2]。因此他根据文献记载以及当时已掌握的西周考古资料，做出以下科学论断——"周朝并没有废除用人殉葬制度"[3]，所谓用人殉葬现象"殷代以后，此风稍缉"之说，是一种不谨慎的判断[4]。至于依据殷王墓中的殉葬人多，一般西周墓中的殉葬人少来证明殷、周社会制度的不同，则是一种值得研究和讨论的说法。因为"安阳的商墓是商代帝王的墓，考古学者所发掘的'周墓'并不是周代帝王的墓，二者单位不同，不能相比。单位不同，不说'一百五六十个'，即使是一万五六千个也不能相比"[5]。我国进入第一个五年计划即1953年以后，伴随着祖国社会主义经济建设的发展，西周文化考古发现进一步深入，主要是通过周都丰、镐等地的较大规模发掘，证实郭沫若同志关于"周朝并没有废除用人殉葬制度"及其有关论述基本上是正确的。《沣西发掘报告》第15页说："在182座西周墓中一共发现9座用人殉葬的墓（车马坑不在内）。其中张家坡第204号墓有殉葬人四个，其他只有一人或二人。第204号墓比较大些，长5.5米、宽3.15米、深6.77米。……其他几座只殉葬一二人的墓更要小些。……正是因为这些有殉葬人的墓都属于早期，所以我们认为用人殉葬在早期墓中是比较普遍的现象，这只要和安阳大司空村的殷代小墓的殉人情况作一比较就很明显了。西周早期，用人殉葬是一个十分普遍的现象，还可以用张家坡的车马坑的殉人情况来说明。在张家坡发掘的四个车马坑，不论埋有几辆车，其中都有一个殉葬的御者。至于西周中期以后用人殉葬是否仍然普遍，我们还不能完全肯定，因为我们发掘的西周中期以后的墓葬都更小些，随葬品也不丰富，因此不能作为不再用人殉葬的证据。在普渡村所发掘的年代约在穆王或穆王之后的墓葬，其形制较大，是有殉葬人的，因而，在中期大概用人殉葬的制度仍然是流行的。"又云："在关于西周社会性质问题的讨论中，曾经涉及西周是否流行殉人的制度的问题，所以张家坡的殉人的资料是颇为重要的发现。用人殉葬在晚期历史中也是有的，但那是个别的现象，并不能因此而否认通过殉人现象可以探讨古代社会的性质。考古发掘所发现的西周殉人，如上所述，在中期以前是个比较普遍的现象，应该说它和当时的社会性质有关，是西周奴隶制的证据之一。"此外，《沣西发掘报告》第 13 页有如下说明："从上述农业生产工具看，当时的生产工具仍是石、骨、蚌制的，或者还有木制的，这一点和殷代的生产工具差不多是相同的。生产力发展的水平并不单单决定于生产者使用的工具，更不是单单决定于生产工具的质料，但工具毕竟是决定生产力的一个重要因素，在一定程度上反映了当时的生产水平，单从这一方面来看，西周的生产水平和殷代的是相差不远的。"[6]（按：以上三段引文是已故的王伯洪同志撰写的。王的说法，实际上是根据丰、镐考古收获为郭沫若同志关于西周奴隶制以及周朝并没有废除用奴隶殉葬制度等论点提供某种依据。）由于增添上述重要资料以及其他新的发现，从此长期争论不休的关于西周社会性质问题的讨论告一段落，以郭沫若同志为代表的主张西周奴隶制之说占了上风，普遍地为历史学界和文物考古学界所接受和公认。以上所述，就是我们从发现到能够科学地理解和认识我国殷、周两代的某个时期都存在着以奴隶殉葬的现象及其意义的简单历程。也就是说，20 世纪 50 年代以前的考古发掘材料已经证明，以奴隶殉葬不是我国古代某个民族（含义是广义的。下同）即商人奴隶主独有的所谓"丧葬恶习"，它是存在于我国古代文明时期——殷、周奴隶制社会中的各个阶段都广泛存在的奴隶主任意残害广大奴隶的一种野蛮的社会现象。换言之，社会上流行的以奴隶殉葬的野蛮行为是殷、周奴隶制社会中一种普遍性的奴隶主丧葬礼制现象，而不是什么超历史的商族或原与商人有密切关系的族人的所谓"习俗"。

二　郭仁同志提出了修正意见

上述原是人们已经明白了多年的问题，郭仁同志在 1982 年第 4 期《中国历史博物馆馆刊》上发表的《关于西周奴隶殉葬问题的探讨》（以下简称《探讨》）一文中提出了异议和修正意见。《探讨》一文的主要见解是：①"在我国商代曾普遍存在杀殉奴隶的现象"，而这个现象"是我们研究奴隶社会中阶级关系的一个重要问题"（按：这一说法实际上是同意和采纳郭沫若论商代杀殉奴隶的基本观点）。②"关于西周奴隶殉葬，还是一个未能完全解决的问题"。由于近年来在西安沣西和北京琉璃河等地发现了一批西周时代的奴隶殉葬墓，为研究这一问题提供了新的资料。郭沫若同志主编的《中国史稿》一书和一些宣传报道中，将这些奴隶殉葬墓作为西周奴隶社会的典型材料加以引用，国家博物馆中的通史陈列也将这些奴隶殉葬墓作为奴隶社会的典型材料展出。《中国史稿》根据目前发现的奴隶殉葬墓推断说："这些墓葬还不是周王的陵墓，在王陵和诸侯的大墓里，殉人的数量可能会相当惊人的。""这种做法是值得重新考虑的。"根由何在？该文在结语里有明确的交代和说明。现将有关原文征引于下：

> ……在西周时代，以奴隶殉葬已不是一种普遍的现象。尤其是在一些出土多件青铜礼器的墓葬和有明确国属、族属的周族的侯、伯等级的贵族墓葬，竟未发现殉葬奴隶说明西周社会上层统治集团的周人贵族已不将奴隶殉葬作为一种礼制。但却还残存着商代以奴隶殉葬的恶习，保留这种恶习的，多数是商遗民或原与商人有密切关系的族人。
>
> 从各地发现的西周时代殉葬奴隶的性别、年龄和所从事的事务来看，这些殉葬奴隶，大多数不是从事生产劳动的奴隶，而是家内奴隶，有相当一部分幼童则很可能是在墓主人下葬之前临时通过某种手段弄来的殉葬者，而其生前并不是奴隶。
>
> 在西周奴隶殉葬问题中，还有一个延续年代问题。……目前各地发现西周奴隶殉葬的年代，多属于西周初期，说明这种习俗在西周初期保留得还较多，到了西周中期以后，就不多见了。……
>
> 如上所述，可以认为，目前所发现的西周奴隶殉葬墓，不能算是西周社会普遍存在的现象，也不能作为西周奴隶社会的一条典型的证据和材料。

从以上引文我们不难看出，《探讨》一文涉及要进一步研究和讨论的问题不少。但其中有的问题由于存在这样或那样的局限性，我们在这里只准备把它提出来略加说明，不打算进一步做深入探索和分析研究。

第一点　关于西周社会性质问题。（1）该文常用肯定的语气来使用

"西周奴隶殉葬墓""西周奴隶社会"等名词；（2）该文承认用奴隶殉葬的习俗在西周初期"保留得还较多"，并且在论及北京琉璃河西周墓时还明确地提出"在Ⅰ区的中、小型墓多有奴隶殉葬"（按：《探讨》一文未交代在Ⅰ区发掘了多少墓葬，因此，所谓在Ⅰ区的中、小型墓多有奴隶殉葬之"多"字的含义是不明确的。据我们推测，此"多"字乃是夸张之词，并非在Ⅰ区发掘的西周墓葬，真的是有奴隶殉葬的墓居多数，无奴隶殉葬的墓仅占少数）；（3）其赞同郭沫若关于人殉问题的某种论点，即：人殉现象是研究奴隶社会中阶级关系的一个重要问题。从以上等迹象来窥测，《探讨》一文作者似乎是拥护西周属奴隶制的意见的。但我们综观《探讨》全文内容及其努力要说明的问题，特别是该文直截了当地提出反对郭沫若同志主编的《中国史稿》一书将西周奴隶殉葬墓作为西周奴隶社会的一条典型材料等，则该文作者似乎又不同意西周属于奴隶制社会的主张。由此可见，《探讨》一文作者对西周社会性质问题的认识和基本观点，是含混的、模棱两可的。众所周知，郭沫若论西周社会属于奴隶制，奴隶殉葬现象只是其中的一条材料、证据。何况郭老已经把问题说清楚了，人殉现象仅限于说明当时社会上有奴隶存在，而普遍或大量使用奴隶殉葬则表明当时生产欠发达，是人的使用价值未被重视的一种反映。西周社会上有大量的奴隶存在，这一点目前不限于从西周初期的一般墓葬中比较普遍地发现人殉现象而得到说明（详下第三节），在古文献中特别是西周铜器铭文中也屡有记载，如矢令簋（成王时器）、大盂鼎（康王时器）等。至于奴隶的价值直到西周中期的时候仍然是很低贱的，据周孝王时期的曶鼎铭文记载，"五名奴隶等于一匹马加一束丝"（铜器断代和铭文解释均从郭沫若说）。所以，西周属于奴隶制问题在《探讨》一文未提出反证理由之前，我们在这里暂不作讨论。但我们在下面将根据阶级分析观点，并引用奴隶制民族学资料，来探讨阐明《探讨》一文中提出来的有关问题，如西周奴隶殉葬墓的墓主人身份以及殉人身份等。

第二点　由于材料不足，问题难以进行具体研究和讨论。所谓"有明确国属、族属的周族的侯、伯等级的贵族墓葬，竟未发现殉葬奴隶，说明西周社会上层统治集团的周人贵族已不将奴隶殉葬作为一种礼制"之说，即属此例。因为根据现有西周墓葬资料，我们只知道用奴隶殉葬现象在周穆王以前的一般墓葬中比较常见（详本章第三节），而属于这个时期的大型西周墓葬——即所谓周族的侯、伯等级以上的贵族墓葬，迄今未见于著录。过去在河南陕县上村岭虢国墓地中发现的"虢太子墓"，其年代是西周晚期[7]。在河南浚县辛村发掘的 8 座西周大墓，有人推测它们是西周卫侯或其亲属的墓葬[8]。但是，那些墓都已被盗掘、扰乱，残留下来的器物很少（其中也还有两座墓发现人殉现象）。只有个别墓葬残存有陶器，所以那些墓的具体年代在此难以讨论确定。不过，据其他未被盗掘而有成组陶器出土的墓葬进行分析，其中年代较早的墓约略是西周中期偏晚时期的。论及所谓西周燕侯及其亲属的墓葬，即在黄土坡发掘的那座"中字形"大墓M202 以及其他中型偏大的墓葬，材料尚未发表，基本情况不明，连墓葬的相对年代《探讨》一文也未交代。由此可见，所谓"西周社会上层统治集团的周人贵族已不将奴隶殉葬作为一种礼制"之说，乃是一种理由不充分的推论。而且这个推论，从辩证逻辑上讲也是不够严密的。事实正好相反，目前已知西周早期一般墓葬用奴隶殉葬的现象比较普遍，因而推测此时期的大墓即侯、伯等级以上的贵族墓葬也用人殉，则是完全可能的，也是完全符合辩证逻辑的。当然，事实与可能性还存在着一定的距离，问题的解决还有待西周早期侯、伯等级的贵族墓葬特别是周王陵的发现与发掘。

第三点　至于《探讨》一文把"一些出土多件青铜礼器"而无殉人的西周墓葬作为一条依据，来证明"西周社会上层统治集团的周人贵族已不将奴隶殉葬作为一种礼制"，其不足为据是十分清楚的。因为商代曾普遍存在杀殉奴隶的现象是大家公认的，但有多件青铜礼器随葬而无殉人的商代墓葬是屡见不鲜的。况且这种现象不但常见于盘庚迁殷以前的商代墓葬，也常见于盘庚迁殷以后的商代墓葬。另外，墓内用奴隶殉葬但只出土陶器而无青铜礼器的现象，也是存在的，如安阳大司空村第 170 号墓[9]。西周早期和殷代的情况相仿，当时社会上用奴隶殉葬的现象比较普遍，但墓内无殉人而有多件青铜礼器随葬的现象也很常见，例如《探讨》一文定为所谓"商族人墓地"的黄土坡Ⅰ区的第 50 号西周墓[10]（按：据简报，M50 与M53、M54 等墓相邻，而《探讨》一文说 M53、M54 等墓属于Ⅰ区墓葬，从

而可推知 M50 也属于 I 区墓葬），就是明显的一例。此外，墓内有殉人只出
陶器而无青铜礼器随葬的现象，也屡有发现。如北京黄土坡的所谓"商族
人墓区"中的第 21、51 两座西周墓[11]，再如陕西长安丰邑遗址内的张家坡
第 34、89[12] 两座墓。总之，一个社会里的现象是复杂而多种多样的，我们
的责任是力求对各种现象加以科学的说明，但绝不可以用一种事实去否定
另一种事实。因为客观存在着的东西，是不以人们的主观意志为转移的。

三　几个具体问题的探讨

（一）关于西周殉人墓的墓主人身份问题

《探讨》一文认为北京黄土坡、洛阳东大寺、西安丰镐和宝鸡茹家庄等
地的西周奴隶殉葬墓，其墓主人是"商遗民或原与商人有密切关系的族
人"。现将该文列举具体墓葬的附表转抄于下。

表 7-1-1　《关于西周奴隶殉葬问题的探讨》附表

编号	性别	年龄	随身器物	葬具	墓葬年代	其他
黄土坡 M21：1	不明	7~8 岁	项链		西周初期	
M22：1	男	13~14 岁	项链		殷代晚期	
M51：1	不明	少年			西周初期	
M52：1	男	12 岁左右			西周初期	
M53：1	男	9~10 岁			西周初期	
M53：2	不明	13~14 岁			西周初期	
M54：1	女	17~18 岁	项链、蛤蜊壳		殷代晚期	
M54：2	不明	少年			殷代晚期	
车马坑 1：3 号	女	未成年			西周初期	
普渡村 M.1	不明	儿童			西周中期	
M.2	不明	儿童			西周中期	
张家坡 M162：1	未鉴定	未鉴定	含贝		1 期成康时代	
M204：3	未鉴定	未鉴定			1 期成康时代	
M204：4	未鉴定	未鉴定			1 期成康时代	
M206：1	未鉴定	未鉴定	含贝		1 期成康时代	
M218：1	未鉴定	未鉴定			1 期成康时代	

续表

编号	性别	年龄	随身器物	葬具	墓葬年代	其他
M218 : 2	未鉴定	未鉴定			1 期成康时代	
M220 : 1	未鉴定	未鉴定	含贝		未定	
M312 : 1	未鉴定	未鉴定	腰下有玉鱼二件、蛤蜊壳		未定	
M438 : 1	未鉴定	未鉴定			1 期成康时代	
M167 : 1	未鉴定	未鉴定			未定	车马坑
M168 : 1	未鉴定	未鉴定			未定	车马坑
M185 : 1	未鉴定	未鉴定		用席裹卷	未定	车马坑
M192 : 1	未鉴定	未鉴定	腰部有贝串		未定	车马坑
客省庄 M34 : 1	未鉴定	未鉴定	腰际有贝 11 枚		未定	
M143 : 1					未定	
茹家庄 M1 : 1	女	青年			西周中期之初	
M1 : 2	男	青年	贝 4 枚	木匣	西周中期之初	守门者
M1 : 3	不明	10 岁左右		木匣	西周中期之初	
M1 : 4	不明	10 岁左右		木匣	西周中期之初	
M1 : 5	男	壮年		木匣	西周中期之初	
M1 : 6	不明	6 岁左右		木匣	西周中期之初	
M1 : 7	男	青年	耳戴小玉块		西周中期之初	御者
M2 : 1	不明	少年		木匣	西周中期之初	
M2 : 2	女	未成年		木匣	西周中期之初	

表 7 - 1 - 1 中无洛阳东大寺的殉人墓，而黄土坡的西周奴隶殉葬墓中，则包含有殷代晚期墓葬。所以，下面我们先来弄清楚上述两地发现的奴隶殉葬墓的数量及其墓葬年代问题，然后再去讨论殉人墓的墓主人身份问题。

据《一九五二年秋季洛阳东郊发掘报告》（载《考古学报》1955 年第 9 期）介绍，1952 年秋季在洛阳东郊东大寺共发掘 4 座墓葬和 1 座车马坑。其中只有一座墓即第 101 号墓发现殉葬二人的现象。殉人位于东、北两边的"二层台上"。但该墓是殷代墓[13]，而不是西周墓葬。也就是说，在洛阳东大寺并未发现过西周时代的奴隶殉葬墓。至于北京琉璃河黄土坡西周墓地，

《探讨》一文说从 1974 年以来共发现 8 座奴隶殉葬墓和一座有殉人的车马坑，其中 M22、M51、M52、M53、M54 等 5 座墓已发表了简报[14]（按：据简报还有墓 M21，即有 6 座而不是 5 座奴隶殉葬墓），其余者尚未公布资料。简报说："除 51 号墓的年代有可能稍晚外，大概基本上都是成康时期的。"表 7-1-1 则标明简报中的 M22、M54 两座墓不是西周墓，而是殷代晚期墓葬，但未说明其理由。我们据简报中的资料主要是从陶器方面分析，在 6 座奴隶殉葬墓中有 5 座墓（M50 一座无陶鬲）都出土仿铜式平裆陶鬲，它是西周中、晚期常见而未见于初期的鬲形[15]，三足陶器（简报称陶罍）目前也仅限于西周中期墓葬有出土[16]，至于各式陶簋和陶罐，在张家坡西周中期或初期墓葬中多有出土，其中以中期为多见[17]。因此，我们认为黄土坡 M21、M22、M51 等 6 座奴隶殉葬墓的年代约在穆王时期前后，似乎不会早到成康时代。

现在我们来研究表 7-1-1 中的西周殉人墓的墓主人身份、族属问题。前已论及，《探讨》一文认为那些墓的墓主人不是占统治地位的周人，而是"商遗民或原与商族关系密切的族人"。现将该文提出的有关论据征引于下，来加以分析和讨论。

（1）黄土坡墓地的两个墓区所发掘的墓葬存在着明显的差异。在 I 区的中、小型墓多有奴隶殉葬，多数墓有腰坑和殉狗，随葬陶器的组合多为鬲、簋、罐；而 II 区的大、中型墓却无奴隶殉葬和殉狗，一般随葬陶器的组合以鬲、罐为主，不见陶簋。这些不同的现象，反映出两区墓葬习俗之不同，这种埋葬习俗之不同说明了墓主人生前的生活习俗和信念之不同。（见该文 30 页 18~22 行）

（2）根据黄土坡墓地 II 区发掘的墓葬资料，尤其是墓 251、253 等出土的有关燕侯铭文的青铜器，可以认定，黄土坡墓地 II 区是西周燕侯家族的墓地，墓 202 之类的大墓即当是各代燕侯及其亲属的墓葬，墓 251、253 之类的中型墓，当是仅次于燕侯的燕国贵族墓葬；而 I 区墓葬的主人则应是与西周燕侯家族具有不同生活习俗的另一类居民。从 I 区墓葬的殉人、殉狗和随葬陶器以及墓葬的年代来看，这类居民在武王灭商之前就居住在那里,他们与商族的关系相当密切,而与周族则有不同的生活习俗或丧葬礼仪。(见该文第30页第24~28行)

(3)从黄土坡墓地的这些现象分析,可以认为,西周时代以奴隶殉葬的多为商遗民或原与商人有密切关系的人们;而属于周族的燕侯家族则基本上不以奴隶殉葬。(见该文第30页第29~30行)

(4)一九五四年陕西省文物管理委员会在长安普渡村发掘了一座西周墓,墓中发现两名殉葬奴隶,墓底有腰坑和殉狗。《报告》认为该墓与商墓的形制相似。尤其是这座墓中出土了两件铜觚,这在目前发现的西周墓中是很少见的现象,以此推测,这座墓的主人可能是商遗民。他不仅保留了商人的埋葬习俗,而且还保留了商人惯用的铜觚。(见该文第31页第8~12行)

(5)一九五五年至一九五七年中国科学院考古研究所在长安张家坡和客省庄发掘了182座西周墓,在这批墓葬中有9座奴隶殉葬墓,30余座墓中有殉狗,40余座墓中出土陶簋。有殉人和殉狗的墓中多出陶簋,其中未出陶簋的墓葬多被盗掘。在4座车马坑中均发现有殉人。这些现象与黄土坡Ⅰ区墓葬的情况基本相同。这批墓葬虽然是在西周王朝的京都地区,但墓中未发现有明确表明国属或族属的材料,所以很难确定它们是周人的墓葬,而从墓葬形制、埋葬习俗和出土陶器来看,这些墓主人可能与商人有关系。(见该文第31页第17~22行)

(6)关于在陕西长安、宝鸡等地发现的殉人和殉狗的墓葬,可与《左传·定公四年》所载的分殷民和成王时迁殷民于洛阳的事件相联系。周王既然能将殷民分给鲁公、康叔等人。也可能将殷民分给留在周王朝心腹地区的周人贵族,而将其迁到该地区。(见该文第32页第6~9行)

据以上引文可知,《探讨》一文得出表7-1-1内殉人墓的墓主人不是周人而是"商遗民或原与商族关系密切的族人"的结论,其办法和研究逻辑是先将黄土坡西周墓地划分为所谓"埋葬习俗"不同的Ⅰ区和Ⅱ区。其中Ⅱ区是周人的墓地,"丧葬礼仪"无殉人和殉狗,一般随葬陶器的组合以鬲、罐为主,不见陶簋。Ⅰ区的墓主人,是武王克商之前就居住在那里的与商族关系密切的族人，其"丧葬礼仪"是中、小型墓多有奴隶殉葬，多数墓有腰坑和殉狗，随葬陶器的组合多为鬲、簋、罐。该文以黄土坡Ⅰ区的所谓"丧葬礼仪"即有殉人、殉狗、腰坑和出土陶簋为标尺，加上对《左传·定公四年》记载分殷民给鲁公、康叔等人以及成王时迁殷民于洛阳的联想，进而推断出周都丰、镐地区和宝鸡茹家庄两地的殉人墓的墓主人也属于商族或原与商族关系密切的族人，即已丧国后被迁到那里的所谓商遗民（详见注释〔4〕〔5〕〔6〕）。从严密的辩证逻辑讲来，《探讨》一文上述做法欠妥是显而易见的，所以在这里我们不准备讨论该文在研究方法上存在的可商榷之处，下面着重研究和讨论黄土坡等地的西周殉人墓的墓主人身份问题。

1. 北京黄土坡墓地

该墓地的发掘工作迄今只发表了一份7座西周墓的《简报》。另外《探讨》一文讨论黄土坡西周墓葬可以分为两个"埋葬习俗"不同的"族"的墓区时，也未交代清楚有关情况和必要的相关实物资料。因此，人们对黄土坡墓地的考古工作概况及其主要收获，如在那里一共发掘多少西周墓葬，墓葬的年代、分期以及各期墓葬的陶器组合、器物形制特征，乃至所谓"丧葬礼仪"不同的"族"的两个墓区的位置、范围和每个墓区包含有多少西周墓葬等基本情况都不了解。所以，所谓黄土坡西周墓地中存在着"埋葬习俗"不同的周人墓区和商遗民墓区之说，我们在这里难以进行详细的具体分析研究和讨论。不过，我们根据简报中的资料以及《探讨》一文透露出来的某些表面现象，来加以分析研究，认为至少有以下三点是相当清楚明白的。

（1）《探讨》一文认为黄土坡墓地中的所谓商遗民这类居民，在周武王克商之前就居住在那一带了（见注释〔2〕）。另外在表7-1-1内标明黄土坡第22号和第54号两座墓的年代属于殷代晚期。很明显，后说是前说在年代上的证据和说明。我们在前面已经讨论过，简报将M21、M22、M54等七座墓断为西周墓葬原来是不错的，只是在具体年代上定得略早了一些。也就是说，所谓黄土坡墓地中的商遗民在周武王灭殷之前就居住在那里的说法，与事实有较大的出入。

（2）大量殷、周考古材料已经证明，殷代墓葬和西周墓葬随葬陶器的种类、陶器组合都是截然不同的。如安阳殷墟二、三期墓葬的陶器组合主要是瓿、爵、豆，或瓿、爵、鬲等组合。第四期墓葬则是瓿、爵、盘和瓿、爵、盘、罐、鬲、簋等两种组合。另一个特点是瓿、爵两种陶器在殷墓中十分流行，绝大多数墓有出土[18]。西周墓葬出土的陶器主要有鬲、簋、罐、豆和盂五种，其中以鬲为常见，在先周墓和西周墓中都是如此。论及随葬陶器的组合，西周初期流行鬲、簋和罐等三种，少数墓加豆，个别墓加盂。西周中期和晚期的陶器组合基本上是鬲、罐、豆和盂四种，但中期偏早的墓，也常见用鬲、簋、罐和豆四种陶器[19]。此外，殷文化陶器和周文化陶器形制特征是迥然有别的，这说明二者的文化渊源也不相同。目前多数人认为殷文化陶器来源于"河南龙山文化"，西周文化陶器则渊源于寺洼文化。据简报，黄土坡西周墓所出陶器尽属周文化器皿，因为那些陶器与长安周都丰、镐地区出土的同类器物，不仅形制相同，纹饰特征也相一致，所以，《探讨》一文说黄土坡西周墓所出陶器与安阳商墓出土的同类器物大体相同之主张是缺乏根据的。基于上述理由，可以认为，黄土坡西周墓中陶器组合为鬲、罐、簋，应是墓葬年代偏早即属于初期或中期偏早的一种现象，而不是反映什么两个族（周人和商人）所谓"埋葬习俗"的不同。

（3）至于墓内有殉人、殉狗和腰坑的现象，在周武王克商之前的先周墓中就有发现，如丰邑遗址内的张家坡第89号周墓[20]。其次，与周文化关系特别密切而在年代上早于西周的寺洼文化，用奴隶殉葬的现象在晚期墓葬中也已经流行[21]。由此可见，在我国古代的社会里（按：外国古代也发现用人殉葬的现象），用奴隶殉葬并非殷代或殷人才有的所谓"习俗"，在先周居民和寺洼文化居民中也是存在的，所以《探讨》一文依据墓葬里有殉人等现象而把黄土坡西周奴隶殉葬墓统统断为商遗民墓的做法，是没有道理的。

根据上述三点，可以认为，所谓黄土坡西周墓地中存在所谓埋葬习俗不同的周人墓区和商遗民墓区之说缺乏根据，是不能成立的。

2. 丰、镐地区和宝鸡茹家庄的西周殉人墓

前已论及，《探讨》一文根据文献和黄土坡墓地中的所谓商遗民埋葬习

俗，即有殉人、殉狗、腰坑以及陶器组合为鬲、簋、罐包括出陶簋等现象，将丰、镐地区和茹家庄等地的西周殉人墓一律断为商遗民墓。这种做法明显是错误的。首先，前已论及，所谓黄土坡墓地中有周人墓区和商遗民墓区之分是不能成立的。另外，根据墓内有殉人、殉狗以及陶器组合为鬲、簋、罐等现象而把墓葬的主人断为商遗民，也是没道理的。其次，《探讨》一文说："关于在陕西长安、宝鸡等地发现的殉人和殉狗的墓葬，可与《左传·定公四年》所载的分殷民和成王时迁殷民于洛阳的事件相联系。周王既然能将殷民分给鲁公、康叔等人，也可以将殷民分给留在周王朝心腹地区的周人贵族，而将其迁到该地区。"很明显，以上说法纯属大胆推测，并不能证明长安、宝鸡等地殉人墓的墓主人身份就是商遗民。我们认为，宝鸡茹家庄和丰、镐地区等地的西周殉人墓的墓主人不属于商遗民而是周人（按：这里周人是泛指当时社会上的统治等级，而不是专指姬姓王族），应该是清楚的。这一点从以下明显的事例中，可见一斑。

（1）茹家庄第 2 号殉人墓的墓主人名曰井姬[22]，与周王同姓，据说是周工室重臣周公后裔井伯之女[23]。所以，茹家庄第 2 号墓的墓主人应是典型的周王族之人。

（2）茹家庄第 1 号殉人墓的墓主人是井姬的丈夫強伯倗[24]。有人说他是氐族人[25]，也有人认为他是巴族人[26]，这个问题还可以继续研究和讨论。但是，強伯倗不属于种族奴隶等级而属于西周时的统治等级这一点，应该是很明确的。首先，据说倗是"西周畿内所谓重要方国——強国的国君"。其次，西周奴隶社会的婚姻制度由于材料残缺难以复原其面貌，但依据民族学资料，奴隶制度下的社会系实行严格的等级内婚制。如凉山彝族奴隶社会中，属于统治等级的兹莫、诺合与被统治等级的曲诺、阿加、呷西之间是不能通婚姻的；另外还严禁两个不同等级之间的个人发生恋爱或婚外性关系，谁违反了上述习惯法规就要受到严惩[27]。西周社会的婚姻制度大致也是如此。所以，我们从強伯倗和姬姓王族女子结婚这一点，也可得知倗是西周时的统治等级而不属于种族奴隶的商遗民。

（3）普渡村长由盉殉人墓，据陈梦家先生研究，长由两次参预王役，受到王之嘉勉，是周穆王左右亲信随员[28]，所以长由也应属于周人而不是商遗民。

（4）张家坡第 87 号殉人墓出土的父丁卣上有一个复合族徽☖ ☖[29]。有此族徽的铜器最早见于西周初期，而且这个家族在西周时代于丰邑内"生于斯、葬于斯"[30]。所以第 87 号墓的墓主人及其家族成员无疑都是周人。

（5）张家坡第 89 号殉人墓[31]，是一座周武王灭殷以前的先周墓葬，墓内随葬器物都是典型的先周文化器物，所以墓主人应是周人而绝不会是商遗民。

等等。

最后我们要说明一点，简报认为黄土坡第 22、54 等两座墓的铜器上有殷代常见的某种族徽，从而推测墓主人复和攸是西周种族奴隶殷民首领。此说是否属实，还可以讨论。但是，我们并不排除以下一种可能，已沦为周人种族奴隶的个别或少数所谓殷民首领在西周时代仍然保持奴隶主地位，死后也用奴隶殉葬。但这种事例需要有确凿的实据来加以证明，才算铁案。另外我们坚信，上述现象在西周时代不可能到处都存在，更不可能像《探讨》一文所主张的那样，西周奴隶殉葬墓的墓主人多数是商遗民。这个问题我们在前面已经用大量事实做了说明，不再重复。这里要特别强调的是，按照唯物史观来讲，流行用奴隶殉葬是社会上存在阶级和阶级斗争的反映，即奴隶主压迫、残害奴隶的一种暴行见证，它应属于奴隶制度下的一种社会历史现象而绝不是一种超历史、超阶级的所谓"商人的习俗"。《探讨》一文在理论上所犯的错误，正是把奴隶社会里的残酷阶级斗争——殉人现象曲解为一般性的所谓"族的习俗"。

（二）西周墓中被殉者的身份问题

《探讨》一文说：

从上表所列，可以明显看出，……这些少年儿童和女性青年都不可能成为生产中的主要劳动力，而他（她）们身上往往佩戴项链、贝串、蛤蜊壳等装饰，由此可知，这些殉葬奴隶当是在主人家中的被役使者。有的如一些幼童很可能是在墓主人下葬之前以某种手段临时弄来的殉葬者。……茹家庄发现两名男性青年和一名男壮年。据认为，两名青年一为守门者，一为御者。其男性壮年为一护卫的壮士。这些也都属于家内奴隶。所以可以确认，目前所发现的西周殉葬奴隶多为家内奴隶；其中有相当一部分是临时弄来的殉葬者。（见该文第32页第11~23行）

上述说法，我们认为至少包含以下两个值得探讨的问题。

（1）完全脱离生产劳动而"在主人家中被役使"的家奴，在我国封建社会里是存在的，而且还并非个别现象，那是因为当时已普遍使用铁制农具而生产水平较高以及社会上有较多剩余产品。至于殷、周奴隶社会，前已论及，当时主要的农具是石、骨、蚌、木制品，社会生产水平是低下的，传说连周文王也还参加田间劳动。所以殷、周社会是否有足够的剩余产品供养普遍存在的不参加生产劳动的家奴（按：如果被殉者属于家奴，而目前发现的西周奴隶殉葬墓多属一般墓葬，这样则家奴在社会上是普遍存在的。另外殷墓中的殉人，属于幼童、少年和女性的人数相当可观，故我们在此将殷、周并提），是很成问题的。也就是说，从殷、周社会的生产水平分析，当时社会上不可能普遍存在不参加生产劳动的家奴。

论及生产奴隶和家庭奴隶，二者在奴隶社会里并无很严格的界限。这个问题在20世纪50年代初期讨论西周社会性质问题时已经触及，但由于大家对史料的理解"仁者见仁，智者见智"，意见难以统一。现在这个问题似乎可从凉山彝族奴隶社会里找到解决的钥匙。《凉山彝族奴隶社会》（人民出版社，1982）第96页中说："呷西一般为单身奴隶，基本一无所有，生活在主人家里，主要承担主子的各种家务劳动，但也参与一些生产劳动；阿加则已婚配成家，并从主子家中分出，被限制住在主子宅旁，是有一点微薄经济力量的奴隶。他们是主子田间生产劳动的主要承担者，同时也要为主子从事一些家务劳动，……呷西具有家庭奴隶性质，而阿加则是生产奴隶。"第113页中又说："除了田间劳役以外，阿加还要到主子家中服家务劳役和其他杂役。……主子出门时要为之牵马、背行李；主子家打冤家时，要替主子进行械斗等等。在兹莫统治地区，阿加还要为兹莫充当护卫和侍从。……在服劳役中，阿加和呷西一样，受到主子的监督，有不少阿加，即因主子认为不听使唤或劳动怠慢而受惩罚或被转卖。"第97页又说："呷西与阿加这两个等级之间，经常处于以下两种状态：一是互相循环——由呷西被婚配成阿加，阿加子女又被抽作呷西；二是上下沉浮——由呷西上升为阿加，又由阿加下降为呷西。这实际是一种事态的两个方面的表现，它集中说明了呷西和阿加互相依存密不可分的关系，从而也说明这两个等级具有共同的阶级属性。"对照《诗经》和铜器铭文上的有关记载，西周时的所谓生产奴隶和家庭奴隶的情况大致也是如此。

至于《探讨》一文把奴隶社会的女青年奴隶排除在主要劳动力之外，显然是一种误会。下面我们还是引用凉山彝族奴隶社会的两个男、女呷西奴隶为例，来加以说明。

《凉山彝族奴隶社会》第112页说道："昭觉城南乡一个呷西说：'农忙季节，我早晨割草喂马，早饭后直到晚饭前在地里干活，晚上还得推磨、春谷、给牲口喂夜草；农闲季节，我一早背水做饭，早饭后去放牛、羊，或者砍柴，夜晚还得春米，给牲口喂夜草。'宁蒗石福山乡一个女呷西说：'清早天不亮，我就起来背四趟水，马上又做粑粑，先给主子吃饱了，又去煮饲料喂猪。早饭后下地劳动，摸黑才回来。有时主子给的吃不饱，还得上山找野果充饥。晚饭后又叫去背几趟水，接下来就推磨、喂牲口。夜晚困得要睡，主子要抽鸦片，还得给主子添柴烤火'。"

从上述两个事例，可以看出男、女呷西奴隶在劳动上并无太大的差别。由此可见，《探讨》一文断言殷、周时的女青年奴隶不属于主要劳动力是没有说服力的。

（2）至于说上文表内被殉的幼童"是在墓主人下葬之前临时通过某种手段弄来的殉葬者，而其生前并不是奴隶"，显然是一种不着边际的设想，而在西周奴隶社会的现实中是不可能存在的。因为西周是奴隶制国家，有一套较完备的奴隶制法律，连私藏他人逃亡奴隶也是犯法的。涉及奴隶来源或纠纷之事屡见于西周铭文之中，如倗匜、曶鼎、蔡簋、鬲攸从鼎、召伯虎簋、兮甲盘等[32]。上文表内的西周殉人墓均位于西周政治版图内甚至在周都丰、镐内，那些被殉的幼童用何种手段临时弄来呢？他们不是奴隶的子女，难道是临时被掳获或用钱买来的"自由民"甚至是奴隶主的子女吗？有哪一条西周法律容许后一种现象存在呢？按照马克思主义的观点来讲，在奴隶社会里奴隶的来源大致有两种：一种是战俘，一般说来都是成年人。当然战败者全国、全族（如殷人战败后即如此）或全村男女老幼都成为俘虏的现象也会存在，但是属于这种情况者，人被俘后即沦为奴隶。另一种奴隶来源于奴隶本身的繁殖。属于此情况者不要说是幼童，即便他（她）还在娘肚子里尚未降生，即胎儿，也是奴隶，这是奴隶制度下奴隶主占有奴隶以及反动的血统论所决定的。总之，我们认为西周墓中被殉者不论男女老幼，除个别人可能是例外，其余都应该是奴隶。我们坚信郭沫若同志判断奴隶社会中的殉人多数属于奴隶的论见是正确的[33]，因为那个见解符合客观实际和唯物史观的基本原则，企图使用这样或那样的方式、理由对它加以否定或修正，无疑都是徒劳的。

（三）商、周殉人墓的年代及其数量对比

盘庚迁殷以前的商代墓葬，用奴隶殉葬的现象甚少见到。迄今限于在郑州白家庄和湖北盘龙城李家嘴两地各发现一座。白家庄第 3 号墓只殉葬 1 人[34]，李家嘴第 2 号墓的形制较大，殉葬 3 人[35]。上述两座墓的年代是同期的，约相当于二里岗期上层即属于商代前期的后半期。但在郑州[36]和河南省偃师县二里头遗址[37]等地发现的比上述墓葬年代更早的商代墓葬，其中包括一些随葬品较丰富而且有青铜礼器出土的墓，以及二里头遗址第 1 号大墓（长 5.35 米，宽 4.25 米，深 6.1 米，墓葬规模和殷墟妇好墓的大小差不多）[38]，都未发现用奴隶殉葬现象。盘庚迁殷以后的商代墓葬，在殷墟和山东益都苏埠屯[39]等地发掘的属于诸侯、殷王及其亲属的大型墓葬，每座墓都有人数众多的奴隶殉葬。至于一般的中、小型墓葬，用人殉的现象是从殷墟二期墓葬即武丁时代才开始增多的，而它的最盛期则是殷代后半期即殷墟三、四期墓葬。

关于西周的人殉，前已论及。周王及其亲属墓葬包括穆王时期以前的所谓西周诸侯大墓，迄今尚未发现，至于一般的中、小型墓葬，用奴隶殉葬的现象在武王克商之前的先周墓中就存在了，如张家坡第 89 号殉人墓。用奴隶殉葬的西周墓，据不完全的统计，仅就周都丰、镐地区就发现 26 座和 5 座有殉人的车马坑[40]。其中属于西周初期的约有 12 座和 5 座有殉人的车马坑，属于周穆王时期或稍晚的墓，计有 2 座（普渡村长由盉和马王村 76M1）。其他 9 座墓被盗，遗留下来的器物不多，难以确定它们属于西周初期还是中期。但据墓内残存器物及其有关现象分析，它约略也是穆王时期以前的西周墓葬，是不成什么问题的。在宝鸡茹家庄发掘的殉人墓，被认为是穆王时期或稍晚的墓葬[41]。论及北京黄土坡的西周殉人墓，我们在前面已经做过分析，认为简报中的几座墓的年代都是穆王时期前后。西周中期偏晚以后的西周墓，据现有资料，人殉现象就不多见了。根据以上分析可知，商代（或商人）用奴隶殉葬并非古已有之。据现有材料看来，它是从二里岗期上层即商代前期的后半期才出现的，而它的最盛期是殷代后半期即殷墟三、四期墓葬。周人用人殉不是始于西周，在武王灭殷之前的先周墓中就有发现。至于在西周时代，中期偏早以前的墓葬常见用人殉，中期偏晚以后的墓葬用人殉就不多见了。以上事实充分说明，墓葬中流行用奴隶殉葬的现象，绝不是一种超历史的一般性的所谓"族"的习俗，它应该是殷、周奴隶制某个历史阶段中带普遍性的社会现象。

最后，我们来讨论以下问题，目前发现的西周奴隶殉葬墓能否算是当时社会普遍存在的现象。我们认为，这个问题将殷墟和周墟两地的一般殉人墓做个比较，就可以迎刃而解了。

殷墟地区

1953 年和 1962 年在大司空村发掘 216 座中、小型墓葬，内有殉人墓 6 座（殉 8 人），约占全部墓葬的 2.8%[42]。

1950 年在四盘磨发掘小墓 14 座，内有殉人墓 4 座（殉 4 人），约占全部墓葬的四分之一强（见《一九五〇年春殷墟发掘报告》，《考古学报》1951 年）。

1971 年在后冈发掘中、小型墓葬 33 座，内有殉人墓 8 座（殉 16 人），约占全部墓葬四分之一弱（见《1971 年安阳后冈发掘简报》，《考古》1972 年第 3 期）。1969～1977 年在殷墟西区共发掘 939 座中、小型墓葬，内有殉人墓 18 座（共殉 38 人），约占全部墓葬的 1.9%（见《1969—1977 年殷墟西区墓葬发掘报告》，《考古学报》1979 年第 1 期）。

以上中、小型殷墓共 1202 座，内有殉人墓 36 座（共殉 66 人），约占全部墓葬的 3%。

周都丰邑地区（详见注释 ［6］［12］［16］［40］）

在张家坡发掘中、小型西周墓约 255 座，内有殉人墓 20 座（共殉 28 人），约占全部墓葬的 7.8%。

在客省庄、马王村一带发掘中、小型西周墓 62 座，内有殉人墓 6 座（共殉 8 人），约占全部墓葬的 9.7%。

以上中、小型西周墓共 317 座，内有殉人墓 26 座（共殉 36 人），约占全部墓葬的 8.2%。

上述统计数字是不完全的，主要是殷墟地区有些墓葬，如在小屯村、苗圃等地发掘的殷墓因资料不完备未收入；又如位于大墓旁的某些墓，由于弄不清是人祭还是单一的墓葬，故也未计算在内。因而在上述统计数字中，西周殉人墓比殷代殉人墓在墓葬中所占比例大得多，但即使将殷代殉人墓的数量增加一倍甚至更多一点，二者的比例数字也是相仿的。这就表明，西周在穆王以前用奴隶殉葬应是一种普遍存在的现象，所以把它作为西周奴隶制的一条材料、证据，并在博物馆的陈列中加以展出，是无可非议的。

四　简短的结语

综上所述，我国殷代存在人殉现象在 20 世纪 30 年代初期就被发现了，但人们对这个现象具有严肃和科学的深刻理解和认识，则是 20 世纪 50 年代初期的事情，这应归功于我国杰出的马克思主义历史学、考古学大师郭沫若同志。是他首次运用历史唯物主义的立场、观点和方法精辟地阐明殷代人殉问题，指出殷墓中的被殉者的身份是奴隶；而流行人殉则又是说明当时社会上有大量奴隶存在以及殷代社会性质属于奴隶制。另外，郭沫若还认为大量使用人殉是当时社会生产欠发达、人的使用价值未被重视的一种表现；而这种现象还说明殷代属于奴隶制的初期阶段，而不是奴隶制的最盛期或终期。郭沫若根据上述现象并结合文献记载，提出"周朝并没有废除用人殉葬制度"的论断，并且指出所谓用人殉葬"殷代以后，此风稍缉"

之说，是一种不谨慎的判断。1954 年以后，不断发现西周时代的殉人墓以及其他新资料，证明郭沫若关于"周朝并没有废除用人殉葬制度"及其有关论述基本上是正确的。郭沫若同志论人殉问题时将殷、周并提，并且将人殉现象作为商代和西周属于奴隶制的一条材料、证据，这就表明，郭沫若是把人殉现象作为奴隶制中的一种社会历史现象来加以考察和研究的。也就是说，按照郭沫若同志的观点，社会上流行用奴隶殉葬并非某个民族的一般性埋葬习俗，它应是我国古代文明时期——奴隶制度下的某个历史阶段中的一种普遍性的社会现象。现有考古材料，即我们在前面列举的商、周、寺洼文化墓葬中的殉人现象，完全证实郭沫若的有关论述是正确的。

注　释

[1][4] 郭沫若：《读了〈记殷周殉人之史实〉》，载氏著《奴隶制时代》，人民出版社，1973。

[2][3][5] 郭沫若：《关于周代社会的商讨》，载氏著《奴隶制时代》。

[6] 中国科学院考古研究所编《沣西发掘报告》，文物出版社，1963。

[7] 中国科学院考古研究所编著《上村岭虢国墓地》，科学出版社，1959。

[8] 郭宝钧：《浚县辛村》，科学出版社，1964。

[9] 马得志、周永珍、张云鹏：《一九五三年安阳大司空村发掘报告》，《考古学报》1955 年第 1 期。

[10][11][14] 中国科学院考古研究所、北京市文物管理处、房山县文教局琉璃河考古工作队：《北京附近发现的西周奴隶殉葬墓》，《考古》1974 年第 5 期。

[12] 中国社会科学院考古研究所沣西发掘队：《1967 年长安张家坡西周墓葬的发掘》，《考古学报》1980 年第 4 期。

[13] 胡谦盈：《关于"殷人墓"的商榷》，《考古通讯》1956 年第 3 期。

[15] 胡谦盈：《姬周陶鬲研究》，《考古与文物》1982 年第 1 期。

[16] 陕西省文物管理委员会：《长安普渡村西周墓的发掘》，《考古学报》1957 年第 1 期。

[17][19] 中国科学院考古研究所编《沣西发掘报告》文物出版社，1963；又中国社会科学院考古研究所沣西发掘队：《1967 年长安张家坡西周墓葬的发掘》，《考古学报》1980 年第 4 期。

[18] 马得志、周永珍、张云鹏：《一九五三年安阳大司空村发掘报告》，《考古学报》1955 年第 1 期；又《1969—1977 年殷墟西区墓葬发掘报告》，《考古学报》1979 年第 1 期。

[20] 中国社会科学院考古研究所沣西发掘队：《1967 年长安张家坡西周墓葬发掘报告》图二，《考古学报》1980 年第 4 期。

[21] 胡谦盈：《甘肃庄浪县徐家碾寺洼文化墓葬发掘纪要》，《考古》1982 年第 6 期。

[22][24][41] 宝鸡茹家庄西周墓发掘队：《陕西省宝鸡市茹家庄西周墓发掘简报》，《文物》1976 年第 4 期。

[23][25] 卢连成、胡智生：《宝鸡茹家庄、竹园沟墓地有关问题的探讨》，《文物》1983 年第 2 期。

[26] 尹盛平：《西周的强国与太伯、仲雍奔"荆蛮"》，《陕西省文博考古科研成果汇报会论文选集》，陕西省文物事业管理局编，1981。

[27]《凉山彝族奴隶社会》，人民出版社，1982。

[28] 陈梦家：《西周铜器断代（五）》，《考古学报》1956 年第 3 期。

[29] 中国社会科学院考古研究所沣西发掘队：《1967 年长安张家坡西周墓葬的发掘》图十六：5，《考古学报》1980 年第 4 期。

[30] 张长寿：《记陕西长安沣西新发现的两件铜鼎》，《考古》1983 年第 3 期。

[31] 中国社会科学院考古研究所沣西发掘队：《1967 年长安张家坡西周墓葬发掘》图二，《考古学报》1980 年第 4 期。

[32] 庞怀清、镇烽、忠如、志儒：《陕西省岐山县董家村西周铜器窖穴发掘简报》，《文物》1976 年第 5 期。郭沫若：《两周金文辞大系图录考释》，科学出版社，1958。

[33] 郭沫若：《奴隶制时代》，第 90 页。

[34] 张建中：《郑州市白家庄商代墓葬发掘简报》，《文物参考资料》1955 年第 10 期。

[35]《盘龙城一九七四年度田野考古纪要》，《文物》1976 年第 2 期。

［36］河南省文化局文物工作队：《郑州二里岗》，科学出版社，1959，第 39
　　　页。《郑州商代城遗址发掘报告》，载《文物资料丛刊》第 1 辑，文物出
　　　版社，1977，第 11 页。

［37］方酉生：《河南偃师二里头遗址发掘简报》，《考古》1965 年第 5 期。

［38］赵芝荃、郑光：《河南偃师二里头二号宫殿遗址》，《考古》1983 年第
　　　3 期。

［39］山东省博物馆：《山东益都苏埠屯第一号奴隶殉葬墓》，《文物》1972 年
　　　第 8 期。

［40］见注［6］［12］［16］，另见冯孝堂、梁星彭《1976—1978 年长安沣西发
　　　掘简报》，《考古》1981 年 1 期。

［42］马得志、周永珍、张云鹏：《一九五三年安阳大司空村发掘报告》，《考古
　　　学报》1955 年第 1 期；郑振香：《1962 年安阳大司空村发掘简报》，《考
　　　古》1964 年第 8 期。

（原载《郭沫若研究》二集，文艺出版社，1986）

补　记

　　高东陆《略论卡约文化》（苏秉琦主编《考古学文化论集》三期，文物
出版社，1993，第 153～165 页）一文介绍："在一些卡约文化墓葬中也发
现有人殉、牲殉情况。湟中下西河潘家梁墓地 244 座墓葬中有人殉的墓葬竟
占 10% 之多……"又说："人殉一般每墓 1 至 2 人。他们都捆绑跪卧在土坑
左侧的两个转角处，约为土坑深度的 1/2～1/3。"上述发现，也就进一步增
强本节中有关论述的说服力，即社会上流行用奴隶殉葬并非某个民族的一
般性的埋葬习俗，它应是我国古代文明时期——奴隶制度下的某个历史阶
段中的一种普遍的社会现象。

第二节　丰、镐周都西周墓葬的人殉制度和年代

　　通过进一步研究，我发现殉人墓葬在中国从铜石并用时期的齐家文化

到明、清时期都有发现，但在社会上流行并成为当时统治阶级一种丧葬礼制的重要内容，只见于奴隶制社会——商代和西周以及属于奴隶制的徐家碾寺洼文化等。至于其他时代的殉人墓葬只个别见到，不属于当时社会上流行和符合当时法规的埋葬制度。关于商、周人殉制度的上下限年代，及其相关问题，我在《三代都址考古纪实——丰、镐周都的发掘与研究》（中国社会科学出版社，2009）一书中有说明，其中道："根据不完全的初步统计，用人殉葬的西周墓约占全部墓葬的 6% 左右。每座墓常见殉一人，如墓葬 M162（见《沣西发掘报告》图版六七·1）；形制较大而且比较厚葬的墓，殉二人，如墓葬 M54（见《考古学报》1980 年 4 期图版一之 1），或殉三人，或殉四人的现象都有发现。被殉者都是事先处死以后才下埋的，大都置于墓主人两侧或脚端的'二层台'上，少数或个别的埋在墓主人脚端上面的墓穴填土内。有的殉人墓大概因'二层台'较窄小，特地在墓壁上向外掏出一个横向壁龛，以便有足够的地方容纳殉葬人。位于墓主人两侧'二层台'上的殉人头向，大都与墓主人头向一致，例外是个别现象。位于墓主人脚端'二层台'上的殉人，头多向右。殉人是仰身直肢葬和俯身直肢葬并存流行，个别的殉人葬式姿态是仰身微屈肢，或者向墓主人侧身屈肢若跪拜状，由此说明，殉人的葬式并不固定。绝大多数殉人无葬具，个别的用席子裹卷置于长方形浅凹穴里，穴深约 10 厘米左右。有少数殉葬人有极少的随葬物，如有的口中含贝或玉、石；有的腰际有 10 多枚贝串饰；个别殉人在头前放 1 件陶鬲（见 M162），很可能是他的随葬物。"

西周用人殉的墓，大都属于西周初期武王、成王、康王、昭王时期的墓葬，少数属于西周中期偏早的穆王、共王时期的墓葬，到中期后段即懿王、孝王时期，殉人现象就限于个别见到了。这里应引起我们充分重视和加以深入思考的问题是：

（1）如所周知，用人殉葬是古代奴隶制社会普遍存在的一种奴隶主丧葬习俗和制度。在我国商代，盘庚迁殷以前的墓葬用人殉葬的现象甚少见到，大概从商王武丁时代开始，一般中、小奴隶主墓葬用人殉葬开始增多，而它的最盛期则是殷墟第三、四期墓葬（按：约当商王祖庚至帝辛时期）。周人用人殉不是始于西周，在武王灭商以前的先周墓中就有发现了（详见

《胡谦盈周文化考古研究选集》，四川大学出版社，2000，第 78 ~ 81 页）。但在西周时代的初期，用人殉的墓葬不仅数量大大增多，而且在一些墓穴长不及 3 米，随葬品不很丰富，甚至只随葬一件或二件陶器的墓中，往往也发现用人殉葬现象。这一情况在殷墟商墓中虽有发现，但属个别现象，如安阳大司空村墓地中的第 170 号墓（见《一九五三年安阳大司空村发掘报告》，《考古学报》1955 年第 1 期）。可以认为，以上现象似乎暗示和透露用人殉葬在西周初期比商代晚期还要流行，它应是我国奴隶制社会人殉制度的最盛期。我们认为，上述现象恐怕与周初大政治家周公制定"周礼"巩固奴隶制社会制度的思想和言行有关。

（2）论及用人殉的墓在周孝王以后基本上不见的现象，应该是当时社会上的经济基础和上层建筑两个方面的情况比以前有较大的变化、发展和进步的一种暗示和反映。具体地说，大概从西周中期开始，西周社会上的生产、生活和文化等方面的情况便发生较大的变化，特别是由于生产的不断扩大和发展所需劳力逐年增加，奴隶的劳动价值在周孝王时期已得到社会上人们的普遍重视和爱护，而残暴野蛮的用活人殉葬的现象及制度因之受到猛烈冲击并且日渐趋向没落。东周时期的春秋、战国之交是我国古代奴隶制社会演变为封建制社会的历史阶段（见郭沫若《奴隶制时代》，人民出版社，1973），而用木人或陶人代替用活人殉葬的情况在春秋时期各列国中已经较为常见，因此我们推测用木人代替用活人殉葬最迟在西周晚期已经出现。当然，以上看法仅仅是一种逻辑推论和假设，是否符合客观实际无疑还有待考古发掘来验证。不过，笔者坚信上述推论是合理和符合科学逻辑的，我国最迟在西周晚期便出现用木人代替用活人殉葬的可能性甚大。

（2009 年 3 月 10 日补记：根据《文物天地》2008 年第 10 期《山西翼城大河口西周墓地》一文介绍，墓地中的 M1 是一座西周中期墓葬，墓穴形制较大，随葬品丰富，在墓内没有发现殉人现象，但在墓底东边二层台上置放髹漆木俑 2 个。这个发现比笔者估计用木俑代替用活人殉葬的出现年代略早一些。）

余论　学术思想及其影响

　　我对考古学方法论及其应用，在研究中有针对性地提出问题，展开分析论证，修正已有理论的局限，提出新的分析方法，形成创新型的概念。其中反映我学术思想和观点最重要的立说，计有以下几点。

第一节　认识论和方法论

　　多年来，我国社会科学研究创新意识淡薄，而且大家对科学创新的理解也不相同。我认为科普（包括资料的整理汇编或综述）、教学工作的特点是传授已知知识，而科学的本质在于创新，二者是有原则性区别的。创新是产生尚不存在的科学新知识，已经知道的事情不是科学研究的对象，所以我们在思想上和实践上必须明确和坚持以下原则立场和思路。

　　（1）科学的批判思维和批判精神不接受任何未经实践检验的理论和立说，也不承认有绝对完成了的科学知识。由于科学认识存在阶段性和局限性，理论本身也需要不断发展、深化和修正。即使是那些已被证明比较成熟的理论，也不应成为束缚自己思想的教条，而应作为进一步探索研究的指南和起点。它们并未终结真理，而是指示寻求真理的里程碑。科学中内在的这种批判精神，正是促使科学不断发展的动力之一，也是使其区别于非科学、伪科学的本质特征。

　　（2）科学的创新思维和创新精神要求人们对一切现象与事物保持独立思考，善于发现和提出问题，并将它们置于科学理论的审查之下。要求人们立足于已有知识包括理论在内，既坚持又发展，大胆地提出新问题、新立说，并付诸严格的实践检验。对真理的追求和对科学的创新使科学家不唯书、不唯上、不屈服于外来压力和长官意志，也不迷信任何权威和既有理论，始终保持清醒的头脑，做到勤于思考、善于提问、敢于怀疑、勇于创新。上述四条，其中前三点属于个人在研究工作中的思路和行为，能否做到取决于工作者本人。后一条则需要具备主观和客观两个条件，在实践中会碰到种种难以预料的麻烦和困难，所以科学工作者必须有大无畏的、坚忍不拔的奋斗精神。

考古研究是一门科学，它的本质也在于创新。而考古研究中的科学创新，我认为不是在考古实践中碰到和收获什么惊人的"珍品"和"宝贝"，也不是撰写一部洋洋数万言的发掘专刊，而是要揭示和解决不清楚的历史问题或考古学上的问题，尤其是属于事物本质及其发展规律性的问题。这是衡量考古学家在学术上有无建树以及贡献大小的唯一标准。前些年在我们考古研究所的评奖工作中，有真知灼见和解决重要学术问题的"短文"往往被冷落，而有明显缺陷和失误，甚至基本上不符合科学要求的"大部头发掘专刊"却获了奖，甚至重复地获奖（按：持这种观点而且握有实权的学者认为，论文是作者个人的一种见识，"是非功过"一时难以论断，而考古报告则属于公布和介绍文化遗存资料的作品，在学术研究中永远具有利用价值和意义。这纯属一种误解和偏见。我们说，文化遗存资料无疑属于客观存的事物，但是发掘者和编写报告者对它的认识和说明是否符合客观实际则是另一码事，二者是属于不同含义和科学概念的两个问题。一般来说，学养深邃和治学严谨者编写的考古报告往往比较符合和接近客观实际，而素质低的作者常出现这样或那样的缺陷和失误，基本上不符合科学考古学的要求。这类事例在考古著作中是屡见不鲜的。例如：①发掘时挖乱了地层，使遗存的早晚相对年代颠倒；或者遗存层位关系交代不清，使揭露的遗存失去地层依据。②把不同器型、不同年代的器物混为一式，这样就人为地将资料弄乱了。③有些人甚至对遗存的性质做出误判，把众多的洞室墓说成竖穴墓；把烧陶窑址说成房址内的灶坑，把窑算说成灶算；把周器说成商器，并进而推断周文化遗存是商文化遗存或遗址；等等。总之，考古报告和论文都是作者对客观事物的认识和说明，二者的科学价值及其贡献大小，不在于作品形式，而在于作品的质量，即作者提供的研究成果的科学性以及所论问题在学术上所占地位的重要性。不加分析地盲目认为考古报告的价值比论文高，这样的思想是十分错误和有害的。这种不正常的现象，是对科学工作的特点缺乏正确认识的一种具体反映和典型事例（详见胡谦盈《考古研究的若干问题》，载《人类文化遗产保护》创刊号，西安交通大学出版社，2003）。

第二节 考古学的真谛

以田野工作为基础的近代考古学是一门新兴的学科，它起源于欧洲资本主义社会初期。1760～1840 年为其萌芽期；1840～1867 年为其形成期；1867～1918 年为成熟期；1918～1950 年为其发展期。考古学在成熟期从欧洲、北非、西亚传到东业和美洲，自然科学方法在田野考古中开始被应用。到发展期考古学传入中国，从 1921 年瑞典人安特生在河南省渑池县仰韶村发现了仰韶文化，至 2021 年共经历了 100 年。在 20 世纪 50 年代以前，由于受时代的局限，我国考古事业没有得到应有的发展，田野调查、发掘工作做得甚少，考古从业人员不仅数量少，而且多属于"半路出家"，即由其他学科转入考古研究。所以，直到 20 世纪 50 年代初期还有学者大力主张："现在社会工作分工越来越细，考古研究也不会例外。田野考古和资料整理是做'研究半成品'的工作；著书立说是对'研究半成品进行再加工'，也就是'高层次的劳动'。"更有甚者，时至近年还有不少学人（包括个别教授和研究所的所长）认为"田野考古是属于技术性的工作，不属于研究工作"。另外，由于受多种因素影响，多年来人们普遍信奉"写出文章就是成绩"，而轻视田野考古工作，少数人甚至不参加野外工作而等候资料来了著书立说，即"闭门造车"，致使劣质的考古学著作日渐增多。例如：不少遗址的发掘挖乱了地层关系；缺乏证据甚至不做任何说明而任性地把共生一个单元的陶器群肢解为不同时期的标准器；尤为甚者，有人竟在一座被破坏的夯土台下段的夯土内发现"一座形制清楚的西周宏大宫殿建筑基址",实属一种笑柄(因为夯土基址是从下往上逐层夯筑而成,所以在夯土内是不存在什么建筑基址的,这是考古中也是日常生活中的一种常识);等等。我们认为:

(1)符合科学要求的考古著作才算成绩,否则是废品,甚至是有害的——在学术上会产生混乱。

(2)近代考古学是以田野考古工作为基础的,由此说明田野调查、发掘是考古学的生长点和学术生命力所在,而不是什么辅助性、技术性的工作,所以考古学家首先应该是一位合格而出色的田野考古学家,这样才有可能在考古实践中有真正的发现和突破,以及在学术上建立经得起历史检验的科学理论。

(3)田野考古、室内资料整理、编写报告是考古研究中三个相互联系十分密切的不同工作环节,其中田野考古的工作是"重中之重",是开展和完成后两项研究工作的前提和基点。如果田野考古工作存在这样或那样的缺陷和失误,后两项研究工作就没有基础,保证科研成果的质量也就无从谈起了。换一句话来说,考古新发现和成果是通过田野科学实践去完成的,所谓"立说"不过是用文字和图表来表达成果而已。若田野科学实践无收获——没有取得解决问题的证据,著书者即使有李白、杜甫之文采也无济于事。

(4)考古发掘研究应该包括以下两个不同层面的含义。①发掘操作要符合科学考古学研究程序和方法,即根据遗存的地层叠压先后顺序自上往下逐层发掘以及弄清楚各种遗存的面貌特征。绝不允许在发掘中挖乱了地层,使遗存的早、晚相对年代颠倒;或者遗存的层位关系交代不清,使揭露的遗存失去了地层依据。②发掘研究墓葬或遗址必须有全局观点和史学观点,也就是以居址或墓地为单位进行发掘研究,去探讨和解决学术上尚不清楚的历史问题或考古学上的问题。前一个层面的发掘研究工作相对比较简单,只要工作者具备一定的田野发掘操作技能和专业基础,以及在工作中做到精神集中和勤奋,态度严肃、认真和细致,发掘工作质量一般都可以接近或达到科学考古的基本要求。至于后一个层面的发掘研究,由于涉及问题多而复杂以及工作面比较广，则要求发掘研究者必须具备一定的学养条件，即较深的理论造诣（包括哲学、史学和考古学的基本理论，其中以掌握唯物史观的立场、观点和方法最为重要）、丰富的科学实践（田野的和研究整理的）、扎实的专业基础（包括田野考古研究和技能）和广泛的知识面。

综上所述，我便从理论、方法和实践上阐明了考古学和考古学家的基本特征，这对端正考古研究学风以及提高科研成果质量，无疑会起到积极的作用。

第三节　考古学文化的面貌和内涵

关于考古学文化的命名问题，20 世纪 50 年代以前在我国学术界缺乏共识。有人以遗存第一次发现地点的名称来命名，如仰韶文化、龙山文化等；也有人以遗存某一特色来命名，如彩陶文化、黑陶文化、灰陶文化等。《考古》1959 年第 4 期发表了夏鼐《关于考古学上文化的定名问题》一文，十分精辟地论证了不知名的遗存应以初次发现地点的名字来命名。文化命名必须具备以下两个条件：①遗存分布有一定的范围地区；②遗存有自具特征的一组陶器。从此，我国考古工作者就有了一个比较科学的考古文化命名准则。

随着中国考古事业不断蓬勃发展，各种不同文化遗址和墓葬的发掘数量迅速增加，有些学人在研究中片面地以居址陶器或墓葬陶器去进行文化命名。针对上述新情况，我对考古学文化的面貌内涵做了以下分析和说明。

一种考古学文化是由遗址和墓葬两类不同遗存资料构成的。遗址是先民平日在生产、生活和文化等方面进行各种活动的物质文化遗留，是当时社会上活人的活动画面的缩影，所以它应该是反映一种考古学文化面貌的主要和本质的基本资料。而墓葬是先民对死者尸体的处理遗留，属于当时社会上层建筑在思想信仰方面的埋葬习俗和制度，文化内容相对比较单纯而且随葬品更为规范化和制度化。另外，墓葬内的随葬陶器与居址内出土的陶器,二者有时是一致的,有时则不尽相同(这里指的是陶器种类及其形式,包括各式陶器的多寡现象),以后一种现象为多见,所以墓葬往往难以代表一种考古学文化的全貌。也就是说,我们要客观和准确地去识别和论定一种新发现的文化遗存属性,必须:①搜集和掌握该文化的居址与墓葬两类不同遗存资料;②在考察、分析和研究问题时,既要分清两类不同遗存资料的性质、特征及其使用价值,又要将二者联系在一起视为一种考古学文化的整体来对待,这样得出的认识和结论才有坚实的基础。若论者只掌握和根据遗址中的局部资料(即居址和墓葬两类不同遗存资料之一种),尤其是墓葬资料,甚至是仅凭少数器物或个别器物就去断言遗存是新发现的考古学文化,则在理论上、方法上乃至占有材料方面显然都带有片面性,其立说就容易出现偏差和错误。例如岐邑刘家村的发掘简报(《文物》1984 年第 7 期)以及其他论者根据所谓"墓葬具有明显的自身特点",把刘家村先周墓葬视为一种新发现的文化遗存,并将它命名为"刘家文化",或称之为"辛店文化的另一种类型遗存"(见《考古学报》1989 年第 1 期《关中先周青铜文化的类型与周文化的渊源》一文),就是一个十分典型的错误事例。

可以认为,以上所论是对前面文化命名第二个条件的补充说明,也就是夏鼐学说——考古学文化命名定义的补充和完善。

第四节　地层学和类型学在考古研究中的应用功能和范围界定

考古研究中常用的地层学和类型学是分别从地质学和生物学中移植过来的研究理论和方法,人们在运用操作上往往出现这样或那样的问题和失误。如人们往往把地层学断代和类型学断代的作用相提并论或等同看待;尤有甚者,有些人竟将类型学断代凌驾于地层学断代之上。而实际上,地层学和类型学在考古研究中的应用功能和范围,有明显的区别。

地层学主要应用于研究和说明以下两方面的问题。

（1）弄清楚遗址或墓地的范围以及不同层位的遗存性质和分布位置、特点及其相互关系等。这种基础性研究工作，是考古研究中开展探讨和阐明有关问题的前提和要点。如果发掘者提供的这方面的原始资料，也就是基础性研究工作存在这样或那样的缺陷甚至不符合科学要求，在此前提下阐述和复原居址图景，甚至侈谈什么"聚落形态问题"，或谈论所谓"家族埋葬定制问题"，或论述所谓"墓葬组合形式并进一步推定当时社会的婚姻、家庭乃至社会组织形式等方面的问题"，或者把遗存面目模糊、似是而非的遗存如所谓"女神庙""原始祭祀殿堂"之类推定为中国文明"火花"，等等，是没有意义的，而且在学术上还人为地制造了不必要的麻烦和混乱现象。此点往往为学人所忽视。

（2）遗存分期断代。其原理是凡属未经扰乱过的文化堆积在地层上产生叠压现象，便说明二者在废弃和埋藏时间上有早、晚的区别，下层早、上层晚，这是绝对的（按：如果古代城墙的上部经过后代修补或重建，这样城墙倒塌时便会出现年代晚的城墙顶部土方在下层，年代早的下部城墙土方在上层，这属于例外情况。另外，古代遗址因水土流失，出现年代晚的文化堆积在下层，年代早的文化堆积在上层，这是遗址遭到自然力破坏和扰乱所致）。至于二者的时间差是否具有考古分期的意义，则要根据二者的文化内涵（主要是陶器形制特征）是否存在差异而定。若上、下层出土的陶器形制特征相似和相同，便说明不同颜色的土层即文化堆积的时间差无考古分期的意义。如果上、下层包括的陶器有差别，尤其是同类陶器在形制上有明显的演化轨迹和传承联系，就说明二者的时间差具有考古分期的意义。也就是说，考古学上的遗存分期，是通过田野实践寻找遗存地层叠压现象及其遗存群体因素来探讨和建立的。换言之，考古分期必须具有典型地层和典型遗存群体因素两个条件，两者缺一不可。前者是考古分期的依据前提，后者是不同时期文化的内涵和标志。这种考古分期的立说证据确凿，符合科学研究程序和认识论原则，是完全可靠的，也是可信的，所以它在学术上具有典型性和标尺性的作用和意义。

以上是从原理上说的，但在实际应用和操作上做到准确无误或者比较准确，则不是一件轻而易举的事情。地层学原理的应用和操作做得是否准确以及准确程度如何，与研究者的素质、学养综合水平高低以及工作态度是否严肃、认真、细致等息息相关。考古学是一门实践科学。调查、发掘和资料整理研究及编写报告是研究过程中三个相互联系十分密切的不同工作环节，其中第一个环节的工作是"重中之重"（按：有人说田野考古不算研究工作而是技术性的工作，这纯属偌大误会和偏见，也是对考古学真谛缺乏认识的一种谬论），是开展后两个环节的研究工作的前提和基点。所以，考古学家不做野外工作，不去亲自观察、研究和弄清楚种种现象和问题，而是坐在室内等候他人甚至没有经过专业训练的工人（农民工）做调查和发掘取得的资料来编写考古报告，也就是"闭门造车"，其论说实难符合实际。这是治学不严谨和考古学风不正的一种表现，务必牢记在心，引以为戒。

类型学研究对象是事物的性质及其形态的分类、分型、分式及其相关的问题。考古研究的对象是实物，其中有人类活动遗留下来的各种不同遗迹和遗物，也有门类众多的各种自然遗物。而各种不同类别的实物都是具有形态特征的，所以类型学在考古研究中的应用范围是十分广泛的，几乎方方面面的问题都需要通过类型学研究来加以介绍和说明，例如：

（1）整理资料和编写报告的时候，要对遗迹和遗物进行分类、分型和分式的研究，来加以介绍和说明。

（2）通过对遗存的分类、分型和分式研究，去阐述和说明一种考古文化的面貌特征及其遗存的文化归属。

（3）通过对不同遗存文化因素的分析和比较研究，去探讨和说明同一文化谱系的传承、演化过程及其特点。

（4）确认各种不同文化的特点，以及它们之间是否存在相互影响、交流和融合现象，也需要通过对遗存的文化因素进行分析和比较研究。

（5）前述确认遗存地层叠压的时期差是否具有考古分期的意义，也需要通过类型学原理，即对上、下层包含物的形制比较研究来解决。

（6）年代不清楚的器物，往往也需要根据年代明确的同类标本来推定其相对年代。但这种立论是一种逻辑推理，即属于可能而非绝对准确无误的定论（按：目前我国发表的墓葬报告，大都采用这一方法推定墓葬的年代，而且论者往往还错误地认为自己的认识和主张是准确无误的定论，即建立了所谓"×××墓葬编年标尺"，这纯属一种误会和偏见），原因是事物往往有产生、发展和衰亡的演化过程，各种器物的情况也不会例外。也就是说，分别在产生、发展和衰亡阶段制作的同类同式器物标本在年代上是不同的，所以器物形制相似和相同是一码事，具体标本的年代是否相同又是另一码事，二者是具有不同含义和不同科学概念的两个问题。至于各式器物的沿用年代以及在不同阶段制作的同类同式标本的差年是否达到了考古分期年数，则需要通过地层学研究来探讨和解决。使用类型学研究法，即器型比较方法是无法解决上述难题的。由是说明，有的学人孤立地、片面地以"器物形制相似或相同为理由"，去否定有地层关系，也就是具有标尺性考古分期立说的器物的早、晚相对年代，甚至试图滥用器型比较法去建立考古编年标尺等做法，这是不符合科学考古研究程序和认识论原则的，不但是十分错误的，而且是有害的——也就是在学术上混淆是非和制造混乱。此点应引起人们充分的注意。

（7）利用考古材料补史或复原被人遗忘的历史，往往也需要通过描述实物的形态特征去阐明有关问题。

总之，地层学和类型学在考古研究中的应用功能和范围是有明显区别的。若研究者对上述原理和方法缺乏深刻了解和正确认识，在应用和操作上就容易犯这样或那样的原则性和常识性的错误。例如：

（1）把遗存产生地层叠压现象作为文化存在传承关系的证据，甚至是唯一的证据，是欠妥和错误的。理由十分简单，因为遗存在地层上产生叠压现象仅反映和说明二者存在时间差，与文化传承问题无必然的内在因果联系。

（2）简单地根据遗存在地层上产生叠压现象去建立考古编年，而不问各地层包括的陶器群及其形制特征是否有区别；甚至明知上、下层陶器群体因素相似或相同，却硬要孤立地片面地去夸大个别器皿（如某种陶鬲形制）甚至纹饰（如所谓麦粒状绳纹）的有无或出土量多少，作为考古分期的重要根据。这种错误的做法，是违反考古分期必须具备典型地层及遗存群体因素两个条件的基本原理的。

（3）依靠所谓"陶器排队悟出标本的早、晚相对年代及其器型变化顺序，来建立考古编年"，这种错误的做法，在我国考古著作中常见且比较流行。甚至还有专文美化这种研究方法和观点，这种论调迷惑了不少的年轻人。其实：①具体标本的年代和同类陶器的变化顺序，是具有不同含义和科学概念的两个问题。前者一般要依据叠压地层先后来确定标本的早、晚相对年代。后者则要根据众多早、晚相对年代清楚的各式陶器形制特征及其在理论上的概括结论，即陶器变化顺序及其规律性来论述（这是遵循人的认识来源于客观存在的做法），它往往只代表事物的主流，即多数标本的器型变化情况，难以包含事物的支流和例外现象，即少数或个别形制特别的标本器型变化情况。具体事例详见附录《姬周陶鬲研究》一文。无层位关系的陶器的早、晚相对年代是不清楚的，所以它们的器型变化顺序也是不清楚的，这是不言自明的问题。②如果论者硬要牵强附会地从无层位关系的陶器中依靠"器型排队悟出标本早、晚相对年代及其器型变化顺序"，从方法论来说，是在科学研究的名义下以不知来推断未知，最后还是不知。论者的结论也就是一种不着边际的猜想和假说。（史学研究是弄清楚客观存在的过往事实真相，是不容许假设的。这与科学研究中探索现实尚不存在的事物，如从蜻蜓启发制造出飞机来允许假设是性质不同的两码事。在历史、考古著作中常见有人将二者等同看待和混为一谈，甚至有人公开鼓吹考古和历史研究是允许所谓"合理假设"的主张的。请问，实物或过往历史是客观存在的事物，怎能允许假设呢？那样做与"客观在我心中"的研究观点有何本质区别？）这就充分说明其研究方法和观点及其结论，不属于科学。恕我直言，问题说到底，上述论者的所作所为应是典型的形而上学唯心论的一种文字游戏和说教而已，在科学研究中毫无实际意义。这个问题我在《1921~1949 年中国考古学发展回顾》一文中曾列举错误事例来加以具体分析说明（见附录《1921~1949 年中国考古学发展回顾》）。

（4）所谓地层学和类型学相结合的遗存断代新方法。具体来说，论者首先十分简单地依据不同颜色的土层堆积划分不同时期的遗存。再应用所谓类型学原理依每期陶器的形制异同细分为不同时期的一期、二期、三期甚至五、六期之多。论者把这种做法美化为不把"地层学断代"和"类型学断代"绝对化，而这种做法实际上反映了论者对地层学和类型学在考古研究中的应用功能缺乏研究和正确认识。关于地层学和类型学在考古研究中的应用功能和范围，我们在前面已有讨论，在此不再重复。

第五节　田野考古研究实践要从史学高度做工作

考古新发现及成果是通过田野科学实践来完成的，所谓"立说"不过是用文字和图表来表达研究成果而已。所以，我主张和提倡考古实践要从史学高度做工作，也就是把田野调查、发掘研究工作纳入研究的范畴。有了这种观点和思想境界，看问题自然就站得高、看得远，研究思路起点高而宽广。这样，工作者不论选择研究课题还是选点发掘，都会着眼于探索和解决不清楚的历史问题，或者考古学上的重要问题，尽可能避免学术研究中的盲目性，如从事不应该去做的重复劳动。进行考古调查和发掘研究的时候，也会努力做到干劲十足，精神集中，工作态度严肃、认真和细致，力求做到和避免不遗漏任何现象，尤其是那些具有重要史料价值的现象。研究者就会跳出考古学研究停留在低水平的"只做遗存分期断代及遗存分类研究"的怪圈（按：目前我国发表的考古报告，多属于此类著作），并彻底克服和肃清"为考古而考古"以及挖宝思想等错误偏向。

我主张和提倡的考古实践要从史学高度做工作，指的是研究观点和思路，并非认为挖一个探方，或挖一座墓葬，或做一二次发掘工作就能够解决某个历史问题或考古学上的重大问题。无数事例说明，要在科学研究中取得成果，哪怕是学术上的小课题，往往都需要一定的时间甚至较长的时间以及花费很大的气力才能奏效。而科学研究中的成功和失败，或者是取得成果及其贡献大小，都离不开主观和客观两个条件因素。客观条件指的宽松的研究环境，主观条件是个人学养综合水平及其顽强工作的毅力和意志。不过，只要是工作者的选题得当，研究方法得宜，工作要求和目的性明确，勤于耕耘并持之以恒，在考古实践中取得成果并得到预期的学术目的是可以实现的。

　　最后还要强调，发掘研究墓葬和遗址必须有全局观点和史学观点，也就是以居址或墓地为单位进行发掘研究，去探讨和解决学术上不清楚的历史问题或考古学上的问题。例如发掘研究聚落遗址，既要弄清楚各种不同具体遗迹——房子、窖穴、灰坑、各种手工作坊遗址（如制陶、制骨角器的作坊遗址）以及其他设施（如壕沟等）的面貌特征及其层位关系，还必须注意探讨和弄清聚落遗址的形制布局，即聚落形态问题。上述两个不同方面的问题，都是应该在田野发掘过程中加以探讨和弄清楚的，如果离开发掘现场以后特别是事隔多年在编写考古报告时再进行所谓"聚落形态复原"，所论就难以符合实际以及不可避免地会出现这样或那样的自相矛盾现象。此点，只要我们仔细地阅读一下有关考古著作就十分清楚了。再者，发掘墓葬的目的并非探"宝"和猎取"古董精品"，它的学术目的是探讨和揭示当时人们的埋葬习俗、制度及其思想信仰状况。而一种埋葬习俗和制度的文化内涵异常丰富，它至少应该包括以下两个不同方面的文化遗存及其思想信仰内涵。①具体墓葬的形制特征，即墓穴构造、葬具、葬式、随葬器物（包括殉人、殉动物和祭肉等），以及随葬器物的种类、形制及器皿组合，等等。②一个特定人群聚葬在一起的所谓茔地与相应居住地的方位关系，茔地的地理位置选择，墓葬方向的特点，茔区墓葬的分布、分群和墓葬组合等。上述两类不同的文化遗存资料，缺少其中一种，就无法阐明当时人们的埋葬习俗及思想信仰问题。1980 年春季，我遵循上述原则开展了甘肃省庄浪县徐家碾寺洼文化墓葬的发掘工作，并在《徐家碾寺洼文化墓地——1980 年甘肃庄浪徐家碾考古发掘报告》中具体介绍和说明了徐家碾寺洼文化晚期居民的埋葬习俗及其思想信仰问题，为古代墓葬发掘升华到文史学高度做工作开了先河和树立了范例。此后，1980 年至 1986 年笔者对陕西省长武县碾子坡遗址先周早期、先周晚期和西周三个墓地的发掘和研究也同样做出了精彩的论述。总之，我倡导从史学高度发掘研究古代墓葬以还原其居民的埋葬习俗、制度及其思想信仰状况，不仅是完全合理和必要的，而且其理论方法也是可操作的。

附录一　姬周陶鬲研究

　　所谓姬周陶鬲，包含以下两重意思，一是陶鬲标本属于周文化器皿；二是标本上限年代断自周人迁岐前后，下限年代断在西周末年。凡不具备上述两个条件的陶鬲标本，均不在本文讨论的范围。例如殷墟出土的陶鬲，有些标本在年代上可能是属于武王灭殷以后的，但它们系殷文化器皿。又如湖北蕲春毛家嘴西周遗址出土的陶器，具有十分浓厚的土著文化特征，所出陶鬲与周文化典型陶鬲在形制上也有明显的差别（有些标本可能是仿周器制的，但器型已变样）。至于辛店文化特别是寺洼文化陶鬲，与姬周陶鬲的关系是极其密切的，但二者属于不同的考古学文化。因而，上述诸陶鬲均不在本文讨论的范围。

　　陶鬲在姬周民族（"民族"一词指广义上的，下同）的生活中，是一种被广泛使用的主要炊器，在周遗址和周墓中常常见到。据初步统计，周文化陶器常见的器皿，计有鬲、罐、簋、豆、盂和瓮等6种。其中陶鬲的出土数量略少于罐形器，但比其余4种器皿出土的数量都多。另外，周文化陶鬲不仅在形制上具有独特的基本特征，而且在器型演化上也有明显的规律性。因此我们对它进行系统的整理和研究，并弄清楚其祖源，这对从某个侧面来探索周文化的渊源，是具有一定意义的。

一　类型划分

　　目前出土的周文化陶鬲标本的数量、式样很多，但大致可区为三种类型。

（一）袋足类

这种陶鬲的特征，是鬲的容积主要在足部，三个空足呈袋状，横剖面呈圆形或椭圆形，可分为七式。其中Ⅳ～Ⅶ式的下部鬲形器属模制，以上用泥条盘筑而成。Ⅰ～Ⅲ式的制法如图一（Ⅰ）所示，三个袋足系分别模制后再捏合在一起的，以上用泥条盘筑而成，鬲底三足接缝填以泥条抹平，鬲内三足接合处隆起呈三岔状凸脊。

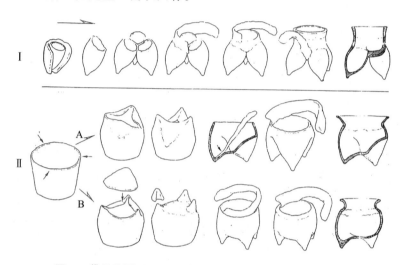

图一　袋足陶鬲（Ⅰ）和瘪裆鬲（Ⅱ）的制法分解示意图

注：此图为张孝光绘制。

Ⅰ式　短沿唇，颈微敛，袋足瘦长且微向外撇，足跟呈圆锥状，袋足接合处的内壁有高起来的三岔状泥条凸脊，裆间附加泥条压平，形成三岔状宽带凹沟。体饰绳纹，个别标本在袋足上有一周弦纹。其制法是袋足分别模制，然后接合，口沿和耳是另做后粘接上的。依耳亦可分为三型。

A型　无耳。如陕西长武史家河出土标本（图二：1）[1]。

B型　单耳，附加在口沿和颈部之间。如甘肃镇原常山出土标本01[2]。

C型　双耳，方形，附加在口沿上。如甘肃镇原常山出土标本采02，双耳残缺[3]。

Ⅱ式　高领、敛颈，袋足肥硕呈乳头状。多数标本附加圆锥状实足跟，个别标本附加扁锥状实足跟[4]，但也发现不附圆锥状或扁锥状实足跟的，如长武碾子坡出土Ⅱ式 B 型标本。鬲内壁与Ⅰ式的内壁形制相同，唯陶鬲底部三岔状凹沟比较窄小，体饰绳纹。少数标本的口沿下附加泥条凸饰，纹样多为"一"字形或"人"字形。制法与Ⅰ式鬲同。依耳亦可分为三型。

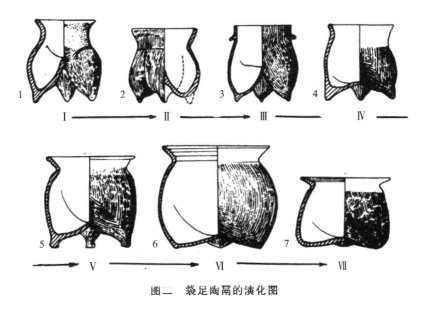

图二　袋足陶鬲的演化图

A 型　无耳。如宝鸡市斗鸡台出土标本 NO. 50268（图二：2）[5]。

B 型　扁平泥条双横耳，附加在口沿外侧或领部上面。如岐山贺家村出土标本[6]，再如长武碾子坡出土标本[7]。宝鸡市金水河出土标本特别，口沿外侧有两个对称的"一字形"泥条凸饰，鬲底形制与Ⅰ式相同[8]。

C 型　泥条环形双耳附加口沿下，如岐山贺家村出土标本（图三：3）[9]。

这种鬲在长武碾子坡遗址里也有发现，笔者于 1979 年冬调查时拾到若干残片。

Ⅲ式　直口，口沿外侧附加两个对称的泥条扁耳。袋足瘦长微向外撇，足跟呈圆锥状。鬲内壁和鬲底形制与Ⅱ式陶鬲相同，饰绳纹，制法同上，如长安客省庄出土标本 T32：2B（图二：3）[10]。

Ⅳ式　侈沿，敛颈，裆部较矮，袋足瘦长向外撇，足跟呈圆锥形。鬲内壁三足接合处无高起来的三岔状凸脊，饰绳纹。鬲一次模制而成，口沿部分是另做后附加上的，如长安客省庄出土标本 M448：1（图二：4）[11]。

Ⅴ式　侈沿或折沿，敛颈，袋足粗壮，足跟附加乳头状"疙瘩"。纹饰

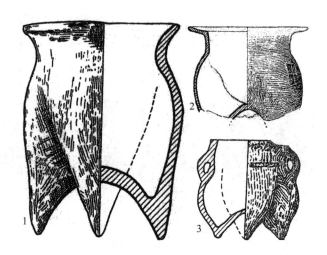

图三　周文化陶鬲

1. 斗鸡台出土；2. 客省庄 H11；3. 贺家村出土

及制法与Ⅳ式同，如长安张家坡出土标本 M453：2（图二：5）。

Ⅵ式　口沿宽大外侈，敛颈，袋足粗大向外撇，圆尖足跟，矮裆。制法与Ⅳ式同，体饰绳纹，个别的标本的足外壁附加泥条齿状凸饰[12]，如长安张家坡出土标本 H410（图二：6）。

Ⅶ式　口沿宽大外侈，沿面上往往施若干周弦纹，敛颈，袋足外撇而足跟浑圆肥大无尖，鬲裆近平。制法、纹饰与Ⅳ式同，如长安张家坡出土标本 M147：4（图二：7）。

（二）瘪裆类

这种陶鬲特征是容积在腹部，足与足之间内陷，俗称"瘪裆"。"瘪裆"是鬲坯未干时有意把裆部压成凹陷状。其制法如图一（Ⅱ）所示，先做成一个圆筒形泥坯，然后将一端切开三等分捏制三足，三足内壁接缝用泥条填平抹光，上部用泥条盘筑做成。鬲的裆部压成凹陷状，其中 A 型鬲的三足接连处不附加泥饼，鬲底有隆起的三叉状凸脊，裆部内陷较深。B 型鬲的三足接合处附加泥饼，鬲底近平，裆间凹陷现象较浅。可分为四式。

Ⅰ式　口沿外折近平，短颈，足跟为圆锥形。如岐山贺家村出土标本，施横绳纹（图五：1）[13]，长安客省庄出土的标本（图三：2）三个鬲足外壁上各有一个"田"字[14]。

Ⅱ式　侈沿或折唇，微敛颈，三足里侧有隆起的凸脊，足跟横剖面近似三角形。依据鬲底面的宽窄可分为二型。

A 型　窄裆，如长安客省庄标本 M145：6（图五：2），宝鸡市斗鸡台标本 No：50019 的足跟为长条圆锥状（图三：1）[15]。

B 型　宽裆（鬲底宽大近平），如宝鸡市斗鸡台标本 No.50054 的足跟为长条圆柱状（图五：3）[16]。

Ⅲ式　与Ⅱ式陶鬲的区分是"瘪裆"内陷较浅，三足里侧隆起凸脊较矮，但三足跟的横剖面仍然近似三角形，饰绳纹，制法与Ⅰ式相同。依据鬲底面的宽窄分为二型。

A 型　窄裆（裆底侧视为半弧形），如长安白家庄标本 H2：1（图五：4）[17]。

B 型　宽裆（裆底侧视呈"冂"形），如长安客省庄标本 M69：4（图五：5）。

Ⅳ式　侈沿或折沿，敛颈，瘪裆现象不明显或消失，三足里侧无隆起的凸脊，鬲裆较矮，饰绳纹。少数标本外壁附饰齿状堆纹，制法与Ⅰ式相同。依据鬲底面的宽窄不同，又可分为二型。

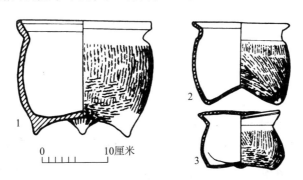

图四　商文化陶鬲

1. 大司空村出土；2、3. 殷墟圆形坑出土

A 型　窄裆（裆底侧视为半弧形），如长安洛水村标本 Y2：11（图五：6）[18]。

B 型　宽裆，（裆底侧视呈门形），如河南陕县上村岭标本 M1725：2（图五：7）[19]。

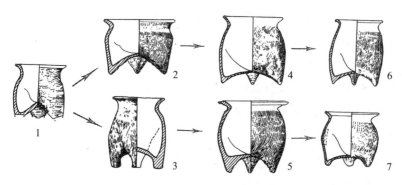

图五　瘪裆陶鬲的演化图

（三）仿铜类

器型特征是实足，圆鼓腹，器皿容积在腹部。体模制，口沿和实足另制后接合上去，口部经过慢轮加工。可分为二式。

Ⅰ式　俗称"分裆式"，裆部微内陷，足与足之间分界明显，实足呈圆柱状或圆锥形。饰绳纹，并于其上加饰弦纹，腹壁附加齿状堆纹，如长安洛水村标本 H2：19（图六：1）[20]。

Ⅱ式　俗称"平裆式"，即陶鬲底面宽大近平，足与足之间的分界不明显，饰绳纹，制法与Ⅰ式同。依据足可分二型。

A 型　足直立，呈圆柱状或圆锥形，如长安洛水村标本 Y2：11（图六：2）[21]。

B 型　实足向外撇呈马蹄形，如河南陕县上村岭标本 M1684：5（图六：3）[22]。

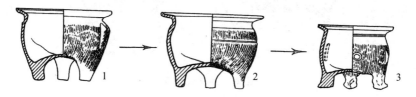

图六　仿铜陶鬲的演化图

二　各式陶鬲的分布地域及其流行年代

（一）袋足类

Ⅰ式和Ⅱ式陶鬲都是属于先周器皿。其中Ⅰ式陶鬲仅发现于周人早期活动的泾水上游地区，如甘肃镇原常山、高庄和陕西长武司家河[23]等。在岐邑，这种陶鬲至今未见出土，或许在周人迁岐以后它已经不是一种流行的鬲形了。II式陶鬲出土数量比较多，但也仅限于泾水上游、岐邑及其附近地区（包括汧河流域在内）。丰、镐地区的张家坡出土一件，客省庄南H11中出土若干残片[24]。这种现象表明，这式陶鬲的流行年代当在周人迁岐前后，周文王都丰时，基本上已消失。

III式陶鬲只见到二件完整的标本，其中一件出土于岐山贺家村，时代被定为早周[25]。另一件出土于丰邑遗址的客省庄，原报告定为西周初期，但根据这种陶鬲与II式陶鬲比较接近，而迄今又仅见于先周，不见于西周遗址和墓葬。因此，我们认为它的年代似略早于西周，大致相当于文王"作邑于丰"时期。

IV式和V式陶鬲在丰邑地区十分流行，在其他地区则比较罕见。其中IV式陶鬲被认为属于西周初期的典型器皿，V式陶鬲流行于西周中期，但在西周晚期也有发现[25]。

VI式陶鬲在沣西张家坡、宝鸡斗鸡台、陕县上村岭和河南浚县辛村[26]等地都有出土，年代属于西周晚期。

VII式陶鬲在沣西张家坡、岐山凤雏村[27]、陕县上村岭、洛阳中州路、新郑唐户、邯郸龟台、邢台西关外和北京房山董家村[28]等地均有发现。根据张家坡、上村岭、唐户等地西周墓葬的年代，这式陶鬲应是西周末年的典型器物。

（二）瘪裆类

I式陶鬲迄今限于在岐、丰两地区有出土。它在周原一带的周墓中往往单独存在，或只有铜戈等兵器共存，因此有关简报或定为西周初期墓葬[29]，或定为早周即先周墓葬[30]。在客省庄村南H11出土的两件标本，原简报定为西周初期陶器，作者近年又更正为早周即先周陶器[31]，我们赞成这种说法。因为客省庄南地H11被H10打破，而H10是西周初期铸铜遗存，所以H11年代应在西周以前，即属于先周遗存。据此，我们认为把岐都出土这种陶鬲的墓断为先周墓比较合理。

II式、III式、IV式陶鬲的分布地区很广，在黄河流域地区各省差不多都有发现。其中Ⅱ式陶鬲被认为是西周初期的典型器物（按：它出现的年代可能在西周以前，但根据现有材料，它在先周时似乎还不十分流行），Ⅲ式和Ⅳ式陶鬲分别是西周中期和晚期的典型器物。

（三）仿铜类

Ⅰ式陶鬲在陕西、河南、山东和北京等省、市均有发现。在丰、镐地区，以西周初期为多见，西周中期少见。在岐山周原和浚县辛村、洛阳中州路、北京琉璃河[32]等地，它多见于西周中期墓葬，西周初期墓葬较少出土。山东胶县西庵西周初期墓葬亦有出土[33]。此外在个别地方，它还见于西周晚期墓葬，如陕县上村岭虢国墓地，但器皿所施纹饰有变化。

Ⅱ_A 式陶鬲分布地域较广，在黄河流域各地都有出土，主要流行于西周晚期，但在西周中期已有出土，如镐京地区的白家庄。

Ⅱ_B 式陶鬲是西周晚期的典型陶器，见于丰邑地区的客省庄和陕县上村岭虢国墓地。

三　各类陶鬲的形制演化

上述三类不同形制的陶鬲，在器型演化上都有一定的规律。兹分别加以说明。

（一）袋足类

袋足鬲的七式，Ⅰ式最早，Ⅶ式最晚。Ⅰ式是祖型，Ⅶ式是属于器型演化到后期的形态。也就是说，姬周袋足鬲的形制演化序列应如图二所示，是从Ⅰ式→Ⅱ式→Ⅲ式→Ⅳ式→Ⅴ式→Ⅵ式→Ⅶ式。

姬周袋足鬲的器型演化，综上所述可得出以下三点认识。1. 陶鬲裆部依各式标本的早晚年代顺序依次由高变矮，直至高裆退化成近圆状。2. 从Ⅰ式至Ⅳ式，袋足多附加圆锥形或圆柱形实足跟。但Ⅰ式袋足瘦长，Ⅱ式袋足肥硕呈乳形，Ⅲ式和Ⅳ式袋足显得粗壮，Ⅴ式袋足附加乳头状"疙瘩"于足跟外，其形制与Ⅳ式相同。Ⅴ式去掉圆形"疙瘩"足跟后，即变成Ⅵ式。器型演化到Ⅶ式时，袋足肥大圆浑实尖向外撇，袋足退化，失去实用价值。3. 口沿变化，Ⅰ式是微敛颈，矮领。Ⅱ式是敛颈，高领。Ⅲ式是高领，直口。从Ⅳ式至Ⅶ式，都是敛颈，侈沿或折沿，但Ⅵ式和Ⅶ式的口沿特别宽大，沿面上往往施以数周凹弦纹。

（二）瘪裆类

瘪裆鬲流行年代，是Ⅰ式最早，Ⅳ式最晚。形制演化顺序如图五所示，从Ⅰ式变为ⅡA式和ⅡB式，以下分为两支：一支为ⅡA式变为ⅢA式，再变为ⅣA式；另一支为ⅡB式变ⅢB式，再变为ⅣB式。

综上分析，瘪裆鬲的器型演化可得以下三点认识。1. 裆部依各式早晚年代顺序，依次由高渐变矮。瘪裆内陷程度由深变浅，直至瘪裆退化消失。2. 足与足之间分界由明显到不明显，足部横剖面由近似三角形变为近似圆形；3. Ⅰ式折沿，短颈，Ⅱ式至Ⅳ式微敛颈，折沿或侈沿，以后者为多见。

（三）仿铜类

各式仿铜鬲是Ⅰ式最早，ⅡB式最晚。演化序列如图六所示，是从Ⅰ式变为ⅡA式，再变为ⅡB式。

仿铜陶鬲的形制演化是：1. 由分裆变成平裆；2. 由圆锥形和圆柱形实足变化为马蹄形；3. 口部形制比较固定。Ⅰ式以侈沿多见，折沿少见。ⅡA式相反，以折沿多见，侈沿少见。ⅡB式基本上都是折沿，侈沿罕见。

四　各类陶鬲的祖源

在讨论姬周陶鬲的祖源时，首先需要弄清楚它们是承袭殷代陶鬲形制，还是姬周民族原有的物质文化遗存。有人认为西周陶器"仍多保持殷俗"或"都可于殷墟中找到其类型"[34]。其实迄今出土的殷文化陶鬲，似乎只有袋足鬲一种，而周文化陶鬲，除袋足鬲以外，还有瘪裆鬲和仿铜鬲。后两种鬲迄今不见于殷代，所以它们不是承袭殷式自不待言。至于袋足鬲，殷标本和周标本在器型特征上也是不同的，而且年代愈早的周标本，其形制与殷文化标本的区别愈加明显，例如周标本的Ⅰ式和Ⅱ式，与年代相同的殷王武乙[35]或稍早的殷标本比较，二者的区别就十分显著，前者是高裆袋足鬲（图二：1），其形制显得原始，后者即殷墟第三期陶鬲，是矮裆袋足鬲（图四：3）[36]，属于退化的器型（按：它是从商代高裆袋足鬲演化而来的形态）。所以，殷、周两种标本在文化性质上是两码事，并不存在所谓周承殷制的问题。有人认为上述Ⅶ式袋足鬲与殷墟圆形坑出土的矮裆袋足鬲相似（图四：1、2）[37]，从而断言周标本承袭殷鬲形制[38]。我们认为这是一种误会：（一）殷标本见于殷末，周标本见于西周末年，两种标本在年代上相差 200 多年；（二）如果姬周矮裆袋足鬲承袭殷文化同类器型，那么依照时间观念，它应在西周初年就出现甚至很流行，但它迄今只见于西周晚期而不见于西周初期和中期。因此，我们认为殷、周两种矮裆袋足鬲虽然在形制上相似或相同，但不存在承袭关系。至于它们在器型上相似或相同，则是因同类器物在演化上具有共同规律而出现的一种表面现象。

陶鬲标本除仿铜鬲外，其他两类鬲的早期形式，其时代都属于先周，绝对年代约在古公亶父（或稍早）至武王灭殷以前。

根据形制观察：

1. 姬周Ⅰ式和Ⅱ式袋足鬲，以及Ⅰ式瘪裆鬲，与寺洼文化同类陶鬲的器型、制法乃至纹饰的基本特征很接近，如姬周ⅠB式、Ⅱ式袋足鬲与甘肃徐家碾遗址出土的同类陶鬲相同。Ⅰ式"瘪裆"鬲与徐家碾同类陶鬲也相同[39]。

2. 在甘肃庆阳地区合水九站遗址里，寺洼文化被西周遗存叠压。据[14]C 测定，寺洼文化年代数据为公元前 1370±110 年[40]。另外在甘肃省陇西县西滩遗址的试掘中，也发现寺洼文化早于西周文化[41]。按周武王灭殷之年，约略为公元前 1027 年（据陈梦家先生《西周年代考》）。而古公亶父是武王的曾祖父，则古公亶父充其量是公元前 1100 年前后的人物。由此可见，寺洼遗存应略早于先周陶鬲的年代。

3. 文献记载周人迁岐以前，曾长期居住和活动在泾水上游地区，同时迄今在上述地区发现的古文化遗存，只有寺洼文化和先周遗存在年代上接近或相互衔接。

4. 笔者在《试论寺洼文化》一文中已经谈到，寺洼文化与姬周文化的关系极为密切，例如宝鸡市竹园沟一号墓出土的马鞍形口陶罐是从寺洼文化中的同类陶罐演变来的。与此类似和相同的事例还不少，这个问题我们将另文讨论。基于上述种种理由，我们认为姬周袋足鬲和瘪裆鬲，似渊源于寺洼文化。

至于第三类陶鬲的祖源，要比上述两类陶鬲的源流复杂一些。但根据现在材料，我们认为它的来源线索也是比较清楚的。①这类陶鬲从未见于其他文化，而它的祖型（即Ⅰ式鬲）迄今只见于西周初期。它可能是周武王灭殷以后才出现或流行的一种鬲形。②由于这类鬲的Ⅰ式、Ⅱ$_A$式和Ⅱ$_B$式的形制异常固定，而且各式标本与同类西周青铜鬲的器型及其年代也大致相同，因此陶鬲仿铜鬲制造的说法，大致是符合客观实际的。③西周青铜鬲有的口沿上有双耳，有的无双耳。其中附双耳的伯矩鬲[42]是西周初期之物，其形制与殷墟出土的殷代青铜鬲标本 M1102：1 的形制相同[43]。因此我们认为姬周青铜鬲可能是仿殷代青铜器制造的，无耳鬲是双耳鬲的简化或发展后的形制。

初稿于 1964 年，定稿于 1980 年初

注　释

[1] 插图据实物绘制，标本现藏陕西省考古研究所。按此标本见于《陕西泾水上游调查》图五：1（《考古》1962 年第 6 期）和《早周文化的特点及其渊源的探索》图二：1（《文物》1979 年第 10 期）。前文说标本出土长武史家河遗址，但简报图一和 1971 年绘制的县图上都无史家河地名，故疑是司家河之误。至于后文，作者说标本出于弥家河遗址。在此我们无法弄清标本出自何处（按：形制相同的标本，近年见于碾子坡先周晚期墓葬 M1202 出土。说明我推定司家河标本是周人迁岐前后的器皿是准确的）。

[2] [3] [23] 胡谦盈：《陇东镇原常山遗址发掘简报》图二：上、下，《考古》1981 年第 3 期。

[4] 赵学谦：《陕西渭水流域调查简报》图版一：1，《考古》1959 年第 11 期。

[5] [15] [16]《斗鸡台沟东区墓葬》，图三七（2），图三九（1、2），《陕西考古发掘报告》第一种第一号，1948。

[6] 陕西省博物馆、文管会岐山工作队：《陕西岐山礼村附近周遗址的调查和试掘》图八，载《文物资料丛刊》第 2 辑，文物出版社，1978。

[7] 笔者于 1979 年在碾子坡调查采集品。

［8］承宝鸡市博物馆王光永同志提供资料，特此致谢。

［9］［29］戴应新：《陕西岐山贺家村西周墓葬》图一一：中，《考古》1976年第1期。

［10］插图引自中国科学院考古研究所编《沣西发掘报告》，文物出版社，1963。以下凡引沣西地区出土陶鬲不注明者，均引此报告。

［11］插图据实物绘制，标本现藏中国社会科学院考古研究所西安研究室。

［12］［19］［22］中国科学院考古所编著《上村岭虢国墓地》图版五：6；图四：12、3、10，科学出版社，1959。

［13］陕西省博物馆、文管会岐山工作队：《陕西岐山礼村附近周遗址的调查和试掘》图九，载《文物资料丛刊》第2辑，文物出版社，1978。又，瘪裆鬲演化图中的Ⅰ式标本也属简报中的资料，插图据实物绘制，标本现藏陕西省考古研究所。

［14］插图是中国科学院考古所技术室曹继秀同志于1959年绘制的。

［17］［18］［20］［21］胡谦盈：《1961—62年陕西长安沣东试掘简报》图十三：4、11、6、10，《考古》1963年第8期。

［24］中国社会科学院考古研究所沣西发掘队：《1967年长安张家坡西周墓葬的发掘》图版四：1、2，图三：2，《考古学报》1980年第4期。

［25］《陕西长安鄠县调查与试掘简报》图十：7，《考古》1962年第6期。

［26］郭宝钧：《浚县辛村》图十七：5，科学出版社，1964。

［27］陕西周原考古队：《陕西岐山凤雏村西周建筑基址发掘简报》图五：2，图二一，《文物》1979年第10期。

［28］中国科学院考古研究所编著《洛阳中州路（西工段）》图三〇：14，中国科学出版社，1959。《河南省郑县唐户西周墓葬发掘简报》图三：4，图二四，《文物资料丛刊》第2辑，文物出版社，1978。《1957年邯郸发掘简报》图一：12，《考古》1959年第10期。《邢台西关外遗址试掘》图一，《文物》1960年第7期。《北京房山县考古调查简报》图八：2、5，《考古》1963年第3期。

［30］［31］《早周文化的特点及其渊源的探索》，《文物》1979年第10期。又，徐锡台：《岐山贺家村周墓发掘简报》图版三：4，《考古与文物》1980年第1期。

［32］《北京附近发现的西周奴隶殉葬墓》图五一：2、3，《考古》1974 年第5 期。

［33］《胶县西庵遗址调查试掘简报》图一一：4（M1：1），《文物》1977 年第4 期。

［34］郭宝钧、林寿晋：《一九五二年秋季洛阳东郊发掘报告》，《考古学报》1955 年第 1 期。

［35］范祥雍编《古本竹书纪年辑校订补》云“三十四年，周王季历来朝，武乙赐地三十里，玉十珏，马八匹。”又云：“文丁杀季历。”由此可见，周太王约相当于殷王康丁、武乙时期。

［36］《1962 年安阳大司空村发掘报告》图二：3，《考古》1964 年第 8 期。

［37］《1958—1959 年殷墟发掘简报》图八：9、14，《考古》1961 年第 2 期。

［38］刘克甫：《安阳后岗圆形葬坑年代的商讨》，《考古》1961 年第 9 期。

［39］胡谦盈：《甘肃庄浪县徐家碾寺洼文化墓葬发掘纪要》，《考古》1982 年第 6 期。按：与 I$_B$ 式周鬲相似的寺洼陶鬲，不仅见于徐家碾出土，还见于庄浪羊尾巴和县立中学出土。实物藏庄浪县文化馆。与 Ⅲ$_C$ 式周鬲相似的寺洼陶鬲，笔者于 1978 年冬在九站遗址拣到一件残片。完整的器型过去在甘肃临洮寺洼山有出土。

［40］胡谦盈：《试论寺洼文化》，载《文物集刊（2）》，文物出版社，1980。

［41］《甘肃省文物考古工作三十年》注［35］，载《文物考古工作三十年》，文物出版社，1979。

［42］《洛阳博物馆藏的几件青铜器》图六，载《文物资料丛刊》第 3 辑，文物出版社，1980。

［43］《1969—1977 年殷墟西区墓葬发掘报告》图版拾：4（右——M1102：1），《考古学报》1979 年第 1 期。

（原载《考古与文物》1982 年第 1 期）

附　记

有的学者把客省庄二期文化陶鬲和周文化陶鬲联系起来，认为后者系从前者演化而来。其实二者不仅形制不同，在制造方法上也毫无共同之处。关于周文化陶鬲类别及其制法文中已有介绍。至于客省庄二期文化陶鬲，其鬲形瘦长，模制，内壁有反绳纹，说明它们是属于不同谱系的陶器。

1985 年 3 月

补 述

关于周文化陶鬲的分类及其形制演化的规律，众说纷纭，"仁者见仁，智者见智"。出现上述现象的原因是复杂的，但其中最主要的因素无疑是人们研究问题的着眼点不同，即在理论上和方法上存在差异：本文根据当时已掌握的考古材料，对问题试做全面的、变化的和历史的考察，结论力求遵循认识来源于客观，推论或假说遵循从已知求未知。

一、文中把周鬲分为袋足类、瘪裆类和仿铜类三种，其分类着眼点是陶鬲的整体形态特征而不是标本局部形状特点。上述三类陶鬲形制的区别是十分明显的，其形态不同是由于它们分别采用不同手段制作，这样既做到鬲的分类标尺一致，又能将不同形态和不同制作方式相联系，所以各类鬲的界限清楚，器型概念完整明确。同时，它还避免其他分类方法存在的缺陷，如依鬲裆分为"折裆"、"尖裆"和"弧裆"等不同类型陶鬲，而所谓"折裆鬲"和"尖裆鬲"都是袋足陶鬲，显然不宜根据陶鬲裆部的侧视形状有差异就认为它们分属不同类型的陶鬲。再如把周鬲分为锥脚类、折足类、联裆类和矮脚类等四种，其中前两类是依鬲足划分的，后两类是依鬲裆划分的，陶鬲的分类标尺不一致。另外锥脚类是先周袋足鬲标本，矮脚类是西周晚期袋足鬲标本，所以它们应属同类不同式的器皿。至于"折足鬲"则多是"宽裆式瘪裆陶鬲"，"联裆鬲"至少包含有瘪裆鬲和仿铜鬲两种不同类型的陶鬲标本。

二、关于周鬲形制演化规律的研究，在考古中存在截然不同的两种观点和处理方法：一种是所谓类型学研究法——即依靠"器型排队"求得其器型演化及年代顺序；另一种方法是先确定具体标本年代，然后根据众多早、晚相对年代明确的标本年代的先后顺序，说明其形制特征及器型演化规律。文中采用后一种方法去探讨和说明有关问题，所用标准器型多属一个遗址中有地层关系的标本，而且鬲形往往是各地常见的。我这样处理问题有以下三方面的考虑。（一）根据各类各式陶鬲年代先后顺序去说明其器型演化，是符合科学研究程序和认识论原则的，所以我的论说不是主观猜想，而是客观事物在头脑里的一种反映。（二）所谓规律性往往只代表事物演化主流（本质一面）而难以包含支流（非本质方面），各类陶鬲的演化规律也是如此，即它只代表大多数标本的器型变化情况，不包含少数或个别器型特别的标本的情况。（三）如所周知，事物往往有产生、发展和衰亡的演化过程，各类各式周鬲的情况也不会例外。也就是说，分别制作于产生、发展和衰亡诸阶段的同类同式陶鬲，在年代上是不同的，所以器皿形制相似和相同是一码事，具体标本的年代是否相同则是另一码事，二者是不同科学概念的两个问题。至于各式鬲的沿用年代以及在不同阶段制作的同类同式标本的差年是否达到分期年数，则需要通过地层学研究来探讨和解决，如文中Ⅰ式和Ⅱ_A式两种仿铜鬲在不同阶段制作的标本差年就达到分期的年数（见《1961—62年陕西长安沣东试掘简报》）。使用类型学研究法，即器型比较方法是无法解决上述难题的。由此可见，在考古中简单地滥用器型比较法去确定具体标本的年代是有问题的，在理论上是说不通的，其立说也难以符合客观实际。

　　三、在不同地区出现相似或相同事物有时是传播起作用，但有时则属于两地具有相似或相同条件而各自产生的，二者并无亲缘关系。这是学人都明白的道理。但在考古研究中，人们对相似和相同现象的解释，往往十分简单地滥用传播论观点来加以判断和说明。如根据周文化矮裆袋足陶鬲和商末同类陶鬲形制很相像的情况，就认为周鬲系承袭商鬲形制，甚至孤立地、片面地根据鬲形把周器说成是商器。针对上述错误立说及研究方法，文中对周文化矮裆袋足陶鬲做了分析研究，指出商、周两种标本无前后承袭联系，二者是分属不同谱系的陶鬲。至于它们在形态上极为相似或相同，是商、周两种袋足鬲具有共同特征及其演化规律所致。换言之，商、周两种标本在形制上极为相似或相同，是事物的表面现象而不代表事物的本质，即二者在演化上无内在联系。明确上述问题以后，无疑有助于识别与之相类似的一些错误事例和论说。

四、乳形袋足陶鬲和瘪裆陶鬲的制法是苏秉琦先生发现的——见《斗鸡台沟东区墓葬》（1948年北平版），我只做了某些补充。

1994年冬于中国社会科学院考古研究所

附录二　1921～1949 年中国考古学
发展回顾

　　以田野工作为基础的近代考古学是一门新兴的学科，它起源于欧洲资本主义社会初期，1760～1840 年为其萌芽期，1840～1867 年为其形成期，1867～1918 年为其成熟期，1918～1950 年为其发展期。考古学在成熟期从欧洲、北非、西亚传入东亚和美洲，自然科学方法开始被应用在考古中。到发展期考古学传入中国，从 1921 年瑞典人安特生在河南省渑池县仰韶村发现了仰韶文化，至今日时间共过去了 100 年。以新中国成立为界，中国考古学的发展大致分为截然不同的前、后两个时期。1921～1949 年为前期，1950 年至今为后期。两个不同时期的考古学研究发展概况、科研成果以及田野考古科学性存在十分明显的差别。在这里，我仅就前期考古学发展概况进行简略的回顾与评论。

　　1921～1949 年的 20 多年间，中华民族的命运多舛，社会长期处于混战动乱之中，国弱民穷，国家常常遭受帝国主义列强侵略和凌辱，因之中国考古学的诞生及其发展历程的步履十分困难。下面分为三个方面来加以分析说明。

（一）考古事业主持者的变化

　　考古学是由瑞典人安特生传入中国的，日本等外国人随之而来，在我国任意盗掘和掠夺文物，中国的考古事业完全任由外国人掌控。后来出现了由外国财团出钱（所谓资助研究经费），中国出文物资源，由中、外学者共同合作进行考古研究工作的模式，如 1927 年北京周口店旧石器时代遗址发掘研究等项目。20世纪20年代末期伴随着军阀混战动乱时期结束，中央研究院历史语言研究所考古组（组长李济）和国立北平研究院史学研究会（所）考古组（组长徐旭生）相继成立，考古研究工作由中国学者掌握和主持，并大力开展田野调查发掘，我国考古事业有了一定的发展。但好景不长，从1937年开始全面抗击日本帝国主义侵略，直到1949年10月中华人民共和国诞生的12年内，因受战事及其他因素制约，我国田野考古工作处于停顿状态。由此说明，我国考古事业的发展与国家的治乱是紧密联结在一起的。

（二）主要考古研究成果

因受种种条件限制，这一时期的田野考古工作做得不多，大规模发掘和收获丰富、科研成果在国内外学界产生深远影响的工作项目更是寥寥无几。其中研究成果最为卓著以及得到学界公认的重大发现，计有以下几项。

1. 旧石器时代考古

北京周口店中国猿人头骨及相关遗存的出土与研究是这一时期旧石器时代考古最重要的科研成果。它的发现充分说明早在旧石器时代中国华北地区已有人类活动和居住。

2. 新石器时代考古

山东省章丘龙山镇城子崖龙山文化遗址，是这一时期发掘规模最大、对其文化内涵和面貌特征了解最全面的一处新石器时代晚期遗址。梁思永根据城子崖遗址的发掘收获，并旁及山东省日照两城镇和杭州良渚等遗址的发现，发表了一篇经典性论著《龙山文化——中国文明的史前期之一》，得到以下创获。

（1）首次提出龙山期文化是中国古代社会发展步入文明时代的前夜。这一立说，在我国大力开展的"中国文明探源工程"考古实践中越来越具体地得到证实，它是一个切合实际的科学预见。

（2）再一个重大突破和创新是，梁思永根据当时发现的70多个龙山期文化遗址的文化内涵和特征及遗址的分布情况，将这些龙山期文化遗址划分为山东沿海区、豫北区和杭州湾区三个不同区域，这当属中国考古文化区系思想的萌芽。20世纪50年代后期，伴随着长江流域各大型水库的建设开展了田野调查发掘工作，夏鼐（长江水库工作队队长）撰文阐明长江流域的考古文化与黄河流域的考古文化存在区别。石兴邦（长江水库工作队副队长）遵循夏老师的学术思想对此问题做了进一步的发挥，把中国考古文化的分布进行初步分区。苏秉琦于 20 世纪 70 年代介入中国考古文化区系的研究，并身体力行做了大量田野考古组织、领导和研究工作，是中国考古文化区系研究课题的集大成者。记得 20 世纪 80 年代有位学者对区系文化立说提出了质疑，苏先生问我有何看法，我十分率直地谈了上述观点（我和先生在考古研究所共事数十年，来往密切，特别是改革开放后我们的办公室仅一墙之隔，我不出差时天天见面，还有与刘观民常在一起座谈议论学术问题，包括探讨先周文化、中国考古文化区系、窑洞和所谓"玉器文化时代"等等，深知先生是一位有包容开放风度的前辈，容许后辈发表个人意见）。苏先生听完后，笑了一笑，说："我从来没说中国考古文化区系立说是我个人独创，童叟皆知，学术研究总是踩踏着先行者的肩膀往上爬的，世上无一例外。"

3. 历史时期考古

考古研究成果丰硕而且至今在国内外学术界仍然具有重大影响的工作项目，是河南省安阳市小屯村商朝晚期（盘庚迁殷至纣亡）都城遗墟（俗称殷墟）和西北岗商王陵墓的发现，从 1928 年开始连续数年共进行了 15 次的大规模发掘，出土了数量巨大的商代文化遗迹和遗物，特别是甲骨文的破解（在发掘殷墟之前，殷墟甲骨文资料在北平、天津等地已有流传，而且王国维等学者已经开始研究和识读文字），使得西汉史家司马迁在《史记·殷本纪》中记载的商王世系、庙号及其相关历史事迹得到甄别和补充，成为清晰可靠的信史。这件事情在当时社会上引起了强烈的"地震"，唤起了人们高度重视考古学研究的重要作用和意义。

（三）考古研究科学性差

这时期从事考古学研究的人员多是"半路出家"，没有接受过科学考古学理论和田野调查发掘方法操作的严格训练，因之这一时期田野调查发掘工作多不符合考古学的科学要求，提供的研究成果存在这样或那样的缺陷和问题。下面列举三个典型事例来加以说明。

　　第一，安特生是地质学家而不是训练有素的考古学家，因此他在河南省渑池县仰韶村发现的仰韶文化，里面包含有龙山文化陶器。安特生这个错误是中国学者刘耀（尹达）发现和论证清楚的。再如，他在甘青地区调查发掘以及采购文物得来的物质文化遗存资料，十分简单地滥用类型学原理即器型比较研究方法但无年代明确的标本做根据而建立的考古文化编年"六期说"，猜想单色陶也就是齐家文化的年代最早，安排在"六期说"之首。1945 年夏鼐在甘肃省宁定县（今称广河县）阳洼湾安特生工作过的地点附近发掘齐家文化墓葬，在墓穴填土里发现马家窑文化的彩陶碎片，发表了《齐家期墓葬的新发现及其年代之考订》一文，以地层学断代原理证实马家窑文化早于齐家文化，成为学术界的一种共识。至于安特生主张辛店文化早于寺洼文化的猜想，迄今仍然无法得到证明而变成一桩悬案。

　　第二，中央研究院李济等最初发掘遗址是按多少公分为一层向下挖掘收集文化遗存资料的；董作宾在殷墟发掘时胳膊上挎着一个大布袋，跟随在挖土工人后面俯拾甲骨片，从而把遗址中的不同文化堆积挖乱，以及将不同年代、不同文化性质的遗迹和遗物混杂在一起，这种工作方法与科学考古发掘研究应该说是两回事。后来由梁思永主持殷墟等遗址发掘后，在工作实践中渐渐意识到并且开始运用地层学方法进行发掘，即根据遗存的叠压顺序发掘并厘清各种遗存的面貌特征、相互关系、层位和年代，1931 年成功地在安阳后岗遗址发现了考古文化"三叠层"。不过，关于后岗遗址中的仰韶、龙山和商代三种不同时代、不同文化性质的遗存地层叠压现象，《后岗发掘小记》报告中的介绍只有遗存分布平面图而缺少剖面图，反映出当时在工作上还不够完善。俞伟超曾在文章中说"安阳后岗三叠层的发掘也存在缺陷"，指的恐怕就是上述问题。但只要我们仔细研究《后岗发掘小记》原文，就不难发现梁思永论证各种遗存及相关问题是有根有据且十分全面、准确和透彻的，其作品无疑具有超一流科研水平。总之，我们从不懂考古发掘即乱挖一气过渡到运用地层学方法论进行遗址发掘，应该说是在工作上有了一个飞跃和质的变化，它标志着我国考古学研究发展进入成熟时期，是我国考古事业发展中一件了不起的大事。

　　第三，北平研究院徐旭生等在周秦文化探索研究中，选择陕西省宝鸡市斗鸡台遗址为典型，从 1934～1936 年进行三次发掘。发掘区分为戴家湾沟东、沟西和废堡三处。1948 年出版了《斗鸡台沟东区墓葬》专刊（北平1948 年版。下称《报告》）。根据报道，在沟东区共清理了 104 座墓葬，《报告》仅介绍了有随葬品的 82 座墓。其实，没有随葬品的 22 座墓中，也有不少是古代墓葬，按道理应该报道它们是何时代的墓葬及其文化属性。由于斗鸡台墓葬在田野发掘和编写报告工作中存在失误以及墓葬的随葬品较少等原因，这次大规模发掘在学术界的影响微弱，唯近年在某些场合《报告》被少数人奉为"考古学经典著作"来宣扬。如所周知，科学研究是探求真理，在这里我本着求真务实和遵循"吾爱吾师，吾尤爱真理"的原则对《报告》试作剖析。

（1）安志敏已有文章指出，斗鸡台发掘不符合考古科学要求，墓葬形制未弄清楚。问题显而易见，《报告》中有些墓没有墓圹，表明墓葬的墓穴全被挖掉；有些墓只有平面图而无剖面图，而且平面图的长方形墓底均为直线直角，与周墓竖穴形制不符。还有，作者也未交代清楚各类不同墓葬的层位关系。前面有说明，1931 年中国考古学研究已进入成熟时期，斗鸡台沟东区墓葬是 1934～1935 年发掘的，但不符合科学要求，表明其发掘操作技能和研究落后于当时的考古研究科学水平。

（2）《报告》中的墓葬均为周（先周和西周）、秦（战国）、汉（王莽时期前后）等历史时期的文化遗存，但不知何故，作者只运用类型学原理将墓葬分为瓦鬲墓时期、屈肢葬墓时期（按：其实这类墓也有洞室墓，它与下面的洞室墓时期墓葬又如何划分呢？再有，屈肢葬墓的随葬陶器也有瓦鬲出土，它与前面的瓦鬲墓时期墓葬又如何划分呢？）和洞室墓时期三类，以及使用器型比较法但无年代明确的标本做根据去推断陶鬲等器物形制的演化规律问题，避而不谈墓葬的历史纪年及其文化属性即它们分属于中国历史上哪个朝代的墓葬，这表明其研究工作不符合"历史时期考古必须与文献记载相结合"的科学要求。

（3）我在《考古研究中的若干问题》和《姬周陶鬲研究》两文中有详论，确认遗存的早、晚相对年代，地层学断代是准确的。类型学断代的原理是运用器物形制比较法对年代不清楚的器物，根据年代明确的同类标本来推定其年代。这种立说是逻辑推理性质的，是一种可能性而不是绝对准确无误的定论。原因是事物往往有产生、发展和衰亡的演化过程，各种器物的情况也是如此。这就说明，处于上述不同阶段的同类同式器物的年代是不同的，所以器物相似或相同是一回事，具体标本的年代是否相同又是另一回事，二者是不同含义和不同科学概念的两个问题。至于各式器物的沿用年代以及在不同阶段制作的同类同式标本的差年是否达到考古分期的要求，则需要通过地层学研究来探讨和解决，使用类型学研究法是无法解决这类问题的。关于器物形制演化规律的研究，在考古学中存在截然不同的两种观点和处理方法：一种是正确的方法，也就是遵循人的认识来源于客观存在的科学方法，先确定具体标本的年代，然后根据众多早、晚期相对年代先后顺序，说明其形制特征及器型演化规律性；另一种是错误的方法，即十分简单地滥用器型学原理，也就是运用器型比较方法但无年代明确的标本做根据进行所谓"陶器排队悟出标本的早、晚相对年代及其器型变化顺序，来安排遗存编年"。从方法论来说，后一种立论属于一种不着边际的从猜想到猜想终点还是猜想的"故弄玄虚"的文字游戏，与求真务实的学术研究是两回事。前面已谈及，作者是使用器物形制比较方法去探讨和研究斗鸡台墓葬分期及随葬器皿形制演化规律问题的，因无年代明确的标本做根据，所以在论述问题时出现这样或那样的失误，它集中反映和暴露在《报告》附录中的《陶鬲器型演化图》上（图一）。即《报告》作者根据陶鬲器型排队悟出标本早、晚年代及其所谓鬲形演化规律：主观臆断由所谓原始鬲"A 型袋足类"变为"B 型联裆类"，再变为"C 型折足类"，最后变为"D 型矮脚类"。（苏秉琦认为 A、B、C、D 四型是不同形制陶鬲。自称维护老师陶鬲立说的俞伟超、邹衡等人在考古中却称 C 型折足鬲为联裆鬲，也就是把 B、C 两类陶鬲等同看待，违背苏说的陶鬲分类观点和主张。）其实所谓 A、B、D 三型都是袋足陶鬲，不同之处是它们的三个袋足形体有高、矮、肥、瘦差异而已。上述三型陶鬲中，B 型是新石器时代不召寨遗址出土的龙山文化袋足陶鬲，年代为公元前 2400～前 2000 年；A、D 两型是历史时期的袋足陶鬲，其中 A 型是斗鸡台沟东区出土的先周晚期（公元前 1100～前 1046 年）和战国陶鬲（标本见原报告附录图二，年代为公元前 368～前 256

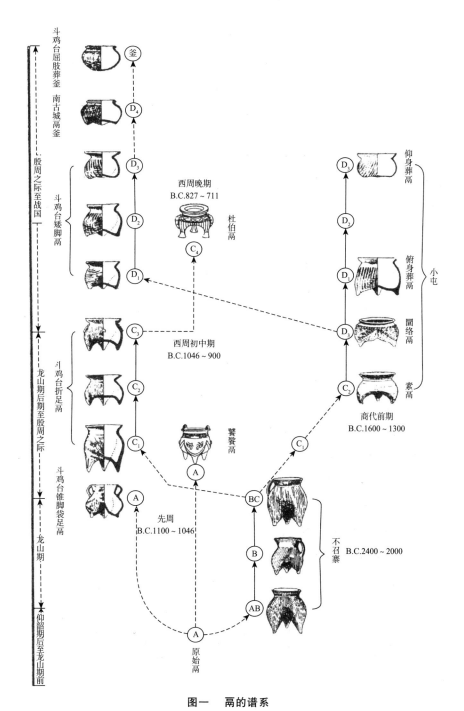

图一　鬲的谱系

资料来源：引自原报告附录图六。

年）；D 型是殷墟出土的商代后期（按：D 型商鬲的年代为公元前 1300 ~ 前 1046 年，比 A、C 两型周鬲的年代要早）和斗鸡台沟东区出土的西周末期（年代约为公元前 827 ~ 前 771 年）陶鬲，由此可见，它们是不同文化性质的陶器，而且在年代上相差数百年甚至一千年，所以它们之间不可能存在前后承传联系。至于斗鸡台沟东区出土的"C 型折足鬲"是周文化特有的瘪裆陶鬲，似未见其他文化出土。《报告》中的标本是西周早、中期（公元前 1046 ~ 前 878 年）陶鬲，与不召寨龙山文化袋足陶鬲的制法和器型完全不同，年代也相差 1000 多年，表明它们并无亲缘传承关系。斗鸡台沟东区出土的西周文化"C 型瘪裆鬲"和"D 型矮脚袋足鬲"是不同类型谱系陶器，二者也无亲缘传承联系，此点我在《姬周陶鬲研究》一文中有详论，在此不再重复。此外，《报告》作者毫无根据地凭个人主观意志把斗鸡台沟东区出土的锥脚袋足陶鬲和铲脚袋足陶鬲列为所谓原始鬲 A 型，并猜想前者与不召寨龙山文化陶鬲中所谓 B、C 型陶鬲的年代相当；后者与寺洼文化陶鬲年代近似（见原报告附录图二）。1955 年春，中国科学院考古研究所（今中国社会科学院考古研究所）沣西工作队在丰京客省庄挖出锥脚袋足陶鬲，夏鼐说它是年代略早于周文王、武王时期的先周陶鬲。1959 年春我在客省庄村南发现西周初期灰坑 H10 挖破先周房址 H11 的现象，而 H11 的填土中就有锥脚袋足鬲出土，从地层断代上证实夏鼐的说法是正确的。也就是说，先周文化锥脚袋足鬲和龙山文化袋足器皿早晚年代陶鬲并非相同年代的器皿，而是前者比后者晚了一千年，怎能违反逻辑说后者因袭前者的鬲形呢？至于铲脚袋足鬲，1954 年春我在宝鸡市戴家湾西边数华里的李家崖战国洞室墓 M8 中有发现，该件鬲和战国晚期"亚字形陶壶"共生，从此人们才明白它属于战国晚期秦文化陶器，其年代比寺洼文化陶鬲晚约 700 多年。最后，《报告》作者认为西周折足鬲（瘪裆鬲）和商朝年代（公元前 1600 ~ 前 1046 年）相当；西周末年（公元前 827 ~ 前 771 年）矮脚袋足陶鬲属于殷周之际（公元前 1046 年为商亡年）的陶器，其错误就十分明显，无须多言了。

综上所述，斗鸡台墓葬不仅在田野发掘工作中存在失误，在编写考古报告研究中也存在多方面不符合科学理论要求的地方，甚至违反年代学逻

辑主张年代早的 B 型新石器时代龙山文化陶鬲因袭年代晚的 A 型先周晚期
和战国陶鬲的鬲形，以及将不同制作方法和器型，不同年代、不同性质的
商文化袋足陶鬲和西周文化瘪裆陶鬲混为一谈，称之为类型相同、年代相
同的所谓"C 型折足陶鬲"（图一）。因此近年来有学者把《报告》奉为
"考古学经典作品"来宣扬实在令人难以理解和接受。苏秉琦是我国考古界
有重要学术贡献的前辈之一。1934 年夏毕业于北平师范大学历史系，同年 9
月参加斗鸡台墓葬发掘工作，1937 年结束发掘工作后承担编写沟东区墓葬
报告的工作。由于他是一位刚毕业的大学生而且没有接受过科学考古学的
训练，编写报告时又十分缺乏参考资料，在撰写考古"处女作品"时出现
这样或那样的失误人们都是很容易理解的，"人非圣贤，孰能无过"，不必
大惊小怪。科学研究是探求真理，考古学又是一门实证科学，在研究中务
必要十分严肃地贯彻实事求是的精神，绝不容许文过饰非，甚至把错误的
东西说成真理，这是一个关系学风的原则性问题。

2014 年 8 月 10 日完稿于潘家园寓所

原载《新世纪的中国考古学（续）——王仲殊先生九十华诞纪念论文
集》，科学出版社，2015。

附录三　2015 年 9 月 16 日在庆祝参加考古工作 60 年纪念会上的发言

　　杜玉生来电话邀我参加会议和发言，我广东话口音重，故写一篇短文念一遍，请批评指正。

　　今天和大家聚会庆祝在考古所工作 60 年，内心充满了喜悦和快乐。下面谈两点亲身体会过的激情感受！

　　一、60 年的时间在人类二三百万年的社会发展历程中无疑属于沧海一粟，十分渺小，微不足道，但它在人生中却是一个偌大的年数。中国有句成语："人生七十古来稀。"现代人的生存环境——衣、食、住、行和医疗等条件比过去有了很大的改进和提高，人的寿命也随之大大增长了。根据公布的统计数据，目前在发达国家中人的平均寿命最长的已经接近 90 岁大关。中国人平均寿命是多少？当前尚无准确统计数据。不过根据国际权威专家测算，全球人平均预期寿命，1990 年出生者为 65.3 岁；2013 年出生者为 71.5 岁。在座同志 1956 年秋以前来考古所工作的，请您们互相看一看彼此的尊容，我们是不是老矣！十分明显，人人都是七老八十、老态龙钟和白鬓苍苍的老头子和老太婆了。根据记录，考古所是 1950 年成立的，1953 年我到所时还不及 30 人，1956 年增至 300 多人。其中有 200 多位是中学毕业的青年人甚至是未满 18 周岁的少年。顽皮的梁星彭年纪最小，只有 15 岁；金仲林、杨国忠、冼自强和左崇新等也刚刚到 16 岁。年轻人爱说、爱唱、爱动和爱玩，上班以后在院内玩耍、喧闹甚至爬树，已故靳尚谦主任到处追赶忙得团团转，决定让大家到西安和洛阳出差。领导安排我和到达西安的 100 多位同志在一起工作和生活，最初住在西安研究室大楼，数天后到半坡工地住。时逢农忙发掘队停工，只留下牛永录、余万民等四位技工，我们只能在工地及其附近做考古调查和熟悉仰韶、东周时期的文化遗迹和遗物。我们也常到浐河河滩和白鹿原上玩耍，十分开心。9 月各发掘队开始工作，有 40 多人到黄河水库队工作，我和 20 多人到丰镐队工作，余下同志到汉城、唐城或半坡队工作。1959～1961 年国家处于困难时期，考古所精简人员近一半，精简掉的多数是中学毕业后来所的同志。往事弹指六十年，现在不仅教授我们学会做考古工作的老一辈先生已仙逝，同龄人王杰、丁六龙、龚琼英同志也已经驾鹤西去，今日尚健在的同志恐怕不及 30 人了。我们在考古所工作相处 60 年，这是世间多么难得的缘分。

二、俗话说："雁过留声，人过留名。"这里说的不是追逐个人名利，而是一个人来到世上不宜稀里糊涂虚度终生。务必要尽个人能力为社会做一些有益的事，在人类社会发展史中留下美名。以田野工作为基础的科学考古学是一门新兴学科，它起源于欧洲资本主义社会初期，至今只有 255 年历史。1760～1840 年为萌芽期；1840～1867 年为形成期；1867～1918 年为成熟期；1918～1950 年为发展期。考古学在成熟期从欧洲、北非、西亚传入东亚和美洲，以及自然科学开始被应用在考古中。到发展期考古学传入中国，1921 年安特生在河南省渑池县发现仰韶文化，至今日已发展了 94 年。以中华人民共和国成立为界，中国考古学的发展分为前后两个时期。1921～1949 年为前期，是考古学初创阶段，其时由于国家长期处于战乱之中，民不聊生，田野考古工作做得不多，大规模发掘和收获丰富以及科研成果在国内外学界产生深远影响的工作项目更是寥寥无几；考古研究的科学性也有待普及和提高。1950 年至今为后期，在党的领导下，国强民富，田野考古伴随着国家大规模基建项目开展工作，并大力培养考古人才，在座同志包括我本人在内都是受益者，因之中国考古学研究获得飞跃发展，在很短时间内便步入世界考古学研究强国之列。目前在世界上我国考古从业人员的数量最多。田野考古工作终年遍及中华大地上的各个角落。发现和发掘的古文化遗址和墓葬数以万计，其中有数十处重要文化遗址连续多年甚至数十年处在发掘中，最著名的如河南安阳殷墟、洛阳偃师二里头和商城；西安半坡、秦始皇陵、汉城和唐城；山西陶寺文化遗址；等等。这些遗址发掘的规模之广大，发现和收集的文化遗存种类之繁多，在世界上都是罕见的。还有，迄今中国出版的考古报告、专刊、论著和论文数量数以万计，堪称世界各国出版考古学著作数量之最。总之，新中国考古事业发展以及取得的成果是十分巨大和罕见的，目前在世界各国中还没有能与之匹敌的。在座同志都是我国考古学研究最高殿堂——中国社会科学院考古研究所各部门的骨干力量，毕生为建设中国考古学辉煌大厦努力添砖加瓦，在祖国科学事业发展史中留下了脚印和人生美名。

下面把我的意思归纳为两句话：我们在考古所工作、生活相处 60 年是人生难得的缘分；大家为建设中国考古学辉煌大厦殿堂添砖加瓦，凸显人生价值，留下美名，值得今日聚会庆祝。

2015 年 9 月 3 日写于

北京潘家园寓所

附录四　开创性的科学实践和成果

——《胡谦盈周文化考古研究选集》序

石兴邦

一

胡谦盈同志的力作《胡谦盈周文化考古研究选集》，即将由四川大学出版社出版问世。这是周文化和周史研究领域里一件值得注目的好事、大事。这本书所包含的内容，是他数十年来研究周文化和周史以及其他课题的重要成果。在书里，他根据丰富的田野科学实践和敏锐的洞察力，深入地探讨了周文化研究中的热点和难点，以及与西北地区史前文化研究相关的一系列问题，解决并阐明了学术研究中的一些重大课题。本书的出版，无疑对推动和深化周文化及其相关历史的研究大有助益。

胡谦盈同志这部著作，是至今考古界研究周文化唯一的综合性专著，在某种意义上说，是考古学为历史研究所做出的一个重要贡献，深为学林所赞许和称道。学问之道，和其他任何事业一样，其成果都是在一定条件下产生和发展起来的。我们赞誉他在学术研究上的成功之美，而其成就却不是无本之木、无源之水。

我和胡谦盈同志从 20 世纪 50 年代初期就相识并相聚在一起，在考古岗位上风风雨雨地奋斗了几十个春秋。后来我到陕西，他的研究领地也在西安，不论是他来西安，还是我去北京，我们常常见面，且多谈论学术问题。交谈起来，他总是滔滔不绝地谈论他的"斩获"和心得。他才思敏捷，观察深刻，无论论衡文史，臧否得失，常能中鹄，且警语感人。在我们的接触中，我发现在他身上具有传统知识分子的一些优良禀赋，也许这正是他在学术上有所成就和建树的基本原因所在。

其一，尊师重道，闻道求知。

20 世纪 50 年代初，谦盈同志就读于广州中山大学历史学系，从陈寅恪、岑仲勉、容庚、刘节等著名学者聆教学习，特别是受国学大师陈寅恪先生的影响最深，深为大师那严谨的治学方法和博大精深的学养所感奋。到考古研究所后，他恭谨执礼，请教于梁思永（他和梁先生接触不多，但受其学术思想影响甚大）、夏鼐、尹达、陈梦家等诸位考古前辈，虚心学习考古学基本方法和知识，以及新史学理论。在前辈的教育和指导下，他虚怀若谷，谦而不盈，屡有创获，窃以为善。从先辈那里学到理论联系实际的为学之道，视野开阔而学有专向。这样在学术研究征途中，渐渐孕育而形成了他个人在治学方面的鲜明特点，即严谨的治学作风和善于通过田野考古实践，解决学术上重要问题的理论和方法。

其二，勤于实践，勇于探索。

他从先辈的教导和自己的亲身体验中，深知考古学的生长点和学术生命力在于田野实践。所以从 20 世纪 50 年代初跻身于考古队列之时起，他即奋战于田野工作第一线。基于考古工作的特性及其广泛的涉及层面，他不失时机地抓住每一机遇，参加各种不同文化遗存的发掘研究实践，足迹遍及黄河流域以及长江流域的一些地区。上自仰韶文化，下及汉、唐遗存，皆有所涉猎，但他的主要开拓园地是周文化领域。他醉心于丰、镐二京故址宝藏的寻寻觅觅，继而转到对周文化渊源的探索，数十载躬耕不辍，天道酬勤，终于收获颇丰，并在一些领域取得突破和创新。在周文化研究阵地上，卓然树一家之帜。

其三，善于思考，勇于创新。

他能将学到的教益，应用于学术研究实践中，而且转化得迅速而有效，日就月将地提出新的问题。因此，他加入考古队列不久，便有了很大的创获并很快获得了"登堂入室"的门径。他在同辈中总以强者的姿态显露出峥嵘的头角。据我所知，他是考古研究所同辈当中，对考古学真谛有正确理解、洞悉其方法并用之有道，从而获得卓著成果的少数同志之一。在追求真理的道路上，他独辟蹊径，"择善"之后固执地走自己的路。在这方面他有些恭而不谦，表现出他个人的个性和特性，这可能是他在学术上获致成果的关键因素之一。

二

从上面简单的提示中，读者当能了解胡谦盈所以能在学术上作出贡献是渊源有自的。下面我将简要地谈一下本书为我们提供的成果及其在学术上的意义。本书所粹集的是谦盈同志在考古学研究实践中，有所发现、有所创见和有所贡献的主要成果。这些成果包括周都丰、镐与先周文化的探索和研究，仰韶文化类型及发展规律的研究，寺洼文化和黄土地区史前洞室居址的考察和研究等方面。

（一）周都丰、镐的研究

周文化的研究是他主攻的方向和课题。他一踏上工作岗位不久，即有幸投入丰、镐二京的发掘和研究之中：1954 年春参加丰、镐地区调查和普渡村西周墓的发掘；1955～1957 年参与丰、镐地区的大规模发掘，其中受考古队队长之托，主持了斗门镇发掘以及 1957 年秋张家坡的大规模发掘。在其后的工作中，他花费了多年的时间，对丰、镐二京作了阶段性和规划性研究，采用科学的程序和方法，逐步解决了一系列西周考古学上的重要问题。

首先，在前人踏察的基础上，作了深层次的勘察和试掘工作。他利用地层探查方法，弄清了与两京有关的古代水道——丰水、镐水、镐池、彪池和昆明池的具体流向、位置和范围等水文地理方面的问题。然后，根据文献记载并结合实地踏察，考证出丰京的具体位置是在以沣西客省庄为中心的地带，面积约 6 平方公里；镐京在沣东的洛水村和白家庄一带，面积约

4 平方公里。在此基础上，更深入地探查出丰京的中心地区在马王村村北一带。而且还在客省庄南地发现西周和先周两种不同遗存的叠压地层，首次把西周和先周两种文化区分开来，为探索先周文化提供了依据和线索，这在考古学上是个重大的突破。最后，他从普查与试掘的资料中，确定了镐京的范围和中心位置，并根据文化层堆积与内涵，提出了周文化发展三期说，为丰、镐地区西周文化的研究揭开了序幕。

（二） 先周文化研究及其相关周史的复原

在丰、镐二京考古研究取得成果的基础上，他的学术视野更为高远，转到更富理论意义和更深层次的研究课题上，提出进行先周文化的探索和先周史的研究。他认为，周人历史文献记载甚简，要靠考古学来解决。其中：迁岐以前的周人无信史，需用考古资源来复原；周王朝建立时的历史也需要考古学的研究加以充实和完善。他的提议，得到夏鼐所长和胡乔木院长的赞赏和支持，并于 1978 年被列入中国社会科学院的科研计划。后由他负责组织泾渭工作队，专职进行这一工作。由于他熟悉情况，方法得宜，很快就取得了重大收获。

第一，摸清了先周文化分布的范围是在泾渭地区，其中年代较早的先周文化遗址分布在泾河上游，即周人早期活动的南豳和北豳地区。

第二，选择该地区有典型意义的碾子坡聚落进行发掘，获得一批典型的先周文化类型品（有陶器、铜器、遗址、墓葬、碳化高粱谷粒……），基本厘清了先周文化的特征和面貌。

第三，他根据碾子坡遗址的收获和层位关系，并参照岐邑和丰、镐文化遗存的内涵和先后关系，确凿地论证了先周文化发展的三个时期。

早期：碾子坡早期遗存，年代略早于古公亶父，公元前 1200 年前后。

中期：碾子坡晚期、岐邑先周早期，约在古公亶父至季历期间，公元前 12 世纪后期。

晚期：岐邑先周晚期、丰邑的先周遗存，约在文王至武王灭商时期，公元前 11 世纪。

碾子坡遗址提供的资料，使我们对先周文化的面貌有了清晰的概念和认识，确立了它在商、周考古学中的地位，为彻底解决这一难题创造了前提，可以说这是他为考古学研究建立的一大功绩。接着，他根据碾子坡先周文化研究的成果，进一步对姬周早期社会史进行探讨研究，写了《太王以前的周史管窥》等论文，试图对古公亶父以前的姬周社会面貌进行复原。在这里，他阐述了如下几个重要论点。

1. 这时周人已进入以农牧经济为主的奴隶制社会，能制造青铜器，有文字、占卜之俗流行。

2. 从墓葬制度特点观察，周人社会处于血缘同性葬（兄弟、姊妹）向姻亲异性葬（夫妇）的过渡阶段。

3. 姬周是戎狄族系的一支，擅长畜牧业。周人比较可信的始祖应是"奔于戎狄之间"的不窋，大约在周先王公刘时期在泾河上游才有较稳定的根据地，农业才较大地发展起来。

4. 周人居邠时期已沦为商王朝的附属"小邦"，在碾子坡先周文化中有着十分明显的商文化因素。这在学术上既澄清了过去把有与商器相似或相同的周器归入商文化的错误，同时也有利于今后更健康地开展先周文化考古研究工作。

总之，谦盈同志的上述研究成果，既把先周文化的年代及周人信史提早了100多年，同时也为今后探索年代更早的先周遗存及周人信史奠定了基础。

（三）寺洼文化的深入研究

他在探索先周文化的过程中，洞察到泾河上游先周文化的特点和地域分布，与寺洼文化有相当密切的联系。他根据调查中所获得的资料和线索，重点发掘了甘肃省庄浪县徐家碾104座寺洼文化墓葬，获得一批珍贵的史料，写了《试论寺洼文化》一文。文章较前人的研究，有所深入，是至今研究寺洼文化最全面系统的代表性专题论著，对该文化的面貌、年代、分布地域及族属作了较深入的分析研究。文章提出：

1. 寺洼文化是分布在泾渭地区的戎狄族先民创造的文化，在西北青铜文化史上占有很重要的地位。

2. 目前发现的寺洼文化晚期遗存，年代在公元前21～公元前11世纪这1000年间的后段。

3. 它有独特的一套文化类型品。

4. 在泾河上游地区，寺洼文化和先周文化的分布区存在重叠现象，而且二者还存在着错综复杂的文化交流和融合现象。如：（1）两种墓葬的墓坑流行口小底大的覆斗状形制；（2）寺洼文化墓葬出土的青铜兵器有戣、戈、矛、镞等，其特点与周人的相似或相同；（3）在先周墓中发现有寺洼陶器，而在寺洼墓葬中也有典型周式陶罐；（4）宝鸡周初墓葬出土的附矮圈足马鞍形口陶罐，应从寺洼文化同类陶罐递变而来；等等。依据以上诸点，他把寺洼文化作为先周文化渊薮之一，是有根据的。

（四）仰韶文化的研究

谦盈同志很早就接触了有关仰韶文化的发掘研究工作。他参加过半坡遗址和客省庄遗址的发掘，此外，还亲临庙底沟遗址发掘工地察看古物。所以他常常关注这方面的问题，特别重视仰韶文化各类型的特异性和地域之间发展的阶段性，并在研究中取得了富有新意的两项成果。

其一，发现了常山下层文化，认为它是仰韶文化在陇东地区发展的晚期阶段，并由此发展为齐家文化。这是对过去把齐家文化视为马家窑文化马厂期继续这一观点的补充和纠正，为这一地区史前文化发展序列提出了新的看法和证据。

这个文化类型是他在陇东镇原县常山遗址发现和发掘的。常山下层堆积是较为单纯而颇具特征的文化类型，故命名为"常山下层文化"。他在《论常山下层文化》一文中，对这一文化的来龙去脉作了具体分析和论证，认为它是仰韶文化在甘、宁两省（区）接壤地区的继续和发展，并与西北晚期新石器文化发生了交流、融合。常山下层文化有一组典型的文化类型品，既含仰韶文化的传统余韵（彩陶和红陶），又有龙山文化早期（庙底沟二期文化阶段）的一些特征，还有相当数量的西北青铜器文化中特有的器类（双耳罐、大耳罐），聚合而成一个颇具特色的融合性的文化共同体。

其二，最早提出东庄村类型，即由半坡向庙底沟类型过渡的史家类型的重要型。20世纪50年代中期，对于仰韶文化半坡和庙底沟两个类型的年代和性质，考古学界曾展开过热烈的讨论。他虽没有参加讨论，但他参加过半坡和客省庄两个仰韶遗址的发掘，以及参观和考察过庙底沟遗址的发掘收获，心中有底，因而时刻留神这个问题。1958年，当他负责黄河水库工作队山西分队工作时，即带着解决这个问题的意念走向寻求验证的"实验室"——广阔的田野工地。在调查了解情况的基础上，他选择永济东庄村遗址进行了大规模的发掘。这个遗址正好是两个类型因素并存而交融在一起，当时他就提出这是从半坡向庙底沟过渡的类型，并将之命名为东庄村类型。这在那时来说是很有见地的。可惜的是他的论说未能发表出来，连在报告中使用婉转语言表达上述意思的最有价值的文字也被删掉了。一直到后来史家类型成立后，他所提出的东庄村类型的观点才为大家所理解和承认。在科学发展史上，常常有这样的事，当一种真知灼见出现时，很难一下子为人们所接受，常为习惯势力或偏见所湮没或抑制，但真理的光芒，终究会闪射出它的光彩。

（五）　西周及其以前土洞穴房基址的研究

最后，我要谈一下他对黄土地区最有特点的史前洞穴居室文化的研究。这一课题，虽为人们所忽视，但其研究对象是最有特点的地域性文化载体。他慧眼识珠，做了个案专题研究，写了《论窑洞——考古中所见西周及其以前土洞穴房基址研究》一文。这是至今唯一讨论这一课题的专论，对黄土地区这一有代表性的居室文化及其在中国民居建筑史上应有的地位，乃至流传至今的现实问题，作了历史的考察和评价。根据他的研究：1. 窑洞居室，是根据黄土地区的自然条件，仿照天然岩洞的形式建造和发展的。从仰韶文化晚期开始至今，已有五六千年的历史。2. 其分布范围在黄河中游及其支流地区，与古籍记载的穴居地区相合。3. 探讨了窑洞居室的形制、种类、时代特点及所在地貌的分布规律。今日居民采用的从崖面开大口挖窑洞，起于石器时代末期的客省庄二期文化，迄今已有四千年的历史。

三

上面，我扼要地介绍了谦盈同志主要成果的方方面面。这些成果多是有所发现，有所创造，有所深入，且在学术上有所贡献和建树的。读者如能细读原著，并加以类比，就会感知它在相关领域内的学术地位和意义了。

我们从这些论著中，以及它们形成的过程中，可汲取些什么值得铭记的启迪和教益呢？就我个人的体会而言，约有下列诸端。

其一，要以强者的姿态面对实际。我们为学之主旨是要发现问题，解决问题。当我们费了千辛万苦得到一些成果时，心中就感到无限的慰藉，特别是从事考古工作的朋友，这种感受最为真切。要进入这个境界，要经过艰苦而漫长的过程，其入门之法，是多实践，勤思考，细观察，并想方设法来解决实践中的问题。谦盈同志就有这种精神和素养：从对丰、镐周都的研究而提出对先周文化的探索和对先周历史的复原；从对半坡、庙底沟遗址的发掘中得到的领悟而找到东庄村类型，都是在这一思维范畴内活动而实现的。往往前者是因，后者是果，根扎得越深越粗，果就结得越香越甜。我们在扎根培苗过程中要吃些苦头，但终会尝到甜头。当人们对其硕果赞赏而予以科学评价时，我们就会感到其苦有限而其乐无穷了。这个乐，不是个人一时一事的幸得之乐，而应是学界朋友同享成果的共欢之乐。

其二，要吸取持之有效的科学方法。从考古学的特点来说，就是调查研究的方法、实践验证的方法和综合类比的方法，总体来说就是辩证的历史的方法。做学问和打仗一样，要捕捉战机（学术上叫发现苗头，抓住机遇），获取战果，运用之妙，存乎一心。而尤贵在用心之得，在细微处见功夫，关键环节显真知，见微知著，始能揭其奥秘。抓住一得之见，而追逐之，往往可致揽全局之胜。谦盈同志能取得如此丰硕的成果，并能将错综复杂的泾水上游诸文化梳理出脉络清晰、面貌清楚的序列，实得力于此。

其三，要有一定深度和高度的学养综合水平。要取得成果，必须具备一定的学养条件，这就是较深的理论造诣，丰富的科学实践（田野的和整理研究的）和扎实的专业基础，还可以加一条就是要有广阔的知识面。这几点加起来的综合水平越高，发现问题、解决问题的可能性就越大。

对一个追求真理的学者来说，上述三点是相互联系而缺一不可的。我们的任务不仅是要研究问题，解决问题，而且要在实践过程中不断提高我们的综合水平，不断地提出新的问题，开拓新的领域以繁荣发展我们的事业。读者从本书的内涵及作者的从业实践中，当能吸取教益而有所作为焉。

是为序。

　　　　　　　　　　　　　　1996 年 5 月 12 日写于考古所

　　原载《胡谦盈周文化考古研究选集》，四川大学出版社，2000，第 1～6 页。

附录五　考古学家胡谦盈

——中华人民共和国国际广播电台《社会名流》系列节目访问纪要

听众朋友，这次《社会名流》系列节目，我们为您播送本台记者的录音访问——访考古学家胡谦盈。

今年 62 岁的胡谦盈，是中国社会科学院考古研究所研究员，从事考古工作已有四十个年头。因为他常年担任考古队队长，又一向以科学严谨的工作作风闻名，所里的年轻人戏谑地送他一个雅号："胡帅"。

胡谦盈待人十分和蔼可亲。他曾经独个儿冒着大雨，蹚过暴涨的小河，冒着山洪暴发的危险，去保护发掘现场，但绝不允许他的年轻队员冒这种风险。采访时，他谈了他对考古工作的感受。

胡谦盈说："中国的古文化遗存十分丰富，考古工作者不愁没有用武之地。中国像埃及、叙利亚、希腊、印度一样，也是人类古文明的一个发祥地。而且中国五千年历史绵延不断，古文明的内涵更为丰富，这对中华民族凝聚力的形成有着重要的影响。"

原来胡谦盈的祖父辈和父辈的不少亲属早年去了美国。胡谦盈本人却在广东中山大学攻读中国历史。这四十年的考古生涯，他的着重点，又一直在中国有文字历史的源头，也就是三四千年前的奴隶制社会初期，这使他对于"中华民族的凝聚力"有了更深的体会。

胡谦盈说："四千年前的夏王朝，因为历史文献记载不详，考古发掘目前又没有具有说服力的成果，因此，人们的认识还比较模糊。夏朝之后的商王朝，因为它的都城的废墟，也就是河南省安阳殷墟的发掘，殷商甲骨文的发现，许多铸有铭文的青铜器的发现，人们对它早已有所认识。但是，夏、商之后的周王朝，人们对它的物质文化就不怎么清楚了。周族是怎样兴起的？它同夏族、商族人有什么关系？这些问题过去只是传说的多，科学根据少。"

胡谦盈在中国考古学上的一个重要贡献，正是在周文化的考古方面。他说："约公元前 11 世纪建立的西周王朝和公元前 8 世纪建立的东周王朝，在中国古代历史上的位置很重要。这段时期是中国历史上从奴隶制社会逐渐过渡到封建社会的时期。周文化的影响，不仅在中国，在世界上也引人注意。周王朝前期出了一位大思想家叫周公，曾经为辅佐成王制定了'周礼'。'周礼'是中国最早最完整的奴隶制法令。周王朝后期又出了一位大思想家孔子。孔子自认为是周公的学生。孔子教导自己的学生又以'周礼'为准则。而孔子的思想至今还是汉学当中的热门课题。"

20 世纪 60 年代初，胡谦盈通过考古调查和发掘，确定了周朝都城丰、镐的确切位置及范围，并在丰邑遗址内发现早于西周的先周文化遗存。

20 世纪 70 年代末，胡谦盈在过去参加田野考古积累材料的基础上，又用了一年半时间，在陕、甘两省的泾河、渭河流域调查了几百个遗址，终于发现了周人在建立周王朝以前的发源地，并且发现周族人同夏、商不是一脉相承的关系。周人是羌族的一支。他们在建立周王朝以前，是同戎、狄融合在一起的，同戎、狄杂居和通婚，属于古代的少数民族，这再次证明了，中华民族的族源从 3000 多年前起就是多元的。

胡谦盈说他这一项考古发掘成果，已经得到考古界同行的认可，并被列为中国社会科学院第八个五年计划的重点课题。

谈到这项发掘研究成果在考古学上的意义，胡谦盈风趣地说："它的意义就在为少数民族文化'正名'啊！""周族人的文化比殷商落后是肯定的，但它毕竟打败了商朝的末代帝王纣，建立了周王朝。周族人在打败商王朝以前的社会文化已有一定基础，过去对这一点估计不足。"胡谦盈在他发掘出来的周族人的陶器和卜骨上，看到了大约属于公元前 13 世纪的文字，这些文字同殷墟发现的商朝甲骨文时代相当，多数文字也相同。但有一些字人们还不能认识它们，只是推测可能是"八卦"符号。周族人建立了周王朝以后，又承继了夏、商文化，也发展了自己的文化。所以说，中华民族的文化是中华各民族共同创造的。

中国著名的老一辈考古学家苏秉琦先生称赞胡谦盈是"研究周文化的迷"。可是胡谦盈却发自内心地对记者说："考古工作队是个集体，这一切发掘研究成果，应该是大家分享的。"

听众朋友，刚才播送的是本台记者的录音访问——访考古学家胡谦盈。这次节目播送完了。

（金蓉采访，王崧签发21/2）

（访问时间为1992年）

原载《胡谦盈周文化考古研究选集》，四川大学出版社，2000，341~342页。

图书在版编目（CIP）数据

开创性的中国考古实践与成果 / 胡谦盈著. -- 北京：
社会科学文献出版社，2021.9
（中国社会科学院老年学者文库）
ISBN 978 - 7 - 5201 - 8752 - 7

Ⅰ. ①开⋯　Ⅱ. ①胡⋯　Ⅲ. ①考古学 - 成就 - 中国
Ⅳ. ①K851

中国版本图书馆 CIP 数据核字（2021）第 152206 号

中国社会科学院老年学者文库
开创性的中国考古实践与成果

著　　者 / 胡谦盈

出 版 人 / 王利民
组稿编辑 / 周　丽
责任编辑 / 李　淼
责任印制 / 王京美

出　　版 / 社会科学文献出版社·城市和绿色发展分社（010）59367143
　　　　　　地址：北京市北三环中路甲29号院华龙大厦　邮编：100029
　　　　　　网址：www. ssap. com. cn
发　　行 / 市场营销中心（010）59367081　59367083
印　　装 / 三河市龙林印务有限公司

规　　格 / 开　本：787mm × 1092mm　1/16
　　　　　　印　张：25.5　字　数：389千字
版　　次 / 2021 年 9 月第 1 版　2021 年 9 月第 1 次印刷
书　　号 / ISBN 978 - 7 - 5201 - 8752 - 7
定　　价 / 198.00 元